BRENNPUNKTE

Wasser

Wie ein Element verschmutzt
und verschwendet wird

Umfassende Darstellung der Fakten,
Trends und Gefahren

Hartmut Bossel,
Hans-Joachim Grommelt,
Kurt Oeser (Hrsg.)

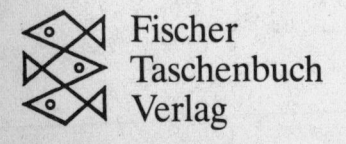

Fischer
Taschenbuch
Verlag

fischer alternativ –
herausgegeben von Rudolf Brun

fischer alternativ
Eine Reihe des Fischer Taschenbuch Verlages
Magazin Brennpunkte (12. Jahrgang, Band 24)
Mai 1982
Originalausgabe

Umschlagentwurf: Peter Hajnoczky, Zürich

Fischer Taschenbuch Verlag GmbH, Frankfurt am Main
© Fischer Taschenbuch Verlag GmbH, Frankfurt am Main 1982
Satz: Fotosatz Otto Gutfreund, Darmstadt
Druck und Einband: Clausen & Bosse, Leck
Printed in Germany
980-ISBN-3-596-24056-5

Inhalt

Wasser

Kurt Oeser	Vorwort	5

Teil I
Schutz des Lebenselementes Wasser

Hartmut Bossel	Für eine ökologisch orientierte Wasserpolitik	13
Jürgen Hübner	Wegzeichen einer ökologischen Ethik	33
Hartmut Bossel/ Hans-Joachim Grommelt/Kurt Oeser	Forderungen	43

Teil II
Lebenselement Wasser:
Bedarf und Versorgung

Eugen Winters	Wasserbedarf	57
Harro Stolpe	Wasserversorgung aus dem Grundwasser	77
Bernd Gabel	Trinkwasseraufbereitung	98

Teil III
Zerstörung eines Lebenselementes

Walter Herbst	Gewässerbelastung durch Krankheitserreger, Abwärme und Radioaktivität	121
Ursula Degen	Schwer und nicht abbaubare Stoffe im Wasser	152
Martin Böhme	Versalzung von Gewässern	170

Hans Kiemstedt	Folgen unkoordinierter Gewässernutzung am Beispiel des Oberrheins	186
Ruth Hanser	Meeresverschmutzung – in der Deutschen Bucht	207
Harald Steinert	– in der Westlichen Ostsee	
Nikolaus Geiler	Wasserbau und Ökologie	215

Teil IV
Allgemeine Rahmenbedingungen für eine Sanierung

Udo Ernst Simonis	Ökonomische Fragen und Probleme des Gewässerschutzes	229
Eckard Rehbinder	Wasserrechtliches Instrumentarium zum Schutze der Binnengewässer	243

Teil V
Vollzugsprobleme im Gewässerschutz

Willi Görlach	Vollzugsprobleme im Gewässerschutz aus der Sicht des Politikers – Erfahrungen aus Hessen	259
Diether Deneke	– Erfahrungen aus Nordrhein-Westfalen	268
Jörg Heimbrecht	Vollzugsprobleme im Gewässerschutz aus der Sicht der Umweltschutzbewegung	274

Dokumentation

Hans-Joachim Grommelt	Allgemeine Meßdaten	282
	Autoren	294

Kurt Oeser

Vorwort

> »Unter allen Ressourcen ist Wasser, um es kurz zu sagen, dank der Vielfalt seiner Eigenschaften und Verwendungszwecke sowie aufgrund seines Wertes einzigartig.«
>
> *Global 2000, Seite 703*

Wasser ist eine, wenn nicht sogar *die* entscheidende Lebensgrundlage für Pflanze, Tier und Mensch. Es ist ein unentbehrlicher Grundstoff für die Erzeugung von Nahrungsmitteln wie für viele technische Produkte, es ist, was wir oft vergessen, das Nahrungsmittel, auf das niemand verzichten kann. Das Angebot an Süßwasser ist zur Zeit zwar *zehnmal* so groß wie die Nachfrage, das ist jedoch nur ein theoretisches Zahlenverhältnis; denn das Süßwasserangebot ist nicht überall und zu jeder Zeit, sondern regional und saisonal sehr verschieden, wenn überhaupt, nutzbar. Wenn der Wasserbedarf für den menschlichen Verbrauch, vor allem für künstlich bewässerte landwirtschaftliche Flächen und eine weltweit steigende Industrieproduktion, weiterhin so zunehmen wird wie bisher, dann wird um die Jahrhundert- bzw. Jahrtausendwende das Angebot an Süßwasser nur noch *3,5mal* so groß sein wie die Nachfrage. In der darauffolgenden Generation entspräche der globale Süßwasserbedarf bereits der gesamten rein rechnerisch verfügbaren Menge an Süßwasser. Gerade in den Regionen der Erde mit einem überdurchschnittlich starken Bevölkerungswachstum treten aber schon heute nicht nur saisonal bedingte Süßwasserdefizite auf, sondern ist der Mangel an gutem Trinkwasser zu einer Dauererscheinung geworden.

Das ist das auf Kurzfassung gebrachte Fazit der eingehenden Darstellung der Wasserproblematik in dem wohl zur Zeit umfassendsten Report über die ökologische Situation, der unter dem knappen Titel *»Global 2000«* als Bericht an den ehemaligen amerikanischen Präsidenten Carter erschienen ist. An einen mehr allgemein gehaltenen einleitenden bzw. zusammenfassenden Teil schließen sich jeweils detaillierte, nach Weltregionen aufgegliederte Beschreibungen des derzeitigen Zustandes und der zu erwartenden respektive zu befürchtenden, teilweise auch schon eingetretenen Entwicklungstendenzen an. Das gilt für Wasser ebenso wie für die Themenbereiche Bevölkerung, Bruttosozialprodukt, Klima, Technologie, Nahrungsmittel und Landwirtschaft, Wälder und Forstwesen, Energie usw. Die nüchtern und trocken wirkenden Zahlenreihen und graphischen Darstellungen des Ist-Zustandes sind schon aufregend genug, viel aufregender sind jedoch die meisten auf der Basis sorgfältiger Erhebungen fußenden Prognosen. Vor allem in den Weltregionen, die schon unter Wasserknappheit zu leiden haben, und in denen die Verschlechterung der Wasserqualität bereits ernste Formen angenommen hat, wird die Nachfrage nach Wasser überdurchschnittlich ansteigen.

Um so wichtiger wird unter den Gesichtspunkten weltweiter Verantwortung sein, wie die hochindustrialisierten Länder dieser Erde mit der kostbaren Ressource Wasser umgehen. Sie können nicht von den Entwicklungsländern einen verantwortlichen Umgang mit der natürlichen Umwelt und eine möglichst sparsame Nutzung erschöpfbarer Ressourcen verlangen, selbst aber weiterhin einer unleugbaren Verschwendungssucht frönen. Darauf haben Vertreter der Dritten Welt bei verschiedenen internationalen Umweltkonferenzen sowohl allgemeiner als auch spezieller Art immer wieder mit Nachdruck hingewiesen.

In diesem Kontext ist es außerordentlich bedeutsam, wie in einem so dichtbesiedelten und in starkem Maße großindustriell geprägten Land wie der *Bundesrepublik Deutschland* das Grundnahrungsmittel und der Basisproduktionsstoff Wasser ge- und verbraucht und in welchem Zustand es in hydrologische Kreisläufe zurückgeführt wird. Hierbei wird sich auch zeigen, ob die neuerdings wieder oft zitierte »Ehrfurcht vor dem Leben« nur als schicke Redewendung benutzt und dann wieder den »romantisierenden, etwas realitätsfernen Umweltschützern« überlassen wird, wenn man – mit einem bedauernden Achselzucken – den sogenannten Systemzwängen meint folgen und wie bislang der Ökonomie den Vorrang vor der Ökologie meint einräumen zu müssen. Ehrfurcht vor dem Leben hätte, nähme man sie im wirtschaftlich-technischen Bereich tatsächlich ernst, zur Folge, daß man beim Wasser wie bei anderen Ressourcen nicht allein den Nutzwert für den Menschen ins Kalkül zöge, sondern die Lebenschancen aller Geschöpfe, der gesamten Schöpfung beim Planen und Handeln zu wahren bzw. zu bewahren suchte.

Es geht jedoch nicht nur um Trinkwasser in den folgenden Beiträgen, weil die Wasserproblematik und dementsprechend der Verantwortungshorizont darüber hinausreichen. Deshalb wurden auch die beiden Gebiete *Deutsche Bucht* und *westliche Ostsee* hinzugenommen, bei denen sich Gefährdungen bemerkbar machen, die für andere Meeresregionen »beispielhaft« sind, es jedoch besser nicht wären. Im Verhältnis zu den zwar gewaltigen und doch begrenzten Süßwassermengen wurden die Weltmeere lange Zeit als unerschöpflich und als fast ohne Einschränkungen belastbar betrachtet; demgemäß ging und geht man weithin noch mit ihnen um. Inzwischen gibt es jedoch genügend wissenschaftlich gesicherte Belege dafür, daß der Belastbarkeit der Meere ebenfalls deutliche Grenzen gesetzt sind, wobei nicht allein die Gesichtspunkte der Eiweißgewinnung aus Meeresplankton und der Sicherung des Fischfanges, sondern der Schutz dieses wichtigen Lebensraumes als solchem den Ausschlag geben sollte.

In diesem ökologischen Rahmen dachten und argumentierten die Mitglieder des *Wissenschaftlichen Beirates des Umweltbeauftragten der Evangelischen Kirche Deutschland (EKD)* schon, als sie anfingen, sich mit dem Rheingutachten des Sachverständigenrates für Umweltfragen der Bundesregierung näher zu befassen. Daraus erwuchs dann eine intensive Beschäftigung mit Wasserfragen über mehrere Jahre hinweg, als deren vorläufiges Ende diese Publikation anzusehen ist, die freilich wie bei allen Bemühungen um derart vielfältige und schwierige Themenkomplexe nur eine Art Zwischenergebnis darstellen kann. Da die Mitglieder des vom Rat der Evangelischen Kirche in Deutschland berufenen, interdisziplinär zusammengesetzten wissenschaftlichen Beirates, der die Tätigkeit des Ratsbeauftragten für Umweltfragen fachlich beratend begleiten und unterstützen soll, ihr Wissen, ihre Erfahrungen und ihre Arbeitskraft ehrenamtlich zur Verfügung stellen, waren sie von Anfang an auch auf Detailkenntnisse aus verschiedenen Disziplinen, die nicht direkt im Beirat vertreten sind, angewiesen. Dieses Gremium hat deshalb mit bekannten und anerkannten Exponenten der in Frage kommenden Fachwissenschaften und Vertretern der kommerziellen Wasserbeschaffer und -vertreiber informative und manchmal auch kontroverse Gespräche geführt. Nach Phasen der Rückkoppelung, der kritischen Überprüfung der eigenen Position und der seitherigen Zielsetzungen, ging der Beirat über zum Dialog mit Bundestagsabgeordneten und leitenden Mitarbeitern der zuständigen Fachbehörden auf Bundes- und Länderebene sowie aus dem kommunalen Bereich. Dabei wurden ihm sehr hilfreiche Antworten zuteil, aber ebenso solche, die ausgesprochen nachdenklich stimmen.

Fast parallel dazu konnte man mit großer Aufmerksamkeit und einer gewissen Betroffenheit die streckenweise recht heftige Diskussion um das Abwasserabgabengesetz in und außerhalb des Deutschen Bundestages verfolgen und dabei merkwürdige Koalitionen für oder gegen diese gesetzliche Regelung erleben. Ein politisches Lehrstück über die Möglichkeiten und Grenzen für einen rationalen und verantwortlichen Umgang mit einer kostbaren Ressource rollte vor den Augen und Ohren einer erstaunten, interessierten Öffentlichkeit ab.

Der eigene wie der öffentliche Dialog über das Thema Wasser vermittelte wichtige Impulse in Richtung eines möglichst umfassenden Beitrages zu der unbestritten schwierigen Materie. Daß das ohne fachliche Beratung und Unterstützung »von außerhalb« kaum zu bewerkstelligen sei, war, wie gesagt, von vornherein klar. Nicht so eindeutig war die Frage zu beantworten, ob wir, d. h. die vom Wissenschaftlichen Beirat beauftragten Herausgeber des Wasserbuches, uns bei dieser Publikation auf das wissenschaftlich mehr oder weniger eindeutig Abgesicherte beschränken oder auch Beiträge erbitten und aufnehmen sollten, die möglicherweise oder sogar wahrscheinlich Anlaß zu Kritik und negativen Beurteilungen böten. Da die wissenschaftliche Behandlung eines so komplexen Stoffes, wie es das Wasser zweifelsohne ist, nie abgeschlossen ist und nicht sein kann und wissenschaftlich begründete Kontroversen bleiben werden, haben wir uns für die offenere, freilich auch angreifbarere Lösung entschieden. Aus der Fülle der Fragestellungen wurden die uns besonders wesentlich erscheinenden aufgegriffen und dargestellt.

Dem aufmerksamen Leser wird nicht entgehen, daß ein Bericht zum Thema Überwachungspraxis aus der Feder eines Fachmannes aus einer der für den Gewässerschutz zuständigen Behörden fehlt. Das ist kein Zufall, sondern beruht auf den weiterhin vorhandenen Schwierigkeiten bei der Anwendung und Durchsetzung der wasserrechtlichen Instrumentarien. Diese Lücke bestätigt auf ihre Weise entsprechende Aussagen des *Rates von Sachverständigen für Umweltfragen* zum Vollzugsdefizit sowohl in den Umweltgutachten 1974 und 1978 als auch im Sondergutachten *»Umweltprobleme des Rheins«*.

Die Herausgeber haben den Sammelband so weit als notwendig redigiert, damit sich Einzeltexte besser in den Kontext der gesamten Publikation einfügen, aber sie haben nicht zensiert. Das Buch wurde in mehrere Teile gegliedert, um das Lesen etwas zu erleichtern. Die Teile I und IV enthalten eher überblickhafte Darstellungen zur Wasserproblematik vom Blickwinkel der Ökologie, der Ethik, der Ökonomie und der Rechtsnormen. Teil I schließt mit einer systematisierten Zusammenstellung von Forderungen zum Schutz des Wassers, die sich aus den Darlegungen der Autoren dieses Buches und den Beratungen des Wissenschaftlichen Beirats ergeben haben. Dieses Kapitel enthält daher die wichtigsten umweltpolitischen Aussagen des Buches. Die Teile II, III und V enthalten vor allem Fachbeiträge zu den einzelnen Problembereichen, aber auch kritische Stellungnahmen aus der Sicht des Politikers und der Umweltschutzbewegung. Die Dokumentation schließlich liefert nützliche und ergänzende Belege.

Besonderer Dank gebührt den beiden Mitherausgebern, ohne die dieses Buch nicht zustande gekommen wäre. Herzlich zu danken ist allen Autoren für ihre grundsätzliche Bereitschaft zur Mit- und »publizistischen Teamarbeit«. An dem »Wasser-Buch« haben nicht alle Mitglieder des Wissenschaftlichen Beirates mitgearbeitet, weil sie sich keine falsche Kompetenz anmaßen wollten, aber alle haben die verschiedenen Stationen seiner Entstehung kritisch begleitet und es inhaltlich so weit als irgend möglich mitgetragen.

Wir hoffen, mit dieser Veröffentlichung ein Steinchen in das große vielfarbige Mosaik gemeinsamer Verantwortung für die Eine-Welt-Perspektive ökumenischer (= weltweiter) Verantwortung für die Schöpfung eingefügt zu haben. Damit schließt sich auch der Ring zu den eingangs gegebenen Hinweisen auf die globale Dimension und nicht mehr zu übersehende Dramatik unseres Themas. Das Buchmanuskript wurde im Mai 1981 abgeschlossen.

Teil I

Schutz des Lebenselementes Wasser

Hartmut Bossel

Für eine ökologisch orientierte Wasserpolitik

Wasserbauliche, industrielle, kommunale und landwirtschaftliche Nutzungen beeinträchtigen in vielfältiger Weise die Güte und Menge der Oberflächengewässer und Grundwässser[1]. Während viele Beeinträchtigungen (z. B. Belastung mit leicht abbaubaren Stoffen) vorübergehender Natur sind, drohen aus anderen langfristige Gefahren für Mensch und Natur (z. B. Verseuchung von Grundwässern oder Stoffkreisläufen mit schwer abbaubaren Stoffen). Die Wirkungsketten sind meist komplex und oft nicht ausreichend bekannt oder werden noch nicht einmal vermutet. So etwa stellte der »New-Orleans-Bericht« von 1974[2] eine Verbindung zwischen der Rohwasserchlorung und der Entstehung karzinogener chlorierter organischer Verbindungen im Trinkwasser her (s. Teil II, S. 98ff).

Mit weiteren Überraschungen dieser Art ist auch in Zukunft zu rechnen. Die Verantwortung gegenüber den heute Lebenden, wie auch die gegenüber zukünftigen Generationen und der Natur, auf deren Selbstreinigungskraft (d. h. funktionierende ökologische Prozesse und Kreisläufe) die Wasserversorgung angewiesen ist, lassen es geboten erscheinen, die Belastungen des Wasserhaushalts und der mit ihm verbundenen ökologischen Systeme auf das absolute Minimum zu reduzieren.

Einige Fortschritte in dieser Hinsicht sind in den letzten Jahren erreicht worden und haben zumindest dazu geführt, daß sich die rapide Gefährdungszunahme der 50er und 60er Jahre verlangsamt hat. Jedoch wird der natürliche Wasserhaushalt weiterhin und zum Teil in verstärktem Maße (chemische Industrie, Elektrizitätserzeugung, Landwirtschaft) durch Maßnahmen belastet, die nach dem heutigen Stand von Wissenschaft und Technik mit oft nur geringen wirtschaftlichen Belastungen vermeidbar wären, und deren Vermeidung in Zukunft verstärkt gefordert werden muß.

Die ökologischen Belastungen des Wasserhaushalts

Belastungen des Wasserhaushalts sind sehr unterschiedlicher Natur, haben sehr verschiedene Ursachen und wirken auf eine Vielzahl belebter oder unbelebter Systeme, die wiederum für Mensch und Gesellschaft unterschiedliche Relevanz haben. Es ist zu unterscheiden zwischen
1. Belastungen der hydrologischen Systeme des Wasserhaushalts
2. Belastungen des Wasserhaushalts durch Schadstoffe
3. Folgen der Belastungen für ökologische Systeme

1. Belastungen der hydrologischen Systeme des Wasserhaushalts

Belastungen der hydrologischen Systeme entstehen in erster Linie durch Maßnahmen des Wasserbaus, des Verkehrsbaus, der Siedlung und Bebauung, des Kiesabbaus, des Bergbaus und der Grundwasserförderung. Diese Maßnahmen können die Abflußverhältnisse verändern und zu Veränderungen von Grundwassermengen und -qualitäten führen. Einige Beispiele von Baumaßnahmen und ihren Folgen (vgl. auch Teil II und III):

Bachausbauten und Bachverrohrung führen zur schnelleren Ableitung des Oberflächenwassers, verstärken damit Hochwasserwellen unterhalb, unterbinden Anreicherungs- und Speicherungsvorgänge im Grundwasser und schränken die u. a. auch zur natürlichen Selbstreinigung erforderliche Organismenbesiedlung radikal ein. Meist führen sie zu einer ökologischen und ästhetischen Verarmung der Landschaft.

Der zunehmende Ausbau der Fließgewässer zu Ketten von Stauhaltungen bzw. Talsperren aufgrund verkehrs- und energiewirtschaftlicher Zielsetzungen kann zwar zu Grundwasseranreicherungen und zur Milderung von Hochwassergefahren führen, hat aber auch wassergütewirtschaftliche Auswirkungen, insbesondere hinsichtlich der zunehmenden Eutrophierungsgefahr. Durch Unterbrechung der Geschiebeführung der großen Flüsse durch solche Stauhaltungen (besonders im *Oberrhein*) ergibt sich aber eine hohe Erosion der Flußsohle unterhalb der Stauhaltung. Diese Geschiebeaufnahme führt zu zunehmender Eintiefung der Flußsohle (bei der Staustufe *Gerstheim* z. B. um 2,50 m in 15 Monaten). Die zunehmenden Schwierigkeiten für die Schiffahrt machen dann den Ausbau weiterer Stauhaltungen unterhalb erforderlich. Am Rhein entstanden als Folgemaßnahmen unterhalb Kehl/Straßburg die Staustufen Gambsheim und Iffezheim. Einer weiteren Staustufe bei Neuburgweier müssen u. U. andere Staustufen flußab folgen.

Verkehrsbauten führen zur großflächigen Versiegelung der Landschaft und damit zum schnelleren Ablauf von Oberflächenwasser (bes.

Niederschläge), das nur noch zum geringen Teil seinen Weg ins Grundwasser findet und in diesem Falle allerdings die Schadstoffe des Verkehrs (besonders Blei, Kohlenwasserstoffe und Salze) in die Grundwasservorräte einbringt (s. Teil III). Verkehrsbauten verändern in vielen Fällen großflächig auch die natürlichen hydrologischen Bedingungen durch Verbauungen, Verrohrung und die Blockierung natürlicher Fließgewässer.

Siedlung und anderweitige Bebauung haben ebenfalls eine weitgehende Versiegelung des Bodens, schnelleren Ablauf von Oberflächenwasser und verminderte Grundwassereinspeisung zur Folge. Gleichzeitig erhöht sich die Gefahr der Grundwasserverschmutzung durch die Schadstoffe des Verkehrs sowie durch unkontrollierte Versickerung von Schadstoffen.

Der Kiesabbau gefährdet besonders die Grundwasservorräte der Flußauen durch die großflächige Offenlegung der Vorräte, die nun nicht mehr durch die filternde Wirkung der Deckschichten geschützt sind. Die Gefahr des Eindringens von Schadstoffen in die Grundwasservorräte erhöht sich damit beträchtlich. Eine weitere Gefährdung besteht durch die mögliche Eutrophierung der Baggerseen und deren Auswirkung auf die Trinkwasserqualität. Schließlich entstehen erhebliche Verdunstungsverluste des Grundwassers. Ein klassisches Beispiel für Fehlentwicklungen ist der Oberrhein (vgl. Teil III, S. 186ff).

Der Bergbau hat ebenfalls weitreichende Konsequenzen für die Grundwasservorräte, wie auch für die Güte der Oberflächengewässer. Sowohl der Tagebau wie auch der Untertagebau (z. B. von Braunkohle und Steinkohle) erfordern hohe Grundwasserabsenkungen. Im rheinischen Braunkohlenrevier wird z. B. auf einer Fläche von über 2300 km^2 eine Grundwasserabsenkung von bis zu 260 m unter den Grundwasserstand von 1955 durchgeführt; die Gesamtmenge des jährlich abgepumpten Grundwassers belief sich 1974 auf über 20 Millionen m^3. Im geplanten Tagebau *Hambach I* wird eine Grundwasserabsenkung um 500 m erforderlich sein. Die Grundwasserabsenkung setzt sich nach allen Richtungen trichterförmig fort und kann so auch noch in einiger Entfernung beträchtliche Auswirkungen auf Wasserhaushalt, Wasserversorgung und ökologische Systeme haben (auf Grundwasser angewiesener Bewuchs!). Im Steinkohlenbergbau tritt zu den Problemen der Grundwasserabsenkung auch noch die Gebirgsauflockerung hinzu. Hierdurch können z. B. oberflächennahe Grundwässer im Untergrund versickern, wie auch umgekehrt mineralisierte Wässer bis nahe zur Oberfläche aufsteigen und die Grundwasservorräte unbrauchbar machen können. Grundwässer werden auch durch Sulfat- und Chloridauswaschungen aus aufgehaldetem oder im Verkehrswegebau oder zur Verfüllung von Baggerlöchern verwendetem Bergematerial aus dem Steinkohlenbergbau verseucht. Besonders gefährdet sind die Grundwasservorräte im Gebiet von Rhein, Werra und Weser durch die Einleitung von Salzlaugen aus der Kaliindustrie des Elsaß und der DDR.

Qualität und Menge der Grundwasservorräte sind schließlich auch durch die Wasserförderung selbst gefährdet. Zu hohe Förderung begünstigt an einigen Stellen das Aufsteigen stark salzhaltigen Tiefengrundwassers und kann damit die Trinkwasserförderung unmöglich machen. An anderen Stellen (z. B. Hessisches Ried) hat die hohe Förderung in den letzten Jahren zu bedenklichen Grundwasserabsenkungen geführt (vgl. auch Teil II, S. 77; Teil III, S. 186ff).

2. *Belastungen des Wasserhaushalts durch Schadstoffe*

Belastungen durch Schadstoffe unterscheiden sich stark nach der Art ihrer ökologischen Wirkung (s. Teil III). In Anlehnung an den Rat von Sachverständigen für Umweltfragen ist es daher zweckmäßig, Gewässerbelastungen getrennt nach 6 Kategorien zu betrachten:
1 leicht abbaubare Verbindungen und Pflanzennährstoffe
2 schwer abbaubare (organische) Verbindungen
3 Salze
4 Schwermetallverbindungen
5 Abwärme
6 Radionuklide

Jede dieser Belastungen unterscheidet sich von den anderen nicht nur in ihrer Wirkung auf Mensch und ökologische Systeme, sie unterliegt vor allem auch anderen Mechanismen des Abbaus oder der Anreicherung in Ökosystemen. Dementsprechend unterscheiden sich auch die möglichen Vermeidungsmaßnahmen.

Tab. 1 (aus dem Umweltgutachten 1978[3]) gibt eine Übersicht zu den Gewässerbelastungen der Kategorien (1) bis (5) nach Herkunft und Auswirkungen. Man beachte, daß insgesamt die bei weitem höchsten Gewässerbelastungen aus Industrie und Bergbau stammen, andererseits die Auswirkungen auf die Wasserversorgung und die menschliche Gesundheit am gravierendsten sind. Gewässerverschmutzungen vermindern die Menge brauchbaren Wassers. Andererseits können ausreichend große Wassermengen die Gewässerbelastungen zu geringeren Konzentrationen verdünnen und die Selbstreinigung erleichtern. Da aber für schwer abbaubare Verbindungen, Salze, Schwermetallverbindungen und Radionuklide eine natürliche Selbstreinigung praktisch nicht besteht und diese Stoffe (mit Ausnahme der Salze) im Gegenteil in

Tab. 1: Gewässerbelastungen nach Herkunft und Auswirkungen. (Aus Rat der Sachverständigen für Umweltfragen, Umweltgutachten 1978, S. 93)

	1. leicht abbaubare Verbindungen			2. schwer abbaubare Verbindungen		3. Salze	4. Metalle	5. Abwärme
	primäre Schmutzstoffe org. N.		sekundäre	allgem. (»Rest«-)	krit. Schad-			
	BSB_5	NH_4	P	CSB	stoffe			
A. Herkunft								
Haushalt								
– Kanalisation und Kläranlagen	+++	++	+++	++	0	++	I	I
– Regenentlastung	++	+	++	+	0	++	0	0
Industrie, einschl. Bergbau	+++	++	++	+++	+++	+++	+++	++
Schlammwasser (häusl. u. gewerbl.)	++	++	++	+	I	0	I	0
Landwirtschaft								
– bäuerlich	++	++	++	+	+	+	0	0
– Massentierhaltung	++	++	++	+	I	0	0	0
diffuse Quellen	++	+	+	+	I	++	+	0
Elektrizitätswirtschaft	0	0	0	0	0	I	I	+++
B. Auswirkungen								
Wasserversorgung und menschl. Gesundheit	++	+++	++	+++	+++	+++	+++	+
Selbstreinigung	+++	++	++	+	++	I	++	++ bis ■
Fischerei	++	+	+–■	+	+++	+	++	++ bis ■
Landwirtschaft (Bewässerung, Schlammverwertung)	I	I	0	+	++	++	++	0
Erholung	++	+	++	+	+	+	+	■
Ökologie	++	+	++	++	++	+	++	++
Luft, Lokalklima	+	0	0	0	+	0	0	++

Legende: +++: über 25; ++: 5–25; +: 1–5; I: 0,2–1; 0: <0,2% der Gesamtmenge bzw. -wirkung; ■ u. U. günstige Wirkung

Quelle: RINCKE, G. 1977

natürlichen Nahrungsketten u. U. auf bis auf das Millionenfache konzentriert werden, bietet »Verdünnung« in diesen Fällen keine Lösung des Problems.

Leicht abbaubare Stoffe (etwa organische Abfälle) dienen den Zersetzern (Bakterien, Pilze) im Wasser als Nahrung. Diese Organismen nehmen die gelösten oder feinverteilten Stoffe auf, bauen sie im Laufe des Stoffwechsels in die körpereigene Substanz ein oder bauen sie zur Energiegewinnung zu Wasser und Kohlendioxyd ab. Zur Aufrechterhaltung dieser Prozesse wird aus dem Wasser gelöster Sauerstoff entnommen. Wird das Gewässer eutrophiert, d. h. mit *Pflanzennährstoffen* wie Stickstoff oder Phosphor überlastet, so kommt es zur explosionsartigen Vermehrung von Algen und zur Sauerstoffverknappung, da der von den Algen tagsüber produzierte Sauerstoff nach Sättigung der geringen Aufnahmekapazität des Wassers entweicht und für die Aufrechterhaltung der Stoffwechselvorgänge der stark angewachsenen Biomasse der Produzenten und Konsumenten nicht mehr ausreicht.

Es kommt zum Organismensterben der sauerstoffabhängigen Organismen und zum Erliegen der aeroben Selbstreinigungsvorgänge. Der weitere Stoffabbau findet dann – stark verlangsamt – durch anaerobe (nicht an Sauerstoff gebundene) Organismen statt, unter Bildung geruchsintensiver und z. T. für andere Organismen giftiger Produkte wie Ammoniak, Schwefelwasserstoff und Methan. Es kommt zum ›Umkippen‹ des Gewässers, mit u. a. einem massiven Fischsterben. Da die Aufnahmekapazität des Wassers für Sauerstoff mit wachsender Temperatur sinkt, verschlimmert sich die Situation an heißen Sommertagen ebenso wie durch die Abwärmeeinleitung aus Kraftwerken und Industriebetrieben (s. Teil III, S. 121ff).

Als ein Maß für die Verschmutzung von Gewässern mit leicht abbaubaren Stoffen dient der zur Zersetzung durch Bakterien erforderliche biochemische Sauerstoffbedarf. Je höher der Verschmutzungsgrad, um so größer der Sauerstoffbedarf für die Zersetzung. Meist wird der für die ersten fünf Zersetzungstage erforderliche biochemische Sauerstoffbedarf (BSB_5) angegeben.

Die biochemische Reinigung der Gewässer durch Zersetzungsvorgänge kann entweder auf natürliche Weise in den Gewässern erfolgen oder durch die biologische Abwasserreinigung in Klärwerken. In der aeroben Stufe des biologischen Reinigungsvorgangs in Belebungsbecken werden Mikroorganismenschlamm und Luft (oder Sauerstoff) zugeführt; anschließend erfolgt eine anaerobe Faulung des entstandenen Klärschlammes in Faultürmen. Das gereinigte Abwasser wird dann dem Vorfluter zugeführt (falls nicht noch eine chemische Stufe angeschlossen ist). In der biologischen Reinigungsstufe wird der biochemische Sauerstoffbedarf der Abwässer vor der Einleitung in den Vorfluter weitgehend reduziert. Eine mechanisch-biologische Kläranlage erreicht eine Reinigungsleistung von über 90% (der Gesamtwirkungsgrad der BSB_5-Eliminierung im Bundesgebiet liegt allerdings eher bei 60%), jedoch werden gerade die im Abwasser noch vorhandenen Nährstoffe in wesentlich geringerem Maße reduziert: Das Abwasser enthält hinter der biologischen Reinigungsstufe immer noch etwa 45–75% der ursprünglichen Stickstoffmenge und 70–90% der ursprünglichen Phosphormenge. Diese Nährstoffmengen können leicht zu kritischer Überdüngung und Eutrophierung der Gewässer (Vorfluter) führen, besonders deshalb, weil Phosphate meist begrenzende Faktoren für das Wachstum von Algen und höheren Pflanzen in Gewässern sind und ihr Vorhandensein im Überfluß zu explosionsartigem Wachstum und zum Umkippen führt. Die Nachschaltung einer dritten (chemischen) Reinigungsstufe in Kläranlagen zur Ausfällung von Phosphaten und anderen chemischen Stoffen und zur Entfernung von Stickstoffverbindungen wird gerade bei Ballungsgebieten und Industriezentren immer dringender.

Die wichtigsten Quellen für Verunreinigungen mit leicht abbaubaren Stoffen sind die (heute zu etwa 80% über Kanalisation und Kläranlagen erfaßten) Abwässer der Haushalte und entsprechende Abwässer der Industrie. Mit zunehmend besserer Erfassung und Behandlung dieser Quellen in Kläranlagen gewinnen die diffusen und in Kläranlagen nicht erfaßbaren Quellen wie Regenentlastungen, Regenabläufe (örtlich 10 bis 25% des gesamten Schmutzanfalls), Landwirtschaft und andere diffuse Quellen an Bedeutung, dergleichen die Schmutzfracht des Schlammwassers für Kläranlagen.

Die für die Eutrophierung der Gewässer (wegen der Rolle als begrenzender Faktor) kritische Phosphatbelastung der Gewässer und Abwässer stammt vornehmlich aus zwei Quellen: den Haushaltsabwässern und der Düngung in der Landwirtschaft. Erhebliche Erleichterung würde hier die Entwicklung phosphatfreier Waschmittel und die Vermeidung der Überdüngung landwirtschaftlicher Böden bringen.

Die biochemischen Abbauvorgänge in Gewässern und Kläranlagen reagieren empfindlich auf die Einleitung von toxischen Stoffen, z. B. auf stoßweise Emissionen aus Betrieben der metallischen Oberflächenveredelung. Die innerbetriebliche Vermeidung, der Ausbau zentraler Entgiftungsanlagen und sicherer Sondermülldeponien gewinnen gerade im Hinblick auf die biologische Abwasserreinigung zunehmend an Dringlichkeit.

Schwer abbaubare organische Stoffe bieten gerade im Hinblick auf die sichere Trinkwasserversorgung in wachsendem Maße ein ernstes Problem (s. Teil II und III). Sie verbleiben in den Gewässern, gelangen so auch in andere Umweltbereiche (Böden, Meer) und werden u. U. in Nahrungsketten auf das Tausend- oder Millionenfache konzentriert. Herausragendes

Beispiel sind die chlorierten Kohlenwasserstoffe. Sie werden eingesetzt als Pestizide (z. B. Lindan und viele andere Schädlingsbekämpfungsmittel), als Lösungsmittel (z. B. Chloroform, Tetrachloräthylen), sowie als andere industrielle Hilfsstoffe und technische Produkte (vor allem polychlorierte Biphenyle PCB). Bei vielen chlorierten Kohlenwasserstoffen sind akute oder chronische Schädigungen und teratogene (fruchtschädigende), mutagene (erbschädigende) und kanzerogene (krebserzeugende) Effekte auch bei kleinsten Mengen nachgewiesen, die durch die biologische Verstärkung in Nahrungsketten oft leicht überschritten werden. Chlorierte Kohlenwasserstoffe wie DDT und PCB reichern sich wegen ihres fettähnlichen Charakters in Fettgeweben von Tier und Mensch an. Sie finden sich heute an allen Punkten der Erde.

Die schwer abbaubaren Verbindungen beeinträchtigen die Wasseraufbereitung. Sie erschöpfen z. B. die Kapazität der Aktivkohlefilter und deren Fähigkeit, kritische Schadstoffe zurückzuhalten. Bei der bisher üblichen Rohwasserchlorung im Klärwerk können aus an sich »harmlosen« organischen Grundsubstanzen potentiell karzinogene Verbindungen entstehen (s. Teil II, S. 98ff).

Die schwer abbaubaren organischen Verbindungen stammen vorwiegend aus industriellen Abwässern. Sie treten dort oft in erheblichen, stoßweisen Konzentrationsschwankungen auf, die zu Durchbrüchen durch die Aktivkohlefilter der Wasseraufbereitungsanlagen führen können. Ihre Eliminierung nach der biologischen Reinigung in kommunalen Klärwerken würde zu sehr aufwendigen Anlagen führen. Sie ließen sich mit wesentlich geringeren Kosten am industriellen Anfallort direkt zurückhalten (vgl. Teil II, S. 57ff).

An dieser Stelle sollte daher die Vermeidung dieser Schadstoffe vorwiegend ansetzen. Es bestehen die alternativen Möglichkeiten der Produktänderung, der Änderung des Produktionsverfahrens, der Rückhaltung am Anfallort in möglichst unverdünnten Konzentrationen und des verstärkten Einsatzes chemisch-physikalischer Verfahren. Den möglichen Langzeitfolgen, den potentiellen Gefährdungen des Menschen und den resultierenden ökologischen Problemen muß eine weitaus höhere Beachtung geschenkt werden als bisher.

Als Maß für die Verschmutzung mit schwer abbaubaren organischen Verbindungen ist der biochemische Sauerstoffbedarf (BSB) kaum geeignet, da er nur die leicht abbaubaren Verbindungen erfaßt. Seine Anwendung auf Abwässer allgemein hat in der Vergangenheit dazu geführt, daß man sich gerade bei industriellen Kläranlagen auf die leicht abbaubaren Stoffe konzentrierte, ohne die (kritischeren) schwer abbaubaren Stoffe wesentlich zu reduzieren. Ein besseres Maß für die Belastung mit diesen Stoffen stellt der chemische Sauerstoffbedarf (CSB) dar, der die Gesamtheit der oxidierbaren Inhaltsstoffe, d. h. die leicht und schwer abbaubaren organischen Verbindungen erfaßt. Als Maß besser geeignet ist der im Wasser enthaltene gelöste organisch gebundene Kohlenstoff (DOC = dissolved organic carbon).

Rechnet man die Angaben über die kommunale und industrielle Wasserverschmutzung des Rheins von den offiziellen BSB_5-Angaben unter Berücksichtigung der branchenspezifischen Unterschiede im Rohwasser auf die CSB-Grundlage um (Umweltgutachten 1978, S. 102), so ergibt sich gegenüber einer BSB_5-Fracht (biochemischer Sauerstoffbedarf) von 1560 t/Tag (1975) eine CSB-Fracht von 6240 t/Tag.

Hiervon stammten 27% aus der Schweiz, Frankreich und den Niederlanden, 73% aus der Bundesrepublik. Hiervon wiederum stammten 73% aus industriellen Einleitungen, 18% aus kommunalen und 9% aus gemeinsamen Einleitungen. Die Bedeutung industrieller Einleiter für die Problematik der Gewässerverschmutzung durch schwer abbaubare Stoffe ist offensichtlich und sollte dazu führen, die Abwassersanierung im industriellen Bereich sicherzustellen. Die Gewässerbelastung mit schwer abbaubaren Stoffen ist sehr ernst zu nehmen, insbesondere auch deshalb, weil oft oberhalb wichtiger Trinkwassernutzungen erhebliche industrielle Abwassereinleitungen erfolgen.

Die entlang der Flußstrecke eingeleiteten Mengen an schwer abbaubaren Stoffen addieren sich im Gegensatz zu den leicht abbaubaren, die immer wieder zwischendurch zumindest teilweise abgebaut werden. Neben den organischen Chlorverbindungen (die am Niederrhein etwa 10% der gesamten organisch gelösten Substanz betragen), spielen besonders noch die Huminsäuren, Sulfonsäuren und Kohlenwasserstoffe eine wesentliche Rolle.

Huminsäuren sind als die sauren Zersetzungsprodukte pflanzlichen Materials natürlichen Ursprungs. Sie müssen bei der Trinkwassergewinnung entfernt werden. Bei den Sulfonsäuren spielen die aus der Zellstoffproduktion stammenden Ligninsulfonsäuren die wichtigste Rolle. Sie lassen sich durch geeignete Vermeidungsmaßnahmen in der Zellstoffindustrie zurückhalten. Kohlenwasserstoffe stammen aus der Mineralölbelastung der Gewässer (vorwiegend durch den Schiffsverkehr).

Salze stammen vorwiegend aus dem Bergbau und der Industrie und stellen daher nicht überall ein Problem dar (s. Teil III, S. 170 ff). Stark belastet sind der *Rhein* (mit einer Chloridkonzentration von etwa 250 g/m^3), die *Werra* und *Weser* (bis zu 2500 g/m^3 – eine zehnfach höhere aus den Kaligruben der *DDR* stammende Chloridkonzentration als im Rhein!), die *Mosel* und die *untere Lippe* (Grubenwasserableitungen). Die Salzfracht (Salzbergwerke) des Rheins stammt zum Teil aus der Einleitung von Abfallsalzen der Kaligruben im *Elsaß,* zum Teil aus deutschen Quellen in etwa gleicher Höhe (vor allem Kalziumchlorideinleitungen der Sodaindustrie).

Die Chloridfracht des Rheines ist besonders für Unterglaskulturen der niederländischen Landwirtschaft, für die Trinkwassergewinnung und für Korrosionsschäden von Bedeutung. Eine Überschreitung des Chloridrichtwerts (Cl) von 50 mg/l ist bereits für einige Kulturen kritisch, während der Chloridgehalt für die Trinkwassergewinnung 200 mg/l nicht überschreiten sollte. Bei höheren Werten steigen auch die Korrosionsschäden bei der Wasserversorgung und bei der Kühlwassernutzung (z. B. in Kraftwerken) steil an. Kritisch ist das mögliche Versickern der Sole aus undichten Stapelteichen für die regionalen Grundwasserreservoire (so im Elsaß bis 1976).

Als Vermeidungsmaßnahmen werden der Bau von Solepipelines, andere Trennungsmaßnahmen im Kalibergbau und Versenkung der Salzabwässer diskutiert und z. T. praktiziert. Solepipelines zur *Nordsee* bieten technische und wirtschaftliche Probleme (Korrosion, Verkrustung, Sicherheit, Energiebedarf, aufwendiges Sammlersystem, usw.), andere (z. T. Trockentrennungs-) Verfahren haben sich noch nicht allgemein eingeführt, und die in der Bundesrepublik praktizierte Versenkung der Salzabwässer stößt dann auf Grenzen, wenn die Grundwasserqualität beeinträchtigt wird.

Schwermetallverbindungen können schwerste gesundheitliche Schädigungen hervorrufen, wenn sie in Nahrungsketten und insbesondere in die menschliche Nahrung gelangen (s. Teil III).

Durch die Einleitung industrieller und gewerblicher Abwässer haben sich die Schwermetallkonzentrationen in den Gewässern in den letzten Jahrzehnten stark erhöht. Metalle wie Chrom, Kupfer, Eisen, Mangan, Kadmium, Nickel, Blei, Quecksilber reichern sich in den Sedimenten und Schwebstoffen an und gelangen von dort in die Nahrungsketten. In höheren Konzentrationen rufen sie in Organismen Wachstums- und Stoffwechselstörungen hervor. Über zulässige Grenzkonzentrationen und mögliche synergetische Effekte bestehen keine gesicherten Erkenntnisse.

Für die Vermeidung der Schwermetallemissionen gilt das gleiche wie bei den organischen Chlorverbindungen: die Schadstoffe lassen sich am wirksamsten und am wirtschaftlichsten am Ort ihrer Entstehung in den Industriebetrieben zurückhalten, bzw. durch die Einführung anderer Prozesse ganz vermeiden.

Abwärme im Kühlwasser von Kraftwerken und Industriebetrieben hat für die Organismenwelt der Flüsse und damit auch für Selbstreinigungsvorgänge erhebliche Bedeutung (s. Teil III, S. 121 ff). Warmwasserfahnen ziehen sich wegen nur allmählicher Durchmischung über lange Flußstrecken hin; die Aufwärmespannen können bis zu 10 °C betragen. Erhöhte Temperaturen reduzieren den Sauerstoffgehalt des Wassers und damit auch die Selbstreinigungskraft. Stenotherme (nur geringe

Temperaturschwankungen vertragende) Organismen wie z. B. viele Flußfischarten können im Bereich der Warmwasserfahnen nicht existieren, da deren Temperaturen sich bei Reparaturen und mit der abgegebenen Leistung abrupt ändern können.

Ein weiteres Problem besteht in der starken Aufwärmung des vom Kraftwerk in den Kondensator eingesaugten Wassers bis auf etwa 40 °C. Bei dieser Temperatur werden die Bakterienfresser (Rädertiere und Pantoffeltierchen, usw.) abgetötet; pathogene Bakterienarten finden auf der anderen Seite ideale Bedingungen vor. Beides führt zu einer weiteren Beeinträchtigung der Selbstreinigungskraft. Der Kühlwasserdurchsatz bei Flußkühlung beträgt bei einem 1000 MW-Kernkraftwerk etwa 50000 Liter pro Sekunde. Bei einem 1000 MW-Kernkraftwerk müssen etwa 1850 MW an Abwärme über das Kühlwasser abgeführt werden, bei einem mit fossilen Brennstoffen betriebenen 1000-MW-Kraftwerk sind es (wegen des höheren Wirkungsgrades und der Abwärme in den Abgasen) nur etwa 1150 MW. Die thermische Belastung der Flüsse durch Kraftwerke wird durch den Einsatz von Naß- oder Trockenkühltürmen verringert. Der Wasserverlust wird bei der Flußkühlung durch die bei höherer Temperatur erhöhte Verdunstung stark erhöht (bei einer Aufwärmespanne von 3 °C ergibt sich eine Verdopplung des natürlichen Wertes) und erreicht bei der Kühlung in Naßkühltürmen noch erheblich höhere Werte (Verlust etwa 3 % des Kühlwasserdurchsatzes). Entsprechend sind zumindestens lokale Einflüsse auf das Klima zu erwarten.

Radionuklide in Gewässern spielen vorläufig als Schadstoffe noch keine wesentliche Rolle (s. Teil III, S. 121 ff). Bei weiterem Zubau an Kernkraftwerken würde sich eine wachsende Belastung aus den Abgaben im Normalbetrieb oder bei Störfällen ergeben. Im Primärkreislauf der Kernkraftwerke entstehen u. a. die folgenden Radionuklide, die (im Normalfall in kontrollierten Dosen) an die Umwelt abgegeben werden: Tritium, Kobalt-58, Kobalt-60, Krypton-85, Strontium-89, Strontium-90, Jod-131, Xenon-131, Cäsium-134, Cäsium-137, Barium-140. Von diesen haben besonders Tritium (Halbwertszeit 12,3 Jahre) und Krypton-85 (9 Jahre), Strontium-90 (28 Jahre) und Jod-131 (8 Tage) einige Bedeutung. Krypton-85 wird in die Atmosphäre abgelassen, während Tritium entweder in die Atmosphäre oder ins Abwasser geleitet wird. Die Radionuklide können in Nahrungsketten um ein Vielfaches konzentriert und dann mit der menschlichen Nahrung aufgenommen werden.

3. Folgen der Belastungen für ökologische Systeme

Schäden an ökologischen Systemen des Wasserhaushalts haben selten eine einzige, leicht isolierbare Ursache. Meist wirken mehrere anthropogene Veränderungen hydrologischer Systeme oder anthropogene Schadstoffbelastungen über längere Wirkungsketten zusammen. Dabei können Rückkopplungen die sekundären, tertiären und weiteren Konsequenzen gelegentlich dämpfen, oft genug aber auch erheblich verstärken. Dies soll hier an zwei Beispielen gezeigt werden. Aus den Erfahrungen der Vergangenheit ergibt sich als wichtigste Folgerung, daß alle hydrologischen Eingriffe und alle Gewässerbelastungen nur nach gründlichsten Untersuchungen durchgeführt werden dürfen und sicherheitshalber auf ein absolutes Minimum beschränkt bleiben müssen. Diese Untersuchungen müssen alle Belange der betroffenen ökologischen Systeme berücksichtigen und daher interdisziplinär angelegt sein. Die Fehler der Vergangenheit – wie einseitig an den Interessen der Schiffahrt und der Energiewirtschaft ausgerichtete wasserbauliche Maßnahmen (vgl. Teil III, S. 186 ff), oder die einseitige Anpassung von Abwasserregelungen an privatwirtschaftliche Interessen unter Vernachlässigung lebenswichtiger ökologischer Kriterien (s. Teil III. S. 121 ff) – dürfen sich in Zukunft nicht wiederholen; es steht zu viel auf dem Spiel.

Auswirkungen von Eingriffen in hydrologische Systeme

Wasserbauliche Maßnahmen haben die meisten Wasserläufe verändert, oft mit ungewollten sekundären und tertiären Folgen (s. Teil III, S. 186 ff, S. 215 ff). Flußbegradigung, Kanalisierung und Eindeichung führen zur Verengung des Flußlaufs und zu erhöhtem Fließgefälle. Damit erhöht sich auch die Fließgeschwindigkeit und die Sohlenerosion (seit der *Tulla*-Korrektion beträgt sie am *Oberrhein* etwa 7 cm pro Jahr!). Hochwasserwellen können im vertieften und eingedeichten Flußbett nicht mehr ausufern, sich in der Auenlandschaft verteilen, ins Grundwasser versickern oder allmählich ablaufen, sondern bedrohen Gebiete flußab mit plötzlich auftretenden Flutmengen. Weitere Baumaßnahmen zum Hochwasserschutz werden erforderlich: Stromeindeichungen flußabwärts sowie Rückhaltebecken und Retentionsräume flußaufwärts. Da die oberen Grundwässer der Flußauen in den Fluß drainieren, ergibt sich mit der weiteren Vertiefung des Flußbettes durch Sohlenerosion auch ein Absinken des Grundwasserspiegels. Eine grundlegende Veränderung des Ökosystems ist die Folge.

So führte das ständige Absinken des Grundwasserspiegels im Oberrheingebiet (auch als Folge des Rheinseitenkanals auf der französischen Seite) zu einer allmählichen Versteppung der ursprünglich feuchten Auenlandschaft. Die Eindeichung und Kanalisierung läßt die Durchfeuchtung der Talaue durch Hochwässer nicht mehr zu und ermöglicht die landwirtschaftliche Nutzung weiterer Gebiete. Damit wird die natürliche ökologische Funktion der Auenlandschaft reduziert oder gar ausgeschaltet. Mit dem Verschwinden der Altwässer, Auenwälder und Riede verändert sich die Fauna drastisch. Brut- und Überwinterungsmöglichkeiten für Vögel verschwinden. Von 45 Brutvogelarten des Oberrheins sind 12 verschwunden, 12 zeigen einen starken Rückgang, 12 weitere sind stark gefährdet (6 Arten kamen neu hinzu). Die hydrologischen Veränderungen und Wasserbelastungen haben auch zu einer deutlich verminderten Artenzahl bei den Tieren des Ufer- und Bodenbereichs geführt: Für Ober- und Mittelrhein ergibt sich eine Verminderung der wirbellosen Tierarten von 82 auf 26. Die Bestandsverminderungen und Qualitätseinbußen haben praktisch zum Ende der Berufsfischerei am Rhein geführt.

Um die Flüsse schiffbar zu machen, werden Staustufen angelegt, die ihrerseits Konsequenzen für ökologische Systeme haben. Staustufen unterbrechen die Geschiebeführung des Stroms und führen damit zu vermehrter Geschiebeaufnahme unterhalb der Staustufe, womit sich wieder Schwierigkeiten für die Schiffahrt ergeben und neue Staumaßnahmen erforderlich werden. Staustufen bilden Barrieren für Fischwanderungen. Das Sauerstoffangebot im Wasser verschlechtert sich; die Stauhaltungen neigen zur Eutrophierung. Im Staubecken stellt sich eine andere Flora und Fauna ein (Stillwasserformen). Die erhöhte Sedimentation führt zur Abdichtung des Untergrunds und verhindert die Grundwassereinspeisung, was zu weiterem Absinken des Grundwasserspiegels führen kann.

Der in den Flußauen meist vorhandene Kiesabbau führt oft auf weiten Strecken (so am Oberrhein) zu zusätzlicher Veränderung der ökologischen Verhältnisse, zur Offenlegung der Grundwässer und damit zu weiterer Gefährdung der Grundwassermengen (Verdunstung) und der Grundwasserqualitäten (Verseuchungsgefahr durch Schadstoffe und Eutrophierung). Schließlich verursacht die Abwärmeeinleitung von Kraftwerken und Industrie ökologische Veränderungen (Veränderung der Organismenwelt und erleichterte Eutrophierung). Insgesamt führen die hier erwähnten Maßnahmen zur Verminderung der Selbstreinigungskraft des Flusses, zur Unterbrechung wesentlicher Nahrungsketten, zum Rückgang der ökologischen Produktivität und zu einem irreversiblen Rückgang der Artenzahl.

Aus diesen Erfahrungen der Vergangenheit sind einige wichtige Folgerungen zu ziehen:

1 Die Konsequenzen und die *ökologische Verträglichkeit* von Eingriffen in hydrologische Systeme müssen vorher eingehend und umfassend untersucht und geklärt werden, wobei nicht einseitige technische, wissenschaftliche, wirtschaftliche oder politische Interessen, Ansätze oder Kriterien zu einseitigen Abklärungen führen dürfen. Die ökologische Verträglichkeit, das möglichst störungsfreie Einfügen jeder Planung in bestehende ökologische Systeme, muß oberste Priorität erhalten (vgl. Teil III, bes. S. 186ff u. 215ff).
2 Bei allen hydrologischen Eingriffen muß in erster Linie die *Sicherung des Grundwassers* nach Qualität und Menge gewährleistet sein. Die Grundwasserproblematik ist deshalb besonders kritisch, weil eine einmal eingetretene Grundwasserverseuchung praktisch irreversibel ist (vgl. Teil II, bes. S. 77ff).
3 Hydrologische Eingriffe dürfen nicht durch Grundwasserabsenkung unter den Wurzelbereich die grundwasserabhängige *natürliche Pflanzenwelt*, wie auch die land- und forstwirtschaftliche Produktion und den *Landschaftscharakter* gefährden (vgl. Teil III).
4 Altflüsse und Auen müssen für die *biologische Reinigung*, für den *Hochwasserschutz* und als selbständige *natürliche Ökosysteme* hoher Vielfalt erhalten bleiben. Entsprechend sind vermehrt Naturschutzgebiete zu schaffen und bestehende soweit zu vergrößern, daß sie als autonome ökologische Einheiten bestehen können (vgl. Teil III, S. 186ff).

Folgen für Grundwassersysteme und Trinkwasserversorgung

Bei oberflächlicher Betrachtung mag man geneigt sein, einer Wasserverschmutzung eine zwar hohe, aber eben nur temporäre Bedeutung zuzumessen: Ist nicht die Gefährdung behoben, sobald der Schadstoff mit viel frischem Wasser ins Meer gespült worden ist und dort in unermeßlicher Verdünnung keinen Schaden mehr anzurichten vermag? Die Wirklichkeit sieht anders aus. In den hydrologischen Kreislauf eingeführte Schadstoffe können u. U. praktisch (für menschliche Zeitbegriffe) permanent darin verbleiben und durch ökologische Prozesse auf ein Vielfaches ihres ursprünglichen Gefährdungspotentials verstärkt werden (s. Teil III, bes. S. 152ff). Damit wächst auch die Gefährdung selbst dann, wenn durch Vermeidungsmaßnahmen zunehmend mehr Schadstoffe zurückgehalten werden, und sie wird selbst bei vollständigem Aufhören aller Schadstoffeinleitungen noch für Jahrzehnte und Jahrhunderte bestehenbleiben, da die Verweildauern im Grundwasser etwa 10 bis 10000 Jahre, im Ozean etwa 3000 Jahre betragen. Ähnliche Verweilzeiten ergeben sich in den organischen Stoffkreisläufen des fortwährenden

Fressens und Gefressenwerdens. Aus diesen Verweilzeiten folgt eine besondere Verantwortung des Menschen bei allen Eingriffen oder Belastungen des Wasserhaushalts.

Offensichtlich sind die gravierendsten Schädigungen langfristig von den schwer abbaubaren organischen Verbindungen, den Salzen, den Schwermetallverbindungen und den Radionukliden zu erwarten. Während das Eindringen von Salzabwässern die Grundwasserbestände dauerhaft verschlechtern oder auch unbrauchbar machen kann und damit vielerorts das Trinkwasserpotential erheblich reduzieren kann, so bergen Versalzungen dennoch nicht das Gefährdungspotential der anderen Stoffe: schwer abbaubare Verbindungen, Schwermetallverbindungen und Radionuklide können sich in Nahrungsketten millionenfach anreichern (s. Teil III, S. 152ff) und selbst dann gefährliche Konzentrationen erreichen, wenn sie ursprünglich in der Umwelt nur in kaum meßbarer Konzentration vor langer Zeit vorhanden waren. Im Hinblick auf diese Tatsache kann verantwortungsvolles Handeln nur bedeuten, daß unter allen Umständen vermieden werden muß, daß diese Stoffe in die Umwelt gelangen, auch dann, wenn erhebliche wirtschaftliche Nachteile in Kauf genommen werden müssen.

Entlang der großen Flüsse wird Uferfiltrat vielfach zur Aufbesserung der Grundwasserbestände oder direkt zur Trinkwasserversorgung verwendet. Diese Wasserversorgung ist aber z.B. am Rhein bereits stellenweise akut gefährdet. So betrugen z.B. am Unterrhein im Jahre 1976 die Maximalkonzentrationen bei Blei das 17fache, bei Quecksilber das 5fache, beim chemischen Sauerstoffbedarf (CSB) das 3fache und bei den Kohlenwasserstoffen das 20fache der Richtlinienwerte des Deutschen Vereins des Gas- und Wasserfachs (DVGW), der Fachvereinigung der für die Trinkwasserversorgung zuständigen Wasserfachleute (Umweltgutachten 1978). Neben der hohen Belastung durch Schwermetalle ist insbesondere die außerordentlich hohe Belastung durch schwer abbaubare organische Stoffe mehr als bedenklich. Diese Stoffe stammen vorwiegend aus der Industrie.

Diese Schadstoffe gefährden nicht nur die Gesundheit des Verbrauchers, sie erschweren auf der anderen Seite auch die Trinkwassergewinnung selbst (s. Teil II, S. 98ff). So blockieren die aus Zellstoffwerken und der Industrie stammenden Sulfonsäuren die Aktivkohle in den Wasserwerken, erschweren damit die Beseitigung von toxischen Substanzen und von Geruchs- und Geschmacksstoffen, beeinflussen die Flockungsvorgänge ungünstig und erschweren die Entfernung von Schwermetallen. Auch die besonders gefährlichen organischen Chlorverbindungen aus der Industrie und Landwirtschaft (Chloroform, Tetrachlorkohlenstoff, Tetrachloräthylen, Tetrachloräthan, Chlorphenole, Chlorbenzole, Polychlorbiphenyle [PCB], chlorhaltige Pestizide

[Lindan, Aldrin, u. a.], chlorhaltige organische Säuren) geraten u. U. ins Rohwasser, da sie weder durch biologische Selbstreinigung abgebaut, noch durch Uferfiltration im Boden absorbiert werden. Bei Mensch und Tier reichern sie sich im Fettgewebe in hoher Konzentration an und können hier besonders bei plötzlichem Verbrauch der Fettreserven zu Schädigungen führen.

Für die Uferfiltration und das Auffüllen von Grundwasserbeständen bedenklich ist auch die zunehmende Anreicherung der Sedimente in den Wasserläufen mit Schwermetallen, vor allem den besonders gefährlichen Blei, Kadmium und Quecksilber. Sedimentproben (z. B. im Bodensee[4]) zeigen eindeutig einen Zusammenhang zwischen der Ablagerung von Schwermetallverbindungen und zunehmender Industrieproduktion.

Die zunehmende Flußwasserverschmutzung stellt steigende, z. T. kaum erfüllbare Anforderungen an die Trinkwasseraufbereitung (s. Teil II, S. 98 ff). Trotzdem kann nicht vermieden werden, daß gesundheitsgefährdende Stoffe mit bekannten und vermuteten karzinogenen, mutagenen und teratogenen Wirkungen ins Trinkwasser gelangen. Darüber hinaus sind mögliche Summen- und Dauerwirkungen dieser Stoffe unerforscht.

Die Versorgungssicherheit der Trinkwasserversorgung ist noch auf eine andere, weniger offensichtliche Weise gefährdet: Die steigenden Anforderungen an die Trinkwasseraufbereitung führen zu zunehmender Technisierung und technischer Komplexität. Das Risiko durch technische oder menschliche Fehler erhöht sich dabei.

Bei der Bodenpassage von verschmutztem Flußwasser stellen sich weitere Effekte ein. Organische Stoffe (z. B. Mineralöle) führen zur Abdichtung der Bodenpassagen und zum Rückgang der Förderleistung. Während der Bodenpassage können gelöste Stoffe ausfallen und die Passagen verstopfen, wobei sich Depots von Eisen und Mangan bilden können. Bei starker Sauerstoffarmut können sich anaerobe Reduktionsprozesse einstellen, wobei sich Ammoniak und Schwefelwasserstoff bilden. Das rückgelöste Eisen und Mangan macht zusätzliche Aufbereitung erforderlich. Durch Hochchlorung zur Zerstörung organischer Substanzen bilden sich Halogenkohlenwasserstoffe und andere potentiell karzinogene Stoffe. Sind Phenole im Wasser anwesend, so bilden sich bei der Hochchlorung Chlorphenole, die Geruch und Geschmack des Wassers beeinflussen.

Auch aus diesen Erfahrungen sind Folgerungen zu ziehen:
1 *Grundwasserreservoire* müssen vor dem Eindringen von Schadstoffen unter allen Umständen geschützt werden (vgl. Teil II, S. 77 ff).
2 Ein wirksamer Schutz erscheint nur dann gewährleistet, wenn *Schadstoffe* am Ort ihrer Entstehung (vornehmlich in der Industrie) abge-

fangen und unschädlich gemacht werden, bzw. wenn durch den Übergang auf andere Prozesse das Entstehen gefährlicher Schadstoffe völlig vermieden wird (vgl. Teile II und III).
3 Die technischen Möglichkeiten zur *Aufbereitung von Trinkwasser* stoßen an Grenzen der Machbarkeit und der Kosten. Auch aus diesem Grund ist die Vermeidung von Schadstoffbelastungen am Entstehungsort vordringlich (vgl. Teil II, S. 98ff).

Zusammenfassende Beurteilung der Wasserproblematik und Prioritäten

Zum Abschluß soll der Versuch einer zusammenfassenden Beurteilung der Wasserproblematik unternommen werden, um damit Anhaltspunkte für die relative Dringlichkeit der verschiedenen Probleme und damit für die Prioritätensetzung zu erhalten. Die Darstellung ist notwendig vergröbernd und aggregiert und soll lediglich die relative Größenordnung der Probleme sichtbar machen.

Betroffen von der Wasserproblematik sind die Wasserversorgung, Ökosysteme, Landschaft und Landschaftsnutzung. Es sollen die folgenden betroffenen Systeme betrachtet werden:

Wasserversorgung
Oberflächenwasser (Qualität)
Grundwasservorrat (Qualität und Menge)
Trinkwasseraufbereitung
Abwasserreinigung

Ökosysteme
Funktion und Selbstreinigung von Ökosystemen
Arten, einschl. Fischerei
Anreicherung von Schadstoffen in Sedimenten und Nahrungsketten

Landschaft
Hochwasserschutz
land- u. forstwirtschaftliche Nutzung
Erholung
Landschaftscharakter

Die Verursacher lassen sich ebenfalls zu Gruppen aggregieren. Der obigen Diskussion entsprechend wird zwischen hydrologischen Eingriffen und Schadstoffbelastungen (einschl. Abwärme) unterschieden.

Hydrologische Eingriffe
Wasserbau

Bergbau und Kiesabbau
Siedlung, Industrieansiedlung und Verkehr
Grundwasserentnahme

Schadstoffbelastungen
Industrie
Elektrizitätswirtschaft
Landwirtschaft
Haushalte
Unfälle

Bei der Beurteilung ist es wichtig, zwischen dem *Gefährdungspotential* und der *Reversibilität* der Gefährdung zu unterscheiden. Die Größe des Gefährdungspotentials ist hier *(Tab. 2)* mit verschieden großen Kreisen angedeutet (drei Abstufungen, entsprechend drei verschiedenen Größenordnungen: geringe Gefährdung, Gefährdung, bedrohliche Gefährdung). Der Grad der Irreversibilität der Gefährdung wird in ähnlicher Weise mit verschieden großen Kreuzen angedeutet (mit den Abstufungen: fast reversibel, mittelfristig reversibel, praktisch irreversibel).

Die größte Dringlichkeit haben offensichtlich die gleichzeitig mit einem großen Kreis und einem großen Kreuz gekennzeichneten Probleme, bei denen also eine bedrohliche, praktisch irreversible Gefährdung vorliegt. Es sind dies die folgenden Probleme:
– *Verringerung der ökologischen Vielfalt* durch Maßnahmen des Wasserbaus (Verschwinden von Arten);
– *Grundwasserverschmutzung* durch Bergbau, Kiesabbau, Industrieabwässer, landwirtschaftliche Abwässer und Unfälle;
– *Schadstoffanreicherungen* in Ökosystemen durch die Abwässer der Industrie und der Landwirtschaft (vor allem Schwermetallverbindungen und chlorierte Kohlenwasserstoffe).

Die Aufmerksamkeit sollte sich zunächst vordringlich auf diese Problembereiche wenden. Hieraus ergeben sich als wichtigste Forderungen:
1. Bei allen wasserbaulichen oder anderen Eingriffen in hydrologische Systeme müssen *ökologische Belange* in Zukunft bereits bei der Planung ausschlaggebende Bedeutung erhalten.
2. Die Einleitung der *Schadstoffgruppen* ›schwer abbaubare organische Stoffe‹, ›Schwermetallverbindungen‹, ›Salze‹ und ›Radionuklide‹ *aus Punktquellen* wie der Industrie in Gewässer muß bereits am Ort der Entstehung (vorwiegend in der Industrie) durch geeignete Maßnahmen, u. U. durch einen Übergang auf alternative Prozesse wirksam verhindert werden.
3. Die Einleitung dieser *Schadstoffgruppen aus diffusen Quellen* (vor-

Tab. 2: Gefährdungspotential und Reversibilität von Gewässerbelastungen.

		Wasserversorgung				Ökosysteme			Landschaft			
	betroffene Systeme: → Verursacher: ↘	Oberflächenwasser	Grundwasservorrat	Trinkwasseraufbereitung	Abwasserreinigung	Funktion v. Ökosystemen	Arten, einschl. Fischerei	Schadstoffanreicherung	Hochwasserschutz	land- u. forstw. Nutzung	Erholung	Landschaftscharakter
hydrologische Eingriffe	Wasserbau	⊗	⊗	⊗	⊗	⊗	⊗	⊗	⊗	⊗	⊗	⊗
	Bergbau u. Kiesabbau	×	⊗	⊗	⊗	⊗	⊗	⊗	⊗	⊗	⊗	⊗
	Siedlung u. Verkehr	⊗	⊗	⊗	⊗	⊗	⊗	⊗	⊗	⊗	⊗	⊗
	Grundwasserentnahme	⊗	⊗	⊗	⊗	⊗	⊗	⊗	⊗	⊗	⊗	⊗
Schadstoffbelastungen	Industrie	×	⊗	×	⊗	⊗	⊗	⊗	⊗	⊗	⊗	⊗
	Elektrizitätswirtsch.	⊗	⊗	⊗	×	⊗	⊗	⊗	⊗	⊗	⊗	⊗
	Landwirtschaft	×	⊗	⊗	×	⊗	⊗	⊗	⊗	⊗	⊗	⊗
	Haushalte	⊗	⊗	⊗	⊗	⊗	⊗	⊗	⊗	⊗	⊗	⊗
	Unfälle	×	⊗	×	⊗	×	⊗	⊗	⊗	⊗	⊗	⊗

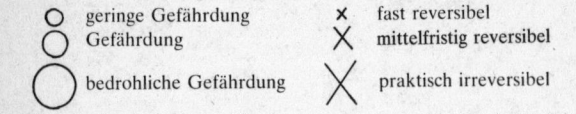

○ geringe Gefährdung × fast reversibel
◯ Gefährdung ✕ mittelfristig reversibel
⬯ bedrohliche Gefährdung ✗ praktisch irreversibel

wiegend der Landwirtschaft: Pestizide, quecksilberhaltige Beizen, Düngemittel usw.) muß langfristig durch Entwicklung und Einsatz leicht abbaubarer gefahrloser Mittel und durch alternative Produktionsmethoden (ökologischer Landbau), kurzfristig durch Begrenzung des Einsatzes auf das absolut Unumgängliche vermindert bzw. verhindert werden.
4. Die *Grundwasservorräte* sind unter wirksamen gesetzlichen Schutz zu stellen, da sie die Lebensbasis für zukünftige Generationen und Vorbedingungen für einen intakten Wasserhaushalt und für funktionierende Ökosysteme sind.

Anmerkungen

1 vgl. besonders: Rat von Sachverständigen für Umweltfragen: Umweltgutachten 1978, Stuttgart und Mainz 1978, S. 92–110; sowie: Rat von Sachverständigen für Umweltfragen: Umweltprobleme des Rheins, Stuttgart und Mainz 1976. Der vorliegende Beitrag beruht im wesentlichen auf diesen beiden Gutachten. Von dort übernommene Angaben wurden im Text nicht einzeln belegt.
2 Preliminary Assessment of Suspected Carcinogens in Drinking Water. Report to Congress, Environmental Protection Agency (EPA), Dec. 1975, Washington D.C.; sowie z.B. H. Anna, J. Alberi: »Herkunft und Verwendung von Organohalogenverbindungen und ihre Verbreitung in Wasser und Abwasser«. Wasser, Berlin 1977, Kongreßvorträge 1978. Siehe auch Teil II.
3 Umweltgutachten 1978, a.a.O., S. 93.
4 Umweltgutachten 1978, a.a.O., S. 107.

Jürgen Hübner

Wegzeichen einer ökologischen Ethik

I. Wurzeln gegenwärtiger Umweltprobleme

1. Die natürlichen Lebensbedingungen auf der Erde werden durch die menschliche Zivilisation immer stärker verändert. Die zunehmende Ausbreitung menschlicher Siedlungen führt zu einer allgemeinen Zersiedelung der Landschaft. Der fortschreitende Ausbau von Industrie- und Energiegewinnungsanlagen sowie die immer großflächigere Gewinnung und Ausbeutung von Rohstoffen belastet Pflanzen- und Tierwelt, Luft, Wasser und Erde immer stärker. Angesichts der Endlichkeit der Lebensmöglichkeiten auf der Erde, die durch das Wachstum der Erdbevölkerung verschärft ins Bewußtsein tritt, werden die Auswirkungen der Zivilisation bereits heute als krisenhaft bezeichnet. Die Verwandlung unserer Flüsse von differenzierten Lebensgemeinschaften, an denen auch der Mensch unmittelbar Anteil hatte, zu funktionalisierten Wirtschaftsfaktoren mit entsprechenden Qualitätseinbußen ist dafür ein sprechendes Beispiel.
2. Viele künstliche Einwirkungen auf Natur und Mensch sind unabhängig voneinander in Gang gesetzt worden. Sie wirken aber heute zusammen. Ihre Kombination erhöht deren schädliche Folgen in einem Maße, das bis jetzt noch nicht durchschaut werden kann. Die Erforschung dieser Zusammenhänge steht noch immer in den Anfängen. Der Forschungsaufwand, der hier notwendig wäre, wirft auch schnell die Frage auf, was ökonomisch noch vertretbar ist. Die Probleme, die zu lösen sind, hängen aber grundsätzlich mit dem Fortschreiten der Wissenschaft und der von ihr erschlossenen Produktionsmöglichkeiten zusammen. Dieser Fortschritt hat die Qualität modernen Lebens wesentlich ermöglicht. Heute zeigt sich jedoch, daß er sie von einem bestimmten Entwicklungsstadium ab zugleich bedroht. Soll Lebensqualität dauerhaft erhalten bleiben und für diejenigen, die noch nicht Anteil daran haben, geschaffen werden, muß darüber nachgedacht werden, worin sie eigentlich besteht und wo die rechten Maße liegen, die Mensch und Natur zuträglich sind.
3. Zugleich muß geklärt werden und stärker ins Bewußtsein treten, wie

Wissenschaft arbeitet, was sie vermag und wo ihre Grenzen liegen. Die Wissenschaft verdankt ihr Fortschreiten wachsender Differenzierung und Spezialisierung. Je genauer bestimmte Bereiche der Natur und des menschlichen Lebens erforscht werden, desto größer ist der Bedarf an technischem und organisatorischem Aufwand. War Naturwissenschaft früher noch durch einzelne Forscherpersönlichkeiten symbolisiert, die Hervorragendes geleistet hatten, so gibt es sie heute fast nur noch als Großforschung, an der viele verschiedene Wissenschaftler beteiligt sind und jeder in einem Projekt seinen ganz speziellen Platz zugewiesen bekommt. Je mehr spezielles Wissen vorliegt und je stärker sich entsprechende Forschungsvorhaben ausweiten, um so weniger überschaubar wird schon das eigene Fachgebiet. Entsprechend verringert sich die Fähigkeit, Vorgänge und Erkenntnisse in anderen wissenschaftlichen Arbeitsbereichen nachzuvollziehen.

4. Je mehr fachliche Spezialgebiete entstehen, desto schwieriger wird es, sie miteinander in Beziehung zu setzen und aufeinander abzustimmen. Notwendiges Fachwissen in dem eigenen Fachgebiet schließt faktisch immer stärker aus, auch in anderen Bereichen hinreichendes Wissen zu erwerben. Die wissenschaftlichen Fachsprachen vervielfachen sich, werden immer einseitiger und lassen deshalb Übersetzungen ineinander immer weniger zu. Dem Nicht-Fachmann bleiben sie verschlossen. Der wissenschaftliche Fortschritt führt auf diese Weise zu steigender Isolierung seiner Teilnehmer. Das begünstigt die Undurchschaubarkeit künftiger Entwicklungen und kann damit den Sinn, die »Wahrheit« an sich richtiger Forschungsergebnisse in Frage stellen. Daraus ergeben sich Rückwirkungen bis in die geistige und seelische Verfassung des einzelnen Wissenschaftlers hinein, der Verantwortung wahrzunehmen hat.

5. Spezialisierung und Kommunikationsverlust sind Folgen der naturwissenschaftlichen Methode. Sie bestimmt weithin auch die modernen Sozialwissenschaften. Die wissenschaftliche Erforschung von Sachzusammenhängen erfordert die methodische Konzentration auf einen bestimmten Sachverhalt, der durch Beobachtung, Hypothesenentwicklung, Experiment und Theoriebildung analysiert wird. Alle anderen Beziehungen müssen notwendig abgeblendet werden und kommen in der entsprechenden Untersuchung deshalb nicht vor. Das gilt insbesondere für den Lebenszusammenhang und seine biographische Qualität im ganzen. Wenn ein einzelnes, begrenztes Sachproblem bearbeitet wird, müssen persönliche, familiäre und Gemeinschaftsinteressen in der Regel beiseite gelassen werden, dürfen subjektive Befindlichkeiten von Menschen keine Rolle spielen.

6. Daß in dieser Situation eine umfassende Integration wissenschaftli-

cher Arbeit notwendig ist, ist heute erkannt. Kybernetische, informationstheoretische und systemtheoretische Ansätze versuchen, Abhilfe zu schaffen. Doch unterliegen diese Wissenschaften ihrerseits dem gleichen Zwang zur Spezialisierung. Der Versuch, den Zusammenhang der Ergebnisse der spezifischen Einzelwissenschaften zu erfassen und zu beschreiben, spaltet sich seinerseits in eine Vielzahl von Einzelwissenschaften auf, die wiederum auf isolierende Fachsprachen angewiesen sind. Computerwissenschaft, Soziologie, Linguistik und Wissenschaftstheorie bilden hier sprechende Beispiele. Aber auch die rein naturwissenschaftliche Ökologie kann man hier anführen. Die neuen Arbeitsfelder integrierender Wissenschaften reichen zwar weiter und umfassen mehr als die traditionellen Spezialgebiete der Forschung, die Arbeitsergebnisse stellen aber auch entsprechend größere Abstraktionen dar und entfernen sich damit immer stärker von der eigentlichen Lebenswirklichkeit selbst.
7. Das Dilemma des innerwissenschaftlichen Kommunikationsmangels wirkt sich in der technischen Anwendung wissenschaftlicher Forschungsergebnisse und in deren wirtschaftlicher Nutzung aus. Einsatz von Technik bedeutet Eingriffe in gewachsene oder geschichtlich entstandene Lebenszusammenhänge. Diese werden damit in der Regel verändert, gestört oder auch zerstört. Mit steigender Effektivität der Technik und wachsender Produktivkraft wachsen der Umfang und die Bedeutung solcher Eingriffe. Haben Technik und Ökonomie als angewandte Wissenschaften an der Spezialisierung von Wissenschaft überhaupt teil, so teilen sie auch deren Kommunikationsdefizit. Das kann sich für den Lebensraum, in dem sie zur Anwendung kommen, verhängnisvoll auswirken. Übergreifende Planungen auf hohem Abstraktionsniveau können der Bedürfnisse individuellen Lebens vielfach gar nicht mehr ansichtig werden. Sie sind dann unter Umständen auch nicht mehr in der Lage, auf diese noch Rücksicht zu nehmen. Die Verkehrsplanung der letzten Jahre beispielsweise macht an vielen Stellen genau diesen Eindruck.
8. Natur existiert heute faktisch nur noch als mit dem Menschen vergesellschaftete Natur. Selbst Naturreservate, die ursprüngliche, ohne Einfluß des Menschen gewachsene Landschaften erhalten sollen, unterliegen der Planung und Kontrolle von seiten des Menschen. Die Erforschung der Natur geschieht demgemäß weitgehend nicht mehr um der Erkenntnis ihrer selbst, sondern gezielt um spezifischer menschlicher Interessen willen. Sie steht damit ebenso wie Humanwissenschaften und Ökonomie zu einem großen Teil unmittelbar in wirtschaftspolitischen Zusammenhängen. Natur wird faktisch im Widerstreit menschlicher Interessen bis hin zur Vernichtung verbraucht. Das schlägt aber letztlich auf den Menschen selbst zurück.

9. Die jungen ökologischen Wissenschaften und ökologisch reflektierte Technologien und Produktionsweisen versuchen hier gegenzusteuern. Sie versuchen, neue Kosten-Nutzen-Relationen zu entwickeln oder doch Korrekturfaktoren in die geltenden Kosten-Nutzen-Kalküle einzubeziehen, um langfristige Zukunftsperspektiven stärker gegenüber kurzfristigen Zwängen zu berücksichtigen. Entsprechende Forschungen, Planungen und Nutzanwendungen befinden sich meist freilich noch ganz in den Anfängen. Doch bleibt der zur Wissenschaft gehörige Zwang zur Spezialisierung auch hier bestehen. Er wirkt der vermittelnden Funktion der Ökowissenschaften und entsprechender ökonomischer Anwendungen entgegen. Sind Natur- wie Sozialwissenschaften allgemein durch die Abblendung anderer Aspekte des Gesamtzusammenhangs von Wirklichkeit konstituiert, so kann dieser durch die Wissenschaft allein kaum eingeholt werden. Dazu bedarf es der Einführung ethischer Gesichtspunkte.
10. Biologische Aspekte, die eingebracht werden können, betreffen die vielfache wechselseitige Vernetzung, die jede Lebensgemeinschaft grundlegend charakterisiert, und deren ständige Weiterentwicklung. Die Funktionsfähigkeit von Ökosystemen beruht auf dem lebendigen Gleichgewicht aller ihrer Teile und Faktoren. Jede Art von Veränderung hat eine neue Einstellung dieses Gleichgewichtes, im Extremfall ihren Kollaps und damit die Zerstörung des Systems zur Folge. Die hier herrschenden, vielfältig miteinander verbundenen Regelkreise müssen durchschaut und beachtet werden, wenn Lebensqualität erhalten oder verbessert und nicht vermindert werden soll. Dabei ist im Gedächtnis zu behalten, daß die gegenwärtige irdische Biosphäre in 3,5 Milliarden Jahren gewachsen ist und auf weiteres natürliches Wachstum angelegt ist. Natürliche Entwicklung ist durch organische Reifungsprozesse bestimmt, die auf Entfaltung angewiesen sind. Für das menschliche Handeln können diese Voraussetzungen irdischen Lebens durch qualitative Leitwerte beschrieben werden. Diese müssen technizistisch-quantitative und rein ökonomische Wachstumsvorstellungen korrigieren und kontrollieren. Als solche Leitwerte können (in der Sprache der Systemtheorie) benannt werden: Erhaltung, Versorgung, Sicherheit, Handlungsfreiheit, Wandlungsfähigkeit, Wirksamkeit, Berücksichtigung anderer, psychische Bedürfnisse. Die Art, diese Gesichtspunkte zu formulieren und einzubringen, hat aber ihrerseits immer noch an der technischen Denkungsart teil. Da hier *menschliche* Entscheidungen gefällt werden müssen, besteht darüber hinaus die Notwendigkeit eines noch fundamentaleren ethischen Ansatzes.
11. Die Frage ist, ob staatliche Verwaltungsinstanzen die bisherigen Defizite der Anwendung von Wissenschaft und Technologie ausglei-

chen können. Sie haben insbesondere als Exekutive an der gleichen Problematik teil wie die Instanzen moderner Wissenschaft und Wirtschaftsführung. Sie müssen sich ihrerseits funktional auf bestimmte Aufgaben spezialisieren, um effizient arbeiten zu können. Damit fällt die Bearbeitung anderer Aufgabenbereiche von möglicherweise gleicher Wichtigkeit weitgehend aus. Die Verhaltensmuster innerhalb der Verwaltung sind vielfach an technischen und juristischen Sachzwängen und an den herrschenden wirtschaftlichen und politischen Notwendigkeiten orientiert und nicht an aktuellen ökologischen Gegebenheiten. Bis neue, wichtige Erkenntnisse in Verordnungen und Gesetzestexte Eingang gefunden haben, sind irreversible Umweltschäden oft nicht mehr aufzuhalten. Zudem steht dann noch ihre Durchsetzbarkeit im Rahmen gegenwärtiger Personalkapazitäten vielfach durchaus in Frage. Individuelle ethische Integrität der einzelnen Politiker, Beamten und Angestellten kann daran oft genug nur wenig ändern.
12. Grundsätzlich muß bedacht werden, daß ethische Einstellungen mit den gegebenen Sachzusammenhängen ihrerseits vielfältig vernetzt sind. Natürliche, wirtschaftliche und soziale Bedingungen spiegeln sich in Individuen wider und Menschen bestimmen als beteiligte Subjekte umgekehrt die Gestaltung ihrer Lebensbedingungen einschließlich der wissenschaftlichen Erhebung dazu dienlicher objektiver Fakten wesenhaft mit. Dann kann und muß aber auch in den überindividuellen Funktionszusammenhängen, in denen zunehmend gewisse Eigengesetzlichkeiten beobachtet werden, dennoch das Menschliche konstitutiv mit berücksichtigt werden. Zur Qualität menschlichen Lebens gehören persönliche Kreativität und Spontaneität ebenso wie Verträglichkeit und Korrekturfähigkeit von Fehlern. Wahrhaft menschlich wird menschliches Leben erst durch bewußte leidenschaftliche Beteiligung am Leben, in der das emotionale Moment die gleiche Bedeutung gewinnt wie das rationale. Wissenschaft verallgemeinert und nivelliert individuelle Ausprägungen des Lebens. Das wirkt sich auf moderne Lebensgestaltung aus. Alte und neue Traditionen kultureller Art müssen demgegenüber neu in die wissenschaftsgeleitete Zivilisation eingeholt und kreativ zur Geltung gebracht werden.

II. Perspektiven für eine ökoethische Neuorientierung

13. Die vielfältige wechselseitige Abhängigkeit der menschlichen Zivilisation und ihrer natürlichen Lebensbedingungen erfordert eine Ethik menschlichen Handelns, die dem Gesamtzusammenhang der

Biosphäre physisch und psychisch gerecht wird. Die gegenwärtig gültigen ethischen Normen unserer Gesellschaft sind weitgehend nur am menschlichen Individuum orientiert und können daher das Interesse der menschheitlichen Gesamtgesellschaft und ihres Lebensraumes nicht ohne weiteres abdecken. Deshalb wird von verschiedenen Seiten, auch von Natur- und Sozialwissenschaftlern, die Forderung nach neuen ethischen Grundlagen des Handelns erhoben. Institutionen und Organisationen sind offen geworden für die Neuorientierung ihrer ethischen Leitlinien. Diese Offenheit verstärkt zugleich die Tatsache, daß ethische Grundsätze nicht von selbst wirksam sind, sondern politisch durchgesetzt und juristisch abgesichert werden müssen.

14. Die gegenwärtigen Möglichkeiten technischer Weltgestaltung sind weitgehend im Zusammenhang der abendländischen Kultur mit ihrer Verbindung von technischem Können, griechischer, später lateinischer Philosophie und Logik und christlicher Freiheit entstanden. In dieser Tradition sind auch die ethischen Verwurzelungen modernen Lebens zu suchen. Entwickelt die heutige Technologie sich ständig beschleunigende Eigengesetzlichkeiten, denen die klassische Ethik nicht mehr nachkommen kann, so eröffnet sich damit eine neue Dimension von Ethik. Hat sich der moderne Lebensstil jedoch im Zuge der Entstehungsgeschichte der gegenwärtigen Zivilisation entwickelt, so ist zur Bewältigung der anstehenden Probleme die Geschichte abendländischer Sittlichkeit mit einzubeziehen. In ihr durchdringen sich faktisch freilich Gebrauch und Mißbrauch menschlicher Freiheit. Die christlichen Elemente unserer Tradition enthalten jedoch spezifische Angebote von Denk- und Handlungsmöglichkeiten, die gegenwärtige Zwänge unterlaufen und Wege eröffnen, die aus der Krise herausführen können.

15. Das christliche Weltverständnis sieht menschliches Leben und ebenso die technischen Möglichkeiten des Menschen in engstem Zusammenhang mit seiner Umwelt, dem natürlichen Lebensraum. *»Macht euch die Erde untertan!«* ist darüber hinaus ein göttliches Gebot, das die Erde dem Menschen anvertraut. Der Christ hat als Miterbe Jesu Christi noch besondere Verantwortung. Widerspricht das Gebot der Nächstenliebe einer Ausbeutung des Menschen durch den Menschen, so ist damit eine Grundhaltung angesprochen, der auch eine Ausbeutung der Natur zum bloßen Nutzen des Menschen zuwider ist. Ist christliches Ethos auf Gerechtigkeit aus und geht es ihm insbesondere um das Recht des Schwächeren, so ist davon die nichtmenschliche Natur prinzipiell nicht ausgeschlossen. Der christliche Ruf zur Feindesliebe, der auch für den Gegner und sein Recht auf Entfaltung kämpft, muß sich auch auf die Begegnung

mit der »feindlichen« Natur, insbesondere auf die Auseinandersetzung mit dem Entfaltungswillen von Tieren und Pflanzen auswirken. Die Begründung liegt im Gedanken der gemeinsamen Geschöpflichkeit von Mensch und Natur: Von Gott, dem Schöpfer, sind alle Dinge und Lebewesen dieser Welt zu einer einzigen Lebensgemeinschaft berufen. Dem entspricht die Erwartung einer Zukunft, in der nicht die Macht des Stärksten, sondern der Lebenssinn auch des Schwächeren und Geringsten nach Gottes Willen zur Erfüllung kommt. Die Kategorie der Nützlichkeit wird damit durch die der Barmherzigkeit und Mitverantwortung ersetzt oder ergänzt.

16. Eine Gesellschaft, die sich auf die ethischen Werte des Christentums beruft, und die Kirchen als spezifische Tradenten christlicher Lebenseinstellung haben damit die Aufgabe, auch Anwalt der stummen Schöpfung im Lebenszusammenhang der modernen Zivilisation zu sein. Damit ist ein Ethos benannt, das auch im Zusammenhang gegenwärtiger Evolution die eigene vielfältige Geschöpflichkeit der Natur anerkennt und den technischen Umgang mit Natur als ein Feld echter ethischer Konflikte erkennt. Menschliches Leben ist Leben inmitten von Leben, das auch leben will *(Albert Schweitzer)*. Der Mensch muß um der Zusammengehörigkeit allen geschöpflichen Lebens willen der nichtmenschlichen Natur ausdrücklich ein eigenes Recht auf Leben zusprechen.

17. Ethisches Verhalten, das den kulturellen Zusammenhang der menschlichen Zivilisation ernst nimmt, kann sich deshalb nicht nur wissenschaftlich orientieren. Es muß sich darüber hinaus in lebendiger, existentieller Teilnahme auf den Lebenszusammenhang der Schöpfung selbst einlassen und darin seine Verantwortung wahrnehmen. Das schließt die Verpflichtung ein, die geschichtliche Kontinuität zu gewachsenen Lebensverhältnissen zu wahren. Damit ist eine freiwillige Selbstbegrenzung und Selbstbeschränkung gefordert. Die geistige und damit vordergründig auch physische Überlegenheit des Menschen über die übrige Natur ermächtigt ihn nicht zur Ausbeutung, sondern verpflichtet ihn zur Erhaltung und Förderung der Grundlagen des jedem Geschöpf verliehenen Lebens, so sehr dies fortan ein mit dem Menschen verbundenes Leben sein wird.

18. Ein gravierendes Defizit traditioneller Ethik ist vielfach deren ausschließliche Orientierung am Menschen. Die menschliche Verantwortung für Um-, Mit- und Nachwelt erfordert demgegenüber ein Ethos, das über die Ausrichtung auf den Menschen hinaus die Vielfalt der Beziehungen innerhalb des Gesamtzusammenhangs der Natur wahrnimmt und schützend bewahrt. Wichtig für die Überwin-

dung der gegenwärtigen Krisenerscheinungen sind daher einerseits sehr wohl die weitere Erforschung und die Verfeinerung der wissenschaftlichen und technischen Möglichkeiten und wirtschaftlichen Verhaltensweisen samt ihren Zielvorstellungen, sofern sie für Umgestaltung, Anpassung und Änderung offen sind. Andererseits ist aber der moralische Wille entscheidend, die Mängel und Gefahren einseitiger Orientierung an bloß menschlichen (und damit kurzfristigen) Bedürfnissen um der betroffenen Natur selbst willen auszugleichen. Ohne diesen Willen werden faktisch immer mehr Lebenszusammenhänge zerstört, die in Wahrheit die Bedingungen menschlicher Kultur und menschlichen Überlebens überhaupt ausmachen.

19. Ethische Verantwortung für die Natur darf sich nicht in das Getto nostalgischer Naturromantik abdrängen lassen. Der Lebenszusammenhang der Natur ist letztlich auch der des Menschen. Eben deshalb darf die Lebens*gemeinschaft* von Mensch und nichtmenschlicher Natur nicht aufgelöst werden. Der Mensch muß sich in dieser Gemeinschaft als Mensch, der zugleich Naturwesen ist, verantworten. Er realisiert seine Würde nur, wenn er sich hier als Partner und nicht als willkürlicher Herrscher oder gar Ausbeuter verhält. Partnerschaft hat ethisch prinzipiell Vorrang vor anthropozentrischem Eigennutz. Daran hängt nicht nur der Sinn des eigenen Lebens. Wenn die Entwicklung des Lebens auf der Erde zum Menschen geführt hat und weitgehend in seiner Hand die Fortsetzung dieser Evolution liegt, so entscheidet sich an ihm gewissermaßen auch ihr eigener Sinn. So weit reicht heute menschliche Verantwortung. Um sie zu erfassen, müssen individuelle, Sozial- und Ökoethik zu einer einheitlichen, gemeinsamen Arbeitsweise zusammenfinden.

20. Erzeugung industrieller und landwirtschaftlicher Produkte und Dienstleistungen, Landschaftsgestaltung und Siedlungswesen und die Erhaltung und Ausbildung einer geistigen Kultur der Menschen müssen mit dem organismischen Leben und seinen natürlichen Bedingungen auf der Erde in einem einzigen, alle und alles umschließenden Zusammenhang gesehen werden. Ihn als unteilbaren Lebensstrom zu verstehen, stellt eine überlebensnotwendige Ergänzung dar gegenüber dem vorherrschenden Spezialisierungstrend der modernen Wissenschaften. Diese geschichtliche Ganzheit wahrzunehmen, sie jeweils neu gelten zu lassen und das politische und gesellschaftliche Handeln darauf auszurichten, dürfte das grundlegende ethische Gebot unserer Zeit sein. Der Wille, alle notwendigen speziellen Aufgaben wissenschaftlicher, wirtschaftlicher und gesellschaftspolitischer Art dem Blick für das gemeinsame Ganze des Lebenszusammenhangs von Mensch und Umwelt ein- und un-

terzuordnen, eröffnet die Kommunikation und Kooperation der Menschen untereinander in und mit ihren natürlichen und gestalteten Lebensräumen. Ein solcher *Wille* zu gemeinsamem Leben auf der Erde im weitesten Sinne ist die Voraussetzung nicht nur für bloßes Überleben, sondern für ein Leben, das lebenswert genannt zu werden verdient.

21. Im Horizont der geschilderten ökoethischen Voraussetzungen gilt es, lebensnahe Utopien in Gestalt von Modellen ökologischer Vernunft zu entwickeln. Leitprinzip wäre hier die Steuerung ökologischer Gleichgewichte durch die Selektion dessen, was ökoethisch vertretbar ist. Eine weltweite, nationale und internationale ökologische Befriedung bedarf einer sorgfältigen Abstimmung von Ökologie und Ökonomie, erhöhter Sorgfalt bei der Anwendung von Technik im Sinne einer symbiontischen Orientierung des technischen Fortschritts in kurz-, mittel- und langfristiger Planung, einer Planung, die selbst eingebettet sein muß in die vielfältigen Lebensprozesse auf der Erde. Dabei sind die kommunalen und regionalen Problemaspekte ebenso sorgfältig zu bedenken wie die globalen der Ost-West- und Nord-Süd-Beziehungen bis hin zur Sicherung des Lebens künftiger Generationen. Die menschlichen Grundrechte müssen dafür in einem umfassenden ökologischen Rahmen bedacht und bestimmt werden.

22. Alternative Denk- und Lebensstile können sich für die Entdeckung von umwelt- und lebensfreundlichen Innovationen als förderlich erweisen. Die Aktivitäten einzelner und von kleinen Gruppen, die sich von neuem auf ein einfaches, möglichst »natürliches« Leben besinnen und entsprechende Wirtschafts- und Sozialformen probieren und zu leben versuchen, können hier von zeichenhafter Bedeutung sein. Sie lassen sich gewiß nicht verallgemeinern. Anzustreben wäre aber so etwas wie eine ökologische Mitbestimmung bei der Planung technischer Weiter- und Neuentwicklungen und ihres Einsatzes unter der Leitfrage, was dem Menschen in seinen alten und neuen Lebensräumen im Sinne eines erfüllten Daseins denn guttut. Die ökologischen Erfordernisse der Umweltkrise machen freilich in der gegebenen gesellschaftlichen Situation auch und vorwiegend einen Restriktionsrahmen notwendig, der Umwelt- und auch finanzielle Steuergesetze umfaßt. Umgekehrt gilt es, alternative Technologien, die die vorgegebenen Lebensbedingungen erhalten und möglicherweise verbessern, gezielt zu fördern. In dieser Richtung muß konsequent und schöpferisch weitergedacht und gehandelt werden. Daß hiermit auch eine zentrale bildungspolitische Aufgabe benannt ist, liegt auf der Hand.

Literaturangaben

1 Altner, Günter, Schöpfung am Abgrund. Die Theologie vor der Umweltfrage. Neukirchen-Vluyn: Neukirchener Verlag 1974.
2 Altner, Günter, u. a. (Hg.), Zur Theologie der Natur. In: *Evangelische Theologie* 1/1977 mit Beiträgen von: Meyer-Abich, K.; Stock, K.; Dembowski, H.; Hübner, J.; Altner, G.
3 Améry, Carl, Natur als Politik. Die ökologische Chance der Menschen, Reinbek 1976.
4 Birnbacher, Dieter (Hg.), Ökologie und Ethik, Stuttgart (Reclam-Universal-Bibliothek [Nr. 9983]) 1980.
5 Bossel, Hartmut, Bürgerinitiativen entwerfen die Zukunft – Neue Leitbilder, neue Werte, 30 Szenarien. Frankfurt 1978.
6 Cobb, John B., jr., Der Preis des Fortschritts. Umweltschutz als Problem der Sozialethik, München 1972.
7 Eisenbart, Constanze (Hg.), Humanökologie und Frieden, Stuttgart 1980.
8 Eppler, Erhard: Ende oder Wende – Von der Machbarkeit des Notwendigen, München 1979.
9 Faith and Science in an Unjust World. Report of the World Council of Churches' Conference on Faith, Science and the Future, Vol. I: Plenary Presentations, ed. by Shinn, Roger L.; Vol. II: Reports and Recommendations, ed. by Abrecht, Paul. Genf: World Council of Churches 1980.
10 Jensen, Ole, Unter dem Zwang des Wachstums – Ökologie und Religion, München 1977.
11 Krolzik, Udo, Umweltkrise – Folge des Christentums?, Stuttgart (u. a.) 1980.
12 Liedke, Gerhard: Im Bauch des Fisches. Ökologische Theologie. Stuttgart/Berlin 1979.
13 Meyer-Abich, Klaus M. (Hg.), Frieden mit der Natur, Freiburg 1979.
14 Müller, A. M. Klaus (Hg.), Zukunftsperspektiven zu einem integrierten Verständnis der Lebenswelt, Stuttgart 1976.
15 Pies, Eberhard (Hg.), Überleben wir die Zukunft? Umweltkrise – materielle und ethische Aspekte, Stuttgart 1979.
16 Schmidt, Wilhelm (Hg.), Verantwortung für die Zukunft – Hoffnung und Verhängnis des Fortschritts, Gütersloh 1980.
17 Schweitzer, Albert, Die Lehre von der Ehrfurcht vor dem Leben, Grundtexte aus fünf Jahrzehnten. München 1966.
18 Steck, Odil H., Welt und Umwelt, Stuttgart 1978.
19 Weizsäcker, Ernst von (Hg.): Humanökologie und Umweltschutz. Studien zur Friedensforschung 8. Stuttgart (u. a.) 1972.

Hartmut Bossel / Hans-Joachim Grommelt /
Kurt Oeser

Forderungen[*]

Die Bestandsaufnahme der Situation der Wasserversorgung und des Gewässerschutzes in diesem Buch läßt erkennen, daß trotz Umweltschutzbemühungen auf vielen Ebenen beunruhigende Entwicklungen weiter voranschreiten und daß krisenhafte Zustände im Wasserbereich für die Zukunft nicht ausgeschlossen werden können.

Auf diesem Hintergrund haben wir den folgenden Forderungskatalog zusammengestellt. Er wendet sich an alle, die in Politik, Verwaltung und im Privatbereich Verantwortung tragen.

Der Katalog umfaßt Forderungen, die früher oder später erfüllt werden müssen, um Wasserkrisen zu vermeiden. Einige der Forderungen müssen dringend und bald erfüllt werden, andere haben etwas mehr Zeit. Alle aber werden uns in den nächsten Jahren und Jahrzehnten durch zunehmenden Problemdruck einsichtiger und dringender werden, als sie es heute noch sind.

Die meisten dieser Forderungen sind im Prinzip nicht neu. Zu vielen lassen sich Einzelbeispiele für Lösungen oder begonnene Abhilfen anführen. Diese dürfen jedoch nicht davon ablenken, daß die hier genannten Probleme in ihrer ganzen Breite noch nicht bewältigt sind.

Was getan werden muß, ist heute bekannt. Wir haben versucht, es in diesem Katalog relativ vollständig niederzulegen. Auch wenn die Fülle der Forderungen zunächst entmutigen mag: die Probleme müssen endlich angepackt werden, über die bisherigen ökonomischen Prioritäten, die Fachressortgrenzen, und über nationale und internationale Ländergrenzen hinweg.

Eine isolierte Betrachtung einzelner Forderungen ist der komplexen Rolle des Lebenselementes Wasser im Haushalt der Natur und im menschlichen Handeln nicht angemessen. Lediglich der besseren Übersichtlichkeit halber werden die Forderungen hier in einige Bereiche aufgeteilt, die sich an wichtigen Grundproblemen orientieren:

[*] Zusammengestellt im Auftrag des Beirats des Umweltsachverständigen der EKD

- Haushälterischer Umgang mit Wasser
- Unbedingter Schutz des Grundwassers
- Sicherung der Trinkwasserqualität
- Fernhalten von Schadstoffen aus dem Wasserkreislauf
- Ökologisch verträglicher Wasserbau
- Umweltverträglichkeit der Wassergewinnung, Wassernutzung und Abwasserreinigung
- Wirksamer Rechtsschutz für Wasser und Gewässer
- Orientierung ökonomischer Interessen an ökologischen Erfordernissen
- Forschung und Entwicklung zur Sicherung der Wasserversorgung
- Verbesserung der Informationslage über Wasserprobleme.

Die sachlichen Hintergründe der Forderungen und Begründungen finden sich in den entsprechenden Kapiteln des Buches.

Forderung 1: Haushälterischer Umgang mit Wasser!

- Prüfung und Nutzung aller Möglichkeiten, die den Verbrauch von Wasser vermindern.
- Berücksichtigung der unterschiedlichen erforderlichen Wasserqualitäten bei Bedarfsprognosen und bei Planungen und Maßnahmen (Trinkwasser, Reinigungswasser, Kühlwasser usw.).
- Weitgehende Nutzung von Oberflächenwasser, wo keine Trinkwasserqualität erforderlich ist.
- Einrichtung von getrennten Trink- und Brauchwassersystemen in Gebäuden, vor allem bei Neubauten und in Ballungsgebieten.
- Nutzung von Regenwasser als Brauchwasser in Wohngebäuden.
- Entwicklung wassersparender Technologien und Einführung weitgehend geschlossener Wasserkreisläufe in der Industrie.
- Industrielle Verwendung von Wasser der Trinkwasserqualität und von Grundwasser nur, wo unbedingt erforderlich.
- Begrenzung des industriellen Wasserbezugs auf Oberflächenwasser, soweit dies regional möglich ist.
- Kühlwasserentnahme nur aus Oberflächengewässern.
- Nutzung von Trockenkühlverfahren.
- Weitgehende Nutzung industrieller Abwärme und von Kraftwerksabwärme (Kraft-Wärmekopplung).
- Abschaffung der Billigtarife für Großverbraucher zur Eindämmung hoher Wasserverbräuche.

Forderung 2: Unbedingter Schutz des Grundwassers!

- Wirksamer gesetzlicher Schutz für Grundwasservorräte als Lebensbasis für zukünftige Generationen und als Vorbedingung für einen intakten Wasserhaushalt und für funktionsfähige Ökosysteme.
- Vermeidung weiterer Neuerschließungen von Grundwasservorkommen und der Mehrentnahme aus bereits genutzten Vorkommen, solange mögliche Einsparmaßnahmen nicht ausgeschöpft sind.
- Erhaltung bestehender Nutzungen kleiner und mittlerer Grundwasservorkommen.
- Begrenzung der Grundwasserentnahmen auf das Maß, das zur Erhaltung anderer Funktionen des Wasserhaushaltes (z. B. für Naturschutz, Land- und Forstwirtschaft) erforderlich ist. Einsatz entsprechender Fördertechniken.
- Schutz der Grundwasservorräte vor dem Eindringen von Schadstoffen über Bodenaufschlüsse, Oberflächenwasser, Deponien, Verpressungen von radioaktiven und chemischen Abfällen, Stickstoffdüngung, Uferfiltrat usw.
- Ausweisung von Grundwasserschutzgebieten und -vorbehaltsgebieten.
- Schutz regionaler Grundwasservorräte vor Überbeanspruchung durch Trink- und Brauchwasserförderung wie auch durch Entwässerungen, z. B. im Braunkohlentagebau.
- Vermeidung von Grundwasserabsenkungen, die zu ökologischen und wirtschaftlichen Schäden führen können.
- Erhaltung des Grundwassers für die Trinkwasserversorgung; Nutzung von Oberflächenwasser für Brauchwasserzwecke.
- Systematische Sanierung der bereits durch ›Altlasten‹, Mülldeponien, Sickerschadensfälle usw. gefährdeten Grundwasservorkommen.
- Ausbau der Grundwasserüberwachung nach Güte und Menge der Entnahmen.
- Grundwasseranreicherungen durch Oberflächenwasser nur bei einwandfreier Qualität des Oberflächenwassers.
- Durchführung geeigneter Umweltverträglichkeitsprüfungen bei allen Maßnahmen, die sich auf das Grund- und Oberflächenwasser beziehen.
- Sicherung der Grundwasserqualität durch Begrenzung der Wärmebelastung der Oberflächengewässer.

Forderung 3: Sicherung der Trinkwasserqualität!

- Wirksamer Schutz aller Trinkwasserentnahmestellen nach hydrogeologischen und hygienischen Gesichtspunkten.
- Vermeidung von Schadstoffbelastungen des Grundwassers und des Oberflächenwassers durch Rückhaltung von Schadstoffen bereits am Entstehungsort.
- Schonende Wasseraufbereitung, vorzugsweise durch physikalische und biologische Verfahren.
- Verzicht auf solche chemische Aufbereitungsverfahren, die neue Schadstoffe im Wasser erzeugen können.
- Verbot von Stoffen im Abwasser, die im Trinkwasser nicht enthalten sein dürfen bzw. nicht wieder herausgeklärt werden können.
- Bessere Koordinierung und Überwachung der kleinen Wasserwerke einschließlich Schulungsprogrammen für deren Personal.
- Weiterhin dezentrale Wasserförderung, aber zentrale Überwachung der kleinen Wasserwerke durch unabhängige und gut ausgerüstete Institute.

Forderung 4: Fernhalten von Schadstoffen aus dem Wasserkreislauf!

- Einführung der Trennkanalisation im kommunalen Bereich, um zu vermeiden, daß Niederschlagswasser Abwasser verdünnt und damit die Abwasserreinigung erschwert oder unmöglich macht.
- Stufenweise Einführung der dritten Reinigungsstufe zur Entfernung von Pflanzennährstoffen bei allen konventionellen Kläranlagen.
- Prüfung auch von Abwasser-Landbehandlungsverfahren (Wurzelraumentsorgung) mit ihren möglichen finanziellen und ökologischen Vorteilen als Alternative zu herkömmlichen Abwasserreinigungsanlagen.
- Rückhaltung von Schadstoffen am Ort ihrer Entstehung, insbesondere in der Industrie.
- Vermeidung des Entstehens von Schadstoffen (oder Ausgangsstoffen für Schadstoffe im Wasser) durch Übergang auf andere Produktionsverfahren.
- Verbot der Einleitung schwer oder nicht abbaubarer giftiger Stoffe und Überwachung der Einhaltung des Verbots.
- Möglichst Vermeidung der Einleitung sonstiger schwer abbaubarer Stoffe.
- Klärung industrieller Abwässer aus Neuanlagen am Entstehungsort nach dem neuesten Stand der Technik. Periodische Überprüfung von Altanlagen mit dem Ziel der Anpassung an den neuesten Stand der Technik.

- Verbot der Einleitung industrieller Schadstoffe in kommunale Abwasserreinigungsanlagen, soweit hierdurch die Verwertung des Klärschlamms behindert oder unmöglich gemacht wird (z. B. durch Schwermetalle).
- Weitgehende Wiederverwertung von Abwasserinhaltsstoffen.
- Ersatz aller industriellen Produktionsverfahren, deren langfristige ökologische Unbedenklichkeit nicht gesichert ist und zukünftiger Verzicht auf solche Verfahren.
- Ersatz wassergefährdender Produktionsweisen und Stoffe durch umweltfreundliche Technologien und biologisch abbaubare Verbindungen.
- Reduzierung der Einleitung von Kaliabwässern, die zu extremen Salzgehalten führen und damit Flußökologie und Trinkwasserversorgung gefährden.
- Keine weiteren Wärmeeinleitungen in die Gewässer durch Industrie und Kraftwerke und Abbau der bisherigen Wärmebelastungen vor allem durch Einsatz der Kraft-Wärmekopplung und von Trockenkühlverfahren.
- Verminderung und Vermeidung der Einleitung schwer abbaubarer Schadstoffe aus Landwirtschaft, Forstwirtschaft und Gartenbau, kurzfristig durch Begrenzung des Einsatzes auf das Unumgängliche, langfristig durch Entwicklung und Einsatz leicht abbaubarer gefahrloser Mittel und durch alternative Produktionsmethoden (ökologischer Landbau).
- Verbot der Verklappung nicht oder schwer abbaubarer Schadstoffe im Meer.

Forderung 5: Ökologisch verträglicher Wasserbau!

- Keine weiteren Entwässerungen von Feuchtgebieten.
- Keine weiteren Begradigungen und Kanalisierungen von Fließgewässern wegen der negativen Folgen für Wasserhaushalt, Selbstreinigungskraft und Hochwasserschutz.
- Erhaltung von Altflüssen und Auen für die biologische Reinigung, den Hochwasserschutz, die Grundwasseranreicherung und als selbständige natürliche Ökosysteme, und Sanierung noch vorhandener belasteter Gewässer dieser Art.
- Vermeidung von Grundwasserabsenkungen und ihrer ökologischen Konsequenzen bei Wasserbaumaßnahmen.
- Durchführung wasserbaulicher Verbesserungen nach neuesten ökologischen Erkenntnissen an ungünstig ausgebauten Fließgewässern.

- Belassung von Seeuferzonen im natürlichen Zustand bzw. Renaturalisierung soweit möglich.
- Vermeidung weiterer landschaftsverändernder Großtalsperren zugunsten dezentraler kleinerer Talsperrenkonzepte.
- Keine weiteren Zerstörungen des Lebensraums Wattenmeer durch Neueindeichungen.

Forderung 6: Umweltverträglichkeit der Wassergewinnung, Wassernutzung und Abwasserreinigung!

- Oberste Priorität für die ökologische Verträglichkeit von Eingriffen in den Wasserhaushalt, d.h. für das möglichst störungsarme Einfügen jeder Planung in bestehende ökologische Systeme.
- Umfassende Untersuchung der Konsequenzen und der ökologischen Verträglichkeit von Eingriffen in hydrologische Systeme.
- Berücksichtigung der Folgewirkungen auf den Wasserhaushalt, die Gewässer und Ökosysteme bei allen kommunalen, regionalen und überregionalen Fachplanungen durch entsprechende multidisziplinäre Untersuchungen (Umweltverträglichkeitsprüfungen).
- Durchführung von Umweltverträglichkeitsprüfungen auch für bestehende, vor allem aber für geplante Wassergewinnungen und Abwassereinleitungen oder bei Erweiterungen vorhandener Wasserentnahmen.
- Stärkere Ausrichtung der Siedlungs- und Wirtschaftsstruktur, der Infrastruktur und der Industriestandorte an den konkreten Umweltproblemen der Gewässer und ihrer Einzugsgebiete und der Grundwasservorräte.
- Koordinierung der Nutzungsansprüche an Gewässer und Grundwasservorräte unter dem Oberziel der langfristigen Umwelt- und Sozialverträglichkeit.
- Kontrollierte, durch Bewirtschaftungspläne und Grenzwerte regulierte Entnahme von Wasser und Einleitung von Abwasser.
- Das Kriterium der ›Nutzbarkeit zur Trinkwasseraufbereitung‹ als Mindestanforderung für die Wasserqualität und entsprechende tiefgreifende Sanierung der Gewässer.
- Überprüfung und evtl. Revision aller Subventions-, Investitions- und Wirtschaftsförderungsprogramme auf ihre unmittelbaren und mittelbaren Auswirkungen auf den Wasserhaushalt, die Grundwasservorkommen und die Oberflächengewässer.
- Gemeinsame Planung der Wasserförderung und Abwasserreinigung in hydrologisch abgegrenzten Gebieten durch Gesamtwasserverbände.

- Einpassung der industriellen Eigenwasserförderung in die Wassergesamtplanung, insbesondere systematische Überprüfung aller alten Rechte, Bewilligungen und Erlaubnisse zur Grundwasserförderung von Industrieunternehmen.
- Schärfere Genehmigungsverfahren für die Ansiedlung und den Betrieb von Industrieanlagen, Kläranlagen usw. unter stärkerer Berücksichtigung ökologischer Gesichtspunkte.
- Umfassendere Beteiligung der Bevölkerung an Planungen der Wassergewinnung und Wassernutzung als bisher.
- Stärkere Verankerung ökologischer Gesichtspunkte in allen Fach- und Regionalplanungen, die die Gewässer und ihre Einzugsbereiche betreffen.
- Zusätzliche Stellen für Fachleute des ›naturnahen Gewässerbaus‹ und für Limnologen bei den Wasserwirtschaftsämtern.
- Berücksichtigung ökologischer Belange bei der Ausbildung von Wasserbau-Ingenieuren.
- Beteiligung von alternativen ökologischen Forschergruppen und der Umweltverbände an Überwachung, Forschung und Planung.
- Erstellung und Ausführung eines integrierten Gesamtplans für die Bundesrepublik Deutschland, der sich nach örtlichen Gegebenheiten und Möglichkeiten richtet und langfristig ausgerichtet ist.

Forderung 7: Wirksamer Rechtsschutz für Wasser und Gewässer!

- Übertragung der Vollkompetenz für den Wasserhaushalt auf den Bund.
- Vorrangigkeit der Sicherung einer gesundheitlich unbedenklichen Trinkwassergewinnung vor allen anderen Wassernutzungen bei allen politischen und rechtlichen Maßnahmen, auch in Gebieten, die erst in Zukunft der Trinkwassergewinnung dienen sollen.
- Gesetzliche Einführung und Sicherstellung von Schutzflächen für künftige Wassergewinnungsgebiete zur Erhaltung der künftigen Optionen für die Trinkwasserversorgung.
- Stärkung der Position der Umweltverbände und der Trinkwasserversorgungsunternehmen, soweit sie für die langfristige Sicherung der Trinkwasserversorgung eintreten.
- Verankerung des Vorrangs gesundheitspolitischer und langfristiger ökologischer vor wirtschaftlichen Gesichtspunkten in den rechtlichen Regelungen, die das Angebot an Trinkwaser und die Tätigkeit der Wasserversorgungsunternehmen betreffen.
- Offensiver Vollzug des Wasserrechts durch die zuständigen Behörden gegen Eigeninteressen der Gemeinden und Industriebetriebe. Öffentliche Erörterung dabei auftretender Konflikte.

- Novellierung und Verbesserung des Abwasserabgabengesetzes insbesondere im Hinblick auf Berechnungsverfahren und Abgabenhöhe, so daß die Reinigung von Abwasser nach dem neuesten Stand der Technik finanziell attraktiver ist als eine Abwasserabgabe.
- Verbesserung bestehender bzw. zu erlassender Gesetze (z.B. Erhöhung der Abwasserabgabe, Novellierung der Trinkwasserverordnung).
- Erlaß sämtlicher Verwaltungsvorschriften zum Wasserhaushaltsgesetz zum nächstmöglichen Termin.
- Festlegung von rechtsverbindlichen Schadstofflisten.
- Angabe von Höchstgrenzen für die Einleitung von Schadstoffen in Konzentrationen und Frachtmengen.
- Festlegung von Grenzwerten für die Stoffe der Liste I der EG-Richtlinie betreffend die Verschmutzung infolge der Ableitung bestimmter gefährlicher Stoffe in die Gewässer der Gemeinschaft. (Diese hätten bereits bis zum 7.5.1978 beschlossen sein müssen.)
- Unverzügliche Ausarbeitung eines nationalen Sanierungsprogramms für die Stoffe der Liste II.
- Verbot von Phosphaten in Wasch- und Reinigungsmitteln, sobald ökologisch unbedenkliche Erzeugnisse mit guter Reinigungswirkung hergestellt werden können.
- Umgehende Festlegung von Grenzwerten für alle relevanten Einleiter von Abwässern, wie im Wasserhaushaltsgesetz vorgesehen. Diese haben sich an der Nutzung der Gewässer als Trinkwasserquellen und Nahrungsressourcen sowie an ökologischen Gesichtspunkten zu orientieren.
- Verpflichtung der Industrie- und Gewerbebetriebe zur Vorlage von Stoffbilanzen, in denen nachzuweisen ist, in welchen Verbindungen die in den Betrieb eingeführten und dort erzeugten Stoffe das Betriebsgelände als Produkte und Abfall-, Abwasser- oder Abluft-Inhaltsstoffe verlassen.
- Ausbau eines unabhängigen Kontrollsystems, das die geforderten Maßnahmen ständig überwacht und Verstöße feststellt.
- Bereitstellung des notwendigen Personals zum Vollzug des Wasserhaushalts- und des Abwasserabgabengesetzes.
- Änderung des Straf- und Disziplinarrechts, so daß bei persönlichem Versagen die verantwortlichen Beamten oder Angestellten zur Rechenschaft gezogen werden können.
- Berufung von Umweltbeiräten in allen Bundesländern.
- Einführung der Verbandsbeteiligung und der Verbandsklage bei wichtigen wasserrechtlichen Verfahren.
- Einstufung und Ahndung von Verstößen gegen geltendes Umweltrecht als kriminelle Straftaten.

*Forderung 8: Orientierung ökonomischer Interessen
an ökologischen Erfordernissen!*

- Offene Diskussion der ökonomischen Strukturprobleme des Wasser- und Gewässerschutzes und der Gewässersanierung.
- Diskussion der Rationalität kommunaler und staatlicher Investitions- und Subventionsprogramme und des Behördenhandelns im Gewässerschutz.
- Stärkere Betonung des Verursacherprinzips.
- Darlegung der Konflikte zwischen den Maßnahmen zur Gewässersanierung und Wasserversorgung und der betriebswirtschaftlichen Rentabilität der von den Maßnahmen betroffenen Wirtschaftsaktivitäten.
- Vorrangiger Einsatz von Finanzmitteln für die Abwasserreinigung dort, wo mit gegebenem Aufwand die objektiv meßbar größte Wirkung zu erzielen ist.
- Vermeidung von einschränkenden Voraussetzungen bei der Vergabe von Zuschüssen für Maßnahmen der Wasserreinhaltung, soweit sie die Durchsetzung ökotechnischen Fortschritts hemmen.
- Politische Diskussion und Wertung der Interessen der Verschmutzer im Vergleich mit dem ökologischen Nutzen und den ökonomischen Vorteilen einer aktiven Gewässersanierung.
- Überprüfung der regionalen und sektoralen Wirtschaftsförderungspolitik unter ökologischen Gesichtspunkten.
- Bestimmung der konkreten Vorteile der anreizorientierten Umweltpolitik am Beispiel der Abwasserabgabe und Kritik der Nachteile dieser Lösung.
- Ermittlung und Vermittlung der volkswirtschaftlichen Vorteile einer aktiven Gewässersanierung.

*Forderung 9: Forschung und Entwicklung zur Sicherung
der Wasserversorgung!*

- Bereitstellung von wesentlich mehr Mitteln für die Wasserforschung, sowie für Wassersanierungs- und -entwicklungsmaßnahmen.
- Durchführung zusätzlicher Erkundungs- und Beobachtungsprogramme der vorhandenen Wasservorkommen, sowie überregionaler wasserwirtschaftlicher Planungen, z. B. auch anhand von mathematischen Grundwassermodellen.
- Wirkungs-, Ausbreitungs- und Anreicherungsuntersuchungen für Wasserschadstoffe.
- Förderung der Entwicklung wassersparender und wasserschonender Techniken in Haushalten und Betrieben.

- Ausbau der Forschungskapazitäten im Umweltbereich im allgemeinen und im Wasserbereich im besonderen an den Hochschulen und Universitäten.
- Erforschung von Alternativen zur derzeitigen Trinkwasseraufbereitung mit höherer Intensität wie bisher und Umsetzung der Ergebnisse in die Praxis.
- Untersuchung von Nebenwirkungen, insbesondere von Langzeitwirkungen, bei neuen Verfahren der Trinkwasseraufbereitung.

Forderung 10: Verbesserung der Informationslage über Wasserprobleme!

- Propagierung des sorgsamen, sparsamen Umgangs mit dem Lebenselement Wasser in allen Informationsmedien und für alle Wasserverbraucher.
- Beeinflussung aller Beteiligten an Wasserverbrauch und Wasserverschmutzung zugunsten umweltschonender Verhaltensweisen.
- Beteiligung und Einbeziehung der Öffentlichkeit in die Planung und Durchführung von Maßnahmen, die die Wasserversorgung und Gewässer betreffen, sowie in umweltrelevante Maßnahmen allgemein.
- Offene und vollständige Information seitens der Behörden, Politiker und Experten.
- Pflicht der Experten zu gleichgewichtiger Information gegenüber Betroffenen, Behörden und Politikern im Rahmen von Anhörungen und sonstigen Verfahren mit Beteiligung der Öffentlichkeit.
- Politische Gewinnung und Bestimmung der Prioritäten im Umwelt- und Gesundheitsbereich und beim Gewässerschutz nach gründlicher öffentlicher Diskussion.
- Fortlaufende und vollständige Information der von Umweltplanungen in einem Gebiet betroffenen Bevölkerung mit objektiven Daten, von Beginn der Planung an.
- Einsichtsmöglichkeit in alle Akten und Unterlagen für alle interessierten Personen.
- Verbesserung der Informationslage zur Gewässersanierung bezüglich der konkreten Verschmutzungssituation, der anzustrebenden Sanierungsziele, der zu ihrer Durchsetzung erforderlichen Instrumente und Maßnahmen.
- Berücksichtigung des Gesamtspektrums der Expertenmeinungen.
- Ständige unabhängige Überwachung aller Abwassereinleitungen und Veröffentlichung sämtlicher Meßergebnisse über Wasser- und Abwasseranalysen.

- Ausbau und Aufbau der Lehrgebiete ›Umweltlehre‹ und ›Umweltethik‹ an Schulen und Hochschulen, mit besonderer Berücksichtigung der Wasserproblematik.
- Sensibilisierung der Gesellschaft und des einzelnen für umweltethische Verpflichtungen.

Teil II

Lebenselement Wasser:
Bedarf und Versorgung

Eugen Winters

Wasserbedarf

Die Sicherstellung der Versorgung mit ausgezeichnetem Trinkwasser ist direkt verknüpft mit den Problemen der Umweltverschmutzung. Die Reduzierung des Wasserverbrauchs allein bewirkt daher keine grundlegende Verbesserung der ökologischen Probleme. Wenn die »Restbestände« der natürlichen Umwelt, die durch Grundwasserabsenkungen bedroht sind, erhalten werden sollen, muß die bisherige Art der Wasser-Nutzung in Frage gestellt werden.

Bislang wird in vielen Fällen qualitativ hochwertiges Wasser für Zwecke verwendet, wo eine geringe Qualität ausreichen würde. Die unterschiedlichen Qualitätsanforderungen innerhalb der verschiedenen Nutzungsbereiche lassen verschiedene Möglichkeiten der Versorgung zu. Daher bietet sich vor allem eine Mehrfachnutzung der Wässer verschiedener Qualitäten an. Hierdurch sind erhebliche Einsparungen im Wasserverbrauch möglich.[1] Am Beispiel des Verbrauchsbereichs »Privathaushalte« wird weiter unten dargestellt, wie sich solche Möglichkeiten verwirklichen lassen.

Der Begriff »Wasserbedarf« muß in diesem Zusammenhang neu überdacht werden. Der Wasserbedarf zum Trinken und zur Nahrungsmittelzubereitung liegt bei etwa 5 Liter pro Mensch und Tag. Über dieses Grundbedürfnis hinaus geht jedoch die wesentlich höhere Nachfrage nach Wasser von etwa 135 Liter pro Mensch und Tag (vgl. *Abb. 1*). Sie ist z.T. die Folge eines Bedarfs nach Hygiene und Komfort. Für diese zusätzliche Wassernachfrage wird derzeit qualitativ hochwertiges Trinkwasser verwendet. Diese Nachfrage kann jedoch befriedigt werden, ohne daß diese Wassermenge dem Grundwasser entzogen werden muß.

Die Wassernachfrage in der BRD

Das gesamte Wasseraufkommen (die Wassergewinnung im öffentlichen und nichtöffentlichen Bereich) betrug[2] in der BRD 1975 etwa 34 Mrd. m^3. Die Anteile der einzelnen Verbrauchergruppen sind in *Tabelle 1* auf-

Tab. 1: Wasseraufkommen in der BRD nach Verbrauchergruppen[2] (Angaben in Mio. m³)

	1975	Prognose 2010
Haushalte und Kleinverbraucher	3 430,1	5 405,2
Industrie	12 129,0	14 037,4
Elektrizitätswirtschaft	18 826,9	40 924,6
Gesamt	34 386,0	60 367,8

geführt. Bis zum Jahr 2010 wird ein Anstieg der Wassernachfrage auf ca. 60 Mrd. m³ prognostiziert.[2] (Tab. 1).

Diese neue Prognose, die im Auftrage des Umweltbundesamtes erstellt wurde, aktualisiert die Ergebnisse der vorhergegangenen Battelle-Prognose[3]. Sie geht u. a. von einer weiteren Zunahme des Bruttosozialproduktes aus. Die wirtschaftliche Entwicklung der letzten Jahre weist auf die Unzuverlässigkeit solcher Annahmen hin. Als Maßzahl für gesellschaftlichen Fortschritt ist ein steigendes Bruttosozialprodukt jedoch ebenso ungeeignet wie ein steigender Wasserverbrauch. »Das Bruttosozialprodukt ist letzten Endes nur eine Meßzahl für den Durchsatz von Rohstoffreserven, die zu Müll werden.«[4] Eine Definition des Begriffs ›Wasserbedarf‹ als »*die geplante, aber noch nicht realisierte Verwendung einer Wassermenge*«[2] wird dem Problem sicher nicht gerecht. Wasserbedarfs-Prognosen ist mit Skepsis zu begegnen, wenn sie als Planungsgrundlage für einen Raubbau an den begrenzten Wasservorräten dienen. Die wichtigsten Voraussetzungen und Konsequenzen dieser Prognose sollen daher bei der anschließenden Betrachtung der einzelnen Verbrauchsbereiche diskutiert werden.

Ein Vergleich der Wassermengen in *Tab. 1* kann leicht zu dem Fehlschluß führen, daß der Wasserverbrauch der Haushalte und Kleinverbraucher im Verhältnis zu den anderen Bereichen vernachlässigbar ist. Neben diesem Mengenvergleich ist jedoch die Herkunft dieses Wassers (und damit seine Qualität) und die Art der Nutzung zu berücksichtigen.

Eine besondere Bedeutung für die Trinkwassergewinnung hat in diesem Zusammenhang das Grundwasser. Das in der BRD geförderte Grundwasser entfällt im wesentlichen auf die Verbrauchssektoren »*Haushalte und Kleinverbraucher*« (einschließlich Gewerbebetriebe und öffentliche Einrichtung) und »*Industrie*«. Die Trinkwasserversorgung der privaten Haushalte erfolgt überwiegend durch die *öffentlichen Was-*

serversorgungsunternehmen (WVU). Daher soll in *Tabelle 2* eine Betrachtung des zeitlichen Verlaufs der Wassergewinnung der Industrie und der WVU erfolgen.

Wie aus dieser Tabelle hervorgeht, ist der Anteil des Oberflächenwassers an der Wassergewinnung der WVU gestiegen. Bei der industriellen Wassergewinnung ist dieser Anteil zurückgegangen. Hier ist eine zunehmende Nutzung von qualitativ hochwertigem Wasser zu beobachten. Neben Grund- und Quellwasser wird (ebenso wie bei den öffentl. WVU) die Uferfiltration zur Aufbereitung von verschmutztem Oberflächenwasser eingesetzt.

Bei der Uferfiltration wird ein Großteil der Gewässerverschmutzungen bei der Passage der Uferböschung eines Flusses im Boden zurückgehalten. Das so vorgereinigte Wasser wird aus Brunnen, die in der Uferregion niedergebracht sind, abgepumpt und weiter aufbereitet. Auf diese Weise wird das Problem der Wasserverschmutzung zu einem Problem der Bodenbelastung. *»Durch Schlammablagerungen verstopft sich allmählich das filtrierende Uferbankett, und die Brunnenergiebigkeit läßt nach.«*[10] Die Uferfiltration wird in Gebieten mit geringen Grundwasservorkommen und verschmutzten Oberflächengewässern angewandt. Die begrenzte Aufnahmekapazität des Uferbanketts und die

Tab. 2: Öffentliche und industrielle Wassergewinnung[5-9] von 1963–1975

	1963 Mio. m³	%	1969 Mio. m³	%	1975 Mio. m³	%
1. Öffentl. Wasserversorgung						
a) Oberflächenwasser	283	7,5	342	8,1	420	8,8
b) Grundwasser mit Uferfiltrat**					358	7,5
c) Grundwasser und Quellen*	3468	92,5	3871	91,9	3988	83,7
Gesamtförderung	3751	100	4213	100	4766	100
2. Industrie						
a) Oberflächenwasser	5948	62	7205	63,5	6491	60,5
b) Uferfiltrat**					612	5,7
c) Grundwasser und Quellen	3647	38	4141	36,5	3630	33,8
Gesamtförderung	9595	100	11346	100	10733	100

* echtes Grundwasser, einschließlich angereichertem Grundwasser
** erst seit 1975 ausgewiesen

steigende Wassernachfrage begünstigen langfristig die zunehmende Anwendung der Uferfiltration entlang vieler Gewässer. Dies hat eine systematische Verlagerung der Wasserverunreinigungen in den Boden der Uferregion zur Folge.

Auch die in zunehmendem Maße propagierte künstliche Grundwasseranreicherung (mit Oberflächenwasser oder Kläranlagenablaufwasser) ist eine symptomatische Vorgehensweise. Die langfristigen Auswirkungen der Versickerung von Wässern, deren chemische Beschaffenheit erheblich anders ist als die des Regenwassers, sind kaum vorherzusehen.

Die Konkurrenzsituation bei der Nutzung des Grundwassers zwischen Industrie und öffentlichen Wasserversorgungsunternehmen wird durch die Zahlen in *Tabelle 2* nur angedeutet. Regional sind die Grundwassernutzungsverhältnisse wesentlich brisanter. Während 1978 im Bundesdurchschnitt rund 70 % des durch die öffentlichen Wasserversorgungsunternehmen geförderten Wassers Grund- und Quellwasser ist, liegt in NRW dieser Anteil bei 37 %. *»Vergleicht man die von der Industrie und der öffentl. Wasserversorgung geförderten Mengen an Grund- und Quellwasser, so zeigt sich, daß die Industrie 77 % der in NRW geförderten Menge dieser Wasserarten in Anspruch nimmt, während die öffentl. Wasserversorgung nur mit 23 % daran beteiligt ist.«*[11]

»Die konzentrierte Förderung von Grund- und Quellwasser durch die Industrie zwingt die öffentliche Wasserversorgung in den Verdichtungsräumen zur Förderung von Oberflächenwasser verschiedener Konvenienz. Bei mangelhafter Qualität des Flußwassers wird zunehmend mehr in den Bau und Betrieb von Talsperren bzw. in die Erschließung verbrauchsferner Grundwasservorkommen und die Fernwasserversorgung investiert. Damit wird die oft nicht gerechtfertigte Grundwassernutzung für betriebliche Zwecke und der damit verbundene Ausschluß der öffentlichen Wasserversorgung von den örtlichen Grundwasservorkommen über die WVU in entlegenere sog. ›Wasservorranggebiete‹ verlagert.«[11]

Hier wird deutlich, daß bei einer steigenden Wassernachfrage und unverändertem Nutzungsverhalten die planmäßige Ausbeutung sog. »Wasservorranggebiete« droht. Die Gründe der WVU, die an dieser Entwicklung beteiligt sind, sollen daher betrachtet werden.

Problembereich öffentliche Wasserversorgung

Die WVU sind offenbar bemüht, jeder Wassernachfrage nachzukommen. Ein bewußter oder gar sparsamer Umgang mit Wasser wird auf diese Weise sicher nicht gefördert. Hierin liegt ein entscheidender Grund für die großen Überkapazitäten der WVU. Ausgelastet (und dann häufig überfordert) wird diese Überkapazität nur an wenigen Tagen oder Wochen trockener Sommermonate. (Diese Spitzennachfrage wird zu einem großen Teil durch die Gartenbewässerung verursacht.) Dies hat (neben erheblichen Kosten für die WVU) eine verstärkte Wasserförderung gerade in den Zeiten zur Folge, in denen die Grundwasserneubildung ohnehin wesentlich langsamer abläuft. Auch die Landwirtschaft braucht dann »... *für Beregnung und Bewässerung zunehmend mehr Grundwasser, weil die Oberflächengewässer eine zu geringe Qualität haben*«.[11]

Zur Gewährleistung der Versorgungssicherheit sind in den letzten Jahren die Fernwasserversorgungssysteme für ein überregionales Verbundsystem ausgebaut und neue Grundwasservorkommen erschlossen worden. Die hohen Investitionskosten der WVU sind (bei steigenden Betriebskosten) langfristig nur durch eine Steigerung des Wasserverkaufs amortisierbar, wenn der Wasserpreis je Kubikmeter möglichst niedrig bleiben soll. Dies ist die Ursache für das expansive Verhalten der WVU.

Würde der Trinkwasserabsatz stagnieren oder gar zurückgehen, müßte, um Kostendeckung zu erreichen, der Wasserpreis steigen. Der aufmerksame Verbraucher würde wahrscheinlich sparsamer und der Preis je Kubikmeter höher. Welcher Politiker wäre aber bereit, für eine spürbare Erhöhung des Wasserpreises der Bevölkerung gegenüber einzustehen! Deshalb bleibt – bisher – alles, wie es ist, und die Konsequenzen für die Umwelt werden verharmlost.

Diese »*Spirale des Wachstums*« kann nur durchbrochen werden, wenn die Wassernachfrage nicht an den Eigeninteressen der WVU, sondern an einer ökologisch vertretbaren Wasserförderung ausgerichtet wird. In der nachfolgenden Betrachtung der Wassernutzungsbereiche: Haushalte, Industrie und Kraftwerke sollen daher alternative Entwicklungsmöglichkeiten berücksichtigt werden.

Die Wassernachfrage der privaten Haushalte

Der durchschnittliche Wasserverbrauch im Bereich »*Haushalte und Kleinverbraucher*« lag 1978 bei 146 Liter je Einwohner und Tag.[2] Dieser Wert kann, abhängig von der Wohnungsausstattung, erheblich nach oben oder unten abweichen. Bei einer Untersuchung in *Frankfurt* lag der Pro-Kopf-Verbrauch zwischen 62 und 272 Litern je Einwohner und Tag. Das Ansteigen des Wasserverbrauchs ist also kein Naturgesetz, sondern wird wesentlich durch unsere Ansprüche und unser Verhalten mitbestimmt. Von manchen Autoren[2] wird ein Anstieg der Haushaltswassernachfrage auf 245 Liter je Einwohner und Tag im Jahr 2010 prognostiziert. Aus dem in *Abb. 1* dargestellten zeitlichen Verlauf der Wassernachfrage ist ersichtlich, daß die genutzte Wassermenge damit auf ca. 5,4 Mrd. m^3 ansteigen würde (vgl. *Tab. 1*).

Die Prognose geht davon aus, daß ein funktionaler Zusammenhang zwischen der Wassernachfrage und sog. »Bestimmungsfaktoren« (z.B. Bruttosozialprodukt, Zahl der Haushalte, Wohnungsausstattung mit Bad) besteht. Nach einer Untersuchung dieses Zusammenhanges für die Vergangenheit wird ein Fortbestehen dieses Zusammenhanges angenommen. Die künftige Entwicklung der Bestimmungsfaktoren wird vielfach aus anderen Prognosen übernommen und – da der Vorhersage-Zeitraum zumeist nur bis 1995 reicht – durch eine »subjektive Trendextrapolation« ergänzt.

Beim Bruttosozialprodukt (BSP) wird als Basisfall bis zum Jahr 1995 mit Wachstumsraten von 3,3% und von 1,4% bis zum Jahr 2010 gerechnet. Selbst bei einem Nullwachstum des BSP wird ein Anstieg der

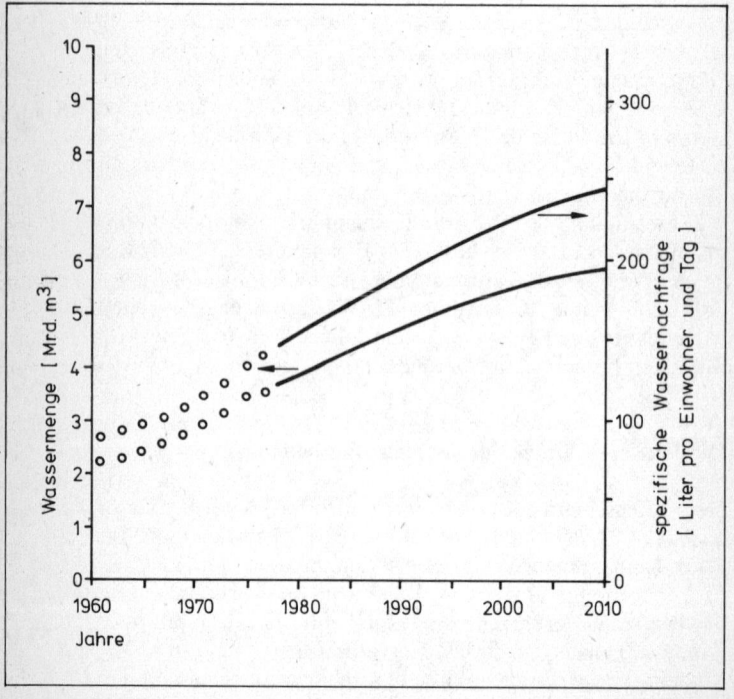

Abb. 1: Wassernachfrage (ab 1978 Prognose) der Haushalte und Kleinverbraucher.[2]

Tab. 3: Wasserbedarf im Haushaltsbereich[12] (Angaben in Liter pro Einwohner und Tag)

	Menge	Qualitätsanforderung
Trinken und Kochen	3 – 6	höchste Qualität
Körperpflege	10 – 15	
Baden und Duschen	20 – 40	hohe Qualität
Geschirrspülen	4 – 6	
Wäschewaschen	20 – 40	andere Qualität
Raumreinigung	3 – 10	geringe Qualität
WC-Benutzung	20 – 40	geringste Qualität
	80 – 157	

Wassernachfrage auf 171 Liter pro Einwohner und Tag vorhergesagt. Ursache dafür ist die Fortschreibung der abnehmenden Dichte der Wohnungsbelegung (Anzahl der Menschen je Wohnung) bis etwa 1990 bei gleichzeitiger Zunahme der Wohnungsaustattung mit Bad.

Ein weiterer Anstieg der Wassernachfrage erscheint daher zunächst nur durch Einschränkung der Bedürfnisse nach Hygiene und Komfort vermeidbar zu sein. Demgegenüber bieten bereits einfache technische Veränderungen der sanitären Einrichtungen Einsparungsmöglichkeiten, wie z.B. der Ersatz von Toiletten-Druckspülern durch einfache Zwei-Kammer-Spülkästen für eine dosierbare Spülwassermenge (vgl. *Tab. 3*).

Um eine erhebliche Verringerung des Wasserverbrauchs zu erreichen, ist es jedoch erforderlich, sowohl unsere Verbrauchsgewohnheiten zu ändern als auch eine effektivere Wassernutzung zu erreichen. Gerade auch im Haushaltsbereich zeigt es sich, daß nicht für alle Verwendungsarten die beste Wasserqualität erforderlich ist. Betrachtet man die Verbrauchsaufteilung, wie sie vom *DVGW (Deutscher Verein des Gas- und Wasserfaches)* angegeben wurde, so ergeben sich die Zahlen in Tab. 3.

Für alle Verbrauchsbereiche wird bisher Wasser höchster Qualität (Trinkwasser) verwendet, obwohl dies nicht erforderlich ist.

Die in der BRD übliche Wasserversorgung ist in *Abb. 2* schematisch dargestellt. Die unterschiedlichen Qualitätsanforderungen lassen, im Gegensatz zur geübten Praxis, verschiedene Möglichkeiten der Versorgung zu. Daher bietet sich vor allem eine Mehrfachnutzung der Wässer verschiedener Qualität im Haushalt an.[1] So könnte z.B. das Abwasser aus der Waschmaschine zur Toilettenspülung eingesetzt werden. Ein ernstzunehmender Einwand gegen eine solche Mehrfachnutzung von

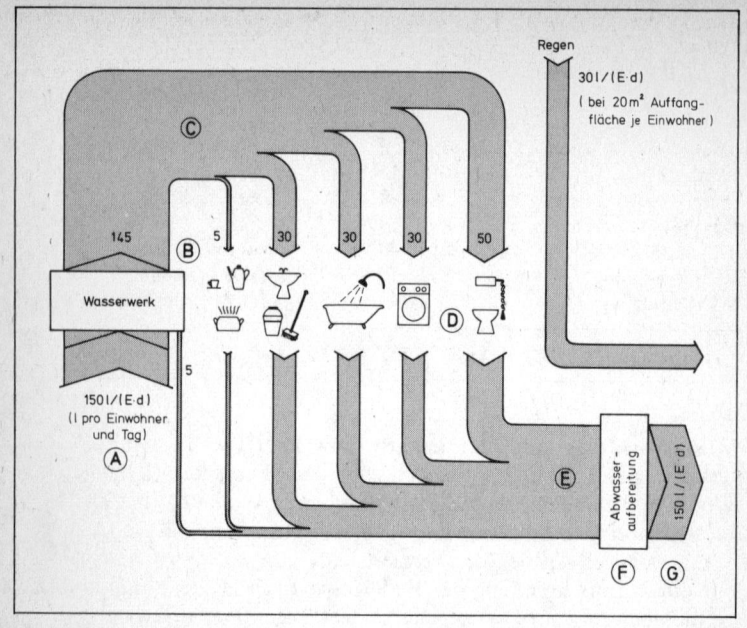

Abb. 2: Übliche Wasserversorgung von Haushaltungen (Zahlenangaben in Liter pro Einwohner und Tag)

A Das Rohwasser wird in der Regel dem Grundwasser entnommen. Folge: ökologisch nachteilige Grundwasserabsenkungen
B Aufbereitung in zentralen Wasserwerken auf Trinkwasserqualität
C Leitungssystem, ausgelegt für alle Verbräuche nebeneinander
D für die meisten Verwendungszwecke wäre Trinkwasserqualität eigentlich nicht notwendig
E Kanalisationssystem, für alle Verbräuche nebeneinander ausgelegt
F entsprechend ausgelegtes Klärwerk
G Belastung der Flüsse durch Abwasser und Regenwasser

Wasser besteht in dem Hinweis auf mögliche gesundheitliche Risiken, die durch Anwendung geeigneter Maßnahmen auszuschalten sind. Dies Problem wird verschiedentlich durch Zusatz von Chemikalien gelöst. Dieser Zusatz ist in jedem Fall auf seine ökologische Unbedenklichkeit zu prüfen, da neue Umweltgifte entstehen können.

Neben der Mehrfachnutzung kann das von den Dächern abfließende Regenwasser verwendet werden. Die nutzbare Regenwassermenge hängt von der Niederschlagsmenge und der zur Verfügung stehenden Sammelfläche ab. Bei einer Niederschlagsmenge von 600 mm pro Jahr und einer Dachfläche von ca. 20 Quadratmetern pro Einwohner (Einfamilienreihenhaus) ergeben sich ca. 12 Kubikmeter Regenwasser pro Einwohner und Jahr, was einer mittleren Tagesmenge von ca. 30 Litern pro Einwohner und Tag entspricht.

Beim Vergleich dieser Zahlen mit den Angaben über den Wasserverbrauch in *Tabelle 3* geht hervor, daß das Regenwasser auch von der Menge her als Waschmaschinenwasser verwendet werden kann, vorausgesetzt natürlich, der Speicherbehälter ist ausreichend dimensioniert. Dieses Waschmaschinenwasser kann anschließend zur Toilettenspülung eingesetzt werden. Durch die Verwendung von Regenwasser im Haushalt und durch die Mehrfachnutzung ergeben sich große Einsparmöglichkeiten bei der Wasserversorgung (vgl. Abb. 3).

H. Schäfer (Bad Kreuznach) hat eine Anlage für den Einsatz im Haushaltsbereich entwickelt (s. *Abb. 4*), die sogar noch über die hier vorgeschlagenen Nutzungsmöglichkeiten hinausgeht. Das Regenwasser, das in einem Behälter gespeichert wird, kann bei dieser Anlage zusätzlich noch zum Baden und Duschen und z.B. zur Wohnungsreinigung entnommen werden. Das anfallende Abwasser wird in einem »Grauwasserspeicher« gesammelt und zur Toilettenspülung eingesetzt.

Die Förderung des Regen- bzw. »Grauwassers« erfolgt jeweils durch eine Pumpe, die automatisch durch einen druckgesteuerten Pumpenschalter in Betrieb gesetzt wird, sobald dem Leitungssystem Wasser entnommen wird. Beachtenswert ist auch die Möglichkeit der Wärmerückgewinnung (durch einen Wärmetauscher) aus dem Grauwasser[1] (vgl. *Abb. 4*).

Die hier beschriebenen Maßnahmen ermöglichen die Schonung der Grundwasservorräte und haben eine Reihe weiterer Vorteile, die in *Abb. 3* beschrieben sind. Die Verwirklichung dieser Maßnahme hat noch einen Nebeneffekt. Das weiche Regenwasser erfordert eine geringere Waschmitteldosierung, wobei der härtebindende Phosphatanteil vollständig entfallen kann. Dies hat zur Folge, daß die Phosphatfracht, die z.Z. in die Gewässer gelangt, drastisch verringert wird. Immerhin stammten 1974/75 40% des Phosphats, das in der BRD in die Gewässer gelangte, aus Wasch- und Reinigungsmitteln.[13] Somit wäre eine Teilsanierung unserer Oberflächengewässer möglich, denn die kulturelle Eutrophierung ist eine Folge der zunehmenden Gewässerbelastung mit Nährstoffen, insbesondere mit Phosphaten.* An dieser Stelle sei noch darauf hingewiesen, daß sich die starke Abhängigkeit von Phosphatimporten für die BRD vermindern würde.

---

* vgl. Teil III, S. 152ff.

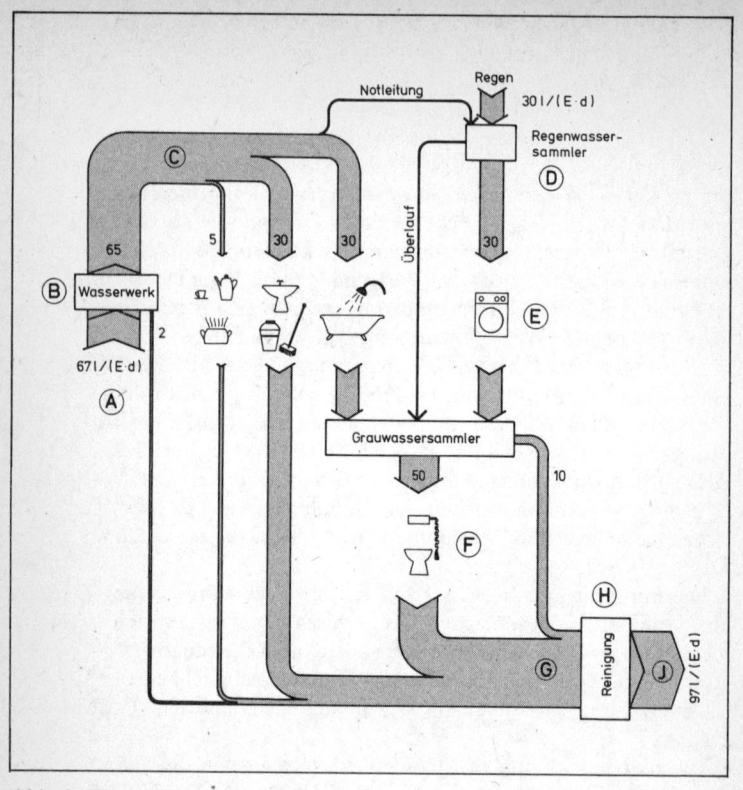

Abb. 3: Wassereinsparung durch Nutzung des aufgefangenen Regenwassers und Mehrfachnutzung von Brauchwässern (Zahlenangaben in Liter pro Einwohner und Tag)

A trotz Zugrundelegung gleicher Verbrauchsmengen wird dem Grundwasser weniger als die Hälfte entnommen
B entsprechend kleinere Wasserwerke
C entsprechend kleinere Rohrleitungen
D Sammlung und Nutzung des Dach-Regenwassers, dabei Ausgleich des schwankenden Anteils
E zum Wäschewaschen eignet sich (weiches) Regenwasser besser als Trinkwasser
F zur Toilettenspülung genügt die Qualität des gebrauchten Wasch-, Dusch- und Badewassers
G kleinerer Abwasseranfall ermöglicht kleinere Abwasserkanalisation
H entsprechend kleinere Klärwerke bzw. intensivere Abwasserreinigung
J entsprechend geringere Belastung der Flüsse, bessere Chance zu dezentraler Verwendung des gereinigten Abwassers (evtl. Rückgabe ins Grundwasser)

Die Wassernachfrage der Industrie

Das gesamte Wasseraufkommen der Industrie betrug 1975 in der BRD etwa 12,1 Mrd. Kubikmeter (vgl. *Tabelle 1*). Davon entfielen 10,7 Mrd. Kubikmeter (88,5%) auf Eigengewinnung (vgl. Tabelle 2) und 1,4 Mrd. Kubikmeter (11,5%) auf Fremdbezug (von anderen Industriebetrieben oder WVU)[2]. Dieser Zusammenhang wird in *Abb. 5* dargestellt.

Ein Teil des Wasseraufkommens wurde an Dritte (d.h. an andere Industriebetriebe, Wohnsiedlungen oder ins öffentl. Netz) abgegeben, ein anderer Teil wurde ungenutzt abgeleitet. Das innerbetrieblich genutzte Wasser wurde zum größten Teil (59,5% des Wasseraufkommens) als Kühlwasser verwendet. 3 Mrd. Kubikmeter (25%) wurden für andere Zwecke (d.h. als Produktions-, Kesselspeise-, Belegschaftswas-

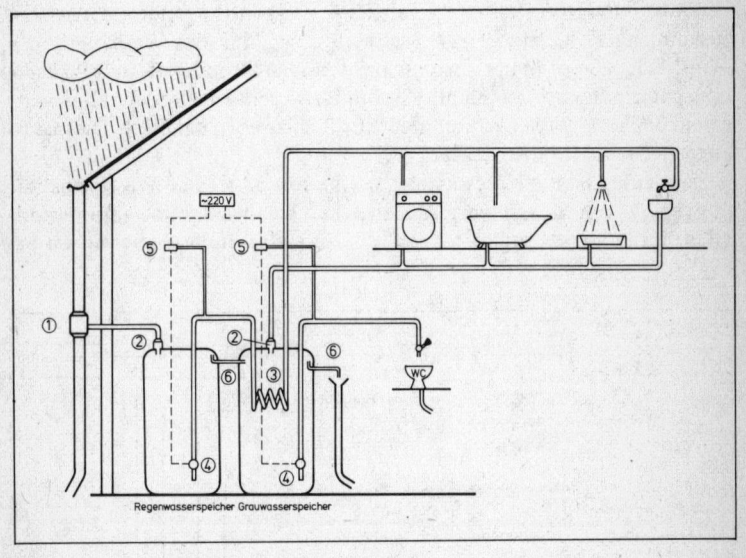

Abb. 4: Wasser-Spar-Anlage nach H. Schäfer

① Regenwasser-Sammler
② Filter
③ Wärmeaustauscher
④ Pumpe
⑤ Pumpenschalter (druckgesteuert)
⑥ Überlauf

ser usw.) eingesetzt. Diese Gesamtbetrachtung wird durch eine Aufgliederung der Wassernachfrage in einzelnen Industriebereichen *(Tab. 4)* erweitert.

Tabelle 4 zeigt insgesamt, daß auf die Chemische Industrie, den Bergbau und die Eisenschaffende Industrie zusammen etwa zwei Drittel des gesamten industriellen Wasseraufkommens entfielen.

Betrachtet man die Herkunft des industriell gewonnenen Wassers (Eigengewinnung), so zeigt sich, daß im Bergbau etwa 40% des gesamten Grund- und Quellwassers gefördert wurden. Demgegenüber wurden etwa 1,13 Mrd. Kubikmeter (45%) des gesamten Wasseraufkommens dieses Industriebereichs ungenutzt abgeleitet. Dabei handelt es sich überwiegend um Förderwasser (im Tiefbau) oder um Grundwasserabsenkungen (z. B. im Braunkohle-Tagebau). Es sollte überprüft werden, ob dieses Wasser nicht anderweitig genutzt werden kann.

In der Industrie wird Wasser mit unterschiedlichen Qualitätsanforderungen benötigt. Nur für wenige Zwecke, wie z.B. als Belegschafts-, Produktions- und Kesselspeisewasser, wird eine hohe Wasserqualität benötigt. Dieser Anteil ist in Tabelle 4 als »sonstig genutztes Wasser« zusammengefaßt. Er beträgt insgesamt etwa 25% des Wasseraufkommens. Dagegen ist in der verbrauchsintensiven Grundstoff- und Produktionsgüterindustrie der Kühlwasseranteil wesentlich größer. Hier wird etwa 70% des Wasseraufkommens für Kühlzwecke benötigt. Dies ist in zweierlei Hinsicht kritisierbar.

Zum einen ist für Kühlwasser nur eine relativ geringe Wasserqualität notwendig. Ein Mengenvergleich zwischen Kühlwasser und gefördertem Oberflächenwasser ergibt jedoch, daß in vielen Industriebereichen er-

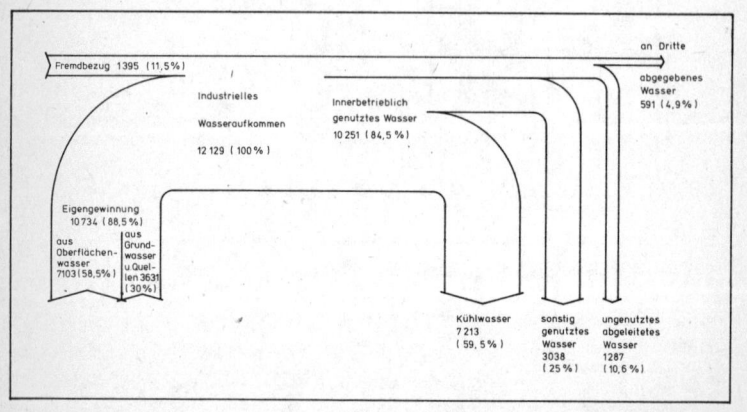

Abb. 5: Wassernachfrage der Industrie 1975 (Zahlenangaben in Mio. m^3)

Tab. 4a: Wasseraufkommen der Industrie[9] 1975

Industriebereich	Wasseraufkommen		zusammen		Eigengewinnung davon aus			Fremdbezug zusammen		davon aus dem öffentl. Netz	davon aus anderen Betrieben
					Grundwasser	Quellwasser	Oberflwasser				
	Mio. m³	%	Mio. m³	%	Mio. m³			Mio. m³	%	Mio. m³	Mio. m³
Bergbau	2500,9	20,6	2342,5	93,7	1414,2	10,9	917,4	158,3	6,3	96,9	61,4
darunter Steinkohlenbergbau u. -brikettierung	1149,2	9,5	1002,9	87,3	215,6	3,8	783,5	146,2	12,7	90,1	56,2
Braunkohlenbergbau u. -brikettierung	1149,6	9,5	1143,4	99,5	1140,8	*	*	6,3	0,6	2,2	4,1
Grundstoff- und Produktionsgüterindustrie	7760,2	64,0	7059,7	91,0	964,8	438,7	5652,2	700,6	9,0	334,9	365,7
darunter Eisenschaffende Ind.	1733,9	14,3	1585,1	91,4	135,9	20,2	1429,0	148,8	8,6	101,7	47,1
Chemische Industrie	3810,0	31,4	3406,3	89,4	382,6	376,6	2647,2	403,6	10,6	131,1	272,5
Zellstoff u. Papierindustrie	778,2	6,4	770,8	99,1	110,2	24,5	636,2	7,4	1,0	6,7	0,7
Investitionsgüterindustrie	571,1	4,7	362,9	63,5	138,4	29,0	195,6	208,2	36,5	202,0	6,2
Verbrauchsgüterindustrie	522,1	4,3	431,6	82,7	161,8	107,5	162,4	90,5	17,3	85,6	4,9
darunter Textil-Industrie	319,8	2,6	292,2	91,4	94,2	100,2	97,8	27,5	8,6	25,7	1,8
Nahrungs- u. Genußmittel-Industrie	526,0	4,3	395,7	75,2	237,4	38,5	119,8	130,3	24,8	123,6	6,7
Sonstige	248,7	2,1	141,2	56,8	73,0	16,2	51,7	107,5	43,2	105,6	1,9
BRD insgesamt	12129,0	100,0	10733,6	88,5	2989,6	640,8	7103,1	1395,4	11,5	948,6	446,8

* aus Gründen der Geheimhaltung nur in der Gesamtsumme enthalten

Tab. 4b: Wassernutzung der Industrie[9] 1975

Industriebereich	Innerbetrieblich genutztes Wasser								ungenutzt abgeleitetes Wasser		an Dritte abgegebenes Wasser	
	zusammen		Kühlwasser		davon als sonstig genutztes Wasser							
	Mio. m³	%	Mio. m³	%	Mio. m³	%			Mio. m³	%	Mio. m³	%
Bergbau	1047,4	41,9	793,2	31,7	254,2	10,2			1128,7	45,1	324,8	13,0
darunter Steinkohlenbergbau u. -brikettierung	870,4	75,7	683,9	59,5	186,5	16,2			185,2	16,1	93,6	8,2
Braunkohlenbergbau u. -brikettierung	14,9	1,3	1,0	0,1	13,9	1,2			908,7	79,0	226,0	19,7
Grundstoff- und Produktionsgüterindustrie	7431,6	95,8	5449,4	70,2	1982,2	25,5			104,6	1,3	224,0	2,9
darunter Eisenschaffende Industrie	1623,8	93,7	1310,2	75,6	313,6	18,1			25,7	1,5	84,5	4,9
Chemische Industrie	3686,9	96,8	2919,2	76,6	767,7	20,2			8,5	0,2	114,6	3,0
Zellstoff- und Papierindustrie	769,2	98,8	390,5	50,2	378,7	48,6			4,0	0,5	5,1	0,7
Investitionsgüterindustrie	561,1	98,3	329,7	57,7	231,4	40,5			4,7	0,8	5,3	0,9
Verbrauchsgüterindustrie	515,6	98,8	292,6	56,0	223,0	42,7			3,6	0,7	3,0	0,6
darunter Textil-Industrie	317,7	99,4	195,7	61,2	122,0	38,2			0,9	0,3	1,2	0,4
Nahrungs- u. Genußmittel-Industrie	513,2	97,6	276,7	52,6	236,5	45,0			7,6	1,4	5,3	1,0
Sonstige	182,1	73,2	71,8	28,9	110,3	44,4			37,3	15,0	29,1	11,7
BRD insgesamt	10251,0	84,5	7213,4	59,5	3037,6	25,0			1286,5	10,6	591,5	4,9

hebliche Kühlwassermengen aus Grund- und Quellwasser oder dem öffentlichen Netz stammen (vgl. *Tab. 4*). Bereits diese Gesamtbetrachtung der industriellen Wassernachfrage zeigt, daß in vielen Bereichen die bequeme Nutzung dieses qualitativ hochwertigen Wassers erfolgt. Wirtschaftliche Erwägungen haben auch hier den Vorrang vor einer Schonung der Natur.

Zum anderen ist die Wärmeeinleitung in Gewässer eine Form der Energieverschwendung, die auch aus ökologischer Sicht kaum zu verantworten ist. Wesentlich sinnvoller ist die Nutzung industrieller »Abwärme« z. B. zur Beheizung von Wohnungen. Daraus ergeben sich erhebliche Möglichkeiten zur Energieeinsparung und zur Entlastung der Gewässer.

Industrielle Planungen gehen von einem zunehmenden Kühlwasseranteil am Wasseraufkommen aus. In den Industriebetrieben erfolgt überwiegend eine Kreislaufführung des Wassers (insbesondere des Kühlwassers), so daß die tatsächliche Wassernutzung *(»das mehrfach genutzte Wasseraufkommen«)*[9] wesentlich größer ist. Den zeitlichen Verlauf der industriellen Wassernachfrage und Wassernutzung zeigt *Abb. 6*.

»Das (langfristig wieder) sinkende Wasseraufkommen führt nur scheinbar zu einer wesentlichen Verbesserung der wasserwirtschaftlichen Situation in der Bundesrepublik, da sich die Verdunstungsverluste vom Jahr 1975 bis zum Jahr 2010 wesentlich erhöhen werden. So werden allein im Bereich der Industrie die Verdunstungsverluste im Jahr 2010 mehr als 2,3 Mrd. m^3 betragen. Der Vorteil des Übergangs von der Durchlaufnutzung zur Kreislaufnutzung bringt gleichzeitig den Nachteil größerer Verdunstungsverluste mit sich, weil bei der Kreislaufnutzung (Kühlung) die spezifischen Verdunstungsverluste größer sind. Auch die Gewässerbelastung mit Schadstoffen braucht nicht zwangsläufig zurückzugehen. Es besteht hingegen die Gefahr, daß aufgrund der höheren Schadstoffkonzentration im Abwasser die Gewässerbelastung zunimmt.«[2]

Die zunehmende Kreislaufführung von Kühlwasser verursacht damit zunehmende Probleme bei der Gewässerbelastung. Bei einer weiterhin wachsenden Kühlwassernachfrage wird die Wärmebelastung der Gewässer zusätzlich durch eine Konzentrationserhöhung von Wasserinhaltsstoffen begleitet. Die Verdunstungsverluste der Industrie lagen 1975 bei etwa 10 % des Wasseraufkommens, für das Jahr 2010 wäre ein Anstieg auf 17 % zu erwarten.[2]

Eine weitere Wärmebelastung der Gewässer ist nach bisherigen Planungen auch durch die öffentlichen Energieversorgungsunternehmen (EVU) zu erwarten. Die Prognose[2] geht jedoch davon aus, daß die

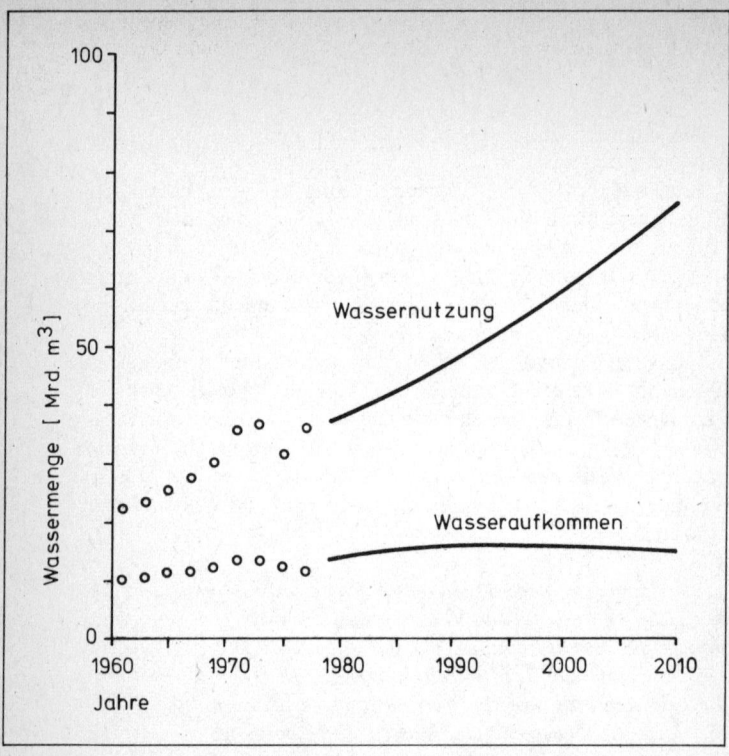

Abb. 6: Wassernachfrage der Industrie[2] (ab 1979 Prognose).

Verdunstungsverluste des Verbrauchssektors Industrie bis zum Jahr 2010 noch höher sein werden als die der EVU-Kraftwerke. Verursacht werden soll dies vor allem durch die Zunahme der industriellen Stromerzeugung und der damit verbundenen Wärmeeinleitung in die Gewässer. (Eine Kritik an der heute üblichen Art der Stromerzeugung erfolgt im nächsten Abschnitt.)

Grundlage für die Prognose der industriellen Wassernachfrage ist die Annahme eines linearen Zusammenhanges zwischen der Entwicklung der Wassernachfrage und der industriellen Nettoproduktion. Deren Verlauf (bis zum Jahr 1995) wurde aus einer anderen Prognose übernommen und durch eine »*subjektive Trendinterpolation*« bis zum Jahr 2010 ergänzt. Danach wird bei der Gesamtindustrie mit einer Verdoppelung der Nettoproduktion (gegenüber 100% im Jahr 1970) im Jahr 2010 gerechnet. In einzelnen Industriebereichen liegt dieser Anstieg wesentlich höher: auf 400% bei der Chem. Industrie und immerhin noch auf etwa 250% in der gesamten Grundstoff- und Produktionsgüterindustrie. In diesem Industriebereich ist auch der »Fremdbezug« von Wasser aus dem öffentlichen Netz relativ hoch (vgl. *Tab. 4*). Der Anreiz, Wasser von den WVU zu beziehen, wird durch deren Preispolitik noch begünstigt: Den Industrieunternehmen wird zumeist ein wesentlich niedrigerer Wasserpreis als den privaten Haushalten zugestanden.

Die zukünftige Entwicklung des Wasserpreises hat einen erheblichen Einfluß auf die Wassernachfrage der Industrie. In der Prognose wurde im »Basisfall« eine gleichbleibende Entwicklung des bisherigen langjährigen Trends mit einer jährlichen Preissteigerungsrate von etwa 6% angenommen.[2] Bei einer jährlichen Preissteigerung von etwa 9% ist eine Reduzierung des Wasseraufkommens auf 10,3 Mrd. Kubikmeter (gegenüber 14 Mrd. Kubikmeter) im Jahr 2010 möglich.[2] Denn »*der zunehmende Übergang zur Kreislaufnutzung ist vor allem auf die steigenden Wasserbezugskosten und (mit Einschränkungen) auf die Auswirkungen des Abwasserabgabengesetzes zurückzuführen*«.[2]

Neben der Abwärme-Einleitung bildet die Belastung der Oberflächengewässer durch hygienisch bedenkliche und toxische Industrieabwasser-Inhaltsstoffe auch für die Trinkwassergewinnung ein erhebliches Gefahrenpotential (vgl. S. 98ff). Durch die ständige Einleitung neuer Produkte nehmen die Gefahren für die Trinkwassergewinnung zu. Angesichts der Tatsache, daß aufbereitetes Rheinwasser etwa 20 Mio. Menschen als Trinkwasser dient, ist die Einleitung von schätzungsweise 150–200 neuen chem. Substanzen pro Jahr nicht zu verantworten[14], wenn deren langfristige ökologische Unbedenklichkeit nicht gewährleistet werden kann. Die *Internationale Arbeitsgemeinschaft der Wasserwerke im Rheineinzugsgebiet* (IAWR) hat auf die Grenzen der Verbesserung von Trinkwasseraufbereitungsverfahren hingewiesen, wenn man es z.B. mit einem so stark verschmutzten Gewässer wie dem Rhein zu tun hat.[15]

Eine Abwendung der Gefahren, die mit den oben dargestellten Entwicklungen verbunden sind, ist nur dann möglich, wenn alle industriellen Produktionsverfahren und Produkte – auch bereits vorhandene – auf ihre langfristige ökologische Unbedenklichkeit hin überprüft und bewertet werden. Darüber hinaus sollten Produktionsverfahren angewandt werden, die mit einem minimalen Wasserverbrauch und einer vollständigen Kreislaufführung von Betriebswasser arbeiten, bei denen nur noch Wasserverluste auszugleichen sind. Die industrielle Wassergewinnung sollte so weit wie möglich auf Oberflächenwasser begrenzt werden.

Die Wassernachfrage der Elektrizitätswirtschaft (Kraftwerke)

Die Wassernachfrage der öffentlichen Energieversorgungsunternehmen (EVU) übertrifft nach wie vor die Wassernachfrage aller anderen Verbrauchsbereiche erheblich (vgl. *Tabelle 1*). Für 181 statistisch erfaßte Kraftwerke (konventionelle und Atomkraftwerke) wurde für 1977 ein Wasseraufkommen von 23056 Mio. Kubikmeter ermittelt. Etwa 99 % des Wasseraufkommens wurde durch Eigengewinnung gedeckt. Davon waren 22748 Mio. Kubikmeter Oberflächenwasser und 57,6 Mio. Kubikmeter Grund- und Quellwasser. Durch Fremdbezug wurden 250 Mio. Kubikmeter Wasser erhalten.[16]

Der überwiegende Teil (ca. 97 %) der Wassernutzung erfolgte zu Kühlzwecken, etwa 3 % wurde für andere Zwecke, wie z. B. als Kesselspeise- oder Löschwasser verwendet.

Bisherige energiewirtschaftliche Planungen gehen davon aus, daß die heute übliche Art der Stromerzeugung weiter ausgebaut wird. Eine weitere Erhöhung der Stromproduktion wäre dann mit einem Ansteigen der Wassernachfrage der EVU auf ca. 41 Mrd. m^3 im Jahr 2010 verknüpft.[2]

Eine weitere Steigerung der Wassernachfrage in diesem Bereich ist jedoch vermeidbar, wenn die bisherige Art der Stromerzeugung geändert wird. In Kraftwerken kann aus physikalischen Gründen nur ein Teil der eingesetzten Primärenergie in elektrische Energie umgewandelt werden. Bei fossilen Energieträgern liegt dieser Anteil bei etwa 35–40 %, bei Atomkraftwerken zwischen 30 und 35 %. Die Restenergie fällt als Wärme an, die zwar zu Fernheizung genutzt werden kann, was jedoch bei großen Entfernungen nur begrenzt möglich ist. Der hohe technische Aufwand begrenzt, so eine Studie des Bundesministeriums für Forschung und Technologie (BMFT), eine sinnvolle Fernwärmenutzung auf etwa 25 % der bundesdeutschen Wohnungen.[17] Die gesamte Abwärme der in der BRD betriebenen Kraftwerke entspricht jedoch etwa dem gesamten Wohnungs-Wärmebedarf.[18]

Wesentlich sinnvoller ist die gleichzeitige Erzeugung von Wärme und Strom an den Orten, wo die Wärme möglichst vollständig genutzt werden kann, wie z. B. in Wohnhäusern. Dies ist mit Hilfe der »*dezentralen Wärme-Kraft-Kopplung*« möglich. Der erzeugte elektrische Strom kann daneben über das ohnehin vorhandene Leitungssystem in das öffentliche Netz eingespeist werden. Dieses Verfahren ermöglicht eine rationelle Energieverwendung (Ausnutzung der Energieträger: 80–95 %), die auch von zentralen Kraftwerken mit Fernwärmenutzung nicht erreicht wird. Eine Wärmeeinleitung in Gewässer entfällt vollständig.[18]

Bei einem zunehmenden Einsatz dieser umweltfreundlichen Technologie wäre eine Verringerung des Abwärmeproblems möglich und ein Bau weiterer Großkraftwerke unnötig.

Zusammenfassung

Die bisherige Nutzung der Gewässer hat erhebliche ökologische Schäden verursacht, die zu einem Großteil als irreversibel anzusehen sind. Beispiele hierfür sind zerstörte Feuchtgebiete und Wälder, Schwermetallablagerungen in Gewässersedimenten usw. Eine weitere Steigerung der Wasserförderung, die nach bisherigen Planungen von WVU, Industrie und den EVU vorgesehen ist, kann die bisherigen Probleme in nicht mehr zu rechtfertigendem Maße verschärfen. Ein sparsamer und bewußter Umgang mit Wasser ist daher dringend geboten. Alle Möglichkeiten, die eine Verbesserung der Wasserqualität und eine Verringerung der Wassernachfrage ermöglichen, sollten daher unverzüglich angewandt werden. Im einzelnen ergeben sich folgende Forderungen:
1. keine weitere Neuerschließung von Grundwasservorkommen.
2. Nutzung aller Möglichkeiten, die den Verbrauch von Grund- und Trinkwasser vermindern.
3. Begrenzung des industriellen Wasserbezugs auf Oberflächenwasser, soweit dies regional möglich ist.
4. Abbau aller industriellen Produktionsverfahren, deren langfristige ökologische Unbedenklichkeit nicht gesichert ist.
5. Keine weitere Wärmeeinleitung in die Gewässer durch Industrie und Kraftwerke, Abbau der bisherigen Belastung.

Literaturangaben

1 Battelle-Institut e.V.: »Kosten-Nutzen-Überlegungen zur Mehrfachnutzung von Wasser in Haushalt und Kleingewerbe«, Zwischenbericht für das BMFT, Frankfurt/M. 1975.
2 D. Winje, J. Iglhaut: Der Wasserbedarf in der Bundesrepublik Deutschland bis zum Jahre 2010. Forschungsbericht 10202023/2, Umweltforschungsplan des Bundesministers des Innern. Berlin 1980.
3 Battelle-Institut e.V.: »Wasserbedarfsentwicklung in Industrie, Haushalten, Gewerbe, öffentlichen Einrichtungen und Landwirtschaft – Prognose des Wasserbedarfs in der BRD bis zum Jahre 2000«, Frankfurt/M. 1972 (Zustandsbericht 1976)
4 K. Boulding: »Environment and Economics«, in: Environment, William Murdoch (Hrsg.), Stanford, Conn. (USA), 1971.
5 Statistisches Bundesamt (Hrsg.): Fachserie D, Industrie und Handwerk, Reihe 5, Energie- und Wasserversorgung, Öffentliche Wasserversorgung und öffentliches Abwasserwesen 1963, Wiesbaden 1966
6 Statistisches Bundesamt (Hrsg.): Fachserie D, Industrie und Handwerk, Reihe 5, Energie- und Wasserversorgung, Öffentliche Wasserversorgung und öffentliches Abwasserwesen 1969, Stuttgart und Mainz 1972
7 Statistisches Bundesamt (Hrsg.): Umweltschutz, Fachserie 19, Reihe 2.1, Öffentliche Wasserversorgung und Abwasserbeseitigung 1975, Wiesbaden 1979.

8 Statistisches Bundesamt (Hrsg.): Fachserie D, Industrie und Handwerk, Reihe 5, Energie- und Wasserversorgung, Wasserversorgung der Industrie, 1957, 1959, 1961, 1963, 1965, 1967, 1969, 1971 und 1973.
9 Statistisches Bundesamt (Hrsg.): Umweltschutz, Fachserie 19, Reihe 2.2, Wasserversorgung und Abwasserbeseitigung in der Wirtschaft 1975, Stuttgart und Mainz 1979.
10 E. Oehler: »Die Wassergewinnung aus Flüssen«, in: *DVGW-Schriftenreihe Wasser* Nr. 201, Eschborn 1979.
11 Hessische Landesanstalt für Bodenforschung: Belastung und Verunreinigung des Grundwassers durch feste Abfallstoffe, Wiesbaden 1976
12 DVGW-Regelwerk, Wasserversorgung, Merkblatt W 410 (April 1972), Wasserbedarfszahlen.
13 Fachgruppe Wasserchemie in der Gesellschaft Deutscher Chemiker (Hrsg.): Phosphor – Wege und Verbleib in der Bundesrepublik Deutschland, Weinheim 1978.
14 C. van der Veen: »Der Rhein als Trink- und Brauchwasserspender« in: *Wasser- und Energiewirtschaft/Cour d'eau et energie* Nr. 5/6, Baden (Schweiz) 1975.
15 Memorandum der IAWR, Rheinwasserverschmutzung und Trinkwassergewinnung, Gas–Wasser–Abwasser 53 (1973), Nr. 6.
16 Statistisches Bundesamt (Hrsg.): Ausgewählte vorläufige Ergebnisse der Statistik der Wasserversorgung und Abwasserbeseitigung in der Wirtschaft 1977.
17 Fernwärme: Heizung für die halbe Republik, in: *Der Spiegel,* Nr. 16/1981.
18 R. Kreibich (Hrsg.): Rationelle Energieverwendung durch dezentrale Wärme-Kraft-Kopplung, München 1979.

Harro Stolpe

Wasserversorgung aus dem Grundwasser

Was ist Grundwasser?

Zur Einführung und zum besseren Verständnis der lebenswichtigen Ressource Grundwasser werden im folgenden anhand einiger fachlicher Begriffe seine Vorkommensweise, seine Entstehung, sein Verhalten und beispielhaft einige mit dem Grundwasser zusammenhängende Wirkungszusammenhänge erläutert.

Grundwasser ist unterirdisches Wasser, das die Hohlräume der Erdrinde zusammenhängend erfüllt. Grundwasser fließt. Die Hohlräume, in denen es fließt, können Poren, Haarrisse, Spalten und Klüfte sein. Das grundwasserführende Gestein wird als *Grundwasserleiter* bezeichnet. In ihm tritt das Grundwasser flächig verbreitet oft in mehreren Stockwerken auf. Es gibt Porengrundwasserleiter und Kluftgrundwasserleiter.

Die Grundwassergewinnung erfolgt hauptsächlich aus *Porengrundwasserleitern*. Dies sind Lockergesteine wie z. B. Kiese und Sande. Sie treten in den Flußtälern (*Rhein, Main* usw.) oder im flachen Land (*Münchener Schotterebene, Norddeutschland*) in besonders hohen Mächtigkeiten auf und lassen im allgemeinen ergiebige Grundwassergewinnungen zu.

Das Grundwasser wird ständig durch einsickernde *Niederschläge* erneuert. In der Bundesrepublik herrschen humide Klimaverhältnisse, d. h. ein gewisser überschüssiger Teil des Niederschlagswassers, welcher nicht oberflächlich abfließt, nicht verdunstet, nicht von den Pflanzen verbraucht wird und nicht in den Poren des Bodens gegen die Schwerkraft festgehalten wird, sickert ständig in den Boden ein und führt zu einer unablässigen Grundwasserneubildung.

Die Höhe der Grundwasserneubildung ist unterschiedlich. Sie hängt ab von den Klimabedingungen (Niederschläge, Temperatur, Wind, Sonneneinstrahlung), dem Relief der Bodenoberfläche, der Durchlässigkeit der oberen Bodenschichten (Deckschichten), der Flächennutzung und dem gerade herrschenden Nutzungszustand des Grundwassers. Außerdem wirkt die jeweilige Vegetation bzw. die landwirtschaftliche Anbauform über deren Wasserverbrauch, die Verdunstung und die

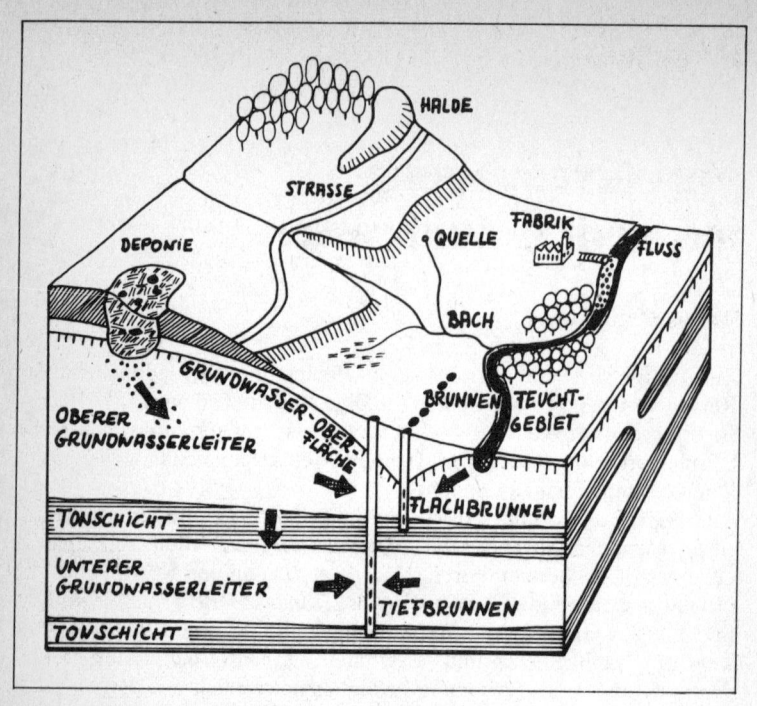

Abb. 1: Schema eines Grundwasservorkommens und verschiedener Nutzungen.

Oberflächenabflußbedingungen auf die Neubildung des Grundwassers ein.

Neben ausgesprochenen *Grundwasserneubildungsgebieten* – das sind meist höher gelegene Bereiche mit einer guten Durchlässigkeit der Deckschichten – gibt es auch *Grundwasseraussickerungsgebiete* ohne Neubildung. Sie befinden sich in tiefergelegenen flußnahen Bereichen mit hohen Grundwasserständen. Das Grundwasser fließt solchen Aussickerungsgebieten zu und tritt dort in die Oberflächengewässer ein bzw. verdunstet. Grundwasseraussickerungsgebiete sind wegen ihres Wasserreichtums für die Wassergewinnung oft von besonderem Interesse.

In größeren räumlichen und zeitlichen Zusammenhängen betrachtet, besteht ein geschlossener *Wasserkreislauf* in Form einer Abfolge von Niederschlagseinsickerung in den Boden (Grundwasserneubildung) – unterirdischem und oberirdischem Abfluß, sowie Grundwasseraussickerung in Flüsse und Bäche – Verdunstung – und wiederum Bildung von

Niederschlag. Dieser Vorgang läßt sich regional und lokal in Form von *Wasserhaushaltsrechnungen* bilanzieren.

In die Haushaltsrechnungen gehen als *Zugänge* ein: die Niederschlagszusickerung, die Versickerung von Wasser aus Bächen und Flüssen in das Grundwasser, künstliche Einspeisungen von Oberflächenwasser usw. Als *Ausgänge* werden u. a. registriert: die Grundwasseraussickerung in Bäche, Seen, Flüsse und Dränagen, Quellaustritte, die Verdunstung aus dem Grundwasserleiter, der Aufbrauch und die Verdunstung von Wasser durch Pflanzen und vor allem die Wasserentnahmen aus Brunnen. Ein ausgeglichener Haushalt liegt vor, wenn die Eingänge ebenso groß wie die Ausgänge sind.

Ein ausgeglichener und gleichbleibender Wasserhaushalt führt zu bestimmten langzeitig innerhalb klimabedingter Schwankungen feststehenden Grundwasserständen, Grundwasserströmungsrichtungen, Oberflächenabflüssen, Quellschüttungen usw. Änderungen im Wasserhaushalt z. B. durch Wasserentnahmen aus Brunnen rufen Änderungen dieser Merkmale hervor. Die Einrichtung von Wasserentnahmen größeren Ausmaßes stellen Eingriffe in den jeweiligen Wasserhaushalt dar, rufen kurz- oder langfristige Ungleichgewichte zugunsten der Ausgänge hervor, und bewirken stets Änderungen u. a. der Strömungsverhältnisse des Grundwassers und vor allem *Absenkungen der Grundwasseroberfläche*.

Solche Änderungen schreiten so lange fort, bis sich wieder ein Gleichgewichtszustand des Wasserhaushaltes eingestellt hat. Dieser Haushaltsausgleich kann zum Beispiel auf natürliche Weise durch den Abzug von Abflußanteilen aus Oberflächengewässern in das Grundwasser erfolgen, was häufig ein vollständiges Austrocknen kleinerer Gewässer zur Folge hat. Wenn keine mobilisierbaren Reserven vorhanden sind, kann kein neues Gleichgewicht des Wasserhaushaltes zustande kommen. Solche Situationen können durch überhöhte Wasserentnahmen entstehen und dazu führen, daß Grundwasserleiter leergepumpt werden – es sei denn, die Fördermenge wird auf das verfügbare Maß reduziert.

Zur weiteren Veranschaulichung dieser Begriffe wird in *Abb. 1* eine Vorstellung von einem Grundwasservorkommen gegeben, wie es z. B. im Bereich der großen Flüsse Rhein und Main im Prinzip vorhanden sein kann.

Das Grundwasser strömt hier entsprechend der dargestellten hydrogeologischen Situation innerhalb zweier übereinanderliegender Grundwasserleiter. Zwischen ihnen liegt eine gering durchlässige Tonschicht. Solche Zwischenschichten sind fast nie vollkommen dicht, so daß in den meisten Fällen eine Verbindung zwischen den Grundwasserleitern bestehen bleibt.

Aus beiden Grundwasserleitern wird Wasser gefördert. Die Fließpfeile machen deutlich, daß Schadstoffe – ausgehend von einer Mülldeponie, der landwirtschaftlichen Düngung, einer Straße oder auch Flußwasser als Uferfiltrat – zu einem Brunnen gelangen können. Es besteht hier also ein Zusammenhang nicht nur innerhalb des Grundwasservorkommens selber, sondern auch zwischen Flußwasser und Grundwasser. Daher kann sich die Verschmutzung von Flüssen durchaus auf das Grundwasser auswirken, besonders, wenn durch solche ufernahen Brunnen Flußwasser in das Grundwasser hineingezogen wird.

Als Folge der abgebildeten Entnahmemaßnahme ist eine Grundwasserabsenkung dargestellt. Sie bewirkt größere Abstände zwischen Grundwasseroberfläche und Bodenoberfläche (Flurabstände), die sich auf flache Brunnen oder die Erreichbarkeit des Wassers durch grundwasserabhängige Pflanzen negativ auswirken können. Dies gilt besonders für bestimmte empfindliche Vegetationen, die sich auf Feuchtgebiete spezialisiert haben.

Die Nutzbarkeit von Grundwasservorkommen

Ein Hauptproblem der Grundwasserwirtschaft ist die Frage: *Welche Wassermengen sind örtlich oder regional langfristig nutzbar?* Einen bundesweiten Überblick über die Ergiebigkeit von Grundwasservorkommen (sowie deren Qualität auf der einen und Verschmutzungsempfindlichkeit auf der anderen Seite) geben Aust/Vierhuff/Wagner.[1] Fest steht, daß die technisch maximal gewinnbaren Wassermengen nicht auch diejenigen sind, die langfristig genutzt werden können und dürfen.

Einer vollständigen Ausschöpfung der gewinnbaren Mengen stehen vielmehr begrenzende Bedingungen entgegen, die sich aus den verschiedenen Wirkungszusammenhängen ergeben, welche im Bereich von Grundwasservorkommen bestehen. Eine begrenzende Bedingung liegt vor, wenn bestimmte schädigende Auswirkungen *durch* oder *auf* die Grundwasserwirtschaft über ein tolerierbares Maß hinaus möglich sind oder innerhalb der Grundwasserwirtschaft selber entstehen können. Im einzelnen können folgende Auswirkungs-Gruppen unterschieden werden.

Auswirkungen von Grundwassergewinnungen auf andere Nutzungen

Das bedeutet, größere Wasserentnahmen können sich negativ auf die Ökologie und die Standsicherheit von Gebäuden sowie kleiner (Haus-)Wasserentnahmen auswirken. Besonders die möglichen ökologischen

Schäden wurden in der Vergangenheit vielfach nicht beachtet. Es wurde häufig ohne Rücksicht auf den Naturhaushalt die volle gewinnbare Wassermenge gefördert.

Auswirkungen von Verschmutzungen oder störenden Nutzungen auf die Grundwassergewinnung

Hier sind *qualitative* Beeinträchtigungen oder Schädigungen zu nennen, die auf Verunreinigungen des Grund- und Oberflächenwassers zurückgehen. Weiterhin treten *quantitative* Beeinträchtigungen des Grundwasserhaushaltes durch Verminderungen der Grundwassererneuerung auf. Diese Auswirkungen *auf* die Grundwassergewinnung werden von den Wasserentnehmern im eigenen Interesse meist empfindlicher wahrgenommen als z. B. ökologische Schäden.

Auswirkungen von innerhalb der Grundwasserwirtschaft bestehenden Nutzungskonkurrenzen

Hier handelt es sich um diejenigen Verminderungen der örtlich gewinnbaren Wassermengen, welche auf den Einfluß benachbarter oder aus anderen Grundwasserleitern schöpfender Entnehmer zurückgehen. Solche Einflüsse können im Bereich dominierender Großentnahmen so weit gehen, daß anderen Entnehmern das Wasser vollständig entzogen wird.

Auswirkungen der Grundwasserentnahmen auf andere Nutzungen

Das Grundwasser besteht nicht für sich, sondern ist auf vielfältige Weise mit den Oberflächenwasserverhältnissen, der Bodenfeuchte und der Vegetation verbunden. Wie bereits oben ausgeführt, rufen z. B. Wasserentnahmen Absenkungen der Grundwasseroberfläche hervor und können dadurch u. a. zu einer Reihe von *Folgeschäden* unmittelbar für oder mit indirekten Auswirkungen auf die ökologischen Verhältnisse führen. Im einzelnen handelt es sich um folgende möglichen negativen Auswirkungen:
- Verminderung der Wasserführung in Bächen und Flüssen bis zu deren vollständigen Trockenlegung;
- Verminderung von Quellschüttungen bis zum Versiegen;
- Trockenfallen von kleineren Brunnen: etwa landwirtschaftlichen Beregnungsbrunnen;

- Zerstörung von unmittelbar grundwasserabhängigen Auewäldern, Sumpfvegetationen oder auch von grundwasserferneren Vegetationsgebieten;
- Veränderungen des lokalen Klimas durch Verminderung oder vollständige Verhinderung von Nebel- und Taubildung nach Trockenlegung von Feuchtgebieten; damit Wegfall einer wichtigen Komponente der Bodenbewässerung;
- Minderung landwirtschaftlicher Erträge durch Änderung der Wasser- und Klimaverhältnisse.

Nicht jede geplante Wasserentnahme und nicht jede Erhöhung der Förderung aus Brunnen muß notwendigerweise solche Schäden nach sich ziehen. Die Auswirkungen von Wasserentnahmen hängen vielmehr von den örtlichen geologischen und ökologischen Bedingungen ab. Fachleute können z.B. im Rahmen von Umweltverträglichkeitsuntersuchungen feststellen, ob und welche Folgen jeweils zu erwarten sind; dies ist in der Vergangenheit jedoch meistens unterblieben. Wenn ökologische Schäden vermieden werden sollen, müssen bestimmte Nutzungsbeschränkungen für betreffende Gebiete beachtet werden. Das heißt z.B., daß Wassergewinnungen nur bis zu schadensfreien Größenordnungen ermöglicht werden oder bestimmte Brunnenstandorte nicht zugelassen werden dürfen.

Grundsätzlich sind vor allem Gebiete mit gegenüber der Bodenoberfläche hohen Grundwasserständen (niedrigen Flurabständen) – auch als Feuchtgebiete oder Grundwasseraussickerungsgebiete bezeichnet – in hohem Maße empfindlich gegenüber Änderungen der Grundwasseroberfläche. Weniger oder nicht empfindlich sind dagegen Bereiche mit tiefliegenden Grundwasserständen, welche die Funktion von Neubildungsgebieten haben können.

In diesem Zusammenhang muß angemerkt werden, daß die Trockenlegung von Feuchtgebieten durch landwirtschaftliche Entwässerungsmaßnahmen (Dränagen) eine in der Vergangenheit oft beabsichtigte Vorgehensweise zur Gewinnung von zusätzlichen Anbauflächen war. Heute jedoch sind infolge solcher Entwässerungen, aber auch infolge von Flußregulierungen und von Grundwasserentnahmen aus Brunnen fast alle Feuchtgebiete zerstört. Deshalb sollte man erwarten, daß jede Schädigung der wenigen übrig gebliebenen ursprünglich z.B. für die Rheinniederungen typischen Vegetationen in Zukunft unterbleibt. Jedoch werden gerade jetzt z.B. in der *Lüneburger Heide* durch geplante Großwasserentnahmen der Stadt *Hamburg* weitere solcher inzwischen seltenen Gebiete bedroht.

Grundwasserentnahmen können weitere negative Auswirkungen hervorrufen, indem sie sogenannte setzungsempfindliche Bodenschichten

(u. a. Tone) entwässern. Der Wasserentzug bewirkt eine Volumenminderung und damit *Bodensenkungen,* die sich auf Gebäude, Straßen usw. schädigend auswirken können. Viele solcher Schäden infolge von Grundwasserabsenkungen sind z. B. im südlichen hessischen Ried entstanden. Für die Wassergewinnung sollten sich daraus ebenfalls Nutzungseinschränkungen in Gebieten ergeben, die solche Auswirkungen aufgrund ihres geologischen Aufbaus erwarten lassen.

Zur näheren Erläuterung der genannten ökologischen Nutzungseinschränkungen und der Frage der Standsicherheit werden anhand eines angenommenen Beispiels die Empfindlichkeiten hinsichtlich solcher Beeinträchtigungen dargestellt.[2] Dazu sind in den *Abb. 2* und *3* und in der *Tab. 1* die Zusammenhänge in einem Grundwassersystem und die durch eine Grundwassergewinnung verursachten Veränderungen aufgeführt.

Die Abbildungen zeigen einen geologischen Schnitt unter zwei verschiedenen wasserwirtschaftlichen Nutzungsbedingungen: Der Nutzungszustand »vorher« geht auf die Verhältnisse bei geringer Grundwasserentnahme lediglich aus Weide-, Haus- und Bewässerungsbrunnen ein. Die charakteristischen Merkmale dieses Nutzungszustandes sind folgende: Das in höher gelegenen Gebieten (Grundwasserneubildungsgebiete) versickernde Niederschlagswasser bildet neues Grundwasser, welches in Richtung des Flusses fließt und in dessen Niederungen größtenteils aussickert (Aussickerungsgebiet). Der dortige Wasserreichtum ist Grundlage einer besonderen Feuchtvegetation aus Sumpfpflanzen, Auewälder usw.

Der Nutzungszustand »nachher« zeigt denselben Bereich unter der Bedingung einer intensiven wasserwirtschaftlichen Nutzung durch Großentnahmen aus dem Grundwasser: Aus Tiefbrunnen wird in großer Menge Grundwasser gefördert. Um die Brunnen herum ist die Grundwasseroberfläche in Form ausgedehnter Trichter bis zu mehreren Metern abgesenkt. Außerdem fließt das Grundwasser nun in Richtung der Brunnen und nicht mehr in Richtung des Aussickerungsgebietes und des Flusses. Durch diese Veränderungen der Strömungsverhältnisse wird das Aussickerungsgebiet zu einem Grundwasserneubildungsgebiet umfunktioniert. Das hat trockenfallende Bäche und Teiche, Zerstörung von Feucht-Biotopen und sogar eine Grundwasserverschmutzung zur Folge, da nun Flußwasser in den Grundwasserkörper hineinströmt. Hinzu kommen Gebäudeschäden durch Setzungsvorgänge des Bodens, die durch den Wasserentzug hervorgerufen werden.

Eine solche im Prinzip ähnliche Situation tritt im hessischen Ried auf. Dort wurde der Grundwasserhaushalt u. a. durch die langjährigen Ausbaumaßnahmen des Rheins und vor allem durch überhöhte Wasserentnahmen aus dem Grundwasser in so hohem Maße belastet, daß es

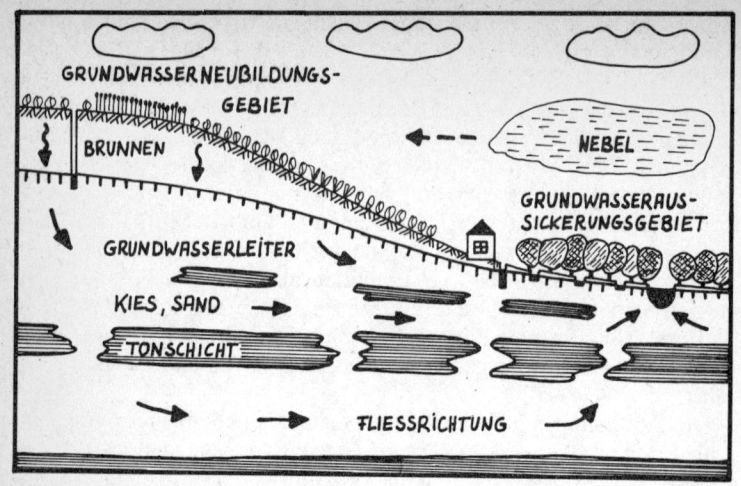

Abb. 2: Nutzungszustand ›vorher‹².

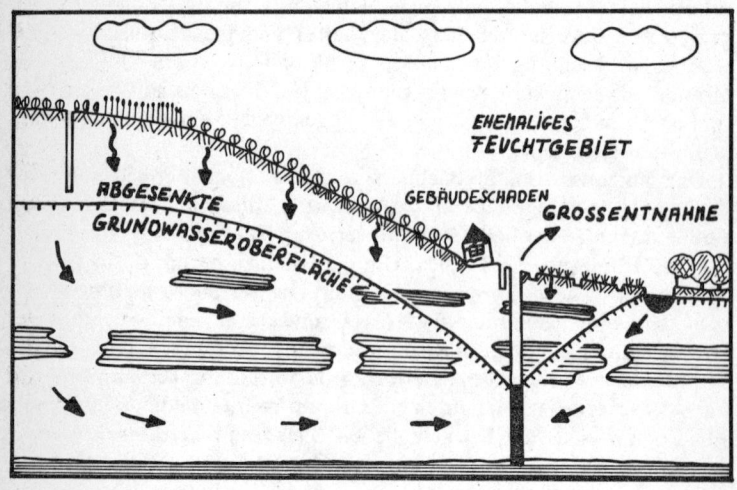

Abb. 3: Nutzungszustand ›nachher‹².

Tab. 1: Nutzungsempfindlichkeiten im Bereich einer Grundwasserentnahme[2]

	Grundwasserneubildungsgebiet	Grundwasseraussickerungsgebiet
Hydrologische Beschreibung	Grundwasseroberfläche mehrere Meter unter der Bodenoberfläche, Versickerung von Niederschlagswasser zum Grundwasser, wenig Bäche und Teiche.	Grundwasseroberfläche unmittelbar unter der Bodenoberfläche, Grundwasser sickert aus in den Fluß, in Bäche, zahlreiche Gewässer vorhanden.
Kleinklima, Bodenfeuchte	Trockene Böden unterschiedlicher Wasserhaltefähigkeit (Sandböden: schlechte Wasserspeicher, Löß: gute Wasserspeicher), *Bewässerung* durch Regen, Tau oder künstlich (Beregnung).	Feuchte Böden, Nebelbildung, *Entwässerung* entweder in natürliche Gewässer oder zusätzlich durch Dränage.
Vegetation, Landwirtschaftliche Bodennutzung	Grundwasserunabhängige Vegetation, auf wasserhaltenden Böden: Ackerbau, auf weniger wasserhaltenden Böden: Forstwirtschaft oder künstliche Bewässerung und wiederum Akkerbau.	Auewald, Sumpfvegetation, bei Dränage Weideland oder Ackerbau.
Veränderung durch Großentnahmen von Wasser und die damit verbundenen Grundwasserabsenkungen	Niedrige Grundwasserstände haben keine direkten Auswirkungen, allerdings können Bewässerungsbrunnen trockenfallen, Setzungsschäden an Gebäuden möglich, Trockenlegung benachbarter Feuchtgebiete verhindert Bewässerung durch Tau.	Niedrige Grundwasserstände kehren die hydrologische Funktion des Gebietes um: das *Aussickerungsgebiet* wird zum *Grundwasserneubildungsgebiet*. Dadurch fallen die Bäche trocken, die Feuchtgebietsvegetation wird zerstört, keine Nebelbildung mehr, Setzungsschäden möglich, evtl. sogar künstliche Bewässerung erforderlich, außerdem dringt zusätzlich Uferfiltratwasser aus und in das Grundwasser ein.
Nutzungsempfindlichkeit	Empfindlichkeit der Vegetation im allgemeinen gering, andere Auswirkungen durch Wasserentnahmen möglich.	Hohe Empfindlichkeit der angestammten Vegetation, andere Auswirkungen wie Setzungen zusätzlich möglich.

während einer mehrjährigen Trockenperiode zu einem Abfallen der Grundwasserstände um mehrere Meter kam und Folgeschäden an den Baumbeständen und auch an vielen Gebäuden entstanden.

Auswirkungen von Verschmutzungen oder störenden Nutzungen auf die Grundwassergewinnung

Die Grundwassergewinnung ist nicht nur möglicher Verursacher von Schäden, sondern sie kann selber von Schadenseinflüssen betroffen sein, welche oft ernste Bedrohungen der Trinkwasserversorgung darstellen und bestimmte Grundwassergebiete von der wasserwirtschaftlichen Nutzung ausschließen. Größte Probleme für die Wassergewinnung ergeben sich aus Grundwasserverschmutzungen vor allem durch Chemikalien, die u. a. über Gewässer oder auch aus undichten Mülldeponien in das Grundwasser gelangen können. Im einzelnen lassen sich Verschmutzungen des Grundwassers u. a. auf folgende Einflüsse zurückführen:

- verunreinigtes Oberflächenwasser, das z.B. als Uferfiltrat in das Grundwasser eindringt;
- undichte Mülldeponien (vor allem Chemiemülldeponien), Abwasserverrieselungen, Bergehalden;
- Betriebsanlagen, in denen wassergefährdende Stoffe gelagert oder hergestellt werden;
- Sickerschadensfälle, wie sie z.B. durch undichte Öltanks entstehen können;
- übermäßigen landwirtschaftlichen Chemieeinsatz und Abfälle aus der Massentierhaltung;
- Straßenabwässer, die Salz und giftige Substanzen enthalten.

Ergänzungen und detaillierte Ausführungen zu diesen Punkten können den *DVGW*-Richtlinien zur Einrichtung von Wasserschutzgebieten[3] entnommen werden. Diese Richtlinien geben auch Auskunft darüber, wie hoch der Grad solcher Gefährdung bei unterschiedlichen Entfernungen zu Trinkwasserbrunnen einzuschätzen ist – bzw. welche Nutzungen und Verschmutzungen in den verschiedenen engeren und weiteren Schutzzonen solcher Anlagen unterbleiben sollen.

Es gibt eine große Fülle negativer Beispiele, die zeigen, in welchem Maße die Grundwasservorkommen durch Verunreinigungen bereits geschädigt sind. Für alle oben aufgeführten Gefahrenpunkte ließen sich z.T. spektakuläre Fälle aus der Wirklichkeit der Grundwasserwirtschaft anführen. Ein besonderes Problem für flußnahe Wasserwerke sind heute die sogenannten halogenierten Kohlenwasserstoffe, die durch die Gewinnung z. B. von Uferfiltrat in das geförderte Wasser gelangen. Sie können nur mit Hilfe aufwendiger technischer Verfahren aus dem Wasser herausgefiltert werden und gelten in kleinen Mengen bereits als krebserregend.* Andere ebenfalls große Probleme stellen die Nitratbelastung durch die übermäßige Anwendung von Düngemitteln sowie die vielen bundesweit vorhandenen Altmülldeponien dar.

Diese Altmülldeponien sind oft »Zeitbomben« für das Grundwasser, da oft unbekannte Giftstoffe auf ihnen lagern und irgendwann austreten können. Es ist heute nicht einmal bekannt, wo überall sich solche Deponien befinden. Deshalb müssen in vielen Gebieten der Bundesrepublik kostenaufwendige Erkundungen und Kartierungen dieser »Lagerstätten« durchgeführt werden. *Abb. 4* gibt einen Eindruck von der Dimension des Problems anhand eines Gebietes in Nordrhein-Westfalen. Es handelt sich um einen Ausschnitt aus dem Bereich zwischen Emscher und Ruhr, welcher mit Halden und Deponien geradezu übersät ist. Dabei fällt auf, daß südlich der Wasserscheide Ruhr–Emscher, also auf der Seite der Ruhr, die besseren Verhältnisse herrschen und daß im Ruhrtal Grundwasser entnommen wird. Nördlich dieser Linie jedoch wurde das Gebiet grundwasserwirtschaftlich praktisch geopfert. Es hat hier also eine Aufteilung in ein *Wassernutzungsgebiet* und ein *Verschmutzungsgebiet* stattgefunden. Hinzuzufügen ist, daß im Bereich der abgebildeten Wassergewinnungen künstliche Grundwasseranreicherungen großen Umfangs betrieben werden, um bestehende Gewinnungsdefizite an »echtem« Grundwasser ausgleichen zu können.

Die wasserwirtschaftlich verfügbaren Grundwassermengen werden aber nicht nur durch Verschmutzungseinflüsse, sondern auch durch eine Verringerung der Grundwasserneubildung oder eine Erhöhung der unterirdischen Abflüsse infolge verschiedener störender baulicher, land- oder wasserwirtschaftlicher Maßnahmen und Nutzungen verringert; im einzelnen handelt es sich um:

- die Flächenversiegelung, d. h. eine Behinderung der Grundwasserneubildung durch Überbauung großer Flächen;
- die Regulierung von Flüssen, welche häufig zu erhöhter Erosion und einer Tieferlegung der Fluß- und Grundwasseroberfläche und damit zu höheren Flußgefällen und Abflußmengen im Grundwasserbereich führt;
- die Trockenlegung von Feuchtgebieten durch Wasserhaltungs- und Dränagemaßnahmen, die ebenfalls einen zusätzlichen Wasserentzug bewirkt;

* s. 98ff

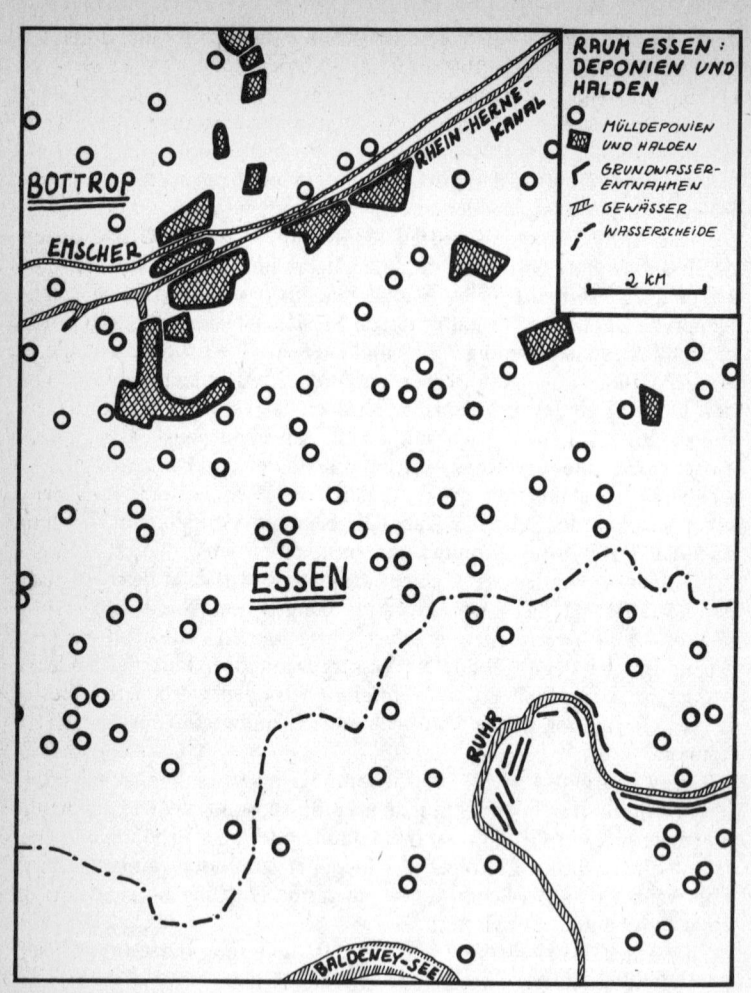

Abb. 4: Altlasten und Wasserentnahmen in einem Bereich des Ruhrgebietes (bei Essen).

- die Freilegung von Grundwasseroberflächen etwa im Bereich von Kiesabbauen, die zu erhöhten Verdunstungsverlusten führt;
- Änderungen landwirtschaftlicher oder forstlicher Nutzungen, die durch einen höheren Wasserverbrauch der neuen Vegetationen zu geringeren Grundwasserneubildungsraten führen kann.

Auswirkungen von innerhalb der Grundwasserwirtschaft bestehenden Nutzungskonkurrenzen

Zu den beeinträchtigenden Auswirkungen auf Grundwassergewinnungsmöglichkeiten zählt vor allem auch die bestehende Nutzungskonkurrenz innerhalb der Grundwasserwirtschaft selber. Es besteht ein massiver Konkurrenzkampf innerhalb der Wasserwirtschaft um das begrenzte Grundwasserdargebot. Dabei wird durch große Industrieentnahmen vor allem die Trinkwassergewinnung häufig zu erhöhten zusätzlichen Investitionen, z.B. für die Errichtung tieferer Brunnen oder die Erschließung von Grundwasservorkommen im ufernahen Bereich von Flüssen oder zur künstlichen Grundwasseranreicherung mit Oberflächenwasser gezwungen.

Hauptverursacher und Betroffene der Wasserprobleme

Die auf S. 57ff dargestellten Mengenverhältnisse der *Wassernutzung* machen deutlich, daß der Grundkonflikt der Wasserwirtschaft in dem Widerspruch zwischen den industriellen und öffentlichen Interessen an den begrenzten Grundwasservorkommen besteht. Verschärfend für diesen Konflikt kommt hinzu, daß auch ein großer Teil der *Gewässerverschmutzung* auf die Industrie zurückgeht. Besonders die Belastung der Oberflächengewässer durch Abwässer und auch vielerorts des Grundwassers z.B. durch Mülldeponien und Sickerschäden im Bereich von Produktionsanlagen ist auf industrielle Verursacher zurückzuführen.

Die industrielle Verwertung von Wasser nicht nur als *Nutzungs-*, sondern auch als *Verschmutzungspotential* bedeutet also eine mengenmäßig und gütemäßig erhebliche Beanspruchung der Wasservorkommen. Zugespitzt ausgedrückt heißt dies, daß Nutzungs- und Verschmutzungsmöglichkeiten des Wassers in erheblichem Maße durch die Industrie vermindert werden. Die Folgen sind Beeinträchtigungen und Schädigungen öffentlicher Belange: des Wasserhaushaltes, der Wasserqualität, des Naturhaushaltes und der öffentlichen Wasserversorgung.

Es besteht also im Bereich der Wasser-, insbesondere der Grundwasserverwertung ein Konflikt zwischen industriellen und öffentlichen Ansprüchen. Aber selbst die industrielle Nutzung und Verschmutzung von Gewässern in sich ist nicht konfliktfrei; denn auf Dauer schließen beide einander aus.

Die Verwertung der natürlichen Nutzungs- und Verschmutzungspotentiale hat ihre Grenzen, die durch kein noch so viel zitiertes »Selbstreinigungspotential« hinwegzuleugnen sind.

Diese beiden Konflikte – zwischen öffentlichen und industriellen, sowie innerhalb industrieller Interessen – begleiten in Form einer permanenten Wasserkrise die Geschichte der Wassergewinnung. Sie konnten immer nur vorübergehend hinausgeschoben, aber nicht aufgehoben werden und sind bis heute in ihrer Bedrohlichkeit gewachsen.

Zur historischen Entwicklung der Wasserkrise

Das krisenhafte Verhältnis: Industrie–Wasser hat im Laufe seiner historischen Entwicklung bisher drei Etappen durchschritten.[4] Die Hauptmerkmale der einzelnen Etappen sind zum besseren Verständnis in den *Abb. 5 und 6 und Tab. 2 und 3* dargestellt und werden im folgenden kurz erläutert:
In der *ersten Etappe* (siehe *Abb. 5 und Tab. 2*) der Wasserkrise im 19. Jahrhundert beschränkte sich die noch nicht sehr entwickelte Industrie auf die Verwertung des Oberflächenwassers aus Flüssen, Seen und Bächen. Sie dienten ihr sowohl für die Versorgung mit Brauchwasser als auch die Entsorgung von Abfällen aller Art. Nebenher wurde auch von den Gemeinden Trinkwasser aus diesen Flüssen, Seen und Bächen entnommen und an die Bevölkerung weitergegeben.

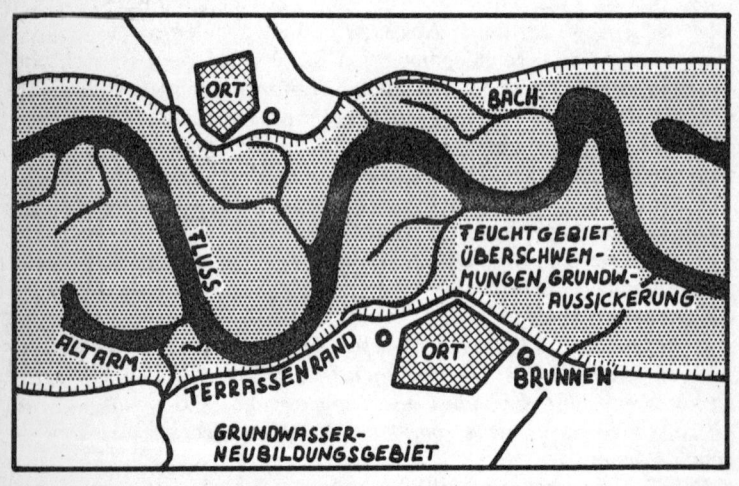

Abb. 5: Flußgebiet im vorindustriellen Zustand geringer Grund- und Oberflächen-Wassernutzung: Ausgedehnte Feucht- und Überschwemmungsgebiete, Orte an hochwasserfreien Positionen, Flußniederung nur eingeschränkt landwirtschaftlich und baulich nutzbar (s. auch Tab. 2 und Abb. 2).

Tab. 2: Etappen der Wasserkrise: Etappe 1 und 2

	1. Etappe vor 1900	2. Etappe ab 1900
Wasserbedarf	gering, Brauchwasser, Trinkwasser	örtlich stark ansteigend
Herkunft	Oberflächenwasser, Quellwasser, Brunnen	
Entsorgung	Versickerung von Abwasser, ungeklärte Einleitung in Oberflächenwässer, Deponien ohne Basisdichtung. Verhältnismäßig geringe Mengen Abfall und Abwasser, nach 1900 stark ansteigend	
Auswirkungen	ungetrennte Nutzungen führen örtlich zu Seuchen	Oberflächenwasser verliert Eignung als Brauch- und Trinkwasser
Maßnahmen	Kanalisation, Abdichtung von Sickergruben	Zunahme der Grundwasserförderung, Oberflächenwasser zur Entsorgung, (»Trennung« der Systeme)

Diese Art der Oberflächenwasserverwertung blieb so lange bestehen, bis die Flüsse, Seen und Bäche nach Anwachsen der Industrie um 1900 örtlich so weit verschmutzt worden waren, daß eine Entnahme von Brauch- und Trinkwasser aus ihnen nur noch bei erhöhtem Reinigungsaufwand möglich war. Die aufgetretenen Versorgungsschwierigkeiten wurden abgewendet, indem die Industrie und notwendigerweise auch die Gemeinden nun zur Grundwassernutzung in größerem Maßstab übergingen.

Damit war die *zweite Etappe* (siehe Abb. 5 und Tab. 2) der Wasserkrise eingeleitet, die auf dem einfachen und scheinbar guten Grundgedanken beruhte, daß das Grundwasser der *Versorgung* und das Oberflächenwasser der *Entsorgung* zu dienen habe. Diese Trennung von Nutzungs- und Verschmutzungsfunktionen war für die Industrie eine vorwärtsweisende Lösung; denn nun stand ein unendlich erscheinendes Entsorgungssystem – die Oberflächengewässer – und ein ebenso unbegrenzt erscheinendes Versorgungssystem – das Grundwasser – zur Verfügung, und von beiden wurde Gebrauch gemacht. Hiermit begann für viele Oberflächengewässer eine bis heute nicht beendete Langzeitschädigung und für die Grundwasservorkommen Übernutzungen in verschiedenen, einzelnen Regionen.

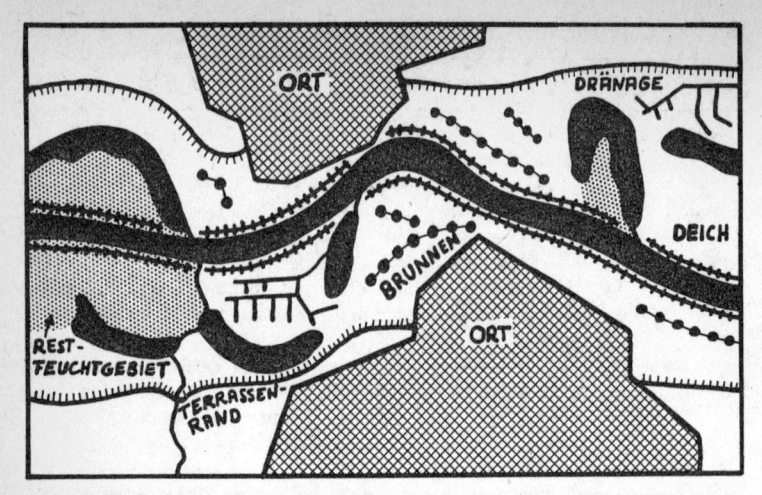

Abb. 6: Flußgebiet im Zustand erheblicher Grund- und Oberflächen-Wassernutzung und wasserbaulicher Änderungen (Flußbegradigung, Eindeichung): Restfeuchtgebiete, Flußniederung landwirtschaftlich und baulich nutzbar (s. auch Tab. 3 und Abb. 3).

Aber bald stellte man fest, daß auch diese Lösung nicht von Dauer sein konnte; denn es war zu spüren, daß auch hier Endlichkeiten bestanden. Die Grenzen der Grundwassernutzung wurden erreicht, d. h. bestimmte Gewinnungsgebiete, wie z. B. das hessische Ried, gaben nicht noch mehr Wasser her, oder es traten Folgeschäden in großem Maße auf. Auch ließ sich eine Trennung der Systeme nicht aufrechterhalten, da infolge der hohen Grundwasserentnahmen an vielen Orten verschmutztes Flußwasser als Uferfiltratwasser in den Grundwasserbereich einzudringen begann.

Die erhoffte Lösung der Wasserkrise erwies sich als Illusion, und als Ergebnis der vorangegangenen Ausbeutung des Wasser- und Grundwassersystems stehen heute große Sanierungsmaßnahmen an. Leider jedoch setzen diese Sanierungsprogramme nun nicht bei der Ursache in Form einer grundsätzlichen Neuordnung der Industriewasserwirtschaft, sondern vielmehr bei den öffentlichen Wasserversorgungsunternehmern an.

Damit begann die heute noch andauernde *dritte Etappe* der Wasserkrise (siehe *Abb. 6 und Tab. 3*). Sie ist gekennzeichnet durch die Kombination verschiedener Sanierungsversuche, vor allem durch die öffentlichen Wasserversorger. Zum einen werden Talsperren und Fernleitungen gebaut, um strukturelle Versorgungsschwächen auszugleichen. Zum anderen greift die öffentliche Wasserversorgung auf ein Mischsystem aus echtem Grundwasser und denjenigen Oberflächenwässern zurück, die inzwischen jahrzehntelang von der Industrie als Abwasserkanäle benutzt worden sind. Wie bereits oben gezeigt wurde, besteht das in Nordrhein-Westfalen geförderte Trinkwasser heute zu 50 % aus Uferfiltrat und künstlich angereichertem Grundwasser, also indirekt gewonnenem Oberflächenwasser. Diese Art der Wassergewinnung stützt sich auf das in diesem Zusammenhang letzte noch nicht ausgeschöpfte Naturpotential, die Filterwirkung des Bodens. Aber auch dieses ist mit Sicherheit nicht unendlich.

Kennzeichen dieser dritten Etappe ist es auch, daß die notwendigen Investitionen für die Wasserversorgung aufgrund der erforderlichen Aufbereitungs- und Ersatzmaßnahmen in einem Maße gestiegen sind,

Tab. 3: Etappen der Wasserkrise: Etappe 3 und 4

	3. Etappe (heute)	4. Etappe (zukünftig?)
Wasserbedarf	hoch, Brauchwasser, Trinkwasser	Sparmaßnahmen vor allem bei der Industrie
Herkunft	Hauptsächlich Grundwasser, Uferfiltrat oder aufbereitetes Oberflächenwasser	Grundwasser nur als Trinkwasser und für Lebensmittelzwecke, Oberflächenwasser als Brauchwasser
Entsorgung	Abgabe in Oberflächenwässer, teilweise Klärung, seit 1970 geordnete Deponien	Geklärte Einleitung oberhalb der Wiederentnahme in Oberflächengewässer, Recycling, sichere Deponierung, Sanierung der Altdeponien
Auswirkungen	Güteprobleme beim Grundwasser durch Uferfiltrat, Düngung, Deponien, Betriebe, Ökologische Schäden, Setzungsschäden	Wiederanstieg der Grundwasseroberfläche, Rückgang ökologischer Schäden, Erhaltung oder Wiederentstehung von Feuchtgebieten usw. Sichere öffentliche Wasserversorgung
Maßnahmen	Erweiterung der künstlichen Anreicherung, Talsperren, GW-Übernutzung	Um diese Ziele zu erreichen, ist vor allem politischer Druck einer umweltbewußten Öffentlichkeit erforderlich

welche es kleineren Wasserwerken unmöglich macht, mitzuhalten. Es ist deshalb eine Monopolisierungstendenz der Gesamtwasserversorgung in Richtung weniger auch privater Unternehmen festzustellen. Solche Großversorger sind auf die zentrale Nutzung der großen Grundwasservorkommen angewiesen und führen zur Aufgabe kleiner, aber eigentlich noch geeigneter Gewinnungsgebiete, die dadurch oft für die Verschmutzung freigestellt werden. Oft werden dortige kleine Wasserwerke aufgekauft und später geschlossen. In den großen Gewinnungsgebieten aber steigt die mengenmäßige Beanspruchung und die ökologischen Schäden nehmen zu.

In *Nordrhein-Westfalen* beliefert ein solcher »Wasserkonzern« – die *Gelsenwasser AG* – mittlerweile mit 30 Wasserwerken über 50 Städte und Gemeinden größtenteils als Alleinversorger. Der jährliche Umsatz beträgt über 300 Mio. DM und es werden Dividenden von 6 % ausgeschüttet. Die Wasserversorgung ist auf diese Weise zum großen Geschäft geworden, das keinerlei Anlaß zum sparsamen Umgang mit der Ressource Wasser darstellt, sondern größere Abnehmer durch Sondertarife vielmehr zur Verschwendung anreizt.

Mit der *vierten* noch bevorstehenden *Etappe* der Wasserkrise ist bei Fortgang dieser Entwicklung noch ein letzter Schritt möglich, nämlich der Übergang der Industrie zur Meerwasserentsalzung in großem technischem Maßstab. In dieser Richtung deutet bereits die aus anderen Gründen zunehmende Tendenz einer Industrialisierung im Küstenbereich. Mit diesem Schritt wurde die natürliche Schranke der Wasserkrise erreicht. Nach der Zerstörung von Flüssen, Seen und Grundwasser wäre das offene Meer das letzte mögliche Objekt der krisenhaften Beziehung Industrie–Wasser.

Es bleibt zu hoffen, daß diese vierte Etappe nicht so, sondern entsprechend *Abb. 6* verläuft: Durch zunehmendes Sachwissen der Öffentlichkeit wird die krisenhafte Entwicklung allgemein erkannt und der entstehende politische Druck stoppt weitere Zerstörungen der Gewässer und zwingt zu einer grundlegenden Sanierung: vor allem durch Wassersparmaßnahmen der Industrie und ihren Rückzug aus den Grundwasservorkommen, die dann der Trinkwassergewinnung vorbehalten blieben, sowie durch eine Verbesserung der Oberflächengewässer, die dann wieder für Brauchwasserzwecke zur Verfügung stünden.

Verallgemeinert ist die oben aufgezeigte geschichtliche Entwicklung der Wasserkrise gleichbedeutend mit einem ständigen Abstieg der Wassergewinnung auf jeweils tiefere Niveaus: von den sauberen *Oberflächengewässern* nach deren Verschmutzung in das *saubere Grundwasser* und vom inzwischen knappen und zum Teil *verschmutzten Grundwasser* in ein gemischtes System aus Grundwasser und verschmutztem Oberflächenwasser. Dieser Abstieg erfolgte im Zuge eines regelrechten Abbaus von Nutzungs- und Verschmutzungspotentialen im Wasserbereich durch die Industrie, wobei entstehende Engpässe jeweils durch einen weiteren Abstieg auf das nächst tiefere Niveau gelöst würden. Diese Entwicklung folgt der umweltfeindlichen Auffassung, daß die Wasserressourcen als »freie Güter« kostenlos verwertet werden können. In Wirklichkeit handelt es sich jedoch nur für die industrielle Kostenoptimierung, nicht aber für die Öffentlichkeit um freie Güter. Für die kostenlose Verwertung des Wassers durch die Industrie zahlt die Öffentlichkeit nämlich einen hohen Preis, und zwar in Form:

- von Verlusten von Umweltqualitäten, sowie Natur- und Freizeitwerten;
- einer ungewollten Vergesellschaftung aufgetretener Schäden und der Finanzierung aufwendiger Sanierungen aus Steuermitteln;
- und nicht zuletzt mit steigenden Ausgaben für die häusliche Versorgung mit der lebenswichtigen Ressource Wasser.

Forderungen zur Sanierung der Wasserkrise

Zur Abwendung eines weiteren Abstieges auf dem Wege der Wasserkrise sind grundlegende Änderungen der Wasserwirtschaftspolitik unumgänglich. Vor allem gilt es, die Grundwasservorkommen zugunsten der Trinkwasserversorgung weitgehend von der Belastung durch Industrieentnahmen zu befreien. Dies wird nicht ohne die Entwicklung von öffentlichem Druck möglich sein. Dieser Druck entsteht bereits örtlich aus Anlaß steigender Wasserpreise, zunehmender Schäden an der Ökologie durch den Raubbau an den Wasservorkommen und anläßlich anderer Umweltzerstörungen etwa durch Chemiemüllablagerungen.

Im einzelnen ergeben sich folgende Forderungen für eine Sanierung der Wasserversorgung:

- Das Grundwasser muß der Trinkwasserversorgung vorbehalten bleiben. Das Oberflächenwasser kann bei Einhaltung bestimmter Reinhaltungsgebote für Brauchwasserzwecke dienen. Die Durchsetzung dieses Prinzips würde eine Entlastung der wasserwirtschaftlichen Krisengebiete zur Folge haben und weitere ökologische Schäden durch überhöhten Grundwasserentzug ausschließen und die Sicherstellung der öffentlichen Wasserversorgung gewährleisten.

Die Verwirklichung dieser grundlegenden Forderung kann durch eine Reihe von Einzelmaßnahmen in Richtung auf eine Trendwende angestrebt werden und zwar durch:

- Bereitstellung von wesentlich mehr Mitteln für die Wasserforschung, sowie für Sanierungs- und Entwicklungsmaßnahmen.
- Zusätzliche Erkundungs- und Beobachtungs-Programme der vorhandenen Wasservorkommen, sowie überregionale wasserwirtschaftliche Planungen z. B. anhand von Grundwassermodellen.
- Durchführung von Umweltverträglichkeitsprüfungen für bestehende, aber vor allem für geplante Wassergewinnungen oder bei Erweiterungen vorhandener Wasserentnahmen.
- Sparmaßnahmen der Industrie durch vermehrte Einführung geschlossener Wasserkreisläufe, wasserarme Produktionen und Verwendung von Oberflächenwasser. Letzteres hätte den erwünschten Nebeneffekt, daß dadurch ein Zwang zur besseren Reinerhaltung des Oberflächenwassers entstünde.
- Systematische Sanierung bestehender Grundwasservorkommen, Sanierung von »Altlasten«, Mülldeponien, Sickerschadensfällen usw. und der Oberflächengewässer.
- Verhinderung einer Privatisierung der öffentlichen Wasserversorgung.
- Ausbau eines Kontrollsystems, das die Durchführung dieser Maßnahmen ständig überwacht und Verstöße dagegen feststellt.
- Ständige und vollständige Information der Öffentlichkeit über Grundwasserfragen auch in konkreten Schadensfällen.

Literaturangaben

1 Aust, H./Vierhuff, H./Wagner, W.: Grundwasservorkommen in der Bundesrepublik Deutschland. – Schriftenreihe »Raumordnung« des Bundesministers für Raumordnung, Bauwesen und Städtebau. – 06.043, Bad Godesberg, 1979.
2 Meiners, G./Stolpe, H.: Gedanken zu Ursachen und Auswirkungen großräumiger Grundwasserabsenkungen. *Öko-Mitteilungen,* Nov./Dez. 1980, Freiburg.
3 DVGW-Regelwerk: Richtlinien für Trinkwasserschutzgebiete. – Deutscher Verein von Wasser- und Gasfachmännern e.V., 6236 Eschborn, Frankfurter Allee 27, 1975.
4 Krusewitz, K./Kade, G.: Anti-Enzensberger. *Pahl-Rugenstein-Hefte 18*, Köln, 1974.

Weitere Literatur zum Thema:
1 Bauer, M., Wassergewinnung – Heute und Morgen. *Z. dt. geol. Ges.* 128, 251–262, Hannover, 1977.
2 Clodius, S., Gutachten: Wasser für Bevölkerung und Wirtschaft in den nächsten dreißig Jahren. – Bundesministerium für Gesundheitswesen, Bad Godesberg, 1969.
3 Hölting, B., Hydrogeologie. Stuttgart, 1980.

Bernd Gabel[*]

Trinkwasseraufbereitung

Historische Entwicklung der Trinkwasseraufbereitung

Der durchschnittliche Trinkwasserverbrauch liegt heute bei 150 Liter je Tag und Einwohner, davon werden lediglich 2 Liter direkt oder über zubereitete Speisen und Getränke aufgenommen (s. S. 57ff). Da die Verbraucher auf die zentralen Trinkwasserversorgungsunternehmen angewiesen sind, also eine »Zwangsversorgung« besteht, sind an die Qualität des Trinkwassers höchste Anforderungen zu stellen.

Bereits im 14. Jahrhundert wurde das damals noch relativ saubere Flußwasser als Trinkwasser eingesetzt und über Schöpfräder in einigen Städten (z.B. Bremen und Hamburg) gewonnen.

Die Entwicklung der zentralen Trinkwasseraufbereitung und -versorgung begann Ende des 19. Jahrhunderts mit der Einführung großer zentraler Wasserwerke und dem Bau von Leitungsnetzen in den Städten. Etwa ab 1820 wurden in England Langsamsandfilter eingesetzt, die eine Nachahmung der natürlichen Verhältnisse im Untergrund darstellen. Im Jahre 1892 brach in Hamburg eine verheerende Choleraepidemie mit über 8500 Toten aus. Der Grund war das ungereinigte Elbwasser, das in einigen Stadtteilen verteilt wurde. Im benachbarten Altona, das mit Langsamsandfiltrat versorgt wurde, traten durch das Trinkwasser keine Todesfälle auf. Die Umstellung der ganzen Stadt auf filtriertes Wasser konnte weitere Katastrophen verhindern.

Die zunehmende Wasserverschmutzung durch die fortschreitende Industrialisierung in den folgenden Jahrzehnten zwang die Wasserwerke zu immer komplizierteren Verfahren, um aus den unzureichenden Rohwasserquellen noch hygienisch und gesundheitlich einwandfreies Trinkwasser herzustellen.

---

[*] Mitautoren: M. Cetinkaya, J. v. Düszeln, R. Kozicki, U. Lahl, A. Podbielski, B. Stachel, W. Thiemann.

Beschreibung der Situation

Der Gesetzgeber und die Wasserwerksbetreiber haben eine Reihe Richtlinien und Verordnungen erlassen, welche Qualitätsanforderungen für die Rohwässer und das fertige Trinkwasser festlegen.[1, 2, 3, 5]

Dabei beziehen sich die Grenzwerte auf das fertige Trinkwasser bei Abgabe an das Versorgungsnetz. Nachträgliche Verunreinigungen z. B. durch Asbestzementrohre (u. a. in Norddeutschland) und durch Schwermetalle wie Blei aus alten Hausinstallationen bleiben unberücksichtigt. Um diese Gefahr zu verringern, werden z. B. in Hamburg 40 000 Hausanschlüsse aus Blei gegen gußeiserne Rohre ausgetauscht. Den Bewohnern wird empfohlen, alte Bleirohre innerhalb der Gebäude ebenfalls auszuwechseln. Genau wie bei Warmwasserbereitern sollte man nach langen Standzeiten (Urlaub, über Nacht) die ersten Liter Wasser weglaufen lassen.

Wird Grundwasser zur Trinkwassergewinnung genutzt, sind Qualitäts- und Aufbereitungsprobleme selten. Wird hingegen Flußwasser verwendet, so können oft – z. B. an *Rhein, Main* und *Weser* weder die Grenzwerte für die Roh- noch für die Trinkwasserqualität eingehalten werden: *23 von 31 Meßgrößen* im Rohwasser am Rhein werden häufig und zum Teil erheblich überschritten.[3a] Zu diesen Stoffen gehören u. a. (s. auch S. 121–185):

- Salze (Chloride, Nitrate, Phosphate u. a.)
- Schwermetalle (Blei, Cadmium, Chrom u. a.)
- Arsen und Cyanide und
- organische Verbindungen (Detergentien, Phenole, leicht- und schwerflüchtige Organohalogenverbindungen).

Abb. 1 zeigt mögliche Verschmutzungen der Gewässer durch Nutzer und die verschiedenen Reinigungsmöglichkeiten. Ähnliche Schemata lassen sich für Seen und Grundwässer aufstellen.

Selbst beim Einsatz der verfügbaren technischen Möglichkeiten wird es immer schwieriger, aus stark verschmutzten Oberflächengewässern noch hygienisch und gesundheitlich unbedenkliches Trinkwasser herzustellen. Zum Teil sind schon mehr als zehn Verfahrensschritte im Wasserwerk notwendig, um die Schadstoffe wieder zu entfernen, die Industrie, Gemeinden und Landwirtschaft nicht oder nur unzureichend geklärt in die Gewässer leiten.

Dabei muß festgestellt werden, daß die Entfernung von Schadstoffen am Entstehungsort, wo ihre Konzentration noch hoch ist, fast immer billiger und effektiver geschehen könnte, als nach Mischung und Verdünnung in Kläranlagen. Dies konnte eine Studie im Auftrag des Bundesministeriums für Forschung und Technologie bereits vor Jahren nachweisen.[8]

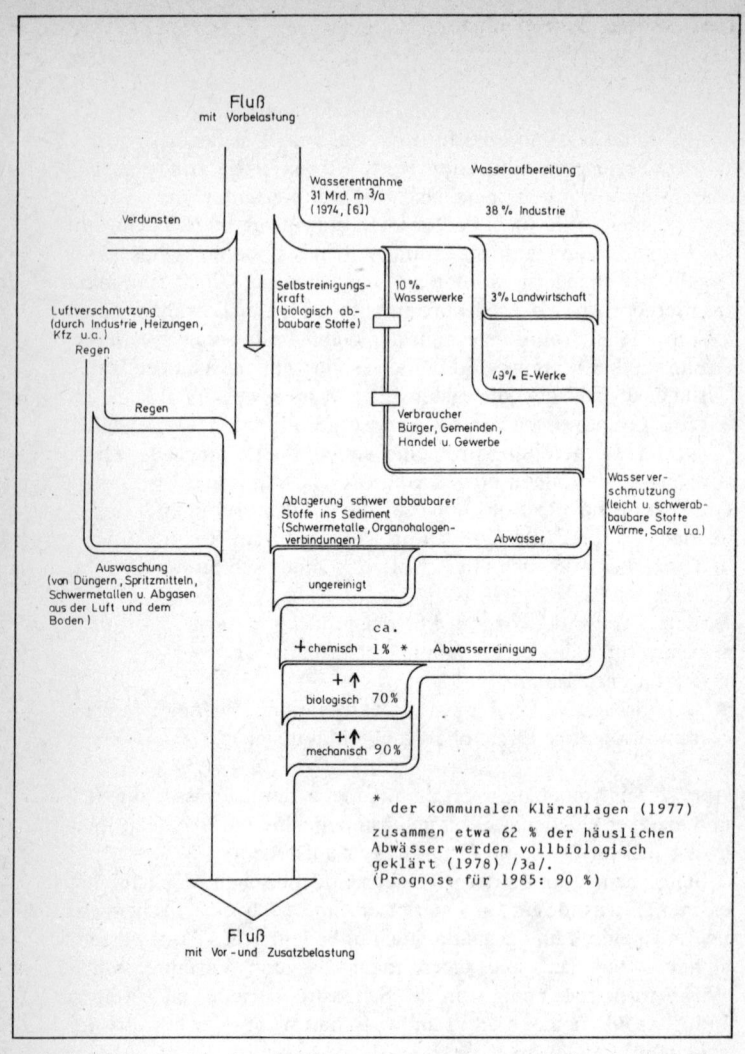

Abb. 1: Wasserkreislauf und Wasserverschmutzung am Beispiel eines Flusses[3, 9, 10] (Mengenangaben für die Bundesrepublik)

Noch immer werden jährlich Millionen Tonnen *krebserregender Stoffe* (z. B. leicht- und schwerflüchtige Organohalogene) als Lösungsmittel (z. B. Chloroform, Trichlorethan, Perchlorethylen), Benzinzusätze, Vorprodukte der Kunststoff- und Pestizidherstellung usw. verarbeitet und zu einem erheblichen Teil in die Umwelt entlassen. Die *Tab. 1* gibt einen kleinen Ausschnitt der Produktionsmengen und Verwendung dieser Stoffe an.[3, 5]

Das Vorkommen dieser Schadstoffe im Grund- und Oberflächenwasser hat z. B. am *Rhein (Düsseldorf)* und *Neckar (Heidelberg)* zur Schließung ansonsten guter Trinkwasserbrunnen geführt.

In das Grundwasser gelangen diese Gifte aus industrieller Tätigkeit, Abgasen, der Luft und z. B. wilden und auch »geregelten« Deponien. Alle in *Tab. 1* aufgeführten Stoffe sind schwer abbaubar und gelangen somit in den aufgeführten Mengen in die Umwelt und werden in der Luft und im Trinkwasser gemessen (z. B. Trinkwasser bei Heidelberg nach Grundwasserverseuchung: Trichlorethylen 588 µg/l). So beträgt die

Tab. 1: Produktionsmengen, Verbleib und Wirkung einiger leichtflüchtiger Organohalogenverbindungen (weltweit)

Verbindung/ Wirkung	Abkürzung	Produktionsmenge in t/Jahr (weltweit)	Anwendung	Verbleib
Dibromethan*	EDB	200 000 allein in USA	Benzinzusatz	z. T. Luft, Wasser und Boden
Vinylchlorid**	VC	10 000 000	Plastikherstellung (PVC), Treibgase	geringe Abgaben an Luft und Lebensmittel
Dichlormethan*	CH_2Cl_2	500 000	Lösungsmittel, Treibgase	hohe Abgaben an Luft, Boden und Wasser
Trichlorethylen**	C_2HCl_3	1 000 000 BRD: 47 000	Lösungsmittel, Entfettung	hohe Abgaben an Luft, Boden und Wasser
Tetrachlorethylen	C_2Cl_4	BRD: 126 000		
Chloroform**	$CHCl_3$	250 000	Herstellung von Freonen, Lösungsmittel	hohe Abgaben an Luft, Boden und Wasser

* im Verdacht, krebserregend oder (und) erbgutschädigend zu wirken!
** im Tierversuch krebserregend!

jährliche Abgabe an die Umwelt in der Bundesrepublik für Tetrachlorethylen 1,8 kg je Einwohner und für Trichlorethylen 1,3 kg je Bundesbürger.

Technische Zwischenprodukte wie Vinylchlorid werden zum größten Teil bei der Verarbeitung zu »stabilen« Endprodukten wie PVC-Kunststoffen fest gebunden. Erst bei der Verbrennung und Ablagerung des daraus entstehenden »Wohlstandsmülls« kann es durch Verbrennungsprodukte (PCB u. a.) und deren Langlebigkeit zu Problemen kommen.

Diese und andere gesundheitsgefährdenden Stoffe müssen und können zum Teil durch biologisch abbaubare Stoffe ersetzt werden, so daß eine schleichende Umweltverseuchung ausgeschlossen werden kann. Nicht austauschbare Stoffe müssen durch geschlossene Kreisläufe aus der Umwelt ferngehalten werden.

In US-amerikanischen Trinkwässern wurden allein 162 organische Verbindungen identifiziert, die unter gesundheitlichen Gesichtspunkten folgendermaßen eingestuft werden:

- 4% anerkannte Cancerogene (krebserregende Substanzen)
- 25%, die im Verdacht stehen, Krebs zu erzeugen
- 4% ohne cancerogene Wirkung und
- 67% der Verbindungen konnten aufgrund fehlender Daten nicht bewertet werden.[4]

Diese Stoffe können, ebenso wie Schwermetalle und radioaktive Substanzen (aus z. B. Störfällen von Atomkraftwerken), nur zum Teil aus dem Rohwasser entfernt werden. Da diese Stoffe sich – entsprechend z. B. ihrer Fettlöslichkeit – im menschlichen Körper anreichern, besteht auch bei der Zufuhr in sehr geringen Mengen eine mögliche chronische Gesundheitsschädigung.

Methoden der Trinkwasseraufbereitung

Entsprechend der unterschiedlichen Qualität der Ausgangswässer müssen sehr verschiedene Wasserwerkstechniken angewendet werden, um den gesetzlichen und anderen (z. B. DIN-Normen) Anforderungen zu genügen.[3b, 5, 7]

Die Rohwässer werden unterschieden in:
- Grundwässer
- Oberflächenwässer aus:
  - Talsperren und Seen oder
  - Flüssen
- Uferfiltrat.

Wir unterscheiden folgende Aufbereitungsverfahren zur Trinkwasserherstellung:

Einfache Verfahren zur Entfernung von z. B. Eisen und Mangan aus relativ sauberen Grundwässern. Eine Entkeimung mit Chlor oder anderen Chemikalien ist oft überflüssig (Beispiele: Hamburg und München). Grundwasser ist meist keimarm und kann häufig als hygienisch und in bezug auf Spurenverunreinigungen als einwandfrei bezeichnet werden. Wichtig sind ausreichend große Grundwasserschutzgebiete im Einzugsgebiet der Brunnen, damit z. B. das Regenwasser bei der Versickerung in den Untergrund keinen Schmutz von der Bodenoberfläche in das Grundwasser spült. Biologisch abbaubare Stoffe sowie Bakterien und Viren werden im Boden soweit reduziert, daß das Grundwasser als Trinkwasser oft direkt genutzt werden kann. Häufig braucht nur noch der pH-Wert (Säuregrad) eingestellt zu werden, um Rohrablagerungen und Korrosionen zu vermeiden.

Oft sind Grundwasserangebot und Verbraucher sehr weit voneinander entfernt, so daß Fernleitungen zur Versorgung der Großstädte notwendig werden.

Aufwendigere Aufbereitungsverfahren können aus »relativ sauberen« Oberflächenwässern, z. B. Talsperren, Seen und wenigen Flüssen ebenfalls meist Trinkwasser guter Qualität gewinnen. Hier treten als Probleme mögliche Überdüngung (Eutrophierung) der offenen Gewässer vor allem durch Abwassereinleitungen und durch Ausschwemmung von Nitraten und Phosphaten aus der landwirtschaftlichen Düngung und dadurch hervorgerufene Massenvermehrung von Algen und Plankton in Gewässern und Bakterien im Fernleitungsnetz auf. Oft werden Transportentkeimungen (z. B. mit Chlor) mit geringer Schadstoffbildung (s. u.) notwendig. Durch Ringabwasserleitungen an Seen und die maßvolle Verwendung von Düngern konnten viele Gewässer saniert und als Trinkwasserreservoir erhalten bleiben.

Eine weitere Gefahr bei der Nutzung von offenen Gewässern ist die Auswaschung von Staub, Schwermetallen, Säuren, Pestiziden, aromatischen Polycyclen und diversen anderen Industrie-, Kraftfahrzeug- und Heizungsabgasen aus der Luft durch den Regen in die Gewässer. Diese Stoffe bleiben zum Teil im Wasser gelöst oder reichern sich im Schlamm (Sediment) der Gewässer an. Bei der Veränderung chemischer oder physikalischer Kenngrößen der Gewässer oder bei Hochwasser können diese Schadstoffe in relativ hohen Gehalten bis ins Trinkwasser gelangen. Diese sog. Remobilisierung kann auch durch Komplexbilder (u. a. Nitrilotriessigsäure), die z. B. als Phosphatersatzstoffe für Waschmittel diskutiert werden, verursacht werden.

Eine ständige Überwachung der Rohwässer auf alle z. Z. eingeleiteten Schadstoffe kann bei Oberflächengewässern u. a. aus Personal- und

Kostengründen z. Z. nicht erfolgen. Die Wasserwerkslabore und staatlichen Überwachungsbehörden können nur Stichproben nehmen und einige Summenparameter häufig untersuchen. Von den hunderten Schadstoffen, die sich in Spuren in Flüssen finden, werden nur ca. 30 häufig und etwa 100 selten analysiert. Die Trinkwasserverordnung schreibt nur für 12 Wasserinhaltsstoffe Grenzwerte vor. Dies entspricht nicht im entferntesten mehr dem Gefährdungspotential, das vom Trinkwasser ausgehen kann. Da viele Gewässerverunreiniger Unfälle und nicht genehmigte Ableitungen aus Angst vor Strafen oder Auflagen nicht oder verspätet melden, brechen am unteren Main, am Rhein und anderen Oberflächengewässern immer wieder Schadstoffe durch das gesamte Wasserwerk bis ins Trinkwasser durch. Wegen der unzureichenden Rohwasserüberwachung stellen die Wasserwerke die Rohwasserförderung aus Flüssen z. T. erst dann ein, wenn große Fischsterben akut giftige Schadstoffe in hohen Konzentrationen anzeigen. Liegen geringere Mengen chronisch wirkender (das heißt über lange Zeit) und sich anhäufender Gifte vor, so bleiben diese teilweise unbemerkt.

Die Aufbereitung verschmutzter Oberflächen- und Grundwässer wird wegen der ungehemmten Verschwendung von hochwertigem Grundwasser zu Produktionszwecken, Rasensprengen, Toilettenspülen, Autowaschen usw. notwendig. Da die Niederschlagsmenge lediglich 200 Mrd. m^3 im Jahr beträgt und nur ein geringer Teil davon zur Grundwasserneubildung zur Verfügung steht, muß der vorausgesagte Mehrbedarf durch die verstärke Nutzung verschmutzter Oberflächengewässer gedeckt werden.

Die *Abb. 2* zeigt *eine* mögliche Trinkwasseraufbereitungsanlage. Grundsätzlich muß der jeweiligen Rohwasserqualität und den örtlichen Gegebenheiten (Platzbedarf, Bodenbeschaffenheit usw.) eine spezielle Verfahrenskombination angepaßt werden.[7, 9, 10]

Die Nutzung der zum Teil sehr stark verschmutzten Oberflächenwässer an *Rhein, Main, Neckar* und *Weser* macht zusätzliche Aufbereitungsschritte notwendig.

Die Entfernung von z. B. schwerabbaubaren Stoffen durch Zusatz weiterer Chemikalien birgt immer die Gefahr der Neubildung weiterer Schadstoffe in sich. Diese müssen dann durch weitere Filter (z. B. Aktivkohle) entfernt werden. Ein Ausweg aus diesem »Teufelskreis« scheinen die biologischen Verfahren und die Nutzung aufbereitungsgeeigneter Rohwässer zu sein. Im Unterschied zu den USA gibt es in der Bundesrepublik eine lange Tradition der Anwendung biologischer Abbau- und Oxidationsverfahren, welche die Neubildung von Schadstoffen durch Chemikalieneinsatz (Chlor und andere Verbindungen) zum Roh- und Reinwasser verhindern (s. auch *Tab. 2*).

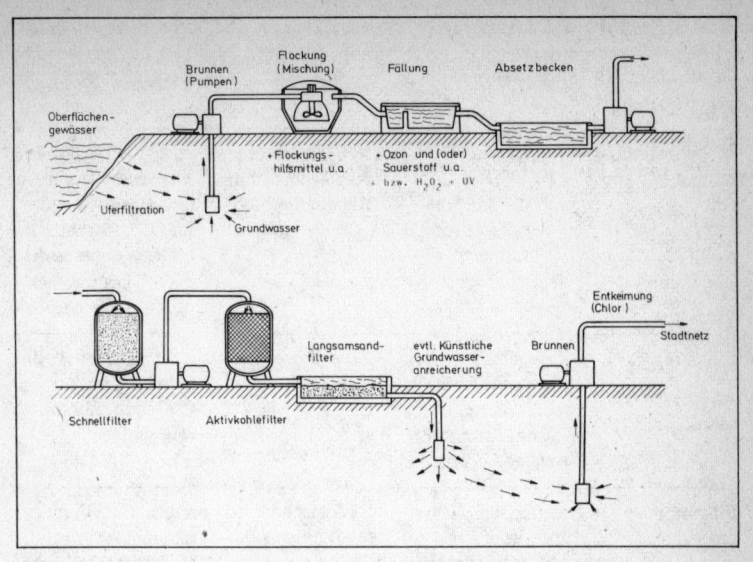

Abb. 2: Beispiel eines Wasserwerkes mit Oberflächenwassernutzung (schematisch)

Die starke Industrialisierung der Bundesrepublik Deutschland und der hohe Zivilisationsstand führen zur übermäßigen Verschmutzung der meisten Flüsse und zum Teil auch Seen.* So ist die »fabrikmäßige« Aufbereitung der mit den verschiedensten Schadstoffen hochbelasteten Flußwässer bereits seit Jahren an die Grenzen des technisch und finanziell Machbaren gestoßen. Der Durchbruch bzw. die Neubildung von Substanzen wurde nachgewiesen, wie aus der Tabelle 3 zu ersehen ist.

Es muß betont werden, daß die angegebenen Wirkungen durch die Anreicherungen der Substanzen z. B. im menschlichen Fett, die sich verstärkende Wirkung verschiedener Schadstoffe (Synergismus) und die *»individuelle Empfindlichkeit«* der einzelnen Verbraucher auch nach Jahren nicht eintreten muß, aber kann. Das heißt, daß bei relativ hohen Schadstoffgehalten und einer großen Zahl belasteter Bürger ein gewisser, statistisch berechenbarer Teil der Trinkwasserverbraucher vorzeitig erkranken oder sterben kann.

Konzentrate aus aufbereitetem und gechlortem Trinkwasser konnten in den USA in Tierversuchen und Bakterientests diesen Verdacht auf

---

* s. Teil III, S. 152 ff

Tab. 2: Typische Trinkwasseraufbereitungsverfahren und deren Wirkungen[7,9,10]

Trinkwasseraufbereitungsstufe	Verfahren	Zweck	Bemerkungen
Rohwasserentnahme	a) Brunnen b) Uferfiltration c) direkte Entnahme aus Gewässern	zu b) Entfernung von Trübstoffen, Beginn des biologischen Abbaus	zu b) u. c) Schnelle Verschlechterungen der Rohwasserqualität u. z. B. Unfälle können unbemerkt bis ins Trinkwssser durchbrechen
Flockung	Zugabe von Flokkungshilfsmitteln, pH-Werteinstellung, Sauerstoffzugabe	Ausfällen fein gelösten Schmutzes, Eisens u. Mangans	z. T. Mitfällung von Schwermetallen u. a. Spurenverunreinigungen
Filtration	a) Langsamsandfilter b) Schnellfilter c) Aktivkohlefilter d) Ionenaustauscher u. a.	Biologischer (a–c), physikal. (a–d) und chemischer (d) Abbau von organischem Schmutz, Ammonium, Nitrat u. a.	häufig Kombinationen mehrerer Filter, schlechte Entfernung biologisch nicht abbaubarer Subst., Durchbruch von z. B. Schwermetallen u. Organohalogenverbindungen durch die Wasserwerksfilter

Zum Teil erneute Grundwasseranreicherung und (oder) Verdünnung mit Wässern (meist Grundwässern) besserer Qualität (salzärmer, geringere Gehalte an Organohalogenverbindungen u. Schwermetallen).

Sicherheitsentkeimung	a) bei hygienisch einwandfreiem Wasser überflüssig, b) häufig: Chlorung, c) Ultraviolett- u. a. Entkeimungsarten als Alternativen zu b)	b) + c) Verminderung der Keime, Oxidation des Restschmutzes. c) wie b) und z. T. Abbau unerwünschter Chemikalien	b) Neubildung leicht- u. schwerflüchtiger gesundheitlich bedenklicher Organohalogenverbingen

Tab. 3: Vorkommen verschiedener Schadstoffe im Trinkwasser, Entfernbarkeit und mögliche Wirkung auf den Menschen[3,4,5,7,9,10]

Substanzklasse	Durchbruch	Neubildung	Entfernbarkeit	Mögliche Wirkung auf den Menschen
Schwermetalle	möglich	keine	gering	Anreicherung im Körper; Gesundheitsgefährdung auch bei der Aufnahme von Spurenelementen, z. T. krebserregend und (oder) erbgutschädigend
Schwer- und leichtflüchtige Organohalogenverbindungen	möglich	möglich	gering u. nur mit sehr großem Aufwand	
Organische Verbindungen	möglich	möglich		
Salze a) Chloride b) Nitrate u. a.	möglich besonders Chloride u. Bromide	a) keine b) mögl. Bildung von Nitrit	– Chloride u. Bromide nicht! – Nitrate u. Phosphate teilweise	– Geschmacksbeeinträchtigung – Nitrate für Kleinkinder bedenklich – zu viel Chloride für Herz und Kreislauf bedenklich – zu viel Natrium kann zu Bluthochdruck führen
Härtebildner				– zu weiches Wasser soll die Zahl von Herzkranzgefäßerkrankungen erhöhen

Cancerogenität und Mutagenität (das bedeutet Erbgutschädigung) erhärten.

Diese Problematik soll beispielhaft an der Trinkwasseraufbereitung in Bremen verdeutlicht werden.

Die Folgen der Trinkwasserchlorung

Seit 1873 wird die Bremer Bevölkerung zentral aus der Weser mit aufbereitetem Trinkwasser versorgt. Damals rechtfertigte die gute Flußwasserqualität noch eine Entnahme von Weserwasser. Durch die Industrialisierung und den Bau der Kaligruben in *Hessen* und *Thüringen* Anfang dieses Jahrhunderts stieg die Verschmutzung der Weser vor allem durch Salze sprunghaft an (s. S. 170ff). Durch den Bau von Talsperren im *Harz* (1935) und Fernwasserleitungen nach *Bremen* versuchte man durch »Verdünnen« das salzhaltige Weserfiltrat aufzubessern. Der fortschreitenden Verschmutzung des Weserwassers wurde durch den Bau weiterer Reinigungsstufen entgegengewirkt.

Trotz der Verdünnung von ⅓ Weserwasser mit ⅔ Grundwasser konnten in den letzten 30 Jahren die Grenzwerte für z. B. den Chloridgehalt – selbst nach der Vermischung – nie eingehalten werden.[3, 5, 7]

Mit einem hohen Salzgehalt ist immer ein relativ hoher Bromidgehalt verbunden. Bromid ist als Salz für den Menschen unschädlich; es läßt sich bei der Trinkwasseraufbereitung ebensowenig entfernen wie das Chlorid. Um die Hygienestandards einzuhalten, mußte das Mischwasser nach der letzten Aufbereitungsstufe gechlort werden. Die Chlorierung bewirkt die Oxidation des organischen Restschmutzes und des Ammoniums sowie eine Verminderung von Keimen.

Das Chlor reagiert aber auch mit dem Bromid zu Brom, welches wiederum mit den organischen Resten bromorganische Verbindungen bildet. Wir unterteilen diese Schadstoffe in leicht- und schwerflüchtige Organohalogenverbindungen (Chlor, Brom u. a. werden als Halogene bezeichnet).

Zu den leichtflüchtigen Organohalogenverbindungen gehören Chloroform ($CHCl_3$) und Bromoform ($CHBr_3$), zwei der sogenannten *Triha*lo*methane* (THM: CHX_3). Bei der Chlorung entstehen diese Substanzen in einer Art ungewollten Neubildungsreaktion direkt im Wasserwerk.[7] Ihr Anteil an der Summe der Organohalogenverbindungen betrug in Bremen ca. 50% und in anderen Städten z. B. an Rhein und Main etwa 10%. Auch bei diesen Substanzen ist neben der Neubildung ein Durchbruch aus z. B. Industrieabwässern ins Trinkwasser nachgewiesen worden (vgl. Tab. 3; s. *Tab. 4*).

Tab. 4: Leichtflüchtige Organohalogenverbindungen (THM) in verschiedenen Trinkwässern.

Ort, Land und Jahr	Rohwasserart	Zahl der Proben oder Städte	$CHCl_3$ Chloroform µg/l	$CHBr_3$ Bromoform µg/l	Summe der Trihalomethane µg/l
Bundesrep. Deutschland 1977	GW, UF, OFW	100 Städte	1,3	ca. 0,2	5,2*
USA; 1975	GW, UF, OFW	80 Städte	21,0	0,05	28,2**
Bremen, 1978	⅓ OFW, ⅔ GW	60 Proben	0,5	35,0	45,0***
Bundesrep. Deutschland 1978–1980	GW, UF, OFW	50 Städte, 120 Proben	2,7	2,7	11,9***
18 Städte an Rhein, Main, Neckar, Ruhr und Weser, 1980	OFW, UF + GW	18 Städte 50 Proben	4,3	4,3	21,3***

Grenzwertvorschlag Bundesgesundheitsamt (im Jahresmittel)	≤ 25,0 µg/l
Trinkwasserfachleute:	immer kleiner als ≤ 5,0 µg/l
EG-Richtlinie (8/1980):	möglichst unter ≤ 1,0 µg/l

* Veröffentlicht vom Bundesgesundheitsamt[10]
** Veröffentlicht vom amerik. Umweltschutzamt (EPA)[11]
*** Messungen der Trinkwassergruppe, Universität Bremen[7]
 GW = Grundwasser, UF = Uferfiltrat, OFW = Oberflächenwasser

Die verschiedenen Mittelwerte der Messungen der *Tab. 4* lassen sich durch unterschiedliche Probenahmeorte und -zeiten erklären.

Aus der *Abb. 3* wird die unterschiedliche Verteilung der Meßwerte aus Tab. 4 deutlich: entlang der verschmutzten Flüsse sind die Trihalomethangehalte im Trinkwasser hoch, während die mit gutem Grundwasser versorgten Städte (z. B. München) sehr geringe Gehalte aufweisen. Die *EG* hat am 15. Juli 1980 eine neue Richtzahl von 1,0 µg/l mit der

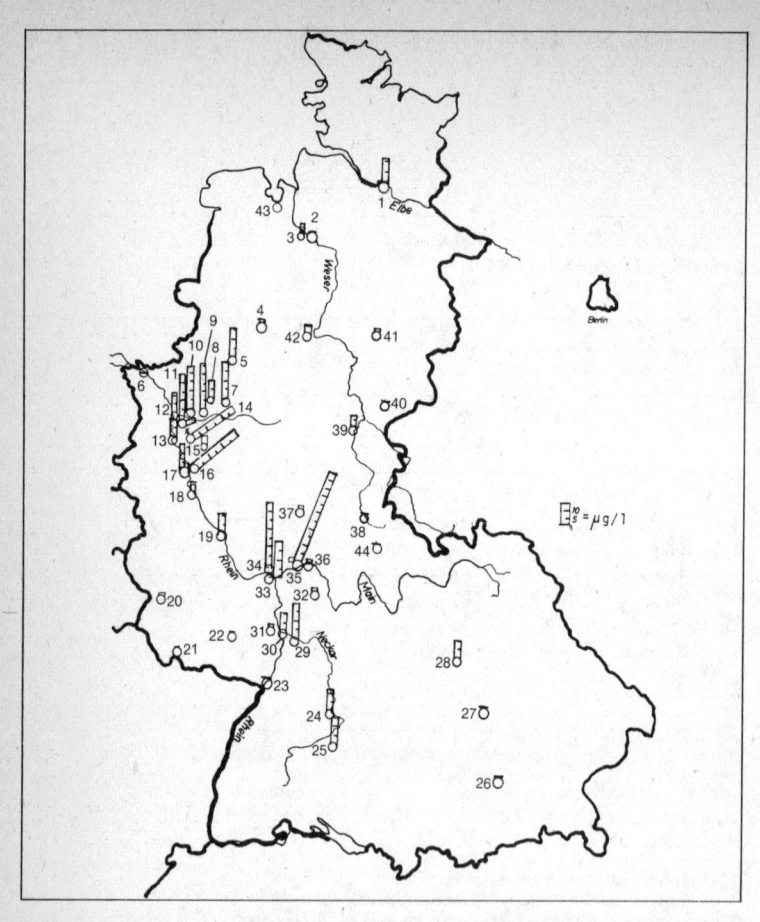

Abb. 3: Trihalomethangehalte in Trinkwässern der Bundesrepublik Deutschland (Messungen der Trinkwassergruppe, Universität Bremen[7])

1 Hamburg	12 Duisburg	23 Karlsruhe	34 Wiesbaden
2 Bremen	13 Düsseldorf	24 Stuttgart	35 Frankfurt
3 Fischerhude	14 Wuppertal	25 Reutlingen	36 Offenbach
4 Osnabrück	15 Remscheid	26 München	37 Gießen
5 Münster	16 Leverkusen	27 Ingolstadt	38 Fulda
6 Emmerich	17 Köln	28 Erlangen	39 Kassel
7 Dortmund	18 Bonn	29 Heidelberg	40 Göttingen
8 Recklinghausen	19 Koblenz	30 Mannheim	41 Hildesheim
9 Bochum	20 Trier	31 Ludwigshafen	42 Bad Oeynhausen
10 Essen	21 Saarbrücken	32 Darmstadt	43 Varel
11 Mülheim/Ruhr	22 Kaiserslautern	33 Mainz	44 Rasthof Rhön

Bemerkung: »*Der Gehalt an Haloformen muß soweit als irgend möglich verringert werden*« für Trinkwasser erlassen.[2]

Obwohl unter Wasserexperten umstritten, wird in der Bundesrepublik seit ca. 15. Jahren in über 40 größeren Städten anstelle von Chlor das Chlordioxid zur Trinkwasserentkeimung angewendet. Die Zugabemengen lagen bei 0,1–0,6 mg ClO_2 pro Liter, obwohl die »DIN 2000« höchstens 0,1 zuläßt! Durch Chlordioxid wird zwar die Bildung leichtflüchtiger Organohalogene (THM u. a.) stark vermindert, jedoch entstehen gesundheitlich bedenkliche Gehalte an schwerflüchtigen Organohalogenen, Epoxiden, Chlorit und Chlorat.[9, 13] Diese Substanzen haben sich in verschiedenen Bakterientests als mutagen (erbgutschädigend) erwiesen.[13] In Norwegen darf z. B. kein Chlorit im Trinkwasser nachweisbar sein, was einem faktischen Chlordioxidverbot gleichkommt.

Gesundheitsgefahren durch gechlortes Trinkwasser

Grundsätzlich geht vom Trinkwasser nur in Ausnahmefällen – z. B. bei bakteriellen Verunreinigungen (z. B. bei Wasserrohrbrüchen) – eine akute Gesundheitsgefahr aus. In diesem Abschnitt sollen deshalb die chronischen Gesundheitsgefährdungen, durch geringe Schadstoffspuren im Trinkwasser, die große Teile der Bevölkerung betreffen, betrachtet werden.

Von den Trihalomethanen der *Tab. 4* erzeugen sowohl Bromoform als auch Chloroform in Tierversuchen Krebs, Bromoform wirkte im Bakterientest mutagen, von Chloroform wird eine erbgutschädigende Wirkung vermutet.[4, 7]

Die breite Palette der schwerflüchtigen Organohalogenverbindungen konnte im einzelnen noch nicht identifiziert werden. Man schätzt ihre Gehalte auf die doppelte bis zehnfache Menge der leichtflüchtigen Verbindungen der Tab. 4 und ihre Zahl auf mehrere hundert Substanzen. Auch von diesen Verbindungen wurden einige als krebserregend oder erbgutschädigend klassifiziert. Die amerikanische Umweltbehörde *EPA* fordert, daß krebserregende Stoffe weder im Trinkwasser noch in der Luft oder in Nahrungsmitteln enthalten sein dürfen, wenn Tierversuche eindeutig auch auf eine Krebsgefahr für den Menschen hinweisen. Diese Stoffe sollen nach EPA solange aus der Umwelt verbannt bleiben, bis eindeutig ihre völlige Unschädlichkeit bewiesen sei.

Eine Aufnahme eines Teiles der Organohalogenverbindungen findet ins menschliche Blut statt, eine Anreicherung aus dem Blut ins Fettgewebe konnte nachgewiesen werden. Bei Krankheiten oder z. B. Abmagerungskuren können diese, über lange Zeit angereicherten Schadstoffe dann »konzentriert« ins Blut gelangen und den ohnehin schon geschwächten Körper schädigen.

Eine ganze Reihe US-amerikanischer statistischer Arbeiten deutet auf einen Zusammenhang zwischen erhöhten Krebsraten und dem Genuß von gechlortem Trinkwasser hin. Dabei wurden andere Faktoren, welche eine Krebsauslösung bewirken können, weitgehend berücksichtigt (z.B. Rauch- und Eßgewohnheiten, Arbeitsplatz, Alter usw.).[13]

Mehrere Einzelfallkontrollstudien, die auch die einzelnen persönlichen Daten erfaßten, bestätigten in den USA die statistischen Untersuchungen. Besonders auffällig ist ein signifikanter (deutlicher) Zusammenhang zwischen bromierten Organohalogenverbindungen und einem erhöhten Krebsrisiko der Blase und des Hirns.[12, 13] Amerikanische Wissenschaftler kamen zu dem Schluß, daß Krebs ein reales und nicht nur ein mögliches (potentielles) Problem der Trinkwasserchlorung darstellt. Verglichen mit anderen Schadstoffbelastungen (z.B. am Arbeitsplatz) scheint das Krebsrisiko durch Trinkwasser relativ klein.

An dieser Stelle muß darauf hingewiesen werden, daß natürlich nicht jeder, der gechlortes Trinkwasser in irgendeiner Form zu sich nimmt, auch an Krebs erkrankt oder gar stirbt. Vielmehr geben diese Untersuchungen an, wie hoch das auf das Trinkwasser zurückzuführende *zusätzliche* Krebsrisiko für die Gesamtbevölkerung ist.

Für die Bundesrepublik fehlen diese wichtigen statistischen Krebsforschungen auf dem Trinkwassersektor fast völlig. Dies liegt zum einen an den nicht vorhandenen oder unzureichenden Krebsregistern und andererseits an dem durch verschiedene Gesetze erschwerten Datenzugang. Die zum Schutze des Individuums erlassenen Datenschutzgesetze kehren sich hier ins Gegenteil: Sie verhindern das Aufspüren statistischer Zusammenhänge zwischen Umweltbelastungen großer Bevölkerungsteile und bestimmten Erkrankungen. Die vom *Deutschen Krebsforschungszentrum Heidelberg* und anderen Fachleuten geforderten Studien können unter diesen Bedingungen noch nicht durchgeführt werden. Dies, obwohl amerikanische, niederländische und britische Arbeiten deutlich machen, wie dringend weitere Forschungen auch bei uns notwendig sind.

Die Grenzwertproblematik

Bisher wurden noch keine Grenzwerte für die Organohalogenverbindungen im Trinkwasser festgelegt, da eine gesundheitliche Bewertung z.B. am Datenschutz, an fehlenden Tierversuchen und hunderten noch nicht identifizierter Substanzen und ihrer gesundheitlichen Bewertung scheiterte.

Vom *Bundesgesundheitsamt* in *Berlin* wurde als Jahresmittelgrenzwert für die leichtflüchtigen Trihalomethane 25 µg/l Trinkwasser vorgeschlagen. Dieser Wert bedeutet nach Expertenmeinung für die Gesamtbevölkerung immer noch ein geringfügig erhöhtes Risiko, an Krebs zu erkranken oder zu sterben. Der EG-Richtwert von 1 µg/l muß bis 1982 in deutsches Recht (Trinkwasserverordnung) umgesetzt werden.[2]

Die Senatskommission der Deutschen Forschungsgemeinschaft (DFG) stellt fest:

»*Im Unterschied zu anderen Schad- und Giftstoffen können bei krebserregenden Substanzen keine Grenzwerte bestimmt werden, unterhalb derer eine krankheitsauslösende Wirkung sicher ausgeschlossen werden kann. Man muß davon ausgehen, daß solche Substanzen, auch bei geringen Dosen, irreversible Schäden hervorrufen, die sich im Laufe eines Lebens aufsummieren.*«

Krebserregende Stoffe dürfen somit – selbst in Spuren – in den Lebensmitteln Wasser, Luft und Nahrung nicht vorhanden sein. Daß dies Ziel noch lange nicht erreicht ist, zeigen die Todesstatistiken: Etwa 20 % der Todesfälle in der Bundesrepublik werden durch Krebs verursacht. Bei Kindern liegt die Krebssterblichkeit – nach den Verkehrsunfällen – bereits an zweiter Stelle der Todesursachen. Man nimmt an, daß 70–90 % der Krebsfälle auf Chemikalien, die in die Umwelt gelangen, zurückzuführen sind.

Ursachen für die Misere

In der Bundesrepublik wird versucht, die großen Flüsse als »Abwasserkanal« für Industrie, Landwirtschaft und Kommunen und gleichzeitig als Rohstoff für die Trinkwassergewinnung zu nutzen. Dabei sind folgende Einleitungen der Grund dafür, daß sich diese Doppelnutzung prinzipiell ausschließt:

- Die Kommunen leiten zum Teil gar nicht oder nur teilweise geklärte häusliche und gewerbliche Abwässer in die Flüsse. Der Anschluß an biologische Kläranlagen macht zwar gute Fortschritte, jedoch fehlt die dritte sogenannte Klärstufe zur Entfernung der nicht abbaubaren Stoffe (z. B. Schwermetalle, Organohalogenverbindungen, Nitrate und Phosphate) fast völlig.
- Die Landwirtschaft belastet Oberflächen- und Grundwässer durch Überdüngung mit Nitraten und Phosphaten und Auswaschung von Schädlingsbekämpfungsmitteln. Das dadurch verursachte verstärkte Wachstum (Eutrophierung) im Wasser läßt die Sauerstoffgehalte und die Selbstreinigungskräfte stark sinken.
- Die Industrie leitet, wie die Kommunen, ebenfalls unzureichend geklärte Abwässer in die Flüsse. Dies kann zum Fischsterben, dem

Umkippen der Gewässer, der Gefährdung der Trinkwasserversorgung und der Gesamtökologie ganzer Flußlandschaften führen. Die Anzahl der verschiedenen eingeleiteten Stoffe geht in die Hunderte, wobei das Gefährdungspotential der meisten Substanzen noch nicht bekannt ist. Die Mengen sind z.B. für den unteren Rhein (Frachten):
- ca. 4000t pro Jahr Blei,
- ca. 130t pro Jahr Quecksilber,
- ca. 700t pro Jahr Cadmium und
- ca. 36500t pro Jahr Organohalogenverbindungen[3, 5] usw....

Diese und andere Stoffe können sich im menschlichen Körper über Nahrungsketten und das Trinkwasser anreichern und die Gesundheit der 18 Mio. Menschen, die am Rhein mit Trinkwasser aus dem Fluß versorgt werden, gefährden.

Wie bereits weiter oben dargelegt, ist es nicht mehr möglich, aus derart verunreinigten Flüssen gesundheitlich unbedenkliches Trinkwasser herzustellen. Aus dieser Einsicht ergibt sich, daß eine weitere Verbesserung der Trinkwasseraufbereitung mit weiteren Filtern und Chemikalienzugaben nur an den Symptomen kuriert, aber keine Abhilfe genereller Art schaffen kann. Die Wasserforschung befindet sich in einer Sackgasse, solange zur Trinkwasseraufbereitung ungeeignetes Flußwasser verwendet werden muß.

Vorschläge zur Verbesserung der Trinkwasserqualität

In Bremen wurde nach Bekanntwerden der hohen Trihalomethan- und sehr hohen Bromoformgehalte im Trinkwasser die Wasserversorgung von gechlortem und mit Grundwasser verdünntem Weserwasser auf ungechlortes Grundwasser aus der Umgebung Bremens bis 1981 umgestellt. Die Bildung gesundheitlich bedenklicher Schadstoffe im Wasserwerk kann so vermieden werden.

Zur Durchsetzung dieser Verbesserung bedurfte es allerdings der Information der Bürger durch Wissenschaftler der Bremer Universität und des Druckes der Betroffenen auf Behörden und Politiker.

In den Städten, deren Trinkwasser aus Rhein und Main gewonnen wird, sind ebenfalls bedenkliche Mengen an Schadstoffen analysiert worden.[5, 7] Allerdings wird dieser Sachverhalt nach wie vor von den zuständigen Behörden verharmlost.

Zur Verbesserung der Trinkwasserqualität in der Bundesrepublik schlagen wir folgende grundlegende Veränderungen vor:
1. Der Wasserverbrauch vor allem der Industrie und Kraftwerke muß

durch z.B. geschlossene Wasserkreisläufe, Recycling wertvoller Stoffe aus dem Abwasser und durch Trockenkühltürme gesenkt werden.
2. Das qualitativ hochwertige Grundwasser muß für die Trinkwassernutzung vorrangig zur Verfügung stehen.
3. Alternativen zur derzeitigen Trinkwasseraufbereitung müssen intensiver als bislang erforscht und in die Praxis umgesetzt werden. Bevorzugt sollen biologische und physikalische Verfahren und Alternativen zur Chlorung wie z.B. die Ultraviolettentkeimung entwickelt werden. Mögliche Nebenwirkungen neuer Verfahren müssen auch auf ihre Langzeitwirkung geprüft werden.[13]
4. Es ist bedauerlich, daß aufgrund der privatrechtlichen Struktur (AG, GmbH,...) der bundesdeutschen Wasserwerke die marktwirtschaftlichen und gesundheitspolitischen Aspekte miteinander konkurrieren.
5. Die Flüsse müssen wieder so sauber werden, daß gesundheitlich unbedenkliches Trinkwasser aus ihnen gewonnen werden kann. Dies kann langfristig geschehen durch:
   - Verbot und Überwachung des Einleitens schwer abbaubarer giftiger Stoffe (z.B. Schwermetalle und Organohalogenverbindungen).
   - Reduzierung der Einleitung von Kaliabwässern, die zu extremen Salzgehalten und einer Gefährdung der Flußökologie und der Trinkwasserversorgung führen (s. S. 170ff).
   - Verbesserung und strikte Anwendung bestehender bzw. zu erlassender Gesetze (z.B. Erhöhung der Abwasserabgabe nach dem Abwasserabgabengesetz, Novellierung der Trinkwasserverordnung) (s. S. 243ff).
   - Ersatz wassergefährdender Produktionsweisen und Stoffe durch umweltfreundliche Technologien und biologisch abbaubare Verbindungen.
   - Die Entnahme von Wasser und die Einleitung von Abwasser müssen durch Bewirtschaftungspläne und Grenzwerte überwacht werden. Als Mindestanforderung für die Wasserqualität muß langfristig dessen Nutzbarkeit zur Trinkwasseraufbereitung gelten. Dazu ist eine tiefgreifende Sanierung vieler Gewässer erforderlich.
   - Ansiedlung und Betrieb von Industrie, Kläranlagen usw. muß unter gesamtökologischen Gesichtspunkten schärferen Genehmigungsverfahren unterstellt werden. Die Bevölkerung ist ernsthafter als bisher an diesen Planungen zu beteiligen.
   - Die Verbandsklage und Umweltbeiräte müssen endlich in allen Bundesländern eingeführt werden.

Den Experten ist eine Informationspflicht gegenüber den Betroffenen, den Behörden und Politikern abzuverlangen. Gemeinsam sind Prioritäten der Umwelt- und Gesundheitspolitik und des Gewässerschutzes festzulegen.

Sollte sich weiterhin nichts Grundlegendes ändern, so ist – bei dem vorhergesagten steilen Anstieg des Wasserverbrauchs – in wenigen Jahren mit einer umfassenden Trinkwasserkrise in der Bundesrepublik zu rechnen.

Die Gesundheitsgefahren, die vom gechlorten Oberflächenwasser und zum Teil auch Grundwasser ausgehen, betreffen einen erheblichen Teil der Bevölkerung, so daß hier die präventive (schützende) Gesundheitsfürsorge mit Erfolg angewendet werden kann.

Zusammenfassung

Durch die zunehmende Verschmutzung der Gewässer durch Abwässer der Industrie, Landwirtschaft und Kommunen ist aus den Flüssen eine Trinkwassergewinnung selbst mit modernsten Aufbereitungsverfahren mit gesundheitlichen Risiken für den Verbraucher verbunden.

Einige Schadstoffe, wie Schwermetalle, organische Chemikalien und Organohalogenverbindungen brechen durch die Filter der Wasserwerke teilweise durch. Andere Substanzen wie die leicht- und schwerflüchtigen Organohalogenverbindungen werden u. a. bei der Trinkwasserchlorung im Wasserwerk neu gebildet. Des weiteren können Reste von zugesetzten Chemikalien (z. B. Fällungsmitteln, Monomere) bis ins Trinkwasser gelangen.

Einige dieser Verbindungen sind im Tierversuch krebserregend und im Bakterientest mutagen; andere stehen im Verdacht, so zu wirken.

Die bisher analytisch erfaßten Organohalogenverbindungen im Oberflächen- und Trinkwasser stellen nur »die Spitze eines Eisberges« der Schadstoffe dar, die in die Flüsse zu Hunderten eingeleitet werden und in Spuren bis ins Trinkwasser gelangen können.

Eine gesundheitliche Bewertung dieser – größtenteils noch nicht einmal bekannten – Chemikalien steht noch aus.

Amerikanische Einzelfallstudien weisen auf eine signifikante Risikoerhöhung hin, an Krebs zu erkranken oder frühzeitig zu sterben, wenn insbesondere gechlortes Oberflächenwasser getrunken wird.

Aufgrund der schlechten oder fehlenden Krebsregister und der Datenschutzgesetze sind derartige Untersuchungen für die speziellen Verhältnisse in der Bundesrepublik Deutschland bisher verhindert worden.

Zur Vermeidung von Gesundheitsgefahren muß einwandfreies

Grundwasser – ohne Chlorung – in hygienisch einwandfreier Qualität vorrangig zur Trinkwassergewinnung verwendet werden.

Langfristig müssen die Flüsse so weitgehend saniert werden, daß die Trinkwasser- und sonstigen Nutzungen (z. B. Baden, Bewässerung) ohne chronische Gesundheitsgefahren möglich werden. Dazu müssen die Einleitungen giftiger und schwer abbaubarer Stoffe und der Salzabwässer durch z. B. Produktionsumstellungen, Verbesserungen der Klärtechnik und geschlossene Wasserkreisläufe vermieden werden.

Die Verschwendung von Trink- und Brauchwasser muß verringert und die Qualität durch Bewirtschaftungspläne, strengere Gesetze und eine effektive Überwachung gesichert werden.

Die Forschungen zur Reinhaltung bzw. Sanierung der Flüsse und Verbesserung der Trinkwasseraufbereitungsverfahren, die die Chlorung und andere bedenkliche Zugaben von Chemikalien vermeiden, müssen intensiviert werden. Versuche zur Nutzung von z. B. Regenwasser als Brauchwasser, zur Wärme- und Rohstoffrückgewinnung aus Abwässern und zu geschlossenen Wasser- und Kühlkreisläufen erscheinen erfolgversprechend (s. S. 57ff).

Noch ist es nicht zu spät, um die Weichen zu stellen, damit ein durch die Industrie und andere Verunreiniger verursachtes Restrisiko für die Verbraucher durch gechlortes Trinkwasser aus z. B. den Flüssen volkswirtschaftlich nicht auf die Wasserwerke und die betroffene Bevölkerung abgewälzt wird.

Die Bürger müssen über die Mißstände informiert werden, damit auch kostenverursachende grundlegende Neuorientierungen in der Gewässergütewirtschaft zusammen mit den Politikern von einer breiten Basis getragen und gegen die Schmutzeinleiter durchgesetzt werden.

Literaturangaben

1 Arbeitsblatt W 151 vom Juli 1975: Eignung von Oberflächenwasser als Rohstoff für die Trinkwasserversorgung. Verein der Deutschen Gas- und Wasserfachmänner (DVGW), Frankfurt, 1975.
2 EG-Richtlinie: Richtlinie des Rates der EG vom 16.6.1975 über die Qualitätsanforderungen an Oberflächenwasser für die Trinkwassergewinnung in den Mitgliedstaaten. *Amtsblatt der EG,* Nr. L 194/34 vom 25.7.1975. Und: Richtlinie des Rates vom 15.7.1980 über die Qualität von Wasser für den menschlichen Gebrauch (L 229/23, v. 30.8.80).
3 Der Fischer Öko-Almanach. Herausgegeben von G. Michelsen, F. Kalberlah und dem Öko-Institut Freiburg i.Brsg., Juni 1980. a) S. 50, b) S. 45ff. und S. 229ff., Frankfurt/M., 1980.
4 Koch, R., Strobel, K.: Halogenkohlenwasserstoffe als toxikologisch relevante Substanzen im Trinkwasser. *Acta hydrochim. hydrobiol.* 8, 1980, 2; S. 115–130.

5 Umweltgutachten 1978. Deutscher Bundestag, 8. Wahlperiode, Drucksache 8/1938 vom 19.9.1978. S. 80–130.
6 Battelle-Institut e.V.: Wasserbedarfsentwicklung in Industrie, Haushalten, Gewerbe, öffentlichen Einrichtungen und Landwirtschaft. – Prognose des Wasserbedarfs in der BRD bis zum Jahre 2000. Frankfurt/M., 1972 (Zustandsbericht 1976). S. 2ff.
7 Bernd Gabel: Bildung, Bewertung und Vorschläge zur Reduzierung bromierter und chlorierter Trihalomethane bei der Trinkwasserchlorung in Bremen. Dissertation, Universität Bremen, Mai 1980.
8 Systemanalytische Arbeiten auf dem Gebiet der Wasserreinhaltung. Schlußbericht Auftrag Nr.: NTÖ 57/ISI-Nr. 50002. Für das Bundesministerium für Forschung und Technologie. Bearbeiter: M. Fischer u. J. Reichert (März 1972 bis Mai 1976 [verlängert]).
9 Karlsruhe '78, Oxidationsverfahren in der Trinkwasseraufbereitung. Bearbeitet und herausgegeben von W. Kühn u. H. Sontheimer. Engler-Bunte-Institut der Universität Karlsruhe, Karlsruhe 1979.
10 K. Aurand et al. (Hrsg.): Organische Verunreinigungen in der Umwelt: Erkennen, Bewerten, Vermindern, Berlin, 1978.
11 Preliminary Assessment of Suspected Carcinogens in Drinking Water; Report to Congress, US-EPA, S. 1–5, Dec. 1975.
12 Frentzel-Beyme, R. (Deutsches Krebsforschungszentrum, Heidelberg): Krebshäufigkeit und Wasserqualität. Vortrag für: Bewertung chemischer Stoffe im Wasserkreislauf; Vortragsveranstaltung in Langen bei Frankfurt, 8.–10. Okt. 1979.
13 Jolley, R. L. et al.: Water Chlorination, Environment Impact and Health Effects. Vol. 2, Ann Arbor, 1978, S. 379f., S. 433f., S. 863f.

Teil III

Zerstörung eines Lebenselementes

Walter Herbst

Gewässerbelastung durch Krankheitserreger, Abwärme und Radioaktivität

Die Anforderungen an die Wasserversorgung mit Trinkwasserqualität steigen vor allem in dicht bevölkerten, landwirtschaftlich und industriell intensiv genutzten Gebieten. Diese Anforderungen sind nicht nur vom Standpunkt der Wassermenge, sondern auch der Wasserqualität zunehmend schwieriger zu erfüllen.

Bevölkerungsdichte und wachsendes Sozialprodukt führen, bezogen auf den Kopf der Bevölkerung, zu steigenden Mengen von Abwasser, das mit seinen Verunreinigungen ohne Berücksichtigung der Folgewirkungen in die Gewässer eingeleitet wurde und zum Teil noch immer eingeleitet wird.

Praktisch sind alle unsere Oberflächengewässer in meist vielfältiger Weise verschmutzt. Das heißt, sie sind durch künstliche Beimengungen in ihrer Beschaffenheit so verändert, daß sie für vorgesehene Zwecke überhaupt nicht oder nur eingeschränkt oder erst nach geeigneter Zwischenbearbeitung brauchbar sind. Derart verunreinigte Gewässer entbehren nicht nur der ökologischen Qualitäten, sondern werden unter Umständen zur Gefahr für den Menschen, seine Lebens- und Arbeitswelt. Bemühungen zur Reinhaltung der Gewässer und zur Sicherung der Wasserversorgung sind meist erst neueren Datums, greifen aber vielfach noch unzulänglich. Immer eindringlicher wird der Menschheit bewußt, daß von einem vernünftigen Management des Wassers Wohl und Wehe nicht nur der Natur in ihrer Gesamtheit, sondern auch der menschlichen Gesellschaft und ihrer Zukunft abhängen.[3, 17, 18]

Generell beschäftigt sich die *Toxikologie* als ein Teilgebiet der Pharmakologie mit den ungünstigen Wirkungen chemischer und biologischer Substanzen, also auch solcher des Wassers, auf Lebewesen und Lebensvorgänge. Mit den biologischen Auswirkungen speziell von radioaktiven Atomarten und der von diesen ausgesandten energiereichen Strahlen befaßt sich die Radiotoxikologie.

Da die einzelnen Lebewesen eingebettet sind in Ökosysteme und auch diese unmittelbar oder mittelbar durch Schadstoffe betroffen werden, findet mit Recht der Individuen und Systeme übergreifende Begriff einer *Ökotoxikologie* immer stärkere Anwendung. Es gewährleistet die umfassenderen Möglichkeiten für eine Betrachtung der unmittelbar miteinander verzahnten biologischen und ökologischen Probleme, einschließlich der die Schädlichkeit der Stoffe modifizierenden Vorgänge in den Ökosystemen, wie An- und Abreicherung sowie Umwälzungen der Schadstoffe im System oder Reaktionen der Stoffe untereinander und mit Lebewesen.

Man macht sich die Bestimmung von Toxizitäten allerdings allzu einfach, wenn man als deren wesentliches Kriterium Letalität annimmt, wenn man also nur »Leichen« zählt. Derartige, gewiß auch notwendige Bestimmungen werden im Tierversuch methodisch so durchgeführt, daß man jene Dosis bestimmt, bei der ein bestimmter Prozentsatz, beispielsweise 50% der Versuchstiere (Letaldosis = LD_{50}) innerhalb einer bestimmten Zeit sterben. Das Raster der Toxizitätsprüfung eines Schadstoffes muß jedoch wesentlich feiner sein. Obligatorische Verpflichtungen, in perfektionistischer Manier Toxizitätsprüfungen sämtlicher chemischen Substanzen durchzuführen, wären eine praktisch kaum durchführbare »Herkulesarbeit«. Immerhin werden aber nach den Richtlinien der Umweltschutzbehörde der USA *(Environmental Protection Agency [EPA])* je nach Situation und begründetem Verdacht auf behördliche Anordnung folgende Prüfungen gefordert: Prüfungen auf akute, chronische und subchronische Toxizität (Giftigkeit), auf Cancerogenität (Krebsschäden), Mutagenität (Erbschäden) und Teratogenität (Fruchtschäden), auf Beeinträchtigungen der Gesundheit durch Kombinationswirkungen gegebener Schadstoffe. Ferner sind im Bedarfsfalle anzuschließen Untersuchungen über den Stoffwechsel der gegebenen Substanzen, über die Reversibilität von Schäden, über Wege und Schicksale der Substanzen in der Umwelt, insbesondere innerhalb der ökologischen Systeme, über die Auswirkungen auf diese Systeme und ihre Einzelglieder, insbesondere Pflanzen und Tiere, über An- und Abreicherung vor allem in Nahrungsketten, über Kontroll- und Überwachungsmaßnahmen, Transportrisiken, Lagerung, Abfallbeseitigung usw.

Eine exakte Bestimmung der Wirkungen einer Substanz in Abhängigkeit von ihrer Dosis (Dosiswirkungsbeziehung) ist für eine chemische Substanz, die in geringer Dosis lebensnotwendig, in höherer jedoch schädlich ist, besonders wichtig. Gedacht ist hier vor allem an die Spurenelemente wie *Zink, Fluor, Jod, Selen* u. a.

Jedes Bemühen, bestimmte Qualitäten des Wassers zu erhalten oder wiederherzustellen, bedarf gültiger Indikatoren für die Wasserqualität. International wurde eine Vielfalt solcher Indikatoren und Grenzwerte für kritische Beimengungen des Wassers vorgeschlagen oder auch in Gesetzen festgelegt. Zum Teil mangelt es jedoch noch an einer Harmonisierung der Bemühungen.

Unter den vielfältigen Bemühungen einer Vermittlung einschlägiger

Informationen dürfte der »*Toxic Substances Control Act*« *(TSCA)* der *USA* vom Jahre 1976 die umfassendste Anstrengung sein, Wissen über die Vielzahl der chemischen Verbindungen vor allem in bezug auf ihre hygienische und ökologische Bedeutung zu erhalten. Von den insgesamt bislang bekannten chemischen Verbindungen wurden von TSCA mehr als 43 000 erfaßt.

Zu denken ist im übrigen nicht nur an eine Verschmutzung der Wasserreservoire, sondern auch an die Möglichkeiten zusätzlicher Verunreinigungen bei der Aufbereitung des Wassers zu Trinkwasser und auf dessen Weg zum Zapfhahn der Verbraucher, beispielsweise durch Abgabe von Schadstoffen aus Filtermaterial, Pumpen, Dichtungen und vor allem Rohrleitungen. Insbesondere im Falle fortgeschrittener Korrosion der Leitungen können erfahrungsgemäß erhebliche Mengen von Schwermetallen wie Kadmium, Eisen, Blei, Kupfer, Zink an das Leitungswasser abgegeben werden.

Eindringlich diskutiert wird der Risikocharakter der bei Chlorierung des Wassers entstehenden Sekundärprodukte, wie Chloroform und Chlormethyläther.[20]

Über die Frage, ob oder inwieweit Reste aus Asbestrohren auf dem Wasserwege Krebsrisiken für den Magen-Darm-Trakt mit sich bringen, sind die Akten noch nicht geschlossen. Asbest kann vor allem in Gestalt verfilzter Varietäten von Serpentin (Chrysotil) aus natürlichen Quellen, unter Umständen aber auch durch Erosion in Asbestrohren in das Wasser gebracht werden. Rohwasser in Kanada wies zum Teil bis zu 10 Millionen Fasern im Liter auf, eine Menge, die allerdings durch entsprechende Wasseraufbereitung wesentlich reduziert werden kann.[38]

Im Organismus dringen Asbestfasern zum Teil auch durch die Wände des Verdauungskanals. Sie werden akkumuliert gefunden unter anderem in Niere, Leber und im Magen-Darm-Bereich. Gleichwohl wird ein Krebsrisiko als relativ gering eingeschätzt und bei Dauergenuß von Wasser mit etwa 300 000 Asbestfasern pro Liter mit etwa einem zusätzlichen Krebsfall unter eine Million Menschen gerechnet.

Kombinationswirkungen und Synergismen erscheinen jedoch nicht ausgeschlossen. Den Maßnahmen der Wasseraufbereitung im Falle asbestreichen Wassers kommt besondere Bedeutung zu.[28]

Krankheitserreger im Wasser und Hygiene

Zur Kategorie der biologischen Schadstoffe im Wasser gehören Bakterien, insbesondere solche pathogener Natur, sowie Viren und andere parasitäre und nichtparasitäre Organismen anderer Art. Gewiß ist es der modernen Hygiene gelungen, Gesundheit und Leben des Menschen vor den von

Krankheitserregern im Wasser drohenden Gefahren zu schützen. Ein Blick zurück auf die Geschichte der Seuchen sowie auf gelegentliche Zwischenfälle selbst in unseren Tagen läßt erkennen, welche Bedeutung einer umfassenden Wasserhygiene zukommt, und welche Folgen auch heute noch einem Einbruch der Hygiene-Barrieren zukommen.

Von den bakteriellen Krankheitserregern, die über verseuchtes Wasser, das als Trinkwasser oder zur Herstellung oder auch nur zum Waschen von Nahrungsmitteln Verwendung findet, bilden eine potentielle Infektionsgefahr vor allem einige der im Magen-Darm-Bereich angesiedelten und hier krankmachenden Bakterien.[6, 12, 14]

Solche Bemerkungen sind unter anderem auch vor dem Hintergrund der Tatsache zu sehen, daß übliche Kläranlagen pathogene, Darminfektionen auslösende, Bakterien nicht selten unvollkommen eliminieren, und daß in Untersuchungen speziell des Rheinwassers bei Karlsruhe nicht nur die üblichen, für den Menschen relativ harmlosen Bakterien, sondern in beachtenswerter Gleichmäßigkeit auch pathogene, krankhafte Vorgänge im Magen-Darm-Bereich auslösende Enterobakterien gefunden wurden.[7] Allerdings wurden solche pathogenen Darmbakterien nur in Mengen von einigen hundert, bei höheren Temperaturen von einigen tausend Keimen pro ml festgestellt, so daß erhebliche Mengen von Wasser getrunken werden müssen, um die eine Infektion auslösende Menge von Keimen aufzunehmen. Zumindest Epidemien größeren Umfangs sind auf der Grundlage einer solchen Situation daher kaum zu befürchten. Es sind jedoch Möglichkeiten denkbar, bei denen mit pathogenen Keimen in relativ geringer Konzentration verseuchtes Wasser in Einzelfällen auf Nahrungsmitteln über Koloniebildung die Konzentration der Keime zu einer eine Infektion auslösenden Menge erhöht. Sogar Erdbeeren sollen als Nährsubstrat wirksam sein.

In geschichtlicher Sicht steht unter den durch Wasser als Vektor verbreiteten bakteriellen Erkrankungen die durch Vibrio cholerae ausgelöste *asiatische Cholera* obenan. Frühzeitig wußte man, daß sie durch verseuchtes Wasser übertragen wird. Gleichwohl grassierte sie im Zuge ihrer ersten Weltausbreitung 1817 und ihrer zweiten Ausbreitung 1831 in Mitteleuropa, hier Zehntausende von Toten hinterlassend. Die durch verseuchtes Trinkwasser verursachte Choleraepidemie 1892 in *Hamburg,* bei der etwa 16000 Menschen erkrankten und davon die Hälfte starben, führte einmal mehr vor Augen, daß bei Versagen der Barrieren Cholera durchaus auch unter heimischen Verhältnissen auf dem Trinkwasserpfade verbreitet werden kann. Und in jüngster Zeit haben Ausbrüche der Cholera vom El-Tor-Typ in den Jahren 1961 und 1970 aus den endemischen Bezirken in *Zentralasien* in die Gebiete des *Mittelmeeres* das latente Gefährdungspotential dieser Seuche nochmals eindringlich ins Bewußtsein gerückt.

Eine zweite umfangreiche Gruppe von Erregern, die außer durch Nahrungsmittel auch durch Trinkwasser übertragen werden können, wird von den *Salmonellen* gestellt. Ihre gefährlichsten Vertreter sind die Erreger des Unterleibstyphus (Salmonella typhi) sowie der verschiedenen Arten von Paratyphus. Mögen Typhuserkrankungen durch die modernen Methoden der Behandlung mit Antibiotika manches von ihrem früheren Schrecken verloren haben, zeigen gelegentlich aufflammende Epidemien, wie die Typhus-Epidemie von *Zermatt* im Jahre 1963, Möglichkeiten der Übertragung solcher Erkrankungen über infizierte Systeme von Trinkwasserleitungen.

Als potentielle Risiken im Blick behalten sollte man eine Reihe weiterer Erkrankungen des Magen-Darm-Traktes. Zu diesen gehört die vor allem Kinder gefährdende Bakterienruhr, ausgelöst durch Erreger der Shigella-Gruppe, übertragbar nicht nur von Person zu Person und über Nahrungsmittel, sondern auch über Wasser.

Zu nennen sind ferner die als Gastroenteritis geführten Magen- und Darmerkrankungen unterschiedlicher Symptomatik mit bestimmten Typen von Salmonella, Shigella, Proteus und anderen als Erreger. Und schließlich wird die infantile Diarrhoe oder Säuglingsenteritis für eine typische Wassertrinkkrankheit gehalten, ausgelöst vor allem durch Infektionen mit Typen von Escherichia coli oder Proteus.

Nicht auszuschließen scheint auch die Möglichkeit einer Übertragung von *Tierkrankheiten* zum Menschen auf dem Wasserwege. Verdacht in dieser Hinsicht besteht bei der Tularämie (Kaninchenfieber), ausgelöst durch Pasteurella tularensis. Noch mehr gelten solche Befürchtungen für die Leptospirose (Weilsche Krankheit). Ihre Erreger können auf dem Wasserwege Säugetiere und Menschen auch über Schleimhäute und Abschürfungen infizieren und durch eine spirochätenbedingte Gelbsucht relativ hohe Sterblichkeit zur Folge haben.

Nicht nur Bakterien, sondern auch hunderte von Virusarten mit einer Vielzahl von Serotypen können den Menschen infizieren. Obwohl eine große Anzahl von Viruserkrankungen des Menschen klinisch gut bekannt ist, bleiben die Viren gut für immer wieder neue Überraschungen und Erkenntnisse. Diese folgen einander so rasch, daß die Systematik der Viren laufend neu geschrieben werden muß. Immer neue Problemstellungen von klinischer und epidemiologischer Bedeutung taten sich gerade in jüngster Zeit auf. Erwähnt seien die Beziehungen von Viren zum Krebsgeschehen sowie die epidemiologische Bedeutung der »langsamen Viren«, von denen einige offensichtlich mit langer bis sehr langer Inkubationszeit von u. U. vielen Jahren Ursache auch von unspezifischen Degenerationsprozessen im menschlichen Organismus sein könnten.

Unter den Viren, die auch mit dem Wasser auf den Menschen

übertragen werden können, verdienen Aufmerksamkeit vor allem wiederum jene, welche im Magen-Darm-Kanal angesiedelt sind und mit den Exkrementen in Abwasser und unter Umständen auch in Trinkwasser gelangen können. Zu nennen sind hier besonders die Enteroviren. Zu diesen gehören auch die Polioviren und damit die Erreger der Kinderlähmung, ferner die Coxsackiviren, die ECHO-Viren sowie die Viren der epidemischen Gastroenteritis. Wegen der starken Verdünnung der Viren in den Abwässern und wegen der Schwierigkeit ihrer Kultur auf geeigneten Nährböden bleibt der Nachweis der Verbreitung von Viren solcher Art auf dem Wasserwege schwierig. Überzeugend genug bleiben jedoch Befunde, nach denen speziell die Hepatitis-Viren, das heißt die Erreger der infektiösen Gelbsucht, über verseuchtes Wasser übertragen werden können. Diese Annahme drängt sich nicht zuletzt angesichts der etwa 100000 Fälle von Erkrankungen bei einer Hepatitis-Epidemie 1955/56 in *Neu-Delhi* auf.[21, 25]

Im allgemeinen werden sich in unseren geographischen Regionen Infektionen beim Baden und Schwimmen auf Einzelfälle beschränken und Epidemien zu den Seltenheiten gehören. Die Frage, ob Hautkontakte des Erregers bereits zu Infektionen führen können, stellt sich kaum in unseren Breiten, wohl aber für die Gebiete, in denen die Bilharziose, etwa im östlichen Mittelmeer, oder die bereits erwähnte Leptospirose zu Hause sind. Dagegen gehören auch bei uns Pilzerkrankungen der Haut zu den Folgeerscheinungen des Hautkontaktes mit entsprechend infiziertem feuchtem Milieu.

Erst kürzlich wurde über Untersuchungsergebnisse aus *Großbritannien* berichtet, nach denen der Erreger der berüchtigten Legionärskrankheit, das Bakterium Legionella pneumophilia, auch in Europa weit verbreitet ist und hier auch in Wasserversorgungssystemen nachzuweisen sei. Er wurde in den Systemen von 31 Gebäuden gefunden, von denen es in sechs vorher zu Erkrankungen gekommen war.

Die Nutzung der Flußsysteme zur Kühlung der Wässer von Kraftwerken warf in jüngster Zeit Fragen wasserhygienischer Natur auf. Vor allem bei älteren Kühltürmen ohne Tropfenabscheider werden erhebliche Mengen von Wasser in Form flüssiger Aerosole versprüht. Die Zahl der in ihnen enthaltenen und von einem Menschen über Einatmung oder Nahrungsaufnahme aufgenommenen Krankheitserreger wird praktisch unter normalen Umständen kaum jene 4- oder 5stellige Zahl von Keimen erreichen, die zumeist für die Auslösung solcher Erkrankungen notwendig ist. Wenn freilich in seltenen Einzelfällen die Keime in den Aerosoltröpfchen auf geeignetem Nährsubstrat Gelegenheit zur Koloniebildung haben, erscheinen Einzelinfektionen nicht absolut ausgeschlossen. Andererseits verursacht der Kühlturmbetrieb u. U. seuchenhygienische Probleme über die Flußwassererwärmung, da Vermehrung,

Wachstum und Überlebensraten der Mikroorganismen durch eine Temperaturerhöhung positiv zu beeinflussen sind.

Die hier geäußerten Befürchtungen gelten entsprechend auch bei Abwasser-Verregnung auf landwirtschaftlichen oder gärtnerischen Kulturen.

Gewässererwärmung durch Kühlwasser

Nur zögernd bricht sich die Erkenntnis Bahn, daß die Temperatur einer der wesentlichsten Qualitätsfaktoren des Wassers und der Gewässer ist. Sie beeinflußt in vielfältiger Weise deren physikalische, chemische, biochemische, biologische und ökologische Eigenschaften, selbst den Transport der Sedimente.

Jedem Gewässer kommt im Naturzustand ein bestimmtes Temperaturverhalten zu, das sich durch Erwärmung und Abkühlung den wechselnden meteorologischen und topographischen Bedingungen anzupassen versucht, mit ihnen Gleichgewichtszustände anstrebt. Im Sommer liegt dabei die tatsächliche Temperatur eines Fließgewässers meist unter, im Winter häufig über der durchschnittlichen Lufttemperatur.

Dabei überrascht es immer wieder zu erkennen, auf welch relativ schmales Temperaturband im Wasser wesentliche biochemische, biologische und ökologische Abläufe optimal zusammengedrängt sind. Selbst bei relativ geringen Abweichungen von der Temperaturnorm ergeben sich bereits erhebliche Störungen.

Man sollte in diesem Zusammenhang auch nicht übersehen, daß unter gleichen geographischen und klimatischen Verhältnissen die mittleren Temperaturmaxima und die mittleren Temperaturminima eines Gewässers im Laufe der Jahre oft um nicht mehr als 1 °C voneinander abweichen.

Zunehmend wird der natürliche thermische Zustand der Gewässer und ihrer Ökosysteme durch Einleitungen künstlicher Wärme gestört. In erster Linie und weithin zu mehr als 80 % geschieht dies durch Kühlwasser aus Kraftwerken. Dabei hat der relativ geringere Grad der Energieausnutzung von Kernkraftwerken merklich höhere Abwärmemengen zur Folge als dies bei konventionellen Kraftwerken der Fall ist. In geringerem Ausmaße tragen auch Industrie, Kommunen und Schifffahrt zur künstlichen Erwärmung der Gewässer bei.

Die speziell von Kraftwerken entwickelten Mengen künstlicher Abwärme erreichen zumindest örtlich Größenordnungen, die mit der Sonneneinstrahlung vergleichbar sind. Erwärmung bedeutet physikalisch-chemisch eine Erhöhung der Molekularbewegungen und damit im wesentlichen auch höhere Reaktionsgeschwindigkeiten anorganischer und organischer Prozesse sowie eine Beschleunigung mancher biologischer Vorgänge, mittelbar auch eine Veränderung ökologischer Gleichgewichte sowie von Bedingungen der praktischen Wasserwirtschaft.

Bis in die jüngste Zeit wurde vielfach der Beitrag, den die Einleitung von Abwärme in die Gewässer an der Minderung der Wasserqualität leistet, stark unterschätzt. Zu sehr standen die qualitätsmindernden Risiken biologischer und chemischer Beimengungen des Wassers im Vordergrund des Interesses und der Besorgnisse.

Immer mehr lenken die Konsequenzen massiver thermischer Verschmutzung von Gewässern vor allem aus konventionellen und nuklearen Kraftwerken mit Ableitungen unter Umständen bis zu hunderten von Kubikmetern Kühlwasser pro Sekunde und Flußerwärmungen primär bis zu mehreren Temperaturgraden die Aufmerksamkeit auf dieses kritische Problem unserer Oberflächengewässer.

Die Abwärme als einen physikalischen Schadfaktor unserer Gewässer zu erkennen und ihren Folgen zu steuern setzt freilich eine ökologische Betrachtungsweise spezieller Art voraus, die auch heute oft noch nicht die notwendige Beachtung findet.

Welcher Preis zu zahlen ist für die Verschwendung von Wärmeenergie beim Betrieb konventioneller und nuklearer Kraftwerke geht aus einer Zusammenstellung von Kühlwasserbedarf und Verdunstungsverlusten durch Naßkühltürme hervor, welche die *»Internationale Kommission zum Schutze des Rheins gegen Verunreinigung«* 1976 für Werke mit 100 MW_e-Leistungen veröffentlichte[19]:

Art der Kühlung und Funktion	konventionelle Kraftwerke	Kernkraftwerke (Leichtwasser)
Durchlaufkühlung ohne Kühlturm		
Wasserentnahme in m^3/s	3,0–4,0	5,0–6,0
Abwärmeeinleitung in Mcal/s	28–35	42–50
Ablaufkühlung über Kühlturm		
Wasserentnahme in m^3/s	0,17–3,5	0,22–4,5
Verdunstungsverlust in l/s	0–55	0–70
Abwärmeeinleitung in Mcal/s	0–35	0–50
Kreislauf über Kühltürme		
Wasserentnahme in m^3/s	0,17	0,22
Verdunstungsverlust in l/s	40–55	50–70
Abwärmeeinleitung in Mcal/s	0–2,0	0–3,5

Die Wärmebelastung der Gewässer durch Abwärme kann reduziert werden durch den Betrieb von Naßkühltürmen mit geringerem Eintrag von Wärme. Die unter dem Gesichtspunkt einer thermischen Verschmutzung der Gewässer relativ unbedenklichere Kühlung durch Trockenkühltürme ist bislang nur für Kraftwerke bis zu mittleren Leistungen erprobt.

Vor allem dort, wo Naßkühltürme verwendet werden, birgt die Beseitigung der Abwärme von Kraftwerken noch zusätzliche chemische Risiken für die Wasserqualität, da zum Schutze der Strukturen von Kühleinrichtungen sowie der Kühlvorgänge gegen Bakterien, Bakterienschleime, Fäulniserreger, Algen, Pilze, den Kühlprozeß störende Wasserpflanzen und -tiere, einschließlich Plankton, zumeist Biozide Verwendung finden, deren unverbrauchte Reste und deren Reaktionsprodukte anschließend in die Gewässer abgelassen werden.

Wichtigstes Biozid zur Erhaltung der Kühleffizienz ist meist das *Chlor*. Es wird unterschiedlich angewendet, und zwar in Gaben von 0,1–0,5 mg/l oder auch mehr. Mit stickstoffhaltigem Material bildet das Chlor das ebenfalls toxische Chloramin.

Zum Gebrauch für den hier in Rede stehenden Zweck werden weiterhin genannt: organische Säuren der verschiedensten Art sowie Borsäure, Acrolein und andere Herbizide, Ammoniumverbindungen, phenylierte oder chlorierte Phenole (welche den Geschmack von Fischen beeinträchtigen können), Metallsalze und andere Verbindungen. Als Schutz gegen die bei höheren Wassertemperaturen geförderte Korrosion werden Chromate und andere Korrosionsschutzmittel empfohlen.

Die Fülle dieser und anderer, im Kühlbetrieb einsatzfähiger Biozide faßte eine Schrift der Atomenergiekommission der *USA* zusammen.[4]

Fische, die dem Sog der Wasserzuleitungen zu den Kühlsystemen wegen ihrer Kleinheit oder mangelnden Beweglichkeit nicht ausweichen können, kommen an den Sieben der Zuleitungen zu Tode. Organismen, die zu klein sind, um an den Sieben hängenzubleiben, werden durch die Kühlsysteme geschleust und sterben meist infolge des erlittenen thermischen, chemischen oder mechanischen Schocks.

Die relativ reichlichen Kühlwasserreserven des Rheins sowie die hier gegebenen günstigen siedlungs- und wirtschaftspolitischen Vorteile machen diesen Strom zum gesuchten Standort einer immer noch steigenden Zahl konventioneller und nuklearer Kraftwerke. Unter Berücksichtigung der geminderten Wassergüte des Stroms müssen seine Kühlkapazitäten als weitgehend erschöpft angesehen werden.

Die Antwort auf die Frage, was an Abwärmeeinleitung für ein Gewässer noch zulässig ist, wird bestimmt

1. durch die natürliche Wassertemperatur, ihren zeitlichen Gang und ihre zeitlichen Schwankungen, sowie durch Vorbelastungen durch andere Einleiter künstlicher Wärme,

2. von der Wasserführung unter Berücksichtigung der ökologisch kritischen Zeiten,
3. von der Güte des betreffenden Gewässers, insbesondere von seinen chemischen und radiologischen Zusatzbelastungen.

Bei Berechnungen zulässiger Einleitungen von Abwärme in ein Gewässer werden die Parameter der Wassergüte in den seltensten Fällen mitberücksichtigt, obwohl gerade diese die ökologischen Risiken einer Abwärmeeinleitung entscheidend mitbestimmen.

Die Bezugstemperatur für die Bewertung von Abwärmeeinleitungen in ein Gewässer ist dessen natürliche Gewässer- oder Basistemperatur. Der natürliche Temperaturzustand wärmeunbelasteter Gewässer ist meist nur ungenau bestimmt oder bestimmbar. Vor allem fehlt als Entscheidungsgrundlage zumeist die Abstimmung mit den temperaturempfindlichen und ökologisch kritischen Vorgängen. Aus solchen und anderen Gründen sind daher Wärmelastpläne oft Gegenstand heftiger Kontroversen und Schwachpunkte einschlägiger Gutachten.

In erster Linie und unmittelbar von der Einleitung von Abwärme in ein Gewässer berührt werden die in ihm lebenden Organismen. Es mögen Situationen möglich sein, in denen eine künstliche Erwärmung von Gewässern hier Vorteile bringen mag. So können unter Umständen warme Abwässer Verluste der Nutzfischerei durch sehr kalte Winter mildern helfen. Auch kann es von Vorteil für das Fangergebnis sein, wenn die Einzugsbereiche von Warmwasser die Fische anlocken und verweilen lassen und dadurch höhere Fangraten erlauben.

Im allgemeinen aber sind Tier- und Pflanzenwelt eines Gewässers seinen Temperaturverhältnissen so streng angepaßt, daß ein Temperaturstreß wesentlich nur nachteilige Folgen für das biologische und ökologische Gefüge eines Gewässers hat, letztlich mit Nachteilen auch für eine wirtschaftliche Nutzung. Schädigungen solcher Art sind selten ein einfaches Ursache-Wirkungsverhältnis, sondern kommen häufig erst durch ein komplexes Zusammenspiel von Ursachen der verschiedensten Art zustande.

So beträgt beispielsweise die Löslichkeit von Sauerstoff im Wasser im Sättigungszustand 9,1 mg/l bei einer Wassertemperatur von 20°C, jedoch nur mehr 7,5 mg/l bei 25°C. Höhere Wassertemperaturen beschleunigen jedoch die bakteriellen Aktivitäten im Wasser. Dadurch wird der bei höheren Temperaturen ohnehin geringere Sauerstoffgehalt weiter belastet und reduziert. Und zwar vor allem dann, wenn – wie dies in unseren Gewässern üblicherweise gegeben ist – entsprechend große Mengen organischer Substanz für den bakteriellen Abbau vorliegen. Weitreichende Folgen für den Ökohaushalt und letztlich auch für die Fruchtbarkeit der Gewässer sind die Konsequenz.

Die einzelnen Arten und Gattungen von Wasserorganismen sind zumeist jeweils einem relativ schmalen Temperaturbereich optimal angepaßt. Das gilt vor allem für die in dieser Hinsicht eingehender untersuchten Fische, bei denen ausgesprochen zwischen Kalt- und Warmwasserfischen unterschieden werden kann. Kriterien für diese Zuordnungen sind neben Vorkommen und Fortpflanzung in einem bestimmten Temperaturbereich entscheidend auch die oberen letalen Temperaturgrenzen. Diese werden für Salmoniden, zu denen auch die Forellen gehören, mit 23,7–25,9 °C, für Barsche mit 36,4 °C angegeben.[9] Für Fischlaich und Fischbrut können dabei die oberen letalen Temperaturgrenzen jeweils auch niedriger als für ausgewachsene Fische liegen.

Im allgemeinen kann man davon ausgehen, daß Temperaturen über 28–30 °C die Zusammensetzung der Fischpopulationen eines Gewässers und die Lebensgrundlagen der Mehrzahl der einzelnen Arten empfindlich beeinträchtigen.

Mehr oder weniger ausgesprochene Temperaturabhängigkeiten ihrer biologischen Abläufe weisen auch die übrigen Wasserorganismen auf, wie Bakterien, pflanzliches und tierisches Plankton sowie wirbellose Tiere und bei diesen vor allem die Larven und Jugendzustände. Eine Beeinträchtigung dieser Organismen aber trifft oft die Ernährungsreservoire der Fische und stört die ökologischen Gleichgewichte.

Während Grünalgen zumeist ein oberes Temperaturlimit von etwa 30 °C haben, gedeihen blaugrüne Algen noch bei 35–40 °C und damit bevorzugt auch nach Einleitung künstlich erwärmten Wassers. Diese Gruppe der Algen aber entwickelt neben Toxinen Stoffe, die dem Wasser zum Teil einen höchst unangenehmen Fäulnisgeruch und -geschmack mitteilen und auf diese Weise letztlich auch die Trinkwasserqualität beeinträchtigen.

Wachstum und Vermehrung bewurzelter Gefäßpflanzen im Wasser, wie Wasserhahnenfuß, Wasserpest u. a., können durch erhöhte Wassertemperaturen gefördert werden, ein Vorgang, der sich nicht selten nachteilig auf Ökologie und wirtschaftliche Nutzung der Gewässer auswirkt.

Zu erinnern ist auch daran, daß die nutzbaren Organismen im Wasser zumeist beweglich sind und aus Gebieten auswandern, die ihnen nicht mehr genügend Ernährungs- und Lebensmöglichkeiten bieten.

Übersehen werden darf weiterhin nicht, daß unter Umständen bereits leichte Erhöhungen der Wassertemperatur das Auftreten verschiedener Fischkrankheiten fördern. So erhöht eine Temperaturzunahme von 3 bis 4 °C Wachstum und Vermehrung von Erregern aus der Gruppe der Myxobakterien erheblich, die entscheidend zum fast völligen Aussterben einer Spezies dieser Fische in dem durch nukleare Abwärme besonders strapazierten *Columbia*-Fluß in den *USA* beitrugen.[9]

Nahezu alle unsere Gewässer führen in Menge schädliche Beimengungen, die auch für die Wasserorganismen, einschließlich der Fische, toxisch sind. Allzu geringe Beachtung findet dabei zumindest die Tatsache, daß die Toxizität solcher Schadstoffe bei Erhöhung der Wassertemperatur zunimmt. Denn höhere Temperatur regt den Stoffwechsel der Tiere an. Sie verbrauchen mehr Sauerstoff, müssen dafür mehr Wasser, zugleich aber auch mehr von den vorhandenen toxischen Stoffen aufnehmen.

Eine Antwort auf die Fragen nach Möglichkeiten und Risiken einer Einleitung künstlicher Wärmemengen in ein Gewässer setzt die Erstellung eines gesamtökologischen Gutachtens voraus, das ausführlich auf die Situation des Einzelfalles einzugehen hat. Wenn dabei in Einzelfragen auf vorhandene wissenschaftliche Erkenntnisse nicht zurückgegriffen werden kann, sind entsprechende Untersuchungen durchzuführen.

Anreicherungen von Schadstoffen in Ökosystemen

Zu den bequemen, vom Standpunkt des Umweltschutzes und der Hygiene höchst bedenklichen Methoden gehört es, Abfälle in Gewässer einzuleiten, dadurch aus dem Gesichtskreis des Verursachers zu entfernen in der Erwartung, Verdünnungsvorgänge im Wasser würden die Schadstoffe schon auf ungefährliche Konzentrationen reduzieren. Primitivansichten solcher Art steht massiv die ökologische Wirklichkeit entgegen. Speziell Vorgänge der Anreicherung solcher Stoffe innerhalb der Ökosysteme machen nicht selten die Wirksamkeit mechanischer Verdünnungen illusorisch.

Dabei sind solche Änderungen im Verteilungsmuster der Schadstoffe wegen der Abhängigkeit von deren Charakter und von der Vielfalt der dabei beteiligten ökologischen Vorgänge äußerst komplex und kaum in allgemeingültige Regeln zu fassen. Einige ausgewählte Einzelbeispiele mögen die Problematik umreißen, gleichviel, ob es sich dabei um Umwälzungen der Stoffe innerhalb der Ökosysteme oder um Ausbrüche solcher Anreicherungen in Nahrungsketten mit unmittelbarer Bedeutung für die Gesundheit des Menschen handelt.

An- und Abreicherungen von Stoffen in ökologischen Systemen und Ketten werden im allgemeinen als Konzentrations- oder Bioakkumulationsfaktoren angegeben. Faktoren solcher Art errechnen sich aus dem Verhältnis der Konzentration eines Stoffes, beispielsweise in einem Organismus oder einem seiner Gewebe, zu seiner Konzentration im Vorläufer innerhalb der ökologischen Kette, beispielsweise im Wasser. Hohe Konzentrationsfaktoren sind unter anderem dann zu erwarten, wenn große Unterschiede der Löslichkeit des betrachteten Stoffes in Wasser und in Fetten gegeben sind, wie das etwa bei dem höchst persistenten *DDT* der Fall ist. Folgendes Beispiel gibt für DDT die Gesamt-Konzentrationsfaktoren an zwischen den äußersten Gliedern von Ernährungsketten, hier zwischen Wasser und Kormoranen, die bei ½ Million liegen können:[46]

Medium	DDT-Rückstände in mg/kg Frischsubstanz; Mittelwerte des Gesamtorganismus	Anreicherungsfaktor
Wasser	0,00005	1
Plankton	0,04	800
Elritzen	0,94	18 800
Hechte (Raubfisch)	1,33	26 600
Reiher	3,57	71 400
Möwen	6,00	120 000
Enten	22,8	456 000
Kormorane	26,4	528 000

Für die wasserhygienisch mehr oder weniger kritischen Schwermetalle werden aus einem deutschen Süßwassersee folgende Anreicherungsfaktoren genannt[15, 44]:

Element	Wasser	Plankton	Sediment
Eisen	1	63	3 900
Mangan	1	29	355
Kobalt	1	37	280
Kupfer	1	60	95
Zink	1	61	195

Für Algen wird aus *Norwegen* von folgenden Konzentrationsfaktoren in Wasser berichtet[27]:

Element	Fucus spec.	Ascophyllum spec.
Zink	7 100–64 000	2 140–18 000
Kupfer	4 800–27 000	6 000–20 000
Blei	2 400–26 000	1 200–20 000
Cadmium	4 200–26 000	6 800–11 000

Für verschiedene Arten von Insekten, Schnecken und Krebstieren wurde festgestellt, daß die Konzentrationswerte für *Cadmium* in den Tieren 600–30000mal und für Blei 1000–9000mal höher lagen als im Wasser.[37]

Andere Untersuchungen beschäftigten sich mit den Konzentrationsfaktoren von Cadmium in Wasserpflanzen (Elatine, Althenia, Mondia). Für diese drei Pflanzengattungen wurden Werte gefunden, die um den Faktor 20000–200000 über den Konzentrationen des Metalls im Wasser lagen. Allerdings bleibt dabei zu berücksichtigen, daß die Pflanzen mit Cadmium auch über die Wurzeln aus den ebenfalls mit Cadmium angereicherten Sedimenten versorgt wurden und auch eine oberflächliche Adsorption des Metalls stattgefunden hatte. Elodea (Wasserpest) im Wasser hatte einen Konzentrationsfaktor[34] um 20000.

Von anderen Autoren wurden aus einem englischen See für Blei in pflanzlichem Plankton Konzentrationsfaktoren bis über 100000 genannt.[10]

Bestimmte Arten von Fischen nahmen *Quecksilber* stärker aus den Sedimenten als aus dem Wasser auf.[23]

Chlorierte Kohlenwasserstoffe können von Fischen gegenüber Wasser 1000–100000fach angereichert werden.[8]

Für die beiden Pestizidsubstanzen *Endrin* und *Methoxychlor* wurden bei wirbellosen Wassertieren Faktoren der Bioakkumulation von 350 bis 1150 gefunden, speziell für Schnecken und Methoxychlor sogar Faktoren[1] von 5000 bis 8600.

Lindan wird über Wasser rascher als über Nahrungsketten aufgenommen.[16] Bioakkumulation erfahren auch eventuell mutationsauslösende Substanzen wie Acridin. Kleinlebewesen des Wassers reicherten um den Faktor 30–50, Sedimente um den Faktor 874 ± 275 an.[36] Organismen und Sedimente im Wasser sind mithin ausgezeichnete Indikatoren zum Spurennachweis von Beimengungen der verschiedensten Art in diesem ökologischen Milieu.[5, 30, 31]

Zur Radioökologie der Gewässer

Gewässer können in vielfältiger Weise, und aus den verschiedensten Quellen gespeist, radioaktives Material führen. Dieses kann – entsprechend dem Verhalten der nichtradioaktiven, stabilen Atomarten der gleichen Elemente – in Wasser gelöst oder suspendiert oder an Schwebstoffe und Sedimente gebunden sein. Es kann jedoch auch, in Abhängigkeit vom Elementecharakter der einzelnen radioaktiven Atomarten oder Radionuklide, in den Stoffwechsel der Organismen aufgenommen, hier an- und abgereichert werden und auf dem Wege von Nahrungsketten als Strahlungsquelle den Organismus auch innerlich nach Inkorporierung belasten. Innerhalb der Ökosysteme werden auch die radioaktiven Atomarten mit zum Teil erheblichen Verweilzeiten umgewälzt.

Jedes Gewässer führt eine Grundfracht an natürlich radioaktivem Material. Dessen Menge und Konzentration weist große Schwankungen auf, abhängig vor allem von dem die Gewässer beeinflussenden geologischen Milieu, insbesondere dem Gehalt an *Uran* und *Thorium* sowie den natürlich radioaktiven Atomarten ihrer Zerfallsreihen.

Beispielsweise kann der Urangehalt des Süßwassers schwanken zwischen 0,2 und 200 µg/Liter. Von den strahlenhygienisch wichtigeren natürlich radioaktiven Atomarten innerhalb der radioaktiven Zerfallsreihen der schweren Elemente wurden im Flußwasser an Radium-226 0,07–0,8 pCi/Liter*, an Blei-210 0,05–0,2 pCi/Liter und an Polonium-210 im Mittel 0,02 pCi/Liter gemessen. Das natürlich radioaktive Edelgas Radon-222 kann in sogenannten radioaktiven Wässern bis zu 200 pCi/Liter enthalten sein. Das natürliche Element Kalium enthält zu 0,0119 % die natürlich radioaktive Atomart Kalium-40. Messungen in der Zeit 1976–1980 durch das Landesamt für Umweltschutz, Karlsruhe, ergaben für Kalium-40 folgende Werte (Rhein bei Breisach)[24]:

Grundwasser:	2 pCi/Liter
Oberflächenwasser:	1–7 pCi/Liter
Wasserpflanzen im Rhein:	15–90 pCi/g Trockengewicht
Schlamm im Rhein:	8–25 pCi/g Trockengewicht
Wein (Kaiserstuhl):	810–1 360 pCi/Liter

Kern- und Strahlentechnik vermehrten mit den dabei entstehenden künstlich radioaktiven Atomarten den Radioaktivitäts- und Strahlenpegel qualitativ und quantitativ in entscheidener Weise. Durch die künstlichen Radioaktivitäten des Fallout aus den Atombombenversuchen erfolgte weltweit eine Verseuchung des Erdballes. In komplexer Weise trugen dabei auch die Gewässer als Vektoren und Umwälzstationen des radioaktiven Fallout-Materials innerhalb der Umwelt zur Radioaktivitäts- und Strahlenbelastung der Menschheit bei. Eine wissenschaftliche Kommission der Vereinten Nationen (*UNSCEAR*, 1977) berechnete die Strahlenbelastung der Menschen auf der nördlichen Hemisphäre für Keimzellen und Knochenmark im Mittel auf insgesamt etwa 150 mrem. Daran waren an radioaktiven Atomarten vor allem Tritium, Kohlenstoff-40, Strontium-90, Cäsium-137 beteiligt.[39]

Die Nuklearmedizin ist an radioaktiven Verschmutzungen von Gewässern mit relativ kleinen Anteilen beteiligt, unter anderem durch die Emission von Phosphor-32, Technetium-99m (mit Zerfall in Technetium-99 mit langer Lebensdauer), Jod-125 und Jod-131.

---

* Siehe Glossar.

Von der isotopenverarbeitenden Industrie werden für den Bereich des *Rheins* Einleitungen meist geringerer Menge gemeldet[19], vor allem von Tritium, Kohlenstoff-14, Natrium-24, Brom-82, Indium-113m, Quecksilber-203. Vor allem die Leuchtzifferblattindustrie leitet zum Teil erheblichere Mengen an Tritium an die Flüsse ab.[33]

Kerntechnik und zum Teil auch andere nukleare Industrien entlassen radioaktive Atomarten aus der Kernspaltung und aus anderen Kernreaktionen, behördlich für ordnungsgemäßen Betrieb erlaubt, auch in die Gewässer. Menge und Zusammensetzung dieses radioaktiven Materials hängen ab von Größe und Typ der Anlage, ihrer Konstruktion und Betriebsweise. Die *Tabelle 1* weist nach UNSCEAR radioaktive Atomarten mit einigen ihrer Eigenschaften aus, die dabei entlassen werden können und strahlenbiologisch sowie radioökologisch von Bedeutung sind.

Modellvorstellungen erlauben eine Abschätzung der Strahlenrisiken, die aus einer Belastung des Menschen auf den verschiedenen Expositionspfaden durch solche in die Gewässer eingeleiteten radioaktiven Atomarten entstehen. Daraus ergeben sich unter Berücksichtigung der Forderungen der Strahlenschutzverordnung maximale Genehmigungswerte für die Abgaben radioaktiven Materials über das Abwasser. Diese Werte liegen zumeist pro Block eines Kernkraftwerkes (1 300 MW) *bei 10 Ci/Jahr an Spaltprodukten und anderen radioaktiven Reaktionsprodukten sowie 1600 Ci pro Jahr an Tritium.*

Vorbelastungen eines Flusses jeweils durch weiter flußaufwärts gelegene nukleare Anlagen sind dabei naturgemäß mit in Rechnung zu stellen. Sie wurden im Falle des geplanten *KKW Wyhl* beispielsweise angesetzt mit maximal 170 Ci/Jahr an radioaktiven Spalt- und Reaktionsprodukten sowie 16 000 Ci/Jahr an Tritium.[43]

In diesem Falle ergab sich theoretisch bei Ausschöpfung der Genehmigungswerte der Emission radioaktiven Materials mit dem Abwasser im ungünstigsten und pessimistischsten Falle eine Strahlenbelastung von etwa 15 mrem* pro Jahr. Davon entfiel etwa ⅕ dieses Betrages auf äußere Belastungen, insbesondere auf Sedimentaufenthalt, ein relativ geringer Anteil auf Schwimmen und Bootfahren. Den Hauptanteil machen innere Belastungen aus der Inkorporierung radioaktiven Materials durch Verzehr aquatischer Nahrungsmittel, insbesondere Fische, aus. Kleinere Beiträge liefert der Trinkwasserverbrauch sowie der Genuß terrestrischer Nahrungsmittel nach Beregnung landwirtschaftlicher und gärtnerischer Kulturpflanzen oder nach Viehtränke mit dem durch radioaktive Einleitungen belasteten Wasser. Zu berücksichtigen ist dabei, daß hohe Dosen der Bevölkerungsbelastung auch dann erreicht

---

* Siehe Glossar.

Tab. 1: Eigenschaften einiger Radionuklide im Abwasser kerntechnischer Anlagen (Nach UNSCEAR, 1977)[39]

Radionuklid	Halbwertzeit, physikalisch[1]	Trinkwasseraufbereitungsfaktor[2]	Sedimentationsfaktor[3]	Konzentrationsfaktor[4] in Fischen etwa
Tritium	12,3 a	1,0	1,0	0,9
C-14	5730 a	1,0	0,78	4600
P-32	14,3 d	0,4	1,0	100000
Cr-51	27,7 d	0,9	0,97	40
Mn-54	312,5 d	0,5	0,83	100
Co-58	71,3 d	0,5	0,33	20
Co-60	5,3 a	0,5	0,33	20
Zn-65	214 d	0,4	0,96	1000
Sr-89	50,5 d	0,5	1,0	5
Sr-90	28,1 a	0,5	0,78	5
Zr-95	65,5 d	0,1	0,91	3,3
Nb-95	35,1 d	0,1	1,0	30000
Ru-103	41 d	0,1	0,92	10
Ru-106	367 d	0,1	0,59	10
Ag-110m	253 d	0,5	1,0	2,3
Sb-125	2,73 a	0,5	0,94	1
J-129	$1,6 \times 10^7$ a	0,8	1,0	15
J-131	8,04 d	0,8	1,0	15
Cs-134	2,06 a	0,2	0,51	400
Cs-137	30,2 a	0,2	0,29	400
Ce-144	284 d	0,1	0,63	25
Pu-239	24000 a	0,1	1,0	10

Erläuterungen:
[1] physikalische Halbwertzeit: Zeit, nach der die ursprüngliche Radioaktivität einer Stoffmenge auf die Hälfte abgeklungen ist.
[2] Trinkwasseraufbereitungsfaktor: gibt an, wieviel der ursprünglichen Radioaktivität nach der Trinkwasseraufbereitung im Wasser noch erhalten ist.
[3] Sedimentationsfaktor: gibt an, wieviel der ursprünglichen Radioaktivität nach den Sedimentationsprozessen noch im Wasser vorhanden ist.
[4] Konzentrationsfaktor: gibt an, um das wievielfache die ursprüngliche Radioaktivität im Wasser im Fischgewebe konzentriert wird.

d = Tage, a = Jahre

werden, wenn eine große Zahl von Menschen mit jeweils kleinen Mengen radioaktiven Materials belastet wird. Dies trifft unter Umständen für Trinkwasser zu. Nach den Erhebungen der »Internationalen Kommission zum Schutze des Rheins gegen Verunreinigung« werden derzeit im Bereich des Rheinstromes mit Trinkwasser aus dem Oberflächengewässer oder aus Uferfiltrat bei nur beschränkter Möglichkeit einer Entfernung der Radioaktivitäten aus dem Wasser bei der Trinkwasseraufbereitung versorgt:

Schweiz:	0,4 Millionen Menschen
Bundesrepublik Deutschland:	4,3 Millionen Menschen
Niederlande:	4,1 Millionen Menschen.

Im übrigen zeigt die Praxis, daß die tatsächlichen Emissionen radioaktiven Materials von Kernkraftwerken in Wasser durchaus weit unterhalb der jeweiligen Genehmigungswerte bleiben können. Andererseits schöpfen andere nukleare Anlagen die Genehmigungswerte ihrer Emissionen über das Abwasser mehr oder weniger aus. Beispielsweise wurden nach den Berichten der *Eidg. Kommission der Schweiz* zur Überwachung der Radioaktivität in den Jahren 1976–1979 von Nuklearen Anlagen der Schweiz in die *Aare* mit Fortleitung in den *Hochrhein* insgesamt nahezu 30 Ci an Spalt- und Reaktionsprodukten und mehr als 1860 Ci Tritium entlassen.[11]

Als Indikatoren einer Verunreinigung unserer Gewässer mit radioaktiven Materialien eignen sich unter anderem wegen ihrer Akkumulationsfähigkeiten auch Wasserpflanzen und Schlamm der betroffenen Flüsse. In den Berichten der Landesanstalt für Umweltschutz, Karlsruhe, 1976–1980, offenbaren sich manche Einzelheiten des Verhaltens kerntechnischer radioaktiver Atomarten in den Ökosystemen des Wassers, auch wenn aus den Befunden noch keine Notwendigkeit abzuleiten ist, im Sinne des Strahlenschutzes tätig zu werden.[24] Hierbei wechselten die Aktivitäten von Cäsium-137 in den fünf Berichtsjahren in Wasserpflanzen und im Schlamm unregelmäßig bis zu Werten von 0,7 pCi/g Trockengewicht. Als Quelle ist in erster Linie Fallout aus nuklearen Tests anzunehmen. Ein gleiches gilt für vereinzeltes Auftreten von Zirkonium-95-Niobium bis zu 3,8 pCi/g Trockensubstanz sowie von Cer-141. Dagegen ist davon auszugehen, daß Jod-131 bis zu 1,5 pCi/g Trockensubstanz wesentlich auf die nuklearmedizinische Anwendung von Radiojod oberhalb der Probenahmestellen zurückzuführen ist. Kaum zweifelhaft ist, daß im Laufe der Berichtsjahre zunehmend mehr Kobalt-58 mit bis zu 1 pCi/g, Kobalt-60 mit bis zu 0,3 pCi/g, vereinzelt auch Mangan-54 mit bis zu 1,4 pCi/g Trockensubstanz aus Abwässern nuklearer Anlagen stammt.

Von noch unmittelbarer strahlenhygienischer Bedeutung für den Menschen sind die Akkumulationen radioaktiver Atomarten in Nahrungsketten und Nahrungsgütern des Wassers. Unsere oben nach UNSCEAR, 1977, gegebene Tabelle verzeichnet auch die Größenordnungen der Konzentrationsfaktoren kerntechnischer radioaktiver Atomarten in Fischen. Eingehender mit diesen Fragen beschäftigt sich eine Dokumentation des Oak Ridge National Laboratory der USA zum Thema der Bioakkumulationsfaktoren von Radionukliden innerhalb der Organismen des Süßwassers. Berücksichtigt wurden dabei die radioaktiven Atomarten der Elemente Mangan, Kobalt, Strontium, Jod, Cäsium[42]:

Mangan gehört zu den essentiellen, die normalen physiologischen Abläufe im menschlichen Organismus garantierenden Elementen. Dabei wird Mangan auf etwa gleichbleibendem Niveau gehalten. Infolgedessen steuert der Gehalt an nicht radioaktivem Mangan im Wasser die Bioakkumulation vor allem bei Wirbeltieren. Je höher der Gehalt an nichtradioaktivem Mangan, um so geringer der Faktor der Bioakkumulation von Radiomangan. In diesem Zusammenhang von Interesse ist vor allem Mangan-54 mit einer physikalischen Halbwertzeit von 312,5 Tagen. Für dieses Radionuklid und Fische ergeben sich im Mittel folgende Faktoren der Bioakkumulation von Radiomangan:

Ganzkörper der Fische: 6,7 / $(Mn)_w$
Muskelfleisch der Fische: 0,32 / $(Mn)_w$

Hierbei bedeutet $(Mn)_w$ die Konzentration von nichtradioaktivem, stabilem Mangan im Wasser.

Für andere Wasserorganismen sind im Mittel folgende Bioakkumulationsfaktoren anzunehmen:

Mollusken:
Muscheln	100 000
Schnecken	
Fleisch	2 000
Schale	10 000
Krebstiere	10 000
Algen	10 000
Höhere Wasserpflanzen	1 000–10 000

Kobalt ist als Enzymaktivator ein lebenswichtiges Spurenelement von den Bakterien bis zu den Säugetieren, einschließlich des Menschen. Entsprechend leicht findet auch Radiokobalt Eingang in den Stoffwechsel der Organismen und kann in den verwandten (affinen) Organen und Strukturen akkumuliert werden. Vor allem die in der Kerntechnik durch nukleare Reaktionen gebildeten Radionuklide Kobalt-58 (physikalische Halbwertzeit 72 Tage) und Kobalt-60 (physikalische Halbwertzeit 5,27 Jahre) finden sich in Spuren in den Abwässern der meisten Reaktoren.

Fische akkumulieren Radiokobalt bevorzugt in den Nieren, gefolgt von Leber, Darm und Blut. In dem meist allein zum Verzehr bestimmten Muskelfleisch der Fische findet sich etwa ein Drittel der mittleren Konzentration des Gesamtorganismus. Im übrigen sind dabei die Bioakkumulationsfaktoren abhängig von Natur und Güte der Gewässer. Sie betrugen:

Im mesotrophen, relativ gesunden Gewässer:
Für Ganzkörper: 439 ± 115
Für Fleisch: 323 ± 47
Im eutrophen Gewässer:
Für Ganzkörper: 43,8 ± 10,4
Für Fleisch: 26,6 ± 3,5

Weiterhin werden als Akkumulationsfaktoren von Radiokobalt angegeben:
Für Muscheln: 400 (eutroph), 10000 (mesotroph)
Für Schnecken und Insektenlarven
im Wasser: 10000

Hohe Akkumulationsfaktoren wurden auch bei Pflanzen gefunden:
Algen: bis 30000 bei blaugrünen Algen
Gefäßpflanzen:
Mit schwimmenden Blättern: 200 – 900
(im *Lago Maggiore*[9] gemessen: 850 ± 50)
Mit untergetauchten Blättern: 600 – 15000
(im *Lago Maggiore*[9] gemessen: 8900 ± 2300)

Vom Element *Strontium* können strahlenhygienisch vor allem kritisch werden die Radionuklide Strontium-89 (physikalische Halbwertzeit 50,6 Tage) und mehr noch Strontium-90 (physikalische Halbwertzeit 28,6 Jahre).

Bei Wirbeltieren hängen die Bioakkumulationsfaktoren von *Radiostrontium* stark von der gleichzeitig gegebenen Konzentration von stabilem *Calcium* als Trägerelement ab. Dadurch wird im Organismus, in dem vor allem die Knochen kritische Einlagerungs- und Belastungsorgane für Radiostrontium sind, ein von den Angeboten beider Elemente abhängiger Spiegel bedingt. Wird speziell bei Süßwasserfischen die Calcium-Konzentration um den Faktor 10 erhöht, sinkt der Faktor der Bioakkumulation von Radiostrontium auf etwa ¹/₂₀. Im übrigen ist bei Fischen die Konzentration von Calcium-Radiostrontium im Knochen etwa 100 mal höher als im Fleisch der Tiere.

Für die Schale von Muscheln wird ein mittlerer Akkumulationsfaktor für Radiostrontium angegeben von *68000 / $(Ca)_w$*.

(Hierbei ist $(Ca)_w$ die Konzentration von stabilem Calcium im Wasser.)

Bei Gefäßpflanzen im Wasser bestimmte man für Radiostrontium Akkumulationsfaktoren um 200 und für Algen um 2000, hier mehr oder weniger unabhängig von der Calcium-Konzentration des Wassers.

Das chemische Element *Jod* mit allen seinen nichtradioaktiven und radioaktiven Atomarten ist bei Wirbeltieren ein ausgesprochener »Schilddrüsensucher«. Der Akkumulationsfaktor der Schilddrüse für Radiojod und die entsprechende Strahlenbelastung dieses Organs sind daher relativ hoch. Angesichts eines Schilddrüsengewichtes von nur wenigen Gramm bei Kindern sind bei diesen im Eventualfalle die Strahlenrisiken vergleichsweise hoch.

Um die potentiellen Risiken einer Emission von Radiojod aus kerntechnischen Anlagen, etwa bei einem Störfalle, zu illustrieren, sei erwähnt, daß in einem Kernkraftwerk von 1300 MW_e nach mehrjährigem Betrieb etwa 70 Millionen Curie des hier besonders interessierenden radioaktiven Jod-131 (physikalische Halbwertzeit 8,04 Tage) eingeschlossen sind, und daß die Emission unter Umständen von nur wenigen zehn Curie dieses Radionuklids in die menschliche Umwelt ausreichen würden, um zumindest Strahlenschutzprobleme aufzuwerfen.

Im einzelnen wurden im Mittel für Jod-131 im Wasser folgende Bioakkumulationsfaktoren bestimmt:

Fische:

Muskelfleisch	40
Ovar	800
Schilddrüse	110 000

Muscheln:

Weichteile	50
Schale	400
Pflanzliches Plankton	800
Algen	260
Höhere Pflanzen	120

Radionuklide des chemischen Elementes *Cäsium* gehören zu den biologisch und radioökologisch besonders kritischen radioaktiven Atomarten. Beachtung verdienen dabei Cäsium-134 (physikalische Halbwertzeit 2,06 Jahre) und mehr noch Cäsium-137 (physikalische Halbwertzeit 30,17 Jahre).

Für Süßwasserfische ist die Bioakkumulation von Radiocäsium stärker auch von der gleichzeitig gegebenen Konzentration des chemisch verwandten Elementes Kalium im Wasser abhängig. Als Faktoren für die Bioakkumulation wurden gefunden:

Fische im sauberen Wasser:	$5000 - 15000 / (K)_w$
Fische im trüben Wasser:	$1000 - 3000 / (K)_w$

(Hierbei ist $(K)_w$ die Konzentration von natürlichem Kalium im Wasser.)

Muscheln:
Weichgewebe	1 000
Schalen	100
Andere Wirbellose	1 000
Amphibien	10 000
Wasservögel, gründelnd	3 000
Algen	1 000
Gefäßpflanzen	1 000

Belastungsmodi durch Schadstoffe im Wasser

Geruchs- und geschmacksbelastende Stoffe

Das menschliche Wohlbefinden kann bereits durch unangenehm empfundene *Gerüche* beeinträchtigt werden, die von entsprechenden Substanzen im Wasser oder am Ufer, insbesondere im Schlamm, in Algen usw. ausgehen. Von Blaualgen gebildete Toxine haben zudem eine Giftigkeit, die an diejenige von Botulinustoxin heranreicht. Einige solcher Stoffe werden geruchswirksam bereits bei sehr geringen Konzentrationen. Das gilt insbesondere für Stoffe aus Fäulnisprozessen. Beispielsweise nimmt die Nase Schwefelwasserstoff bereits ab 0,2 µg/Liter, bestimmte Merkaptane ab 0,001 µg/Liter wahr.[29]

Einige der durch ihren Geruch belästigenden Verbindungen haben, in den Körper etwa auf dem Atemwege aufgenommen, in Abhängigkeit von ihrer Konzentration auch toxische Eigenschaften.

Naturgemäß können solche und andere Stoffe auch die geschmacklichen Qualitäten von Trinkwasser beeinträchtigen.

Aufnahme toxischer Stoffe über den Atemtrakt

Nicht nur Gase, sondern auch *Flüssigkeitsaerosole* finden ihren Eingang in den menschlichen Organismus über die Lunge. Erst recht gilt das für staubförmige Aerosole, die beispielsweise aus eingetrocknetem Schlamm belasteter Gewässer auf dem Wege des Aufwirbelns in die Atemluft gelangen. Der Eingang von Aerosolen in den Atemtrakt und die nachfolgende Aufnahme der mit diesen transportierten Stoffe in den Blutkreislauf hängt von Größe und Art der Partikel sowie von ihren physikalischen und chemischen Eigenschaften ab. Partikel mit Durchmessern von weniger als 10 µm sind gut lungengängig. Größere Partikel werden bevorzugt bereits im Nasen-Rachenraum oder in den großen Bronchien abgefangen. Von hier werden sie großenteils durch die

Tätigkeit der Ziliarepithelien wieder ausgeflimmert, finden jedoch zum Teil durch Verschlucken den Weg in den Magen-Darm-Trakt, wo sie wie die oral aufgenommenen Substanzen resorbiert, das heißt in den Blutkreislauf aufgenommen werden können.

Aerosolpartikel mit schwer von der Lunge aufnehmbaren Bestandteilen können am Ort ihrer Ablagerung im Lungenraum mehr oder weniger lange Zeit liegen bleiben. Handelt es sich dabei um Partikel mit radioaktiven Beimengungen, beispielsweise des schwerlöslichen Plutoniumdioxyds, sind langfristige Strahlenbelastungen am Ort die Folge, die unter Umständen und naturgemäß in Abhängigkeit von der Strahlendosis zu Lungenfibrosen, Lungenkrebs führen können.

Aufnahme durch die Haut

Bei Hautkontakt mit toxischen Substanzen im Wasser, sei es beim Baden oder Waschen, können entsprechend permeable Stoffe auch über die intakte Haut, erst recht über Hautläsionen oder Schleimhäute in den Organismus aufgenommen werden.

Dies gilt vor allem für lipophile, fettlösliche Substanzen, die relativ leicht über die Lipidschichten der Haut in Abhängigkeit von der Art der Substanz sowie den Temperatur- und Feuchtigkeitsbedingungen auf diese Weise Eingang in den Organismus finden.

Läsionen der Haut oder Wunden bieten allen und auch wasserlöslichen Substanzen zumeist ausgezeichnete Passagemöglichkeiten, in den Organismus einzudringen, und zwar mit einer Leichtigkeit, die einer Injektion solcher Substanzen gleichkommen kann.

Manipulationen der Haut, welche deren normale Beschaffenheit und Schutzwirkung beeinträchtigen, etwa der Gebrauch von Bürsten oder Scheuermitteln, die Anwendung von Säuren oder Laugen oder Fettlösern bei Reinigungsprozeduren, können ebenfalls das Eindringvermögen von Substanzen durch die Haut erhöhen.

Ausgezeichnet eindringfähig durch die intakte Haut ist tritiiertes Wasser, bei dem Atome des radioaktiven überschweren Wasserstoffs unmittelbar in die Wassermoleküle eingebaut sind.

Aufnahme toxischer Stoffe durch den Magen-Darm-Kanal

Auch die im Magen-Darm-Kanal in gelöster Form vorliegenden Stoffe werden stoffwechselabhängig oft nur zu mehr oder weniger großen Anteilen resorbiert, das heißt in den Blutkreislauf aufgenommen. Auch die Aufenthaltsdauer dieser Stoffe im Resorptionsmilieu des Darmes sowie die gleichzeitige Anwesenheit von Stoffen oder Pharmaka, die einer Resorption entgegenwirken, spielen dabei eine Rolle. Beispielsweise können im Falle von Radiostrontium Algenpräparate erheblich den Übergang des Radionuklids in den Blutkreislauf hemmen.

Über den Toxizitätseffekt im Organismus entscheiden viele Einzelheiten und Vorgänge, wie Transportverhältnisse, biochemische Umwandlungen, örtliches und zeitliches Verteilungsmuster, die Wiederausscheidungsrate der Stoffe und ihr Anteil, der an den kritischen Organen wirksam wird. Für Einzelheiten sei auf das Taschenbuch von Ariens u. a.[2] verwiesen.

Spätschäden, die kritischen Risiken der Umweltbelastung

Schadstoffe im Wasser mögen nicht selten zu akuten Schäden oder zum akuten Absterben der Organismen führen, die in dem betroffenen Gewässer leben müssen. Nur in Ausnahmefällen wird man praktisch adäquate Folgen auch für den Menschen zu fürchten haben. Dazu sind im allgemeinen die den Menschen erreichenden Konzentrationen und Mengen der Schadstoffe zu gering. Um so tückischer und häufiger sind für ihn jedoch die Risiken der Spätschäden, die sich in Krebserkrankungen, Fruchtschäden und Mutationen der Erbmasse manifestieren können. Denn hierbei ist eine gesicherte Toxizitätsschwelle nicht gegeben. Auch kleine und kleinste Mengen dem Organismus zugeführter Schadstoffe können in Abhängigkeit von deren Art und Quantitäten solche Spätschäden auslösen. Im Rahmen unserer Betrachtungen haben wir uns daher mit den drei wesentlichen Kategorien der Spätschäden zu beschäftigen, und zwar wegen der Komplexität und der kombinatorischen Effekte der Verursachung nicht nur unter Bezugnahme auf eventuell auch im Wasser vorhandene spätschadenverdächtige Substanzen:

Krebs

Die Auslösung von Krebs durch eine cancerogene Substanz ist kein determiniertes Ursache-Wirkungsverhältnis und ist deshalb nur in Wahrscheinlichkeiten erfaßbar.

Da es sich beim Krebsgeschehen sowohl im Falle energiereicher Strahlen wie auch chemischer cancerogener Substanzen als Noxen um nicht reversible Trefferereignisse an Steuerungsmolekülen im Organismus handelt, ist – schon um auf der sicheren Seite zu sein – nicht von einem Schwellenwert der Dosis auszugehen, unterhalb dessen eine Krebsauslösung unmöglich ist. Die Dosiswirkungskurven sind daher linear extrapoliert bis zur Dosis Null Grundlage für eine Quantifizierung des jeweiligen Krebsrisikos. Gleichwohl ist ein praktischer Schwellenwert möglich, wenn die Latenzzeit, vielleicht bei geringer Carcinogenität der Noxe, länger als die Lebenserwartung ist.

Quantifizierungen des Krebsrisikos, das heißt Aussagen über die Höhe der Krebsrate jeweils in Abhängigkeit von der Dosis der cancerogenen Substanz, liegen im wesentlichen nur für Tierversuche vor. Zumindest in dieser quantitativen Hinsicht ist eine Übertragung der Befunde wegen der oft erheblicheren Unterschiede im Stoffwechsel- und Kreislaufverhalten auf den Menschen exakt kaum möglich.

Für energiereiche Strahlen und damit auch für radioaktive Atomarten als Strahlenquellen allerdings machen epidemiologische Befunde das Krebsrisiko auch für den Menschen in erster Annäherung quantifizierbar: Von 1 Million jeweils mit 1 rad ganzkörperbelasteter Menschen werden etwa 200 zusätzlich an Krebs sterben; eine Unsicherheit dieser Aussage bis etwa zum Faktor 3 ist möglich.

Fruchtschäden

Zu den gegenüber Umweltschäden empfindlichsten Entwicklungsphasen von Tier und Mensch gehört die werdende Frucht im Mutterleibe. Substanzen, die nichtgenetische Schäden an der werdenden Frucht »in utero« setzen können, werden Teratogene, dem Wortsinne nach »Auslöser von Mißbildungen« genannt. Hierbei umfaßt der Begriff Mißbildungen mehr als nur Gestaltveränderungen von Organen außerhalb der Norm. Unter Umständen gehören bereits Störungen im biochemischen und physiologischen Bereich zu Fehlentwicklungen im teratogenen Sinne.

Das Spektrum der Noxen, denen teratogene Wirksamkeit zukommt, ist breit. Es reicht von physikalischen Einwirkungen wie energiereichen Strahlen und Traumen über Infektionen, von denen Röteln und Herpes besondere Aufmerksamkeit zu finden haben, bis hin zu einer Vielzahl von Chemikalien, einschließlich Arzneimitteln.

Um auf der sicheren Seite zu sein, dürfte es sich empfehlen, von der Nichtexistenz eines Schwellenwertes auch bei teratogenen Effekten auszugehen, an die Möglichkeiten auch synergistischer Wirkungen zu denken, sowie eine Steigerung oder Komplizierung der Auswirkungen einer teratogenen Substanz bei längere Zeit anhaltender Zufuhr in Rechnung zu stellen.

Verbindliche Aussagen über die teratogenen Risiken der Verschmutzung unserer Gewässer in der Praxis des täglichen Lebens setzen eine intensivere wissenschaftliche Behandlung der einschlägigen Probleme voraus.

Mutationen

Daß eine nicht geringe Anzahl von chemischen Substanzen in unserer technisch-zivilisatorischen Umwelt Mutationen in Keimzellen und in Körperzellen auch beim Menschen auslösen können oder zumindest verdächtig sind es zu tun, steht außer Frage. Die moderne Mutagenitätsforschung bestätigt, daß nicht wenige chemische Substanzen unserer Umwelt Mutationen bei Mikroorganismen, bei somatischen Zellen des Menschen und bei Insekten auslösen. Vererbungsexperimente bestätigen bei Versuchen mit Säugetieren noch überzeugender die mutagenen Eigenschaften bestimmter Chemikalien. Chromosomenstörungen in den Körperzellen von Fehlgeburten oder Neugeborenen bergen Verdachtsmomente einer Exposition der Mutter mit mutagenen Substanzen. Die Befürchtungen einer stärkeren Beeinträchtigung des Erbgutes der Menschheit wachsen nicht zuletzt auch angesichts der Tatsache, daß zunehmend mehr chemische Substanzen die Umwelt und die Menschen belasten, welche die Nukleinsäuren und damit die Grundbausteine der molekularen Strukturen des Erbgutes belasten, und daß zugleich auch die Belastung durch die ebenfalls stark mutagenen energiereichen Strahlen und radioaktiven Substanzen steigt.

Naturgemäß ist es praktisch kaum möglich, die Fülle der chemischen Substanzen in der Umwelt des Menschen sorgfältigst auf Mutagenität zu prüfen. Die Aufmerksamkeit hat sich bevorzugt auf mutationsverdächtige Substanzen zu konzentrieren. In dieser Hinsicht verdächtig sind entsprechend den Empfehlungen von *WHO Scientific Group on the Evaluation and Testing of Drugs for Mutagenicity:*[4]

1. Alle Substanzen, die lange biologische Verweilzeiten im Organismus haben.
2. Chemische Verbindungen mit folgenden biologischen oder toxikologischen Effekten:
   - Einwirkungen auf Nukleinsäuren
   - Beeinträchtigungen der Bildung und Entwicklung von Spermien, Eizellen,
   - Störungen der Zellteilungen und der chromosomalen Strukturen und Konfigurationen,
   - Schädigungen des Knochenmarks,
   - Substanzen, für welche carcinogene und/oder teratogene Wirkungen nachgewiesen wurden,
   - Verdacht der Auslösung von Sterilitätserscheinungen,

- Minderung oder Anregung von Wachstum und Stoffwechsel in Zellen und Organen,
- Beeinträchtigungen des Immunverhaltens.

In Untersuchungen aus jüngster Zeit war es möglich, mit Hilfe von international anerkannten Testmethoden (Ames-Test) in den gezogenen Proben von Rheinwasser im Bereich der Niederlande zumindest an einem Bakterientyp der Gattung Salmonella mutagene Aktivitäten nachzuweisen, und zwar schon bei Wasserproben von 50 ml mit Probenahme vom Wasser des *Rheins* bereits bei Eintritt in die *Niederlande*. Zellgenetische Beobachtungen an Fischen stützen die Beobachtungen. Die Autoren werfen die Frage auf, inwieweit somatische Mutationen, das heißt Mutationen an Körperzellen eventuell krebsverursachende Wirkung haben und dabei die Mutagenität des Rheinwassers auf kumulativen und/oder synergistischen Effekten verschiedener mutagener Substanzen im Wasser beruhen könnte. Das Wasser der *Maas* zeigt keine ähnlichen Effekte.[22]

Forderungen

Die Beeinträchtigung der Wasserqualitäten sowie der Stand der einschlägigen Wissenschaften zwingen dazu, die Frage neu zu überdenken, ob Wasser für den jeweils zugedachten Zweck »rein« genug sei.

Zur Beantwortung dieser Frage genügt die Auflistung analytischer Daten allein nicht; mehr als bisher sind auch mikrobiologische und ökotoxikologische Kriterien zu berücksichtigen.

Die hygienische Bedeutung pathogener Bakterien und Viren in Wasser und Gewässern wird nach neuesten Befunden unterschätzt. Die für Aussagen über die mikrobiologische Qualität von Wasser und Gewässern zumeist verwendeten Indikatorbakterien lassen keine ausreichenden Schlüsse über die Risiken vor allem von Enteroviren zu. Die Indikatormethoden sind den Notwendigkeiten anzupassen.

Verstärkte wissenschaftliche Bemühungen auf dem Gebiete der Isolierung und Bestimmung von Viren und Enterobakterien sowie Standardisierung der Methoden sind dringlich.

Intensiver zu erforschen sind die potentiellen Gefahren der Multiplikation von Keimen bei Verwendung neuer Materialien in Wasserleitungssystemen sowie die Möglichkeiten der Vermehrung pathogener Keime zu infektionsträchtigen Kolonien auf geeigneten Substraten, insbesondere Nahrungsmitteln, etwa bei Beregnung landwirtschaftlicher Kulturen, durch Flüssigkeitsaerosole aus Kühltürmen und bei der Verwendung keimhaltigen Wassers zur Herstellung von Nahrungsmitteln.

Noch nicht voll befriedigend geklärt ist die Frage nach möglichen Zusammenhängen zwischen Nitraten im Trinkwasser, etwa aus landwirtschaftlicher Düngung, der Reduktion dieser Nitrate durch Bakterien des Darms sowie dem Auftreten von Methämoglobinämie bei Kindern (Folge der Anhäufung freien Blutfarbstoffs im Blut).

Es fehlen weitgehend moderne Kriterien und Richtlinien für die mikrobiologische Bewertung und die Verwendung von Abwässern sowie Klärschlamm.

Auf dem Gebiete der nichtbiologischen Beimengungen des Wassers hat die Ausarbeitung von Alternativen zu der wegen der gesundheitlichen Risiken von Reaktionsprodukten nicht unbedenklichen Chlorung des Trinkwassers Priorität.

Ernst zu nehmende Befunde einer Erhöhung der Mortalität in Gebieten, welche mit sehr weichem Wasser versorgt werden, durch Herz- und Kreislauferkrankungen bedürfen dringend der Nachprüfung und gegebenenfalls der Berücksichtigung bei der Trinkwasseraufbereitung und -versorgung. Entsprechendes gilt für mögliche Zusammenhänge zwischen relativ hohem Natriumgehalt des Trinkwassers und Blutdruck.

Wissenschaftliche Bemühungen, Spätschadensrisiken alter und neuer Substanzen im Wasser, vor allem im Hinblick auf ihre cancerogenen, mutagenen und teratogenen Risiken festzustellen, sind zu forcieren.

Der Gehalt des Trinkwassers an Asbestfasern aus natürlichen und künstlichen Quellen ist gegebenenfalls in die Überwachungs- und Sicherungsmaßnahmen einzubeziehen; eine eventuelle Erhöhung der Rate von Tumoren an Organen des Magen-Darm-Systems durch Überbelastung durch solche Fasern bedarf nach Lage der Dinge der wissenschaftlichen Abklärung.

Wissenschaftlich zu klären ist auch die Frage des Krebsrisikos von Nitraten im Trinkwasser durch Bildung von N-Nitroso-Verbindungen im Körper.

Stärker als bisher zu beachten bleiben die synergistischen Wirkungen von Schadstoffen. Daher ist bei Prüfung solcher Stoffe nicht nur auf die einzelnen Substanzen, sondern in Labor und Praxis unverzichtbar auch auf die Wirkungen ihrer Gemische abzuheben.

Zu fordern sind geeignete epidemiologische Erhebungen am Menschen, die zumindest Anhaltspunkte über mögliche Zusammenhänge zwischen Gesundheitsschädigung und Wasserverschmutzung geben könnten.

Geruchs- und Geschmackskomponenten des Trinkwassers sind stärker als bisher zu beachten.

Dem örtlichen und zeitlichen Wandel des Verteilungsmusters von Schadstoffen in den ökologischen Systemen, vor allem den An- und Abreicherungen solcher Stoffe, ihren Umwälzungen in den Systemen sowie den Risiken ihres Ausbruchs in Nahrungsketten ist Vorrang bei allen Bemühungen um die Sicherung der Wasserqualität einzuräumen.

Die Ergebnisse aller Befunde über gesundheitliche Risiken von Beimengungen des Wassers sind sachlich in einem fortlaufend auf dem Stand der Erkenntnis gehaltenen Akt der Praxis und der Öffentlichkeit zur Verfügung zu halten.

Glossar

Curie (Ci): Einheit der Radioaktivität. 1 Curie entspricht der Menge eines radioaktiven Materials mit $3,7 \times 10^{10}$ Atomkernzerfällen pro Sekunde. 1 Pico-Curie (pCi) = 10^{-12} Curie.
rem: Einheit der »Äquivalenzdosis« biologischer Strahlenwirkung; 1 mrem = $\frac{1}{1000}$ rem.

Literaturangaben

1 Anderson, R. L.; DeFoe, D. L.: Toxicity and bioaccumulation of endrine and methoxychlor in aquatic invertebrates and fish, *Environmental Pollution*, 22:111–121 (1980).
2 Ariens, E. J.; Mutschler, E.; Simonis, A. M.: Allgemeine Toxikologie – Eine Einführung. 220 Seiten (1978).
3 Aurand, K.; Hässelbarth, H.; Lahmann, E.; Müller, G.; Niemitz, W.: Organische Verunreinigungen in der Umwelt. Erkennen, Bewerten, Vermindern. 614 Seiten (1979).
4 Becker, C. D.; Thatcher, T. O.: Toxicity of power plant chemicals to aquatic life. WASH-1249 (1973).
5 Bienfang, P.; Johnson, W.: Response of subtropical phytoplankton to power plant entrainment. *Environmental Pollution*, 22:165–178 (1980).
6 Bonde, J. G.: Salmonella and other pathogenic bacteria. *The Science of the Total Environment*, 18:1–11 (1981).
7 Borneff, J.: Die hygienische Bedeutung der Schadstoffe im Rhein. IAWR, 6. Jahrestagung 1977, Wiesbaden, Seite 68–78 (1977).
8 Broek, W. L. F., van den: Seasonal levels of chlorinated hydrocarbon and heavy metals in fish and brown shrimps from the Medway Estuary, Kent. *Environmental Pollution*, 19:21.38 (1979).
9 Ciaccio, L. L. (edit.): Water and water pollution handbook. Vol. 1 (1971).
10 Denny, P.; Welsh, R. P.: Lead accumulation in plankton blooms from Ullswater, the English Lake District. *Environmental Pollution*, 18:1–9 (1979).
11 Eidgenössische Kommission zur Überwachung der Radioaktivität. (Herausgeber: Huber, O., Fribourg) 20.–23. Bericht 1976–1979.
12 Filip, Z.: Über die Viren in Abwasser und Klärschlamm. *Bundesgesundheitsblatt*, 24 (9):141–142 (1981).

13 Friant, S. L.: Trace metal concentrations in selected biological, sediment, and water column samples in a northern New England river. *Water, Air, and Soil Pollution,* 11:455–465 (1978).
14 Fujioka, R. S.; Loh, Ph. C.: Recycling of water for irrigation: Persistence of enteroviruses in sewage effluent and natural waters receiving the effluent. *Water, Air, and Soil Pollution,* 9:213–226 (1978).
15 Groth, P.: Untersuchungen über einige Spurenelemente in Seen. *Arch. Hydrobiol.,* 68:305–375 (1971).
16 Hansen, P.-D.: Uptake and transfer of the chlorinated hydrocarbon Lindane (γ-BHC) in a laboratory freshwater food chain. *Environmental Pollution,* 21:97–108 (1980).
17 Hueting, R.; Veen, C., van der; Kiss, A. Ch.; Oliveira, H.U.J.: Rhine Pollution. Legal, economic and technical aspects (1978).
18 Internationale Arbeitsgemeinschaft der Wasserwerke im Rheineinzugsgebiet (IAWR). Berichte der Arbeitstagungen.
19 Internationale Kommission zum Schutze des Rheins gegen Verunreinigung. Langfristiges Arbeitsprogramm (1976).
20 Jolly, R. L.: Water chlorination – Environmental impact and health effects. Vol. 1, Ann Arhor (1978).
21 Kott, Y.: Viruses and bacteriophages. *The Science of the Total Environment,* 18:13–23 (1981).
22 Kreijl, C. F., van; Kool, H. J.; Vries, M. de; Kranen, H.J., van; Greef, E., de: Mutagenic activity in the rivers Rhine and Meuse in the Netherlands. *The Science of the Total Environment,* 15:137–147 (1980).
23 Kudo, A.; Mortimer, D. C.: Pathways for mercury uptake by fish from bed sediments. *Environmental Pollution,* 19:239–245 (1979).
24 Landesanstalt für Umweltschutz, Baden-Württemberg. – Institut für Immissions-, Arbeits- und Strahlenschutz, Karlsruhe.
   1. Nullpegelmeßprogramm für geplantes KKW Süd bei Wyhl.
   2. Radioaktivitätsmessungen zur Umgebungsüberwachung KKW Fessenheim/Elsaß auf rechtsrheinischem Gebiet.
   Jeweils Jahresberichte.
25 Lelyveld, H. van; Zoeteman, B. C. J.: Water supply and health. Proceedings of an International Symposium, Noordwijkerhout, The Netherlands, 27.–29. Aug. 1980.
26 Malberg, J. W.; Savage, E. P.; Österyoung, J.: Nitrates in drinking water and the early onset of hypertension. *Environmental Pollution,* 15:155–160 (1978).
27 Melhuus, A.; Seip, K. L.; Seip, H. M.: A preliminary study of the use of benthic algae as biological indicators of heavy metal pollution in Sørfjorden, Norway. *Environmental Pollution,* 15:101–107 (1978).
28 Millette, J. R.; Boone, R. L.; Rosenthal, M.T.; Milabe, L.J.: The need to control asbestos fibers in potable water supply systems. *The Science of the Total Environment,* 18:91–102 (1981).
29 Mueller, D.: Die Bedeutung der Aktinomyceten für die Geruchsstoffbelastung des Rheins und der Rheinuferfiltrate. Diss. Stuttgart, 1980.
30 Phillips, D. J. H.: The use of biological indicator organisms to monitor trace metal pollution in marine and estuarine environments. – A review. *Environmental Pollution,* 13:281–317 (1977).
31 Phillips, D. J. H.: Use of biological indicator organisms to quantitate orga-

nochlorine pollutants in aquatic environments. – A review. *Environmental Pollution,* 16:167–229 (1978).
32. Pocock, S. J.; Shaper, A. G.; Packham, R. F.: Studies of water quality and cardiovascular disease in the United Kingdom. *The Science of The total Environment,* 18:25–34 (1981).
33. Quisenberry, D. R.: Environmental aspects of tritium. *Environmental Pollution,* 20:33–43 (1979).
34. Reiniger, P.: Concentrations of cadmium in aquatic plants and algae mass in flooded rice cultures. *Environmental Pollution,* 14:297ff. (1977).
35. Salomons, W.; Mook, W. G.: Biogeochemical processes affecting metal concentrations in lake sediments (Jjsselmeer, The Netherlands). *The Science of the Total Environment,* 16:217–229 (1980).
36. Southworth, G. R.; Parkhust, B. R.; Beauchamp, J.J.: Accumulation of acridine from water, food and sediments by the fathead minnow, Pimephales promelas. *Water, Air, and Soil Pollution,* 12:331–341 (1979).
37. Spehar, R. L.; Anderson, R. L.; Friandt, J.T.: Toxicity and bioaccumulation of cadmium and lead in aquatic invertebrates. *Environment Pollution,* 15:195–208 (1978).
38. Toft, P.; Wigle, D.; Meranger, J. C.; Mao, Y.: Asbestos in drinking water in Canada. *The Science of the Total Environmental,* 18:77.89 (1981).
39. United Nations Scientific Committee on the Effects of Atomic Radiation (UNSCEAR). Report to the General Assembly, 1977.
40. U.S. Council on Environmental Quality. Tenth Annual Report, 1979.
41. U.S. Department of Health, Education and Welfare: Man's health and the environment. – Some research needs. 258 pp (1970).
42. Vanderploeg, H. A. et al.: Bioaccumulation factors for radionuclides in freshwater biota. ORNL-5002. 222 pp (1975).
43. Verwaltungsgericht Freiburg i.Br.: Urteil in der Verwaltungsrechtssache KKW Wyhl vom 14.3.1977, in Verbindung mit den zugehörigen gutachtlichen Äußerungen der Bayerischen Biologischen Versuchsanstalt München.
44. Wetzel, R. G.: Limnology. 743 pp Philadelphia (1975).
45. Williamson, S. J.: Epidemiological studies on cancer and organic compounds in U.S. drinking water. *The Science of the Total Environment,* 18:187–203 (1981).
46. Woodwell, G. M.; Wurster, C. F.; Isaacson, P. A.: DDT residues in an east coast estuary: A case of biological concentration of a persistent insecticide. *Science,* 156:821–824 (1967).
47. World Health Organization (WHO): Health hazards of the human environment. 387 pp (1972).
48. Zoeteman, B. C. J.: Water supply and health; balancing between questions and answers. *The Science of the Total Environment,* 18:369–374 (1981).

Ursula Degen

Schwer und nicht abbaubare Stoffe im Wasser

Ganz allgemein werden solche Wasserschadstoffe als schwer abbaubar bezeichnet, die in einem biologischem Klärverfahren nicht oder nur wenig angegriffen werden. Die biologische Reinigung ist das Standardverfahren zur Beseitigung organischer Schadstoffe. Dabei wird der Großteil der organischen Abwasserbelastung von den Organismen abgebaut, und zwar zum einen Teil veratmet, zum anderen in arteigene Masse umgewandelt. Derjenige Anteil der organischen Verbindungen, der kaum angegriffen wird, enthält die schwer abbaubaren oder auch als persistent bezeichneten Stoffe.

Die Ursache für deren geringen Abbau liegt im langsameren Wachstum oder der Abwesenheit derjenigen Kleinlebewesen, die speziell diese Verbindung verwerten können. Angenommen, der Zulauf einer Kläranlage bestünde hauptsächlich aus einer persistenten Verbindung, so würden sich bevorzugt all jene Organismen vermehren, deren Nahrung diese Verbindung ist. Im Extremfall könnte es sich dabei um einen einzigen Bakterienstamm handeln. Ein solches gezieltes Heranwachsen einer mikrobiologischen Lebensgemeinschaft bezeichnet man als Adaptation. Berühmt geworden ist das Beispiel des biologischen Abbaus von *Phenol*. Phenol ist ein aromatischer Alkohol, der giftig ist und der lange Zeit als biologisch nicht abbaubar galt. Jedoch wurde ein Bakterienstamm herausgezüchtet, der sich von Phenol ernähren kann. Haben sich dann Nahrungsangebot und Bakterienwachstum einmal eingespielt, können bei langsamer Steigerung der Zulaufkonzentration sogar beträchtliche Mengen an Phenol abgebaut werden. Jedoch wird selbst bei einer gut eingefahrenen Kläranlage die Organismengemeinschaft vernichtet, wenn stoßweise unerwartet hohe Phenolmengen einlaufen. Andererseits bleibt eine an eine hohe Phenolmenge adaptierte Lebensgemeinschaft bei vermindertem Phenolangebot funktionsfähig. Steigt der Zulaufwert aber plötzlich wieder auf den ursprünglichen, jedoch weit höheren Wert an, dann sterben auch diese spezialisierten Mikroorganismen ab.

Ob eine organische Verbindung biologisch abbaubar ist oder nicht, hängt mit anderen Worten davon ab, inwieweit sie als Nährstoff in Frage kommen muß. Denn solange gut abbaubare Substanzen vorhanden sind, werden erst diese verwertet, so daß die jeweils schwerer abbaubaren im Ablauf der Kläranlage nachweisbar sind. Der Abwasserbiologe Wuhrmann hat die Grenze zwischen abbaubar und schwer abbaubar festgelegt und diese Definition wurde vom Rat von Sachverständigen für Umweltfragen übernommen. Danach werden solche Substanzen als schwer abbaubar bezeichnet, die eine »Halbwertszeit im aeroben Milieu von mehr als zwei Tagen haben«.[1] Das heißt, daß die aeroben Mikroorganismen mehr als zwei Tage brauchen, um die Menge der persistenten Verbindung um die Hälfte zu reduzieren. Die Hauptmenge der heute anfallenden schwer abbaubaren Substanzen wird jedoch viel langsamer abgebaut.

Der Begriff schwer abbaubar ist aber nicht allein auf organische Schadstoffe begrenzt. So sind die meisten anorganischen Wasserinhaltsstoffe nur in ganz geringer Menge oder überhaupt nicht biologisch abbaubar. Zu deren Entfernung sind viel mehr physikalisch-chemische Methoden notwendig, wie etwa Fällung oder Adsorption.

Im folgenden soll nun – stellvertretend für die Vielzahl persistenter Stoffe – an einzelnen Beispielen ihre Gefährlichkeit für die Oberflächengewässer und die Trinkwassergewinnung, ihre Entstehung, aber auch ihre Beseitigung erläutert werden. Von den organischen Schadstoffen antropogenen Ursprungs sollen besondere Beachtung finden: die halogenierten Kohlenwasserstoffe, die Sulfonsäuren und Mineralöl; von denen biogener Herkunft: die Huminstoffe. Von den anorganischen Substanzen sollen näher betrachtet werden: die Stickstoffverbindungen Nitrat und Ammonium, Schwermetalle, Phosphat.

Halogenierte Kohlenwasserstoffe

Die organischen Halogenverbindungen – vor allem Organochlor- und Bromverbindungen, substituierte Methane (Haloforme), aber auch die in der Landwirtschaft Verwendung findenden Pestizide – diese Halogenverbindungen entstammen sämtlich der chemischen Industrie, *»da diese Verbindungen nur dort mengenmäßig bedeutende Verwendung finden«*[1]. *»Die niedermolekularen Chlorkohlenwasserstoffverbindungen werden in großen Mengen als Lösungsmittel verwendet. Die schwerer flüchtigen organischen Chlorverbindungen sind wichtige Zwischenprodukte organischer Synthesen.«*[2] Und was viel produziert wird, ist dann auch allgegenwärtig. So werden in chemischen Reinigungen täglich Riesenmengen solcher chlorierter Kohlenwasserstoffe verwendet.

Alle diese halogenierten Kohlenstoffverbindungen sind einem biologischen Abbau gegenüber besonders widerstandsfähig, sind doch die meisten der Substanzen für Bakterien giftig. Also durchlaufen sie unbeschadet biologische Kläranlagen und selbst die Selbstreinigungsvorgänge in unseren Oberflächengewässern können ihnen nichts anhaben. Ebensowenig können das die Bodenbakterien, und so gelangen sie nach der Uferfiltration unverändert in die Trinkwasseraufbereitung.

Beim heutigen Stand der chemischen Analytik können beispielsweise nur etwa 2000 der rund 10000 im Rhein enthaltenen Verbindungen überhaupt identifiziert werden. In den Wasserwerken werden regelmäßig etwa 10 bis max. 30 Verbindungen untersucht.

Die Landesanstalt für Wasser und Abfall *Nordrhein-Westfalen* hat eine *»Checkliste zur Beurteilung der Wassergefährlichkeit«* aufgestellt, wo als Beispiel die hier angeführte Charakterisierung von *Trichloräthylen* zusammengestellt ist.[3]

Abbaubarkeit/Halbwertszeiten	Süßwasser: 2,6–6 Jahre (phys.-chem.) kein mikrobieller Abbau; Luft (3100 ppm): 6 Wochen
Beeinflussung des biologischen Abbaus anderer Substanzen:	Störung, da bakterizid; Hemmung der Schlammfaulung
Metaboliten:	Chlorwasserstoff, Phosgen, Di- und Trichloressigsäure
Toxizität:	
akute bei Bakterien	31–250 mg/l
Algen	8–63 mg/l
Warmblütler	4,3–7,3 mg/l
Mensch	50–500 mg/kg bei 3 mg/kg Bewußtlosigkeit, starke narkotische Wirkung bei geringer oder fehlender Leber- oder Nierenbeteiligung; Tod durch Atemlähmung.
chronische Toxizität beim Menschen:	nachgewiesen, uncharakteristische psychoneurotische Beschwerden, schwaches Lebergift, Verdacht auf Cancerogenität

Bei der im April 1980 von der *Rijncommissie Waterleidingbedrijven* (RIWA) durchgeführten »Untersuchung der Beschaffenheit des Rheinwassers in der fließenden Welle von Köln bis Hoek van Holland«, konnten an allen Probenahmestellen chlorierte Kohlenwasserstoffe nachgewiesen werden. Im Resümee heißt es: »Grob gesprochen enthält das Rheinwasser 2,0 µg/l Chloroform, 3,0 µg/l Tetrachlorkohlenwasserstoff, 1,0 µg/l Trichloräthylen und 0,8 µg/l Tetrachloräthylen. Der Verlauf des Gehalts an diesen flüchtigen chlorierten Kohlenwasserstoffen ist je Stoff unterschiedlich.«[4] Die Aktionsgemeinschaft »Rettet den Rhein«, die etwa ein Vierteljahr später den ganzen Rhein befuhr und Proben nahm, fand ähnlich hohe Werte im Rheinwasser.[5, 6] (s. auch Abb. 1 und Tab. 1).

Die Rheinaktion konnte durch ihre gezielte Probenahme eindeutig nachweisen, daß die Konzentration an halogenierten Kohlenwasserstoffen unterhalb großer industrieller Einleiter z. T. beträchtlich zunimmt. Die mit Abstand höchsten Konzentrationen wurden im Main unterhalb der Farbwerke Hoechst festgestellt. Ein Teil der Einleitungen dürfte auch von kleineren Betrieben über die kommunalen Abwassernetze in den Rhein und seine Nebenflüsse eingeleitet werden. Auch die RIWA bringt ihre Meßergebnisse in Zusammenhang mit konkreten Einleitern.

Die Beseitigung dieser halogenierten Kohlenwasserstoffe, aber auch anderer schwer abbaubarer Stoffe, gelänge in einer sog. »vierten Reinigungsstufe« für die Abwasserbehandlung. Das mechanisch, biologisch und auch chemisch behandelte Wasser wird über adsorbierendes Material, z. B. Aktivkohle, geleitet. In diesen Filtern siedeln sich Mikroorganismen an, die »spezialisiert« sind auf die verbleibende Restverschmutzung, so daß in Verbindung mit dem physikalischen Vorgang der Adsorption auch eine biologische Reaktion stattfindet. Die Reinigung der Aktivkohlefilter erfolgt durch Resorption, oder durch Ausglühen des adsorbierten Materials.

Tab. 1: Konzentrationen und Frachten von Canzerogenen und Pestiziden im Rhein bei Ochten (nach RIWA[6])

	Jahresmittel 1978	Fracht 1978
Canzerogene		
Fluoranthen	0,03 µg/l	ca. 22 t/Jahr
Benzfluoranthen	0,03	22
Benzperylen	0,01	7
Benzpyren	0,02	15
Indenopyren	0,01	7
Pestizide		
Hexachlorbenzol	0,04	30
Hexachlorcyclohexan	0,02	15

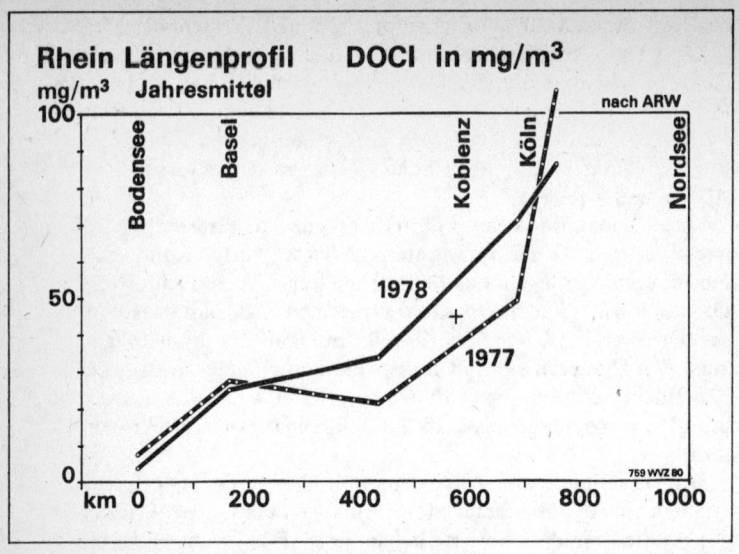

Abb. 1: Gelöste organische Chlorverbindungen (DOCl) im Rheinwasser[6].

Sulfonsäuren

Hier sind vor allem die Abwässer der Zellstoffabriken zu nennen, deren »Hauptbestandteil« die Ligninsulfonsäuren sind – ein biologisch schwer abbaubares organisches Makromolekül, dessen Basis der Naturstoff Lignin ist. Bezogen auf die Menge produziertem Zellstoffes fallen 60 bis 80 Gew.% des Ausgangsmaterials als Ligninsulfonsäuren an; bei Papier und Halbzellstoffen sind es zwischen 5 und 25 Gew.%. Wird das Holz nach dem Sulfatverfahren aufgeschlossen, so kann die anfallende Lauge verbrannt und die Aufschlußreagentien können wiedergewonnen werden. Beim Sulfitverfahren dagegen fällt nur ein Teil der Aufschlußlauge, die Dicklauge, in verbrennbarer Konsistenz an. So wurde – zumindest bis 1974 – das stark verschmutzte Waschwasser unbehandelt in den Vorfluter abgelassen. Aufgrund des am 1. Januar 1981 in Kraft tretenden Abwasserabgabengesetzes sahen sich einige Papierfabriken veranlaßt, Klärwerke zu bauen (oder zumindest zu planen).[7]

Die Auswirkungen der Ligninsulfonsäuren auf die ökologischen Verhältnisse in den Oberflächengewässern sind immer noch nicht erforscht. Doch haben solche Mengen – immerhin waren es für den Rhein im Jahre

1975 noch 400 Tagestonnen – ganz sicher einen Einfluß auf das Gewässer.

Jedenfalls im Rohwasser, das zu Trinkwasserzwecken aufbereitet wird, müssen Ligninsulfonsäuren entfernt werden. Ihre hohe Adsorptionsfähigkeit blockiert die Aktivkohlefilter der Trinkwasserwerke für die zu eliminierenden Schadstoffe. Aber gerade diese hohe Adsorptionsfähigkeit bietet eine Möglichkeit der Entfernung der Ligninsulfonsäuren: Setzt man nämlich diese beladenen Aktivkohlefilter außer Betrieb, so erfolgt langsam ein biologischer Abbau. Einfacher und schneller erfolgt diese Eliminierung, wenn man das Rohwasser mit Ozon vorbehandelt, wobei die Makromoleküle in kleinere Oxidationsprodukte abgebaut werden. Allerdings führt ein solches biologisches Aktivkohlefilter zur Wiederverkeimung, so daß eine Desinfektion des Trinkwassers nötig wird. Wird mit Chlor desinfiziert, so können Reaktionen des Chlors mit den Oxidationsprodukten aus der vorangegangenen Ozonung erfolgen (z. B. werden aus den Aldehyden Haloforme, vor allem Bromo- und Chloroform).

Eine andere Möglichkeit der Entfernung der Ligninsulfonsäuren aus dem Rohwasser bietet deren Ausfällung mit Kalziumhydroxid oder -carbonat, und zwar vor den Aktivkohlefiltern. Die Säuren werden hierbei zu fast 100% entfernt, jedoch entsteht Schlamm, der gesondert behandelt werden muß.

Eine andere Gruppe von Sulfonsäuren findet in Form ihrer Salze, den Sulfonaten, in Waschmitteln Verwendung. Jedoch dürfen nach der Verordnung über die Abbaubarkeit von Detergentien in Wasch- und Reinigungsmitteln von 1962 nur Sulfonsäuren mit unverzweigtem Kohlenstoffgerüst verwendet werden, damit die biologische Abbaubarkeit gewährleistet ist. Die Abbaubarkeit von anionaktiven Detergentien muß mindestens 80 Prozent betragen.[8]

Mineralöl

Atmosphärische Einflüsse, Abschwemmung von den Straßen, aber vor allem der Schiffsverkehr, doch auch Tankschiffunfälle und Raffinerieabwässer belasten unsere Oberflächengewässer mit Mineralöl. Bis zum Jahr 1968, bis zum Inkrafttreten des Gesetzes über Maßnahmen zur Sicherung der Altölbeseitigung (Altölgesetz), wurde das Bilgenöl der Schiffe einfach durch Abpumpen in den Fluß beseitigt. Heute gelangen immer noch jährlich allein durch die Sportschiffahrt 40 Tonnen Öl in den Bodensee, und der Rhein führt im Ruhrgebiet 0,15 mg/l Ölgehalt mit sich. Der im Trinkwassermemorandum angegebene Wert für einfache Aufbereitungsverfahren liegt bei 0,05 mg/l doch erheblich niederer;

der Wert für aufwendigere Verfahren ist mit 0,2 mg/l angegeben.[9] Aufgrund der starken geschmacklichen Beeinträchtigung müssen selbst geringe Mengen an Mineralöl aus dem Trinkwasser entfernt werden (ein Tropfen Öl macht eine Million Tropfen Wasser ungenießbar!).

Jedoch auch auf die ökologischen Verhältnisse in den Oberflächengewässern hat Öl einen sehr schädlichen Einfluß. Man denke nur an die großen Vogelsterben bei Ölkatastrophen in Küstengebieten. Aber auch niedere Tiere, Kleinstlebewesen und Pflanzen können unter einem Ölfilm nicht leben. Doch da sich Öl mit den Schwebeteilchen bindet, schwimmt es nicht nur oben auf, sondern sinkt auch bis zum Grund ab. Solche Ablagerungen bringen vor allem für stark belastete stehende Gewässer oder für eutrophierte Seen eine große Gefahr mit sich; denn ölhaltige Bestandteile blockieren das (notwendige) Zusammenspiel der Lebensgemeinschaft.

Huminstoffe

Zu den schwer abbaubaren Substanzen zählen auch eine ganze Reihe nicht anthropogener Wasserinhaltsstoffe, die Stoffwechsel- oder End- bzw. Abbauprodukte von Absterbeprozessen in der Natur sind. Da sind vor allem die Huminsäuren zu nennen – pflanzliche Zersetzungsprodukte komplizierter chemischer Struktur –, die durch Abschwemmung aus dem Boden in die Oberflächengewässer gelangen. Ihre Konzentration ist daher ziemlich gleichbleibend und auch unabhängig von der Wasserführung.

Aus dem Trinkwasser müssen sie aus ästhetischen Gründen entfernt werden, da sie das Wasser bräunlich färben. Da ihre chemisch aktiven Zentren denen der Ligninsulfonsäuren sehr ähnlich sind, können sie gleich diesen mittels Kalziumhydroxidfällung oder biologisch arbeitender Aktivkohlefilter entfernt werden.

Andere Zellabbauprodukte sind – im Unterschied zu den geruchs- und geschmackslosen Huminsäuren – sehr geruchsintensiv. Dazu zählen vor allem Skatol, Geosmin und einzelne organische Amine. Diese werden – häufig nach vorheriger chemischer Oxidation – ebenfalls mit Aktivkohlefiltern aus dem Rohwasser in den Trinkwasserwerken entfernt.

Anorganische Stickstoffverbindungen

Abwasser enthält den Stickstoff gebunden in den Eiweißsubstanzen, die einem Abbau durch verschiedene Bakterien unterworfen sind. Die Abspaltung des Ammoniaks aus den Aminosäuren, die Desaminierung, setzt bereits im Kanalnetz ein und wird in der biologisch arbeitenden Kläranlage fortgesetzt. Die Konzentration an freiem Ammoniak nimmt mit fortschreitendem Reinigungsgrad des Abwassers zu. Andere Bakterien oxidieren den Ammoniak zunächst zu Nitrit, dann zu Nitrat – ein Vorgang, der als Nitrifikation bezeichnet wird.

Eine Kläranlage, die nur mit einer biologischen Stufe arbeitet, gibt nahezu das gesamte von den Bakterien produzierte Nitrat an den Vorfluter ab. Erst in einer zweiten Stufe, die dann schwächer belastet ist, so daß sich auch Bakterien mit längerer Generationenfolge ausbilden können, wird das Nitrat durch Denitrifizierer zu Stickstoff abgebaut, der dann in die Atmosphäre entweicht. Diese Bakterien können sich deshalb in der ersten Stufe nicht entwickeln, weil dort eine hohe Konzentration an organischem Kohlenstoff vorliegt und sich somit die kohlenstoffabbauenden Bakterienstämme, die eine weit kürzere Generationenfolge haben, zu stark vermehren. Erst in der zweiten Stufe, wenn der Zulauf aus bereits vorgeklärtem Wasser besteht, können sich diese »langsameren« Mikroorganismen entwickeln.

Da aber die meisten Kläranlagen nur über eine biologische Reinigungsstufe verfügen und da zusätzlich über die Düngung in der Landwirtschaft Nitrate in die Oberflächengewässer geschwemmt werden,

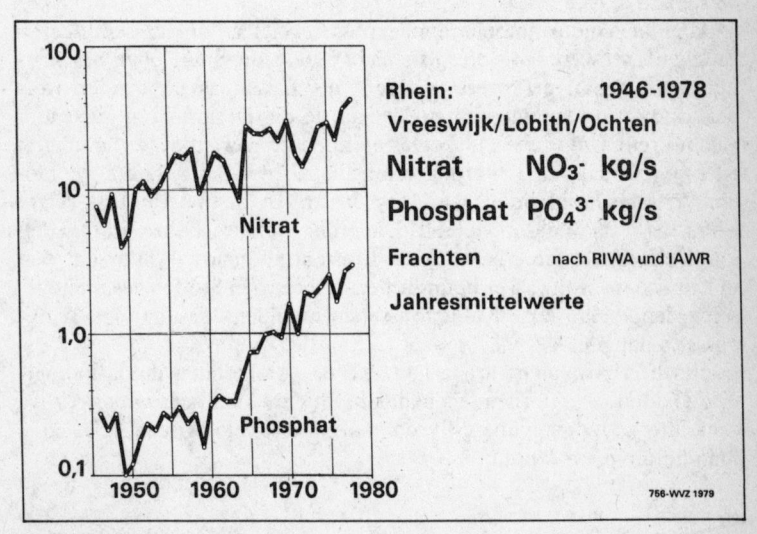

Abb. 2: Nitrat- und Phosphatfrachten des Rheines an der deutsch-niederländischen Grenze (nach RIWA[6]).

entstehen auch bei diesem Stoff Probleme, wenn das Gewässer zur Trinkwassergewinnung herangezogen werden muß (s. *Abb. 2*). Nitrat zählt zu den zwölf in der Trinkwasserverordnung als gesundheitsgefährdend bezeichneten Stoffen, für die eine Maximalkonzentration angegeben ist. Für Nitrat liegt dieser Wert bei 90 mg/l Trinkwasser.[10] Bei Überschreitung kann es bei Säuglingen zu Fällen von Methämoglobinbildung kommen, d.h. das Hämoglobin des Blutes wird zu Methämoglobin oxidiert, das den Sauerstoff nicht mehr transportieren kann, so daß es zu »innerer Erstickung« kommt (Zyanose). Die Weltgesundheitsorganisation empfiehlt allerdings einen weit niedrigeren Grenzwert für Nitrat, nämlich 50 mg/l Trinkwasser.

In der Bundesrepublik Deutschland sind nun Bestrebungen im Gange, den Grenzwert auf 40 mg/l zu senken. Zudem ist die Möglichkeit der Bildung von Nitrosaminen aus Nitrat, die krebserregend sind, noch immer nicht geklärt, so daß auch dieser zweite Aspekt eine Herabsetzung des Grenzwertes erforderlich macht. Die Entfernung des Nitrats aus dem Trinkwasser gelingt mit Hilfe anaerober Bakterien oder physikalisch-chemisch durch Ionenaustauscher. Jedoch ist letzteres Verfahren noch nicht ausgereift, da organische Substanzen, die dem Austauscherharz entstammen, desorbiert werden und ins Trinkwasser gelangen. Allerdings kann die Regenerierlösung, d.h. das vom Austauscherharz gespülte Nitrat, direkt als Dünger verwendet werden.

Aber auch die Ammoniumionen müssen bei der Trinkwasseraufbereitung entfernt werden – sofern sie nicht bereits durch die oben beschriebenen biologischen Prozesse während der Bodenpassage oxidiert worden sind. Ammoniumionen stören, da sie die Desinfektion mit Chlor erschweren. Um eine sichere Desinfektion zu gewährleisten, muß erst eine sog. Knickpunktchlorung erfolgen, bei der das gesamte Ammonium durch Chlor oxidiert wird; erst das im Anschluß daran eingesetzte Chlor wirkt dann desinfizierend. Die große Gefahr ist, daß sich bei den somit erforderlichen, recht hohen Konzentrationen an Chlor mit den sonst noch im Rohwasser befindlichen organischen Stoffen gesundheitsgefährdende chlorierte Kohlenwasserstoffe bilden, die dann ins Trinkwasser gelangen.

Jedoch relativ ungefährlich läßt sich das Ammonium durch biologische Oxidation entfernen. Es handelt sich dabei um Sand- oder Aktivkohlefilter, auf denen über Mikroorganismen der biologische Abbau der Ammoniumionen erfolgt.

Phosphat

Das Phosphat gelangt aus ganz unterschiedlichen Bereichen ins Abwasser:[11]
– zu ca. 40% aus Wasch- und Reinigungsmitteln
– zu ca. 27% aus menschlichen Ausscheidungen
– zu ca. 17% aus dem landwirtschaftlichen Bereich
– zu ca. 13% aus dem industriellen Sektor
– zu ca. 3% aus sonstigen Quellen.

In der Bundesrepublik Deutschland sind derzeit nur etwa 100 Kläranlagen in Betrieb, die eine Möglichkeit haben, das Phosphat zu entfernen. Dazu ist die *dritte,* die sog. chemische Reinigungsstufe erforderlich. Im Anschluß an die Nachklärung der biologischen Stufe wird das Phosphat mit Eisen- oder Aluminiumsalzen ausgefällt. Phosphat geht mit den Ionen der angegebenen Metalle eine in Wasser schwer lösliche Verbindung ein.

In den meisten Fällen kann jedoch der gewonnene Schlamm nicht wieder als Dünger in der Landwirtschaft verwendet werden, da bei der Fällung im Abwasser enthaltene Schwermetalle mitgerissen werden – so auch die giftigen Cadmium- und Bleiverbindungen. Die so gedüngten Pflanzen würden auch diese Gifte mitaufnehmen und ihnen den Einstieg in die Nahrungskette ermöglichen.

Doch bislang ist diese Fällung die einzige Möglichkeit, das Phosphat effektiv aus dem Abwasser zu entfernen. Der Fällungsschlamm muß dann auf seine Wiederverwendbarkeit geprüft und bei Untauglichkeit deponiert werden. Da die Bundesrepublik Deutschland den gesamten Phosphor einführen muß, und Rohstoffe knapp und teuer werden, wird eifrig nach Verfahren gesucht, die eine Wiederverwertung des Phosphors aus dem Abwasser erlauben. Es sind auch schon einzelne Verfahren im Stadium der Erprobung; so etwa das Verbrennen des gefällten Phosphatschlammes, aus dessen Asche sich dann nach derselben Methode wie aus Phosphatmineral das Düngephosphat gewinnen läßt. Oder die selektive Adsorption des Phosphats an Aluminiumoxid. Dabei wird das biologisch gereinigte Abwasser über – in der Industrie viel verwendetes – aktiviertes Aluminiumoxid (»Aktiv-Tonerde«) geleitet, wobei als einziger Wasserinhaltsstoff das Phosphat haften bleibt. Es kann anschließend mit Natronlauge von der Tonerde wieder heruntergespült werden. Das mit Kalk in reiner Form ausfällbare Phosphat kann dann direkt als Dünger auf die Felder aufgebracht werden. Noch ist dieses Verfahren großtechnisch nicht ausgreift und das Kilogramm Phosphor ist noch 1 DM teurer als importierter Phosphor.

Waschmittelphosphate

Ein wichtiger Beitrag zur Lösung des Phosphatproblems ist die Reduzierung der Menge der Waschmittelphosphate. Die Bundesregierung hat mit ihrer im Juni 1980 in Kraft getretenen Höchstmengenverordnung für Waschmittelphosphate einen ersten Schritt getan.

»Die Verordnung legt Höchstmengen für den Phosphatgehalt in Wasch- und Reinigungsmitteln zur Reinigung von Textilien im Haushalt und in Wäschereien fest. Danach ist der Phosphatgehalt der von der Verordnung erfaßten Produkte – je nach Typ – um bis zu 50% zu senken. Für die Umstellung der Wasch- und Reinigungsmittel auf die in der Verordnung niedergelegten Werte sind – mit Rücksicht auf die von der betroffenen Industrie durchzuführenden Arbeiten – im wesentlichen zwei Stufen ab 1. Oktober 1981 und ab 1. Januar 1984 vorgesehen.«[12]

Man fand ein Natrium-Aluminium-Silikat (»Zeolith A«), das ähnlich wirkt wie ein Ionenaustauscher, und so die Härtebildner aus der Waschlauge entfernt. Zur Umweltverträglichkeit des Zeolith A ist zu sagen, daß es zu jener Verbindungsklasse gehört, die Hauptbestandteil der Erdkruste ist. Es hat also eine rein mineralische Zusammensetzung, wodurch sich die Frage der biologischen Abbaubarkeit erst gar nicht stellt.

Bei einem einjährigen Großversuch mit ungefähr 960 Haushalten *(Stuttgart-Büsnau)*, die mit einem Vollwaschmittel versorgt wurden, dessen Phosphatanteil zu 50% durch diesen anorganischen Stoff ausgetauscht worden war, ergaben sich folgende Ergebnisse: Hinsichtlich der Waschqualität ließen sich keine Einbußen verzeichnen. Das läßt sich sowohl im Hinblick auf die Waschmaschine als auch auf das zu waschende Gewebe sagen. Etwa 96% des in die Kläranlage einlaufenden Zeoliths A wurde im Verlauf der Klärung abgeschieden, (21% im Sandfang, 42% in der Vorklärung und 33% in der biologischen Stufe). Nur etwa 4% gelangten in den Vorfluter. Das heißt also, daß es technisch die Möglichkeit gibt, wenigstens zu einem großen Anteil auf Phosphate als wasserenthärtenden Zusatz bei Wasch- und Reinigungsmitteln zu verzichten.[13]

Kritik an der Höchstmengenverordnung für Waschmittelphosphate der Bundesregierung

Bereits im Jahre 1978 enthielt ein großer Teil der von der Stiftung Warentest mit »gut« bewerteten 60°C-Waschmittel geringere Phosphatkonzentrationen als die in der Endstufe nach der Höchstmengenverordnung für Waschmittelphosphate von der Bundesregierung für das Jahr 1984 geforderten Werte.[14]

Alle getesteten Fabrikate enthielten *keinen* Phosphatersatzstoff. Das heißt, daß die Bundesregierung Grenzwerte einsetzt, ohne sich an bereits mit Erfolg Praktiziertem zu orientieren.

Nach einer Stellungnahme des Arbeitskreises für Umweltschutz Konstanz[15] ist eine stufenweise Reduktion von Phosphaten überflüssig, und es könnte sofort der volle Ersatz mit Zeolith A verlangt werden. Doch mit Rücksicht auf die betroffene Industrie wird eine stufenweise Verminderung bis auf 50% erlassen. Außerdem läßt der Bundesinnenminister den Waschmittelherstellern ein weiteres Hintertürchen offen: Produkte, die vor den genannten Stichtagen hergestellt worden sind, dürfen zeitlich unbegrenzt in den Verkehr gebracht werden.

Eutrophierung

Eutrophierung bedeutet Überdüngung von Oberflächengewässern durch Phosphat und Nitrat. Beide Stoffe wirken sich sehr positiv auf das Pflanzenwachstum aus. Doch bei vermehrtem Wachstum sterben auch vermehrt Pflanzenteile ab, die dann im Gewässer nach unten sinken. Unter Verbrauch des im Wasser gelösten Sauerstoffs laufen dann dort Faulungsprozesse ab. Aufgrund der geringen Diffusionsgeschwindigkeit des Sauerstoffs in Wasser kann der verbrauchte Sauerstoff aber nicht aus den oberen Schichten nachgeliefert werden.

Mit zunehmender Eutrophierung kommt es dann in der unteren Wasserschicht immer mehr zur Sauerstoffverarmung, bis dann totaler Sauerstoffmangel eintritt. Das hat aber noch zusätzlich Folgen auf den Chemismus des Gewässers. Es kommt zur Rücklösung von Phosphor aus den Sedimenten, zur Reduktion von Eisen und zur Bildung von Schwefelwasserstoff und Methan. Diese Fäulnisvorgänge arbeiten sich immer weiter nach oben, bis schließlich der gesamte Gewässerabschnitt abgestorben ist. Aufgrund geruchsintensiver Stoffwechsel- und Abbauprodukte können solche »umgekippten« Oberflächengewässer nirgends mehr als Brauchwasser eingesetzt werden.

Solche Überlegungen müssen auch bei der Diskussion um den Bau von Staustufen miteinbezogen werden. Denn diese aufgestauten Zonen entsprechen dann stehenden Gewässern, bei denen die beschriebene Wasserschichtung sich einstellen kann. Im ungünstigsten Falle wechseln dann tote mit gesunden Flußabschnitten ab. Mit der Zeit jedoch wird das tote Material auch in die intakten Flußpartien übergeschwemmt, so daß auch hier die Sauerstoffkonzentration sinkt und die Endprodukte der Fäulnisprozesse überhand nehmen. Der Neckar etwa ist ein Beispiel für einen fast toten Fluß aufgrund solcher Aufstauungen. Die künstlich verlangsamte Fließgeschwindigkeit reicht nicht mehr aus, aufgrund der

Durchwirbelung genügend Sauerstoff einzutragen, um eine einigermaßen intakte Selbstreinigung aufrecht erhalten zu können.

Gedüngt mit Phosphat und Nitrat vermehren sich also die Wasserpflanzen; und dieses erhöhte Wachstum führt zu vermehrter Assimilationstätigkeit. Dabei geben unter Einwirkung des Sonnenlichtes Wasserpflanzen Sauerstoff ab. Im Wasser lockt dies dann vermehrt Fische in die verkrauteten Fluß- und Seeabschnitte. Des nachts jedoch verbrauchen die Pflanzen zur Aufrechterhaltung ihrer Assimilation den im Wasser gelösten Sauerstoff selbst und produzieren Kohlendioxid. Fische, die nicht schnell genug, d. h. vor Einbruch der Nacht, aus diesen Grünzonen entkommen, ersticken. Nicht nur unzureichend geklärte Industrieabwässer, sondern auch diese sog. Algenblütenfallen können Anlaß für Fischsterben sein.

Schlagzeilen wie *»So schmutzig war der Bodensee noch nie«* (*»Die Welt«* vom 14. 8. 1980) oder *»Phosphatbelastung des Bodensees erreicht Rekordwerte«* (*»Schwäbische Zeitung«* mit gleichem Datum), schrecken anscheinend niemanden mehr auf. Nach den ersten Meldungen in den 60er Jahren über zu hohe Phosphatkonzentrationen im Bodensee konnte in der zweiten Hälfte der 70er Jahre deren Anstieg immerhin gestoppt, und im Jahre 1978 sogar ein Rückgang der Phosphatbelastung verzeichnet werden. Man hatte in den ufernahen Kläranlagen Fällungen durchgeführt und auf diese Weise Phosphate unschädlich gemacht. Die mögliche Weiterentwicklung zeigt *Abb. 3.*

Daß aber auch fließende Gewässer von den Folgen zu hoher Phosphatkonzentrationen nicht verschont bleiben, hat *Schalekamp* anläßlich der Tagung der *Internationalen Arbeitsgemeinschaft der Wasserwerke im Rheineinzugsgebiet* (IAWR) im Mai 1979 anhand der Phosphatentwicklung im Rhein aufgezeigt. *»Es ist fast erschreckend, wie progressiv die Kurve verläuft* (s. Abb. 2). *Auch wenn der Rhein unmittelbar nach Verlassen des Bodensees 10–12mal kleinere Phosphatkonzentrationen aufweist als in Holland, so ist doch die Auswirkung dieser Konzentrationen sehr gut zu beobachten. Es erfolgte dort jedes Jahr eine Massenentwicklung des Flutenden Hahnenfußes.«*[6]

Schwermetalle

Eine ganze Reihe von Schwermetallen müssen in den Oberflächengewässern, aber auch im Trinkwasser für die Aufrechterhaltung der Lebensvorgänge als Spurenelemente vorhanden sein. Dazu zählen Chrom, Molybdän, Eisen, Kobalt, Nickel, Kupfer und Zink. Von diesen essentiellen Schwermetallen zu unterscheiden sind die giftigen, wie Cadmium, Blei und Quecksilber. Doch sind auch die zur ersten Gruppe zu

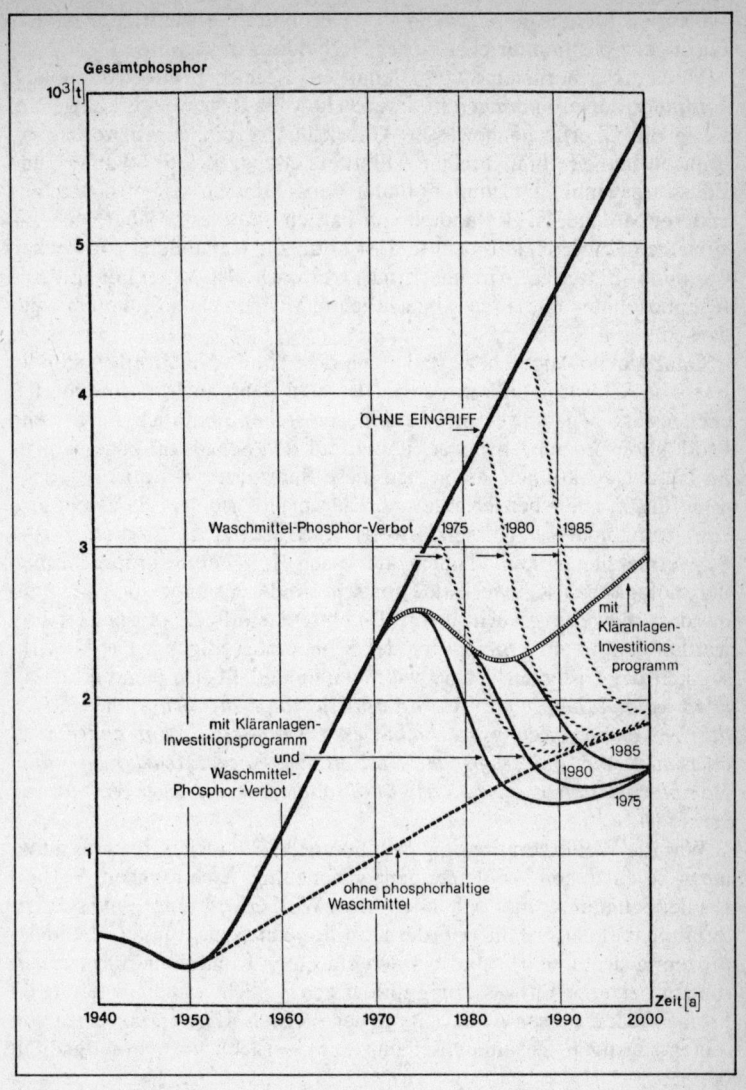

Abb. 3: Gesamtphosphorverlauf im Bodensee bei verschiedenen Maßnahmen[16].

zählenden Metalle giftig, wenn sie in erhöhter Konzentration oder in Form ganz bestimmter chemischer Verbindungen auftreten.

Über die Schornsteine von Bleihütten, aber auch über Autoabgase kommen Bleiverbindungen in unsere Umwelt. Regenwasser schwemmt sie in die Oberflächengewässer. Quecksilberverbindungen werden gebraucht bei der industriellen Chlorherstellung, bei der Papier- und Zellstoffgewinnung. Cadmium findet Verwendung als Korrosionsschutz anderer Metalle, ist Bestandteil von Farben und Plastik, aber auch von einzelnen Kupferlegierungen und ist nötig zur Herstellung von Nickel-Cadmium-Batterien. Anzumerken ist hier noch, daß Mineraldünger, die Rohphosphate enthalten, beachtliche Mengen an Cadmium aufweisen.

Ganz davon abgesehen, daß über die Abluft metallverarbeitender Betriebe Schwermetalle in den Boden und dann auch in die Oberflächengewässer geschwemmt werden, entstehen natürlich auch beim Produktionsprozeß Abwässer. Durch auf den Schadstoff zugeschnittene Fällungsreaktionen lassen sich diese Substanzen entfernen. Jedoch muß dies in einer betriebsinternen Kläranlage erfolgen, da einem großen kommunalen Sammelklärwerk sonst zuviel zugemutet würde. Schwermetalle wirken nämlich auf einen Teil der Mikroorganismen der biologischen Klärwerkstufe toxisch. Andererseits werden sie – zumindest teilweise – auch an die Belebtschlammflocke adsorbiert und werden damit zum Problem bei der Schlammbeseitigung. Die Unwirksamkeit der Giftigkeit der Schwermetallionen läßt sich damit erklären, *»daß einmal bestimmte Abwasserinhaltsstoffe die Schwermetallionen durch Komplexbildung zu inaktivieren vermögen. Zum anderen ist aber auch die Bakterienzelle selbst in der Lage, Metallionen durch Komplexreaktionen zu fixieren und somit eine toxische Wirkung zu verhindern«.*[17]

Was die Weiterverarbeitung cadmiumbelasteten Klärschlamms anbelangt, so entstehen Probleme, ganz gleichgültig, nach welchem Verfahren der Schlamm weiter behandelt wird. Wird er verbrannt, sind spezielle Filter im Schornstein erforderlich (die jedoch nicht immer hundertprozentig sicher sind). Und bei den einzelnen Konditionierungsverfahren zur besseren Entwässerung finden sich die Schwermetalle häufig im Filtrat wieder, dessen Aufarbeitung den meisten Klärwerken – auch von seiner sonstigen Zusammensetzung her – erhebliche Schwierigkeiten bereitet.

Für die Kompostierung ist ein cadmiumhaltiger Klärschlamm völlig ungeeignet, da Cadmium von den Pflanzen aufgenommen wird. Beim Ablagern des Klärschlammes auf Mülldeponien können die darin enthaltenen Schwermetalle zu einer Gefahr für das Grundwasser werden. Schwermetalle in den Oberflächengewässern sammeln sich hauptsäch-

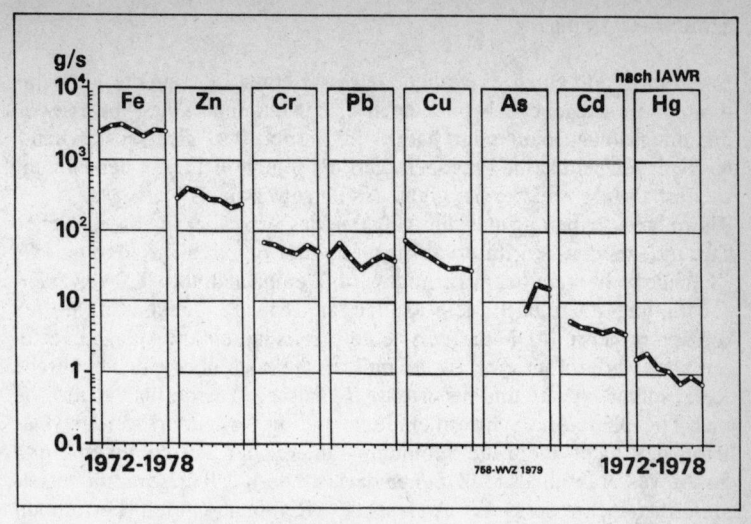

Abb. 4: Frachten an Schwermetallen im Rhein bei Ochten[6], 1972–1978.

lich im Sediment an und lagern sich ab. Doch komplexbildende Chemikalien können sie wieder herauslösen, und über diesen Umweg gelangen sie dann in die Trinkwasseraufbereitung.

Schwermetalle reichern sich über die Nahrungskette an. So überschritten in der Donau gefangene Fische im Jahre 1973 den erlaubten Quecksilbergehalt um das Fünffache. Im Frühjahr 1975 konnten im Rheinschlamm in der Höhe von *Mainz* 110 mg Quecksilber und 95 mg Cadmium pro kg nachgewiesen werden. Nach *Vahrenholt und Koch* handelt es sich hierbei »*um eine Hypothek der Vergangenheit, denn mittlerweile hat sich durch die Abwasserreinigung die Situation gebessert. Heute wird jährlich nur noch etwa eine Tonne Quecksilber vom Rhein transportiert*«.[18]

Müller bestätigt die optimistischen Voraussagen von Vahrenholt und Koch. Danach sind alle untersuchten Schwermetalle seit Beginn der systematischen Messungen im Jahre 1971 den gesamten Fluß entlang mengenmäßig rückläufig (s. *Abb. 4*). Nur das hochgiftige Cadmium hat im Mittel- und Niederrheinabschnitt in besagtem Zeitraum um ein Viertel zugenommen[19]. Vom Elbesediment sind die Analyseergebnisse erschreckend: Die Konzentrationen sämtlicher untersuchter Schwermetalle, vor allem aber Quecksilber und Cadmium, sind enorm angestiegen.[20]

Schlußbemerkung

Im Hinblick auf einen sinnvollen Gewässerschutz ist allein die Tatsache, daß ein Industriebetrieb oder auch eine Kommune eine Abwasserbehandlungsanlage baut oder bereits in Betrieb hat, nicht ausreichend. Kläranlagen sind keine Prestigefragen: Es genügt nicht, mit der Planung zu werben bzw. auf bereits Gebautes hinzuweisen.
Kläranlagen haben primär die Aufgabe, das Abwasser in einem solchen Zustand an den Vorfluter abzugeben, daß dadurch das ökologische Gleichgewicht nicht beeinträchtigt wird. Demnach müßte die Abwasserbehandlung auch nach dem Gehalt an schwer abbaubaren Stoffen konzipiert werden. Die meisten heute bereits laufenden Anlagen verfügen aber weder über eine zweite biologische noch über eine chemische Stufe, so daß Nitrate und persistente organische Wasserinhaltsstoffe wie auch Phosphate und Schwermetalle nur wenig vermindert werden. Das heißt, daß nicht allein die Summenparameter der Verschmutzung und der Abwasseranfall als Maß dienen darf, sondern daß die Zusammensetzung des Abwassers die Anzahl der Reinigungsstufen bestimmen muß.

Literaturangaben

1 Der Rat der Sachverständigen für Umweltfragen. Umweltprobleme des Rheins. 3. Sondergutachten. Stuttgart und Mainz 1976. S. 56
2 Ebd. S. 59
3 Landesanstalt für Wasser und Abfall Nordrhein-Westfalen. Checkliste zur Beurteilung der Wassergefährlichkeit von Stoffen. *KfW-Mitteilung* 3, 1977. S. 2–3
4 Rijncommissie Waterleidingbedrijven (RIWA). Bericht über die Untersuchung der Beschaffenheit des Rheinwassers in der fließenden Welle von Köln bis Hoek van Holland am 23. und 24. April 1980. Sekretariat in Amsterdam. S. 65
5 Presseerklärung der Aktionsgemeinschaft »Rettet den Rhein«, Karlsdorf 1980.
6 M. Schalekamp: Bedrohtes Wasser – Gefährdete Zukunft am Beispiel des Rheins, *GWA* (4), Zürich 1979.
7 Der Rat von Sachverständigen für Umweltfragen, a.a.O., S. 58: »Vermeidungsmaßnahmen wurden 1975 in je einer Zellstofffabrik am Bodensee, in der Schweiz und bei Karlsruhe in Betrieb genommen.«
8 Verordnung über die Abbaubarkeit von Detergentien in Wasch- und Reinigungsmitteln vom 1. Dezember 1962, *BGBl.* I, S. 689
9 Internationale Arbeitsgemeinschaft der Wasserwerke im Rheineinzugsgebiet (IAWR). Trinkwasser-Memorandum, Amsterdam 1973.
10 Trinkwasser-Verordnung vom 31.1.1975. *Bundesgesetzblatt* Nr. 1, S. 453
11 Information des Bundesministers des Innern zur Umweltplanung und zum Umweltschutz. *Umwelt* Nr. 71, 1979, S. 14

12 *Umwelt* Nr. 78, 1980, S. 19
13 R. Wagner: Ergebnisse des Großversuches – Einsatz eines Sasil-haltigen Waschmittels in Stuttgart-Büsnau. Bericht des Instituts für Siedlungswasserbau, Wassergüte und Abfallwirtschaft der Universität. 1979. S. 17
14 Sauberkeit mit kleinen Fehlern, *test,* 14 (1): 32–35 (1979)
15 Arbeitskreis für Umweltschutz (Hrsg.): Stellungnahme zum Entwurf einer Verordnung über Höchstmengen von Phosphaten in Wasch- und Reinigungsmitteln (Phosphathöchstmengenverordnung) (Stand: 21. März 1979), Konstanz, 9.5.1979
16 H. Wohland (1973): Die Eutrophierung des Bodensees, ein Simulationsmodell zur Ermittlung von Entscheidungsalternativen, Bericht Nr. 4–27 des Instituts für Kernenergetik der Universität Stuttgart
17 Mangold, Kaeding, Lorenz, Schuster: Abwasserreinigung in der chemischen und artverwandten Industrie. Leipzig 1973, S. 84
18 F. Vahrenholt, E. R. Koch: Seveso ist überall. Die tödlichen Risiken der Chemie. Köln 1978. S. 161
19 G. Müller: Schwermetalle in den Sedimenten des Rheins – Veränderungen seit 1971. *Umschau in Wissenschaft und Technik* 79, Heft 24.
20 Ders.: Anstieg der Schwermetall-Konzentration in Sedimenten der Elbe bei Stade (1975–1980), *Naturwissenschaften* 67, 1980

Martin Böhme

Versalzung von Gewässern

Vor einigen Jahrhunderten war Salz noch ein begehrter Rohstoff – es war so wertvoll, daß es als Zahlungsmittel diente, oder daß Staaten sich bekriegten, um in den Besitz von Salzbergwerken zu kommen. Auch heute gibt es wieder Auseinandersetzungen um das Salz, aber nicht, weil sich jeder danach drängt, sondern ganz im Gegenteil, weil es in früher unvorstellbaren Mengen als »nutzloser Abfall« in Wasser gelöst in Flüsse eingeleitet wird. Eine Ursache dafür ist die Schwierigkeit, gelöstes Salz wieder aus dem Wasser zu entfernen. Dies ist nur mit Hilfe aufwendigster Aufbereitungsanlagen möglich, die denen der Meerwasserentsalzung entsprechen.

Eines der am geringsten belasteten Flußsysteme Deutschlands ist die *Donau*. Wichtiger als die günstigen geologischen Verhältnisse ist das Fehlen großer Industrieansiedlungen. Diese liegen bevorzugt am Rhein, da die Schiffahrtverbindung an die *Nordsee* wichtiger ist als die ans *Schwarze Meer*. An einer der Donaumeßstellen, bei *Leipheim,* wurden durchschnittlich 20 mg Chlorid pro Liter Wasser festgestellt. Der Chloridgehalt dient häufig als allgemeiner Anzeiger der Salzbelastung. Dabei ist aber zu beachten, daß der Gesamtsalzgehalt entsprechend den Molekulargewichten höher liegt, die eben erwähnte Menge bedeutet beispielsweise, daß fast 35 mg Kochsalz in einem Liter Wasser gelöst sind.

Selbst dieser Wert zeigt noch eine gewisse Salzbelastung, vergleicht man ihn mit dem noch unbelasteten Rhein beim Ausfluß aus dem Bodensee, nämlich 5 mg Chlorid pro Liter.[1] (Vgl. dazu und im folgenden *Abb. 1*)

Die Salzquellen des Rheins

Folgen wir einmal dem Verlauf des Rheins und beobachten dabei, wann und warum der Salzgehalt steigt.

Die erste größere Salzladung kommt aus dem Raum Basel, wo sich u. a. die Chemiefirmen Ciba-Geigy, Hoffmann La Roche und Sandoz

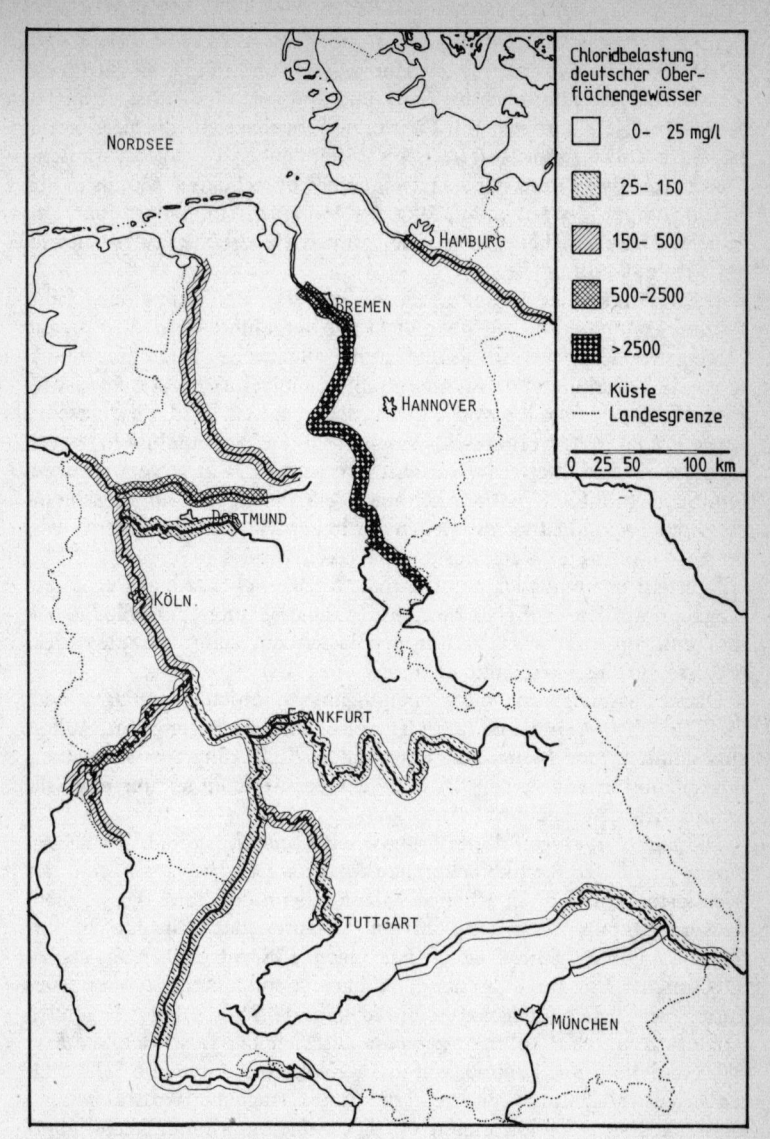

Abb. 1: Chloridbelastung deutscher Oberflächengewässer[1, 2]

befinden. Etwas weiter stromabwärts fließt der Rhein an den elsässischen Kaliminen vorbei, die zur Herstellung von Mineraldünger für die Landwirtschaft, aber auch für Farb- und Sprengstoffe, Rohsalze aus bis zu 1000 m Tiefe fördern. Ein Fünftel des abgebauten Rohsalzes ist das begehrte Kalisalz, der Rest ist Steinsalz mit einigen Tonlagen vermischt. Dieser Rest wird nach der Abtrennung des brauchbaren Anteils in den Rhein gekippt: pro Sekunde 220 kg, 6–8 Millionen Tonnen pro Jahr. Das bedeutet für das Rheinwasser eine sprunghafte Erhöhung des Chloridgehaltes auf 120 mg/l.[3]

Die vielen kleinen Einleiter, die zur weiteren Versalzung des Rheins führen, können an dieser Stelle nicht alle aufgeführt werden. Aber um zu zeigen, daß solche Abwässer fast überall anfallen, seien hier einmal folgende Salzeinleiter herausgegriffen: metallverarbeitende Industrie, Raffinerien, Hersteller von Pflanzenschutzmitteln und pharmazeutischen Präparaten, Gerbereien, Waschmittel- und Seifenfabriken, soweit sie nicht ein abwasserfreies Verfahren verwenden, Konservenproduzenten, Schlachthöfe, Wurstfabriken und – ein wichtiger Hauptverschmutzer – die Sodaindustrie, die wegen der hohen Härtegrade ihrer Abwässer besonders verheerend auf das Gewässer wirkt.[4]

Meist ist es unmöglich zu erfahren, wer wieviel Salz einleitet. Diese Angaben werden häufig als Betriebsgeheimnisse unter Verschluß gehalten, und amtliche Wasserkontrollen lassen nur selten direkte Rückschlüsse auf die Verschmutzer zu.

Dabei wissen gerade die Genehmigungsbehörden genau Bescheid: Der Hoechst AG wurde beispielsweise eine Einleitung von 10 kg/s zugestanden, eine Menge, die eine weitere Steigerung der Umweltverschmutzung erlaubte, denn so leitete Hoechst offenbar nur etwa die Hälfte dieser Menge ein.[5]

Die *Mosel* ist wegen der lothringischen *Sodaindustrie* salziger als der Rhein[6], und der Steinkohlebergbau im *Ruhrgebiet* ist sogar eine der wichtigsten Quellen der Rheinversalzung, denn dort muß das Grubenwasser abgepumpt werden, um ein Absaufen der Schächte zu verhindern. Dieses Sumpfwasser hat einen Chloridgehalt von bis zu 50000 mg/l.[7] Bei fortwährendem Abbau ist mit einer Erhöhung des durchschnittlichen Salzgehaltes zu rechnen, da sich die tiefer liegenden Kohleflöze durch erhöhte Salzgehalte auszeichnen. Besonders die *Emscher* und die *Lippe* kommen auf diese Weise zu ihren hohen Salzgehalten von über 1200 mg/l[6], während die *Ruhr* erträgliche Werte aufweisen kann (ca. 100 mg/l[7]). Da letztere der Trinkwassergewinnung dient, überlegt man sich, ob es nicht sinnvoller wäre, einen Teil der Grubenwässer in die Emscher umzuleiten, die schon ein Abwasserkanal ist.

Aber auch wir alle sind an der Versalzung beteiligt. Schließlich essen wir dreimal soviel Salz wie wir benötigen, den Rest scheiden wir wieder

Tab. 1: Herkunft des Rheinsalzes (in kg/s)[5]

Natürliche Fracht (je nach Wasserführung)	15–75
Kalibergbau Elsaß	130
Abwässer der Schweiz und Frankreichs	42
Häusliche Abwässer	10
Kohlenbergbau im Ruhrgebiet	52
Deutsche Industrie	76

aus. Durch die kommunalen Abwässer gelangt dieser in die Flüsse, da in den Kläranlagen das Salz nicht zurückgehalten werden kann.

Auch die im Winter so leichtfertig ausgebrachten Streusalze verschwinden nicht spurlos. Ihr Verbleib ist zwar schwer festzustellen, da gleichzeitig große Schmelzwassermengen das Salzwasser verdünnen, aber es gibt Alarmzeichen: Eine Kläranlage bei *Essen* stellte in ihrem Abwasser nach einer starken Salzstreuung 1500 mg/l Salz fest[8], und in einem kleinen Nebenfluß des *Neckars* bei *Tübingen*, der *Ammer*, erhöhte sich nach einem starken zweitägigen Schneefall mit mehreren Streusalzeinsätzen der Salzgehalt auf das zwölffache.[9]

Nicht ganz unerwähnt soll hier noch die Landwirtschaft bleiben. Von intensiv gedüngten Flächen wird die zehnfache Chloridmenge in Gewässer ausgewaschen wie aus Waldböden.

Zählen wir alle Salzquellen zusammen (vgl. Tab. 1), so fließen pro Jahr 18 Millionen Tonnen Salz über die deutsch-holländische Grenze, genug, um dem Rhein entlang eine Mauer von 1 m Breite und 12 m Höhe zu bauen.[10]

Ein weiteres Salz: das Nitrat

Neben Chloriden nimmt die Auswaschung eines weiteren Düngesalzes, des *Nitrats*, bedenklich zu. Außer in den kommunalen Abwässern, bei denen es durch eine dritte Reinigungsstufe entfernt werden könnte, fällt es besonders unter Intensivkulturen wie dem Weinbau an. Im Trinkwasser des *Markgräflerlandes* südlich Freiburg wurden Konzentrationen von über 100 mg/l festgestellt.[11] Für Säuglinge wird ein Gehalt von 20 bis 40 mg/l gefährlich, da die roten Blutkörperchen am Transport des Sauerstoffs gehindert werden, die Haut verfärbt sich dann bräunlich-bläulich (»Blausucht«). In Zukunft ist ein weiterer Anstieg zu befürchten, da es mindestens 10 Jahre dauert, bis die aus landwirtschaftlichen Nutzflächen ausgewaschenen Salze in das zur Trinkwassergewinnung geförderte Grundwasser gelangen.

Die Kalisalzindustrie

Seit Ende des letzten Jahrhunderts die Möglichkeit der landwirtschaftlichen Ertragssteigerung durch Düngung mit Kalisalzen entdeckt worden war, stieg ihr Abbau steil an. Neben der Düngerproduktion dienen sie auch als Grundstoffe für die Seifen-, Glas- und Sprengstoffindustrie.

Gebildet wurden sie im Perm (Zechstein, vor 240–230 Mio. Jahren) oder im Tertiär (Oligozän, vor ca. 38 Mio. Jahren) in vom Meer abgeschnittenen Buchten durch Verdunstung des Meerwassers. Obwohl sich beim Eindampfen eine gewisse Gliederung ergibt (erst Gips, dann Stein- und Kalisalze), ist normalerweise eine Trennung der gewünschten von den ungewünschten Salzen erforderlich. Dazu werden sie erst gemahlen und dann in Wasser gelöst. Bei Übersättigung der Lösung fallen die verschiedenen Salze entsprechend ihrer Löslichkeit unterschiedlich schnell aus. Die so gebildeten Kristalle einer Salzart werden dann ausgeschieden; die Kalisalze weiterverarbeitet, das Steinsalz wieder aufgelöst und in Flüsse abgeleitet.[12]

Salzeinleitungen im Elsaß

Da die Problematik dieser Art der »Abfallbeseitigung« bekannt war, probierte man im Elsaß verschiedene Verfahren aus, das Salz auf andere Weise loszuwerden. Alle hatten sie jedoch ihre Nachteile:

So führten aufgeschüttete Salzhalden durch Auswaschungen bei Niederschlägen zur Versalzung des Grundwassers. In unmittelbarer Nähe der Halden ergaben sich Chloridgehalte von 90000 mg pro Liter, in 6 km Entfernung waren es 1000 mg und selbst im 35 km entfernten *Colmar* mußten noch Trinkwasserbrunnen dicht gemacht werden.

Auch der Bau von Rückhaltebecken in den 50er Jahren, um das Salz nicht stoßweise nach den Produktionsverhältnissen abgeben zu müssen, hatte böse Folgen: Während man nämlich angenommen hatte, der im Abwasser befindliche Ton würde die Becken schon abdichten, bildeten sich durch den wechselseitigen Betrieb dieser Becken beim Austrocknen tiefe Risse, durch die das Salz wieder in den Untergrund geriet. Die Salzblase, die sich im Grundwasser bildete, treibt seitdem langsam nach Norden und hat inzwischen die ersten Trinkwasserbrunnen erreicht, deren Salzgehalt seitdem von den Wasserwerken voller Sorge beobachtet wird. So stieg der Chloridgehalt eines Trinkwasserbrunnens in *Breisach* von 17 auf 35 mg/l, in 20 m Tiefe auf 80 bis 100 mg/l (s. Abb. 2).

1976 wurden die Becken außer Betrieb genommen und gleichzeitig die Ableitungsgenehmigung geändert: Die Höchstgrenze der Ableitung wurde durch einen Jahresmittelwert ersetzt und die Verpflichtung, bei

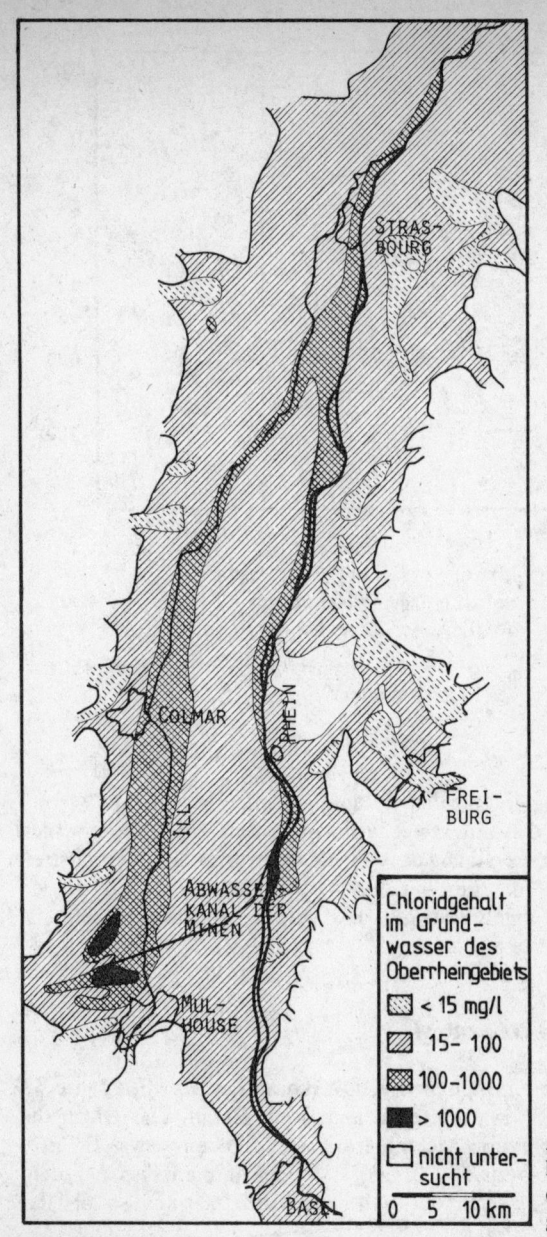

Abb. 2: Chloridgehalt im Grundwasser des Oberrheingebietes[13].

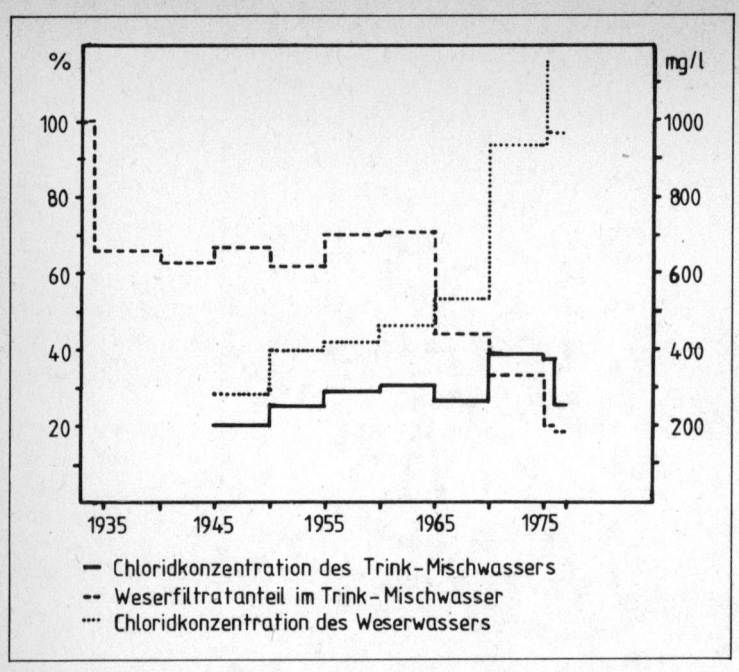

Abb. 3: Chloridgehalte des Bremer Wassers[21].

Niedrigwasser weniger einzuleiten, aufgehoben. Diese neue Verordnung führte dazu, daß an Arbeitstagen mehr Salz abgegeben werden konnte, da bei der Berechnung des Jahresmittelwertes die 77 arbeitsfreien Tage ohne Salzeinleitung mitzählten. So nahmen die kurzfristigen Salzgehaltsschwankungen stark zu und bei Niedrigwasser traten nie gekannte Höchstwerte auf.[13]

Salzeinleitungen im Werra-Revier

Die *hessischen* und *thüringischen* Kaliwerke an der *Werra* leiten etwa genauso viel Salz ein wie die elsässischen am Rhein. Da jedoch die Wasserführung der Werra viel niedriger ist, ergaben sich z.B. 1976 Spitzenwerte von bis zu 50000 mg/l.[14] Vergleicht man dies mit dem durchschnittlichen Salzgehalt der Weltmeere von 35000 mg/l, so wird das Ausmaß ersichtlich *(Abb. 3)*.

Bis 1968 war die Salzführung noch nicht so hoch, da bis dahin die drei Kaliwerke der *DDR* die Abwässer zumindest teilweise in den Boden gepreßt haben, eine Beseitigungsmöglichkeit, die auch heute noch von den westdeutschen Betrieben angewandt wird. Als dann aber die unterirdischen Speicher erschöpft waren, wurden alle Abwässer in die Werra geleitet. Wahrscheinlich scheute man die hohen Kosten für die Suche nach neuen Versenkbrunnen. Der Salzgehalt der *Werra* und *Weser* stieg dadurch sprunghaft an und übersteigt seitdem ständig den während des 2. Weltkrieges ausgehandelten Höchstwert.

Neben den Kalisalzen wird auch Kieserit, ein Magnesiumsulfat ($MgSO_4 \cdot H_2O$) gewonnen, aus dem Dünger gegen Magnesiummangel hergestellt wird, das aber auch als Grundstoff in der Textil-, Farbstoff-, Pharma- und Zellstoffindustrie und in Gerbereien Verwendung findet.

Die Gewinnung des mit Steinsalz vergesellschafteten Kieseritis verläuft gewöhnlich durch Auswaschen des leichter löslichen Steinsalzes, als Waschrückstand bleibt das Kieserit zurück. Pro erzeugter Tonne Kieserit fallen etwa 15000 l gesättigte Kochsalzlösung an (mit etwa 250 bis 270 g/l). Dieses »Waschwasser« wird entweder in klüftige geologische Formationen versenkt, oder – besonders von der DDR – in die Werra eingeleitet.

Das ESTA-Verfahren

Von den hessischen Werken wurde inzwischen eine Möglichkeit gefunden, diese Ableitungen zu umgehen: das elektrostratische Aufbereitungsverfahren. Es beruht auf der gegenseitigen Aufladung der Salzbestandteile durch Reibung. Dazu muß das Salz erst gemahlen und dann ein Mittel zugesetzt werden, das es gestattet, das Kieserit gezielt abzuscheiden. Die Trennung erfolgt dadurch, daß die verschieden geladenen Salzteilchen beim Fall in einem etwa 10 m hohen Turm von einer der beiden unterschiedlich geladenen Elektroden, die sich an der Seite des Turmes befinden, angezogen werden, und damit am Boden des Turmes an der einen Elektrode das Kieserit, an der anderen das Abfallsalz anfällt.[12]

Durch dieses Verfahren, das 1979 von den *Wintershall-Werken* eingeführt wurde, konnten die Ableitungen in die Werra verringert, und die Salzmengen, die früher in den Boden gepreßt wurden, halbiert werden.

Das Verfahren erfordert zwar hohe Investitionssummen; da sich die Ausbeute der gewünschten Salze jedoch erhöht, steigt die Wirtschaftlichkeit. Seit Einführung ist der Anteil der hessischen Werke an der Weserversalzung auf unter 10 % gesunken.

Folgen der Gewässerversalzung für die Artenbesiedlung

Obwohl jeder von uns etwas Salz zu sich nehmen muß, sind die Mengen, die sich in den genannten versalzten Gewässern befinden, alles andere als harmlos: Schon bei vergleichsweise geringer Versalzung wie im Rhein ändert sich die Lebensgemeinschaft der Organismen im Gewässer. Nach einer biologischen Grundregel bildet sich unter besonderen Bedingungen eine artenarme, dafür individuenreiche Besiedlung heraus. Das bedeutet, daß nur wenige Arten diese Belastung aushalten, sich dafür aber massenhaft vermehren können, weil sie sich nicht mehr gegen die anderen Arten durchsetzen müssen. Besonders Kieselalgen sind bekannt für ihre Unempfindlichkeit gegenüber erhöhten Salzgehalten. Tiere, die sich in sauberen Gewässern aufhalten, wie Schwämme, Muscheln, Eintags- und Steinfliegenlarven fehlen dagegen völlig.[15] Auch viele Fische erkranken im salzhaltigen Wasser und können sich nicht mehr fortpflanzen.

Es gibt aber auch Lebewesen, die erst bei erhöhten Salzgehalten vorkommen. Die sogenannten NAG-Vibrionen, Mikroorganismen, die mit den Choleraerregern nah verwandt sind, vermehren sich besonders gut, wenn mindestens soviel Salz im Wasser ist wie im Rhein. Sie rufen Entzündungen im Magen-Darm-Bereich hervor, die mit Erbrechen, Krämpfen und Fieber verbunden sind. In besonders schlimmen Fällen kann diese Krankheit choleraähnlich verlaufen. Dies geschieht dann, wenn die NAG-Vibrionen aus wärmerem Wasser kommen. Der Rhein bietet also immer bessere Lebensbedingungen für diese Krankheitserreger[16].

An Werra und Weser sind die Auswirkungen noch schlimmer, denn hier befindet sich die achtfache Menge an Salz in einem Liter Wasser. Das Ausmaß der Schäden wird besonders deutlich an der Abnahme der Tierarten, die von Fischen gefressen werden. Erste Untersuchungen stammen vom Beginn dieses Jahrhunderts, als die beiden Flüsse so salzig waren wie heute der Rhein. Während zu dieser Zeit noch ein normaler Artenbestand festgestellt worden sein soll, waren es in den 50er Jahren bei einem Salzgehalt von fast 2000 mg/l Chlorid noch 64 Arten und Anfang der 70er Jahre in der Oberweser noch ganze 13, wovon die meisten allerdings nur noch vereinzelt auftreten. Einen Krebs gibt es massenhaft; etwa 95% aller Tiere gehören dieser einen Art an[17], die von Biologen lange gesucht und dann ausgesetzt worden war, damit die Fische überhaupt noch etwas zum Fressen haben.

So werden die Fische wenigstens nicht an Nahrungsmangel eingehen. Ob sie überleben, ist eine andere Frage. Denn die heute noch vorkommenden können in der Oberweser nicht mehr ablaichen. Gegenüber früher ist auch hier eine Artenverarmung und Artenänderung eingetreten. Ihr Bestand ist demnach auf die Besatzmaßnahmen von Sportfischern und Angelvereinen und die Einwanderung aus unversalzten Flüssen zurückzuführen. Der inzwischen häufig vorkommende Aal laicht von Natur aus im Meer ab. Damit kann wenigstens die besonders empfindliche Brut in relativ unbelasteten Gewässern aufwachsen. Dies zeigt, daß es für den Aal möglich ist, sich an Salzwasser anzupassen.

Der volle Umfang der Schäden wurde erst bei Elektrobefischungen im Mai 1977 deutlich, durch die man ein genaues Bild des Zustandes der Fische erhalten konnte. 90% aller Fische hatten Geschwüre, die teilweise schon das Skelett angegriffen hatten, bei den restlichen 10% war der innere Zustand so schlecht, daß bei ihnen in nächster Zeit wahrscheinlich Geschwüre durchgebrochen wären. Viele waren so gestört, daß sie ohne weiteres mit der bloßen Hand gefangen werden konnten. Bei Laboruntersuchungen ergab sich, daß ihr Sauerstoffverbrauch deutlich erhöht war, ihre rote Blutkörperchen aber nicht mehr so viel Sauerstoff aufnehmen konnten.[18] Die Tiere litten also unter ständigem Luftmangel.

Besonders problematisch ist der erhöhte Kaliumgehalt der Werra. Er beträgt etwa 2,5% der gesamten Salzmenge im Wasser, im Meerwasser sind dagegen nur etwa 0,8%. Kalium ist für Tiere schon in relativ geringen Mengen giftig, da die Funktion der Muskeln und die Nerventätigkeit beeinträchtigt wird. Die Fische können sich nicht mehr im Wasser halten, sinken auf den Grund und sterben dort – unbemerkt von der Öffentlichkeit. So wurden im Dezember 1978 bei einem Kaliumgehalt von 370 mg/l (die Schadensschwelle liegt bei etwa 200 mg/l) innerhalb eines halben Tages im Einlaufwerk des Atomkraftwerkes *Würgassen* über 2000 tote Fische angesaugt.[18]

Die wenigen Algen, die noch vorkommen und sich massenhaft vermehren konnten, schädigen bei Niedrigwasser durch Algenblüten die letzten noch lebenden Tierarten, weil sie den Sauerstoffhaushalt des Flusses durcheinanderbringen.

Trinkwasserprobleme

Bei der Trinkwassergewinnung läßt sich Salz nicht mit vertretbarem Aufwand entfernen, es sei denn, es wird Meerwasser aufbereitet. Nach amerikanischen Empfehlungen ist Wasser, das mehr als 60 mg Kochsalz pro Liter enthält, für Personen, die auf Diätkost angewiesen sind, nicht tragbar. Bei solchen Anforderungen müßten die Rheinwasserwerke ihre Wassergewinnung aufgeben. Denn obwohl in den Niederlanden immer mehr salzarmes Wasser zugemischt wird, überschritt 1976 in Amsterdam der Chloridgehalt erstmalig den von der *WHO* festgelegten Höchstwert von 200 mg/l.[19] Viel Spielraum ist da nicht mehr, ab 250 mg/l schmeckt Wasser salzig.

Die Wasserwerke im Wesereinzugsgebiet haben mit noch größeren Schwierigkeiten zu kämpfen: In *Bremen* konnten bis 1965 noch zwei Drittel des Trinkwassers aus der Weser gewonnen werden – vor 1935 kam es sogar nur aus der Weser –, 1977 waren es keine 20% mehr (vgl. *Abb. 3*). Neueste Pläne sprechen von einem völligen Verzicht auf Weserwasser. Die Kosten für den dazu notwendigen Bau von Fernleitungen und Wasserbecken werden sich auf über 100 Millionen DM belaufen. Schon jetzt beträgt in Bremen der Mehraufwand für die Beschaffung salzarmen Trinkwassers pro Jahr etwa 10 Millionen DM, und dabei steigt der Salzgehalt immer noch weiter.

Im gesamten Einzugsgebiet der Weser mehren sich entsprechende Klagen. Kein Wunder, denn das Grundwasser ist auf beiden Seiten der Weser 400 m weit versalzen, im Bereich von Stauseen noch wesentlich weiter. Die Wirkung dieser Versalzung spürt man sogar noch in unversalzten Gebieten: Entnimmt man in größerer Entfernung Grundwasser, so wird das versalzene Wasser angesaugt. Deshalb darf die Förderleistung nicht zu hoch sein, die abgepumpte Wassermenge muß der Grundwasserneubildung entsprechen.[20] Das bedeutet, daß schon heute viele Brunnen wesentlich weniger fördern, als möglich wäre. Die erwartete Erhöhung des Wasserverbrauchs wirft also Probleme auf, die bei anhaltender Versalzung nur durch den aufwendigen Bau von Fernwasserleitungen gelöst werden können.

Wirtschaftliche Probleme

Während dem Verbraucher Trinkwasser mit bis über 200 mg/l Chloridgehalt zugemutet wird, stellt die Industrie für ihr Brauchwasser viel höhere Ansprüche, hat aber keine Skrupel, ihr eigenes Salz in die Flüsse abzuleiten. Ab 50 mg Chlorid pro Liter besteht die Gefahr der Zerstörung von Industrieanlagen durch erhöhte Korrosion. Bei steigendem Salzgehalt verschlimmern sich die Auswirkungen dann zusehends, wie jeder im Winter bei seinem rostenden Auto sehen kann. So mußten von den *Amsterdamer Wasserwerken* kostspielige Maßnahmen getroffen werden, die verhindern, daß dadurch entstehendes braunes, rostiges Wasser aus den Wasserhähnen kommt.

Die Lebensdauer von Turbinen in Kraftwerken sinkt bei salzhaltigem Wasser von 20 bis 40 Jahren auf 10 Jahre, auch andere Stahlkonstruktionen an Wehren und Brücken werden nach und nach zerstört. Die Probleme verschärfen sich noch, wenn die Schwankungen des Salzgehaltes zunehmen[21], wie es seit der Außerbetriebnahme der Rückhaltebekken im *Elsaß* der Fall ist. So kommt es, daß Rheinwasser für einige Industriezweige als Brauchwasser nicht mehr zu benützen ist – als Trinkwasser soll es dagegen geeignet sein!

Auch Gemüsekulturen in *Holland,* die mit Rheinwasser bewässert werden, erbringen geringere Erträge, da beispielsweise Salat, Gurken oder Paprika gegen erhöhte Salzgehalte besonders enpfindlich sind. Die Schäden der Landwirtschaft belaufen sich in den Niederlanden auf 70 bis 100 Millionen Gulden pro Jahr.

Ein Aspekt, der nicht vernachlässigt werden darf, ist die Abnahme der natürlichen Selbstreinigungskraft in einem versalzten Fluß. Zwar scheinen sich die dafür verantwortlichen Mikroorganismen besser an versalzte Gewässer anpassen zu können als vielzellige Tiere, jedoch ist die Artenzahl in der Werra und Weser auf ein Viertel bis ein Fünftel zurückgegangen.

Mit schwerwiegenden Abbauverzögerungen ist ab Salzgehalten von 6000 bis 12000 mg Chlorid pro Liter zu rechnen (Werra: 1976 durchschnittlich 11200 mg/l). Je nach Gewöhnungsgrad der Bakterien werden dann insbesondere schwer angreifbare Stoffe nicht mehr abgebaut.[22] Das bedeutet, daß die Kläranlagen besser ausgebaut werden müssen, da man nicht mehr von einem weiteren natürlichen Abbau im Fluß ausgehen darf. Diese Erweiterungen stellen eine hohe finanzielle Belastung dar, die bei der heutigen Finanzmisere dazu führen könnte, daß ein verstärkter Druck auf die Lösung der Salzprobleme ausgeübt wird.

Lösungen an der Werra?

Die Entsalzung der Werra und Weser ist zum großen Teil ein politisches Problem, da die *DDR* zu 90% für die Belastung verantwortlich ist. Sie hat das Problem auf ihre Art gelöst: Die »Lex Werra« erlaubt, was anderswo verboten ist, nämlich eben diese hohen Salzeinleitungen.

Das Nachsehen hat die *BRD,* in der man daraufhin den Plan erwog, eine 400 km lange Salzpipeline an die Nordsee zu bauen. Als aber die veranschlagten Baukosten auf 1,1 Mrd. DM kletterten, jährliche Rücklagen von 120 bis 150 Mio. DM gefordert wurden, um eine Ersatzleitung bauen zu können, gar nicht sicher war, ob es überhaupt Baumaterialien für eine solche Belastung gäbe, die Weserschiffahrt Bedenken wegen zu geringer Wasserführung hatte, und befürchtet wurde, daß der Kaliumanteil die Muschelbänke, Krabbenfangplätze und Fischbrutgebiete in der Nordsee gefährden würde, wurden die Planungen wieder eingestellt. Die Situation änderte sich natürlich nicht.[23] Da nützen die immer wieder erscheinenden Zeitungsberichte genauso wenig, wie die sich häufenden Arbeiten in biologischen Fachkreisen, für die diese extremen Belastungen sogar besondere Reize haben.

So bleibt die Hoffnung, daß die DDR sich bereit erklärt, das neue elektrostatische Abbauverfahren bei der Kieseritherstellung zu verwenden und den Abraum nicht auf Halden aufzuschütten, sondern wieder in den Untergrund zu verbringen. Es ist dabei auch daran zu denken, die Verarbeitung abbauunwürdiger Vorkommen einzustellen.

Eine andere Möglichkeit stellt die Rückgewinnung und Verwertung für andere Zwecke dar. Ein Teil der Abfallsalze findet inzwischen bei Industriefußböden, zur Kohlenstaubbekämpfung, zur Staubverhinderung auf Straßen und als Flammhemmstoff Verwendung.

Lösungen im Elsaß?

Obwohl die Holländer nach dem 2. Weltkrieg lautstark gegen die Versalzung protestiert hatten – sie beziehen fast 75% des Süßwassers aus dem Rhein – und sich in den 60er Jahren eine Kommission der beteiligten Anliegerstaaten gebildet hatte, sieht es dort nicht besser aus.

Lösungsvorschläge gab es genug: Aufhaldung, Abtransport mit einer Schiffflotte, Bau einer Pipeline an die *Nordsee* oder ans *Mittelmeer*, Verpressung in die Tiefe oder Bau einer Salzsiederei, die den »Abfall« verwerten soll.

Die lange bevorzugte Lösung war die Verpressung in 1800 m Tiefe. Aber hier regte sich der Widerstand der Elsässer. Denn das Gebiet, in dem die Verpressung stattfinden sollte, gehört zu einem der größten Trinkwasserspeicher Europas. Fast die Hälfte des Trinkwassers des Oberelsaß kommt aus dieser Gegend. Eine Versalzung käme einer Katastrophe gleich. Die Angst vor »holländischen Verhältnissen« wird so verständlich, besonders wenn man bedenkt, daß sich sowohl der *Sachverständigenrat für Umweltfragen* in seinem *Rheingutachten* gegen die Einpressung ausspricht, da er eine Gefährdung des Grundwassers nicht ausschließen könne[6], als auch im Geologischen Jahrbuch C 1978 der *Bundesanstalt für Geowissenschaften* die Tiefenversenkung in Frage gestellt wird, da tektonische Gegebenheiten und seismische Vorbehalte bei intensiver Grundwassernutzung dagegen sprächen.[24]

Auch die Erfahrungen an der Werra, daß es neuerdings salzhaltige Quellen gibt, die sogar die Landwirtschaft beeinflussen[4], können die Elsässer nicht davon überzeugen, daß dieses Verfahren keine Gefahr darstellt.

So nahm der Widerstand gegen dieses Projekt immer größere Formen an: Am Anfang waren es nur einige Umweltschützer, die warnend ihre Stimme erhoben, dann aber gesellten sich Landwirte, Gemeinden, Gewerkschaften und Parteien an ihre Seite. Kein Wunder, daß *Paris* die

Kraftprobe mit dem Elsaß scheute, und im Dezember 1979 das Scheitern der Pläne bekanntgab.

Die Verärgerung der Anliegerstaaten über die verpatzte Möglichkeit, der Umweltverschmutzung Herr zu werden, erscheint in einem ganz anderen Licht, wenn man bedenkt, daß sich der Sachverständigenrat für Umweltfragen nur deshalb so für eine schnelle Lösung der Rückhaltung im Elsaß aussprach, damit bei einer Erweiterung des Steinkohlenbergbaus im Ruhrgebiet zusätzliches Salz abgeleitet werden könnte, ohne daß es zu weiteren Folgen käme. Auch für die Niederlande wäre es einfacher und billiger, das Salzwasser aus den Poldern nicht ausgerechnet in die Gewässer zu pumpen, aus denen man hinterher wieder Trinkwasser gewinnen will.

Bei der Ministerkonferenz im November 1981 beschlossen die beteiligten Länder erneut, nach Prüfung durch eine amerikanisch-skandinavische Expertenkommission einen Teil der Salze zu verpressen. Zusätzlich will Frankreich eine kleinere Salzfabrik errichten. Der Bau dieser Saline stößt aber auf große Skepsis, da der europäische Salzmarkt schon übersättigt ist und etwa tausend Arbeitsplätze in den lothringischen Salzfabriken gefährdet werden. Die Elsässer dagegen sprechen sich für eine größere Saline aus, lehnen aber die nur geringe Entlastung bringende Tiefenverpressung weiterhin ab.

Bei der Ministerkonferenz nicht berücksichtigt wurden zwei weitere Vorschläge: nämlich der Abtransport mit dem Schiff in die Nordsee und das Wiedereinlagern in den Gruben.

Für die erste Möglichkeit spricht, daß die Schiffe, die Kohle an den Oberrhein bringen, bei der Rückfahrt ohne größere zusätzliche Kosten Salz mitnehmen könnten. Bei Verwendung von gelbem Blutlaugensalz als Antiklumpmittel sind keine schädlichen Umweltwirkungen zu erwarten, wie mehrfach befürchtet wurde. Schließlich wird es auch dem Speisesalz zugegeben.

Der Rücktransport des Abfallsalzes in die Gruben wird von Frankreich abgelehnt, da einerseits die Abbaumethode dafür nicht geeignet sei, andererseits die Arbeitsbedingungen deutlich verschlechtert würden. Aus mehreren Ländern liegen jedoch gute Erfahrungen vor, beispielsweise hat der deutsche Steinkohlenbergbau leistungsfähige und weitgehend mechanisierte Verfahren entwickelt. Da zudem im Elsaß gleiche Abbauverfahren und technische Einrichtungen verwendet werden und die Dicke und Neigung der Flöze sich entsprechen, sollte diese Möglichkeit auf jeden Fall weiter verfolgt werden.

Da eine Produktionsausweitung im Jahr 1980 zu einer vermehrten Salzableitung geführt hat und auf eine Lösung durch Stillegung der Minen nicht gewartet werden kann, ist endlich eine durchgreifende Maßnahme in obigem Sinne erforderlich. Alle bisherigen Vorschläge hätten die Salzfracht nur unzureichend verringern können. Erst bei Einbeziehung aller Industriezweige, insbesondere auch der deutschen, wird eine dauerhafte Sanierung möglich.

Weitere Lösungsmöglichkeiten und zusätzliche Probleme

Bei Abwässern mit nur geringem Salzgehalt wird das Problem der Rückhaltung noch schwieriger. Da eine Entfernung zu energie- und kostenintensiv ist, muß erneut von der Industrie der Einbau von Anlagen mit geschlossenem Wasserkreislauf gefordert werden, denn dabei würden neben der verringerten Gesamtabwasserlast auch weniger Salze abgegeben.

Eine zusätzliche Verschlechterung wird die Einführung der dringend notwendigen Phosphatfällung in Kläranlagen bringen. Denn bei der Fällung mit Eisen- und Aluminiumsalzen wird zwar das Phosphat mit den Metallen aus dem Wasser entfernt, übrig bleibt aber das Salz. Trotzdem dürfte der positive Effekt einer verringerten Düngewirkung auf das Gewässer den Versalzungsschaden aufwiegen. Um so wichtiger ist es also, das Salz dort zurückzuhalten, wo es möglich ist: bei hochkonzentrierten Lösungen, bei denen sich auch aufwendige Verfahren lohnen, oder durch verringerten Streusalzeinsatz.

Literaturangaben

1 Internationale Kommission zum Schutze des Rheins gegen Verunreinigungen: Zahlentafeln 1977, Tab. 5.1
2 Deutsche Forschungsgemeinschaft (Hrsg.): Hydrologischer Atlas der BRD, 1979
3 M. Böhme: Trotz Chloridabkommen – rein in den Rhein, Öko-Institut Freiburg, *Mitteilungen* Nr. 9, Juni 1980, S. 7
4 F. Meinck: Industrie-Abwässer, 4. Aufl. Stuttgart 1968
5 *Der Spiegel,* Nr. 9/1980
6 Der Sachverständigenrat für Umweltfragen: Umweltprobleme des Rheins, Stuttgart und Mainz 1976
7 Ruhrverband: Dokumentation über die Salzbelastung der Ruhr, Essen 1976
8 Länderarbeitsgemeinschaft Wasser (LAWA): Gewässergefährdung durch Auftausalze, Wiesbaden 1976, unveröffentlicht
9 O. Klee: Hydrobiologie, Stuttgart 1975
10 W. Loub: Umweltverschmutzung und Umweltschutz, Wien 1975
11 Ökologieprobleme am Oberrhein, Was Wir Wollen, Sondernummer Juli 1978, Freiburg
12 Ullmanns Encyclopädie der Technischen Chemie, 4. Auflage, Weinheim, Band 13, S. 447 ff.
13 Europarat: Karte der Salzhaltigkeit, Strasbourg 1977

14 W. Börnert: Die Werra – ein sterbender Fluß? *Natur und Museum* 110 (8), 1980
15 H. Ziemann: Die Wirkung der Kaliabwässer auf die Flora und Fauna der Gewässer unter besonderer Berücksichtigung der Werra und Wipper, in: *Fortschritte der Wasserchemie* 7 (1967), S. 50
16 H. E. Müller: NAG-Vibrionen, choleraähnliche Erreger in unseren Gewässern, *Forum Städte-Hygiene* 30 (1979), S. 211
17 G. Buhse, F. Wach: Fischerkrankungen in der Oberweser, *N. Arch. f. Nds.* 24 (4), Nov. 1975, S. 1
18 E. Halsband: Die Auswirkungen von hohen Salzfrachten aus der DDR auf das physiologische Verhalten und das Blutbild der Fische der oberen Weser, *Veröffentlichungen des Instituts für Küsten- und Binnenfischerei*, Hamburg, Jan. 1979, Nr. 65/1979
19 Rijncommissie Waterleidingbedrijven (RIWA), Jahresbericht 1976
20 *Handelsblatt* vom 9.5.78
21 J. Hulsch, M. Veh: Zur Salzbelastung von Werra und Weser, *N. Arch. f. Nds.* 27 (4), Dez. 1978, S. 367
22 H. Ziemann: Der Einfluß der Versalzung auf Biocoenose und Leistungspotential von Binnengewässern, in: Fortbildungskursus »Aktuelle Probleme der Wasserwirtschaft«, TU Dresden 1972, S. 33
23 H. Mohseninia: Biotopveränderungen durch die Abwässer der Kali-Industrie in der Werra, Dissertation, Göttingen 1979
24 Geologisches Jahrbuch Reihe C Heft 20, 1978: Geologische und geotechnische Grundlagen zur Tiefversenkung von flüssigen Abfällen und Abwässern, S. 143

Hans Kiemstedt

Folgen unkoordinierter Gewässernutzung am Beispiel des Oberrheins

I Zur Themenstellung

Mit dem weitverzweigten Oberflächenwassernetz und großen ergiebigen Grundwasservorkommen verfügt die Bundesrepublik über ein Wasserdargebot, das rein quantitativ betrachtet keinen Mangel auftreten lassen dürfte. Trotzdem mehren sich die Probleme der Wassernutzung und Wasserversorgung. Sie sind im Prinzip die Folgen einseitiger und übermäßiger Inanspruchnahme des Gewässerpotentials. Aus dem Blickwinkel einzelner Nutzungsinteressen wird der Wasserhaushalt einer Landschaft nicht mehr im Wirkungszusammenhang gesehen, sondern nur noch in Teilleistungen und Teilaspekten. Die Folge ist, daß derartige auf Einzelziele gerichtete Maßnahmen unerwartete Nebenwirkungen nach sich ziehen. Sie zwingen den Verursacher zu Gegenmaßnahmen, die oft weit über den auslösenden Eingriff hinausreichen und seine weiteren Handlungsmöglichkeiten zunehmend festlegen.

Darin zeigt sich, daß die traditionelle sektorale Sichtweise in Politik, Verwaltung, Wissenschaft und Technik die komplexen Systemzusammenhänge, wie sie in natürlichen Ökosystemen vorliegen, nicht zu berücksichtigen vermag. Wir sind daher nicht mehr in der Lage, die Folgen der Eingriffe, zu denen uns die Technik heute befähigt, zu erkennen, da sie unser Wahrnehmungs- und Steuerungsvermögen übersteigen.

Jedoch werden diese Zusammenhänge gerade im Hinblick auf das Wasser hiermit nicht neu in die Betrachtung eingeführt. Die Hydrologie ist definiert als »*die Lehre vom Wasser und seinen Erscheinungsformen über, auf und unter der Erde und ihren natürlichen Zusammenhängen*«[1]. Die Wasserwirtschaft versteht sich als »*zielbewußte Ordnung aller menschlichen Einwirkungen auf das ober- und unterirdische Wasser*«[1]. Mit »zielbewußt« ist allerdings nichts über die Art der Ziele, über Zielprioritäten und den Zusammenhang zwischen Zielen ausgesagt, ohne deren Bestimmung eine Ordnung nicht denkbar ist.

Der *Oberrheingraben* ist eine der großen Flußlandschaften in der Bundesrepublik, in der die angesprochenen Probleme besonders deutlich und zugespitzt auftreten. Hier sind die letzten 200 Jahre dadurch gekennzeichnet, daß der Rheinstrom und das die gesamte Tallandschaft bestimmende Element Wasser immer nach jeweils vorherrschenden – im Laufe der Zeit wechselnden – ökonomischen und politischen Einzelinteressen gesehen und behandelt wurden. *Abb. 1* soll diese Sichtweise veranschaulichen.

Dementsprechend unkoordiniert verlief auch die gesamte räumliche Entwicklung. Daher ist der Oberrheingraben ein bereits abschreckendes Beispiel dafür, wie natürliche Zusammenhänge einer vom Wasser bestimmten Landschaft mißachtet werden, welche – auch ökonomisch relevanten – Folgen damit verbunden sind und wo eine ökologisch ausgerichtete Politik anzusetzen hat.

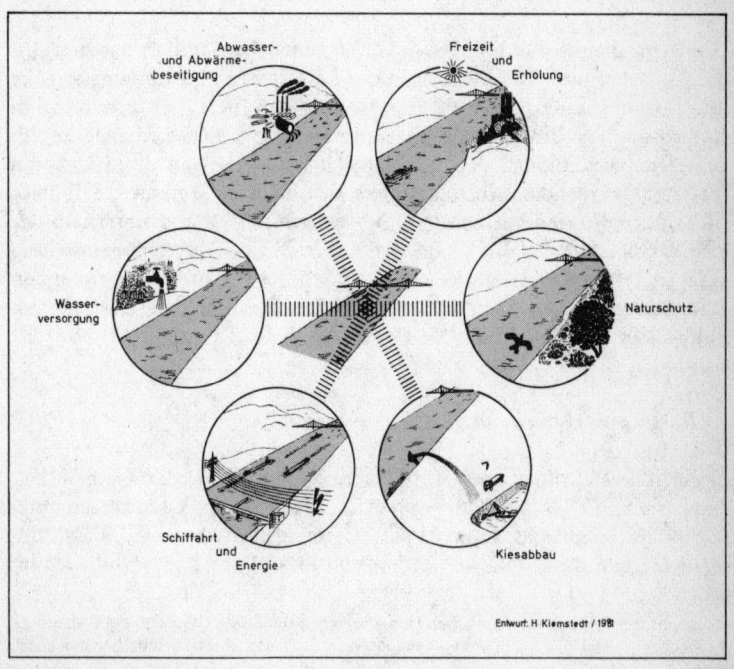

Abb. 1: Die ökologischen Zusammenhänge einer Flußlandschaft werden durch isolierte Nutzungsansprüche und Ressortzuständigkeiten zerschnitten

II Was sind die Probleme der Gewässerbewirtschaftung und -nutzung am Oberrhein?

1. Hochwassergefahr

Trotz 1½ Jahrhunderten Wasserbaus am *Oberrhein** ist die Gefährdung durch Hochwasser nicht gebannt. Die Wahrscheinlichkeit von Hochwässern, die das maximale Fassungsvermögen des Flußbettes zwischen den Hochwasserdeichen ausfüllen (bei Maxau 5000 m³/sec., bei Worms 6000 m³/sec.) ist aufgrund der wasserbaulichen Eingriffe stark gestiegen**. D. h. Hochwasserspitzen treten jetzt schneller und häufiger auf. Sie führen beim Zusammentreffen mit Hochwasserwellen der Nebenflüsse im Mittel- und Unterlauf zu verstärktem Rückstau und zu Überschwemmungen. Dadurch werden die Schiffahrt und alle rheinanliegenden Nutzungen beeinträchtigt.[2]

2. Fortschreitende Eintiefung des Flußbettes (Sohlenerosion)

Die Begradigung durch *Tulla* im vergangenen Jahrhundert hat zunächst die Eintiefung des Rheinbettes in der natürlichen Ausräumungsstrecke des Stromes unterhalb von Basel stark gefördert (sie erreichte im südlichsten Teil 7 m). Durch die Kanalisierung des Oberrheins, die mit dem Rheinseitenkanal begann und sich heute im Bau der Staustufen fortsetzt, wurde die Erosionsstrecke des Stromes stufenweise flußabwärts nach Norden verschoben. Sie schließt z. Z. direkt unterhalb der letzten Staustufe bei Iffezheim (vgl. *Abb. 2*) an. Die Sohleneintiefung gefährdet die Ufersicherungen und die Schiffahrt. Durch den sinkenden Rheinwasserstand drohen die Anliegerhäfen zu verlanden. Das mit dem Flußwasser korrespondierende Grundwasser im Talraum sinkt ab.[2, 3, 4]

3. Rheinwasserverschmutzung

Durch die Belastung mit Abfällen und Abwässern der Gemeinden, Industrien und der Schiffahrt ist der *Rhein* der am stärksten verschmutzte Fluß Mitteleuropas. Obwohl jährlich mit großem Aufwand Wasseruntersuchungen durchgeführt werden und diese Probleme ausführlich im

---

* Beginn der Rektifikation des Oberrheins durch den Badischen Obersten und Wasserbauingenieur Tulla 1817. Inbetriebnahme der vorerst letzten Rheinstaustufe bei Iffezheim, 1977.
** Während vor den Kanalisierungsmaßnahmen solche »Jahrhundert-Hochwasser« alle 200–220 Jahre zu erwarten waren, muß jetzt alle 50 Jahre mit ihnen gerechnet werden.

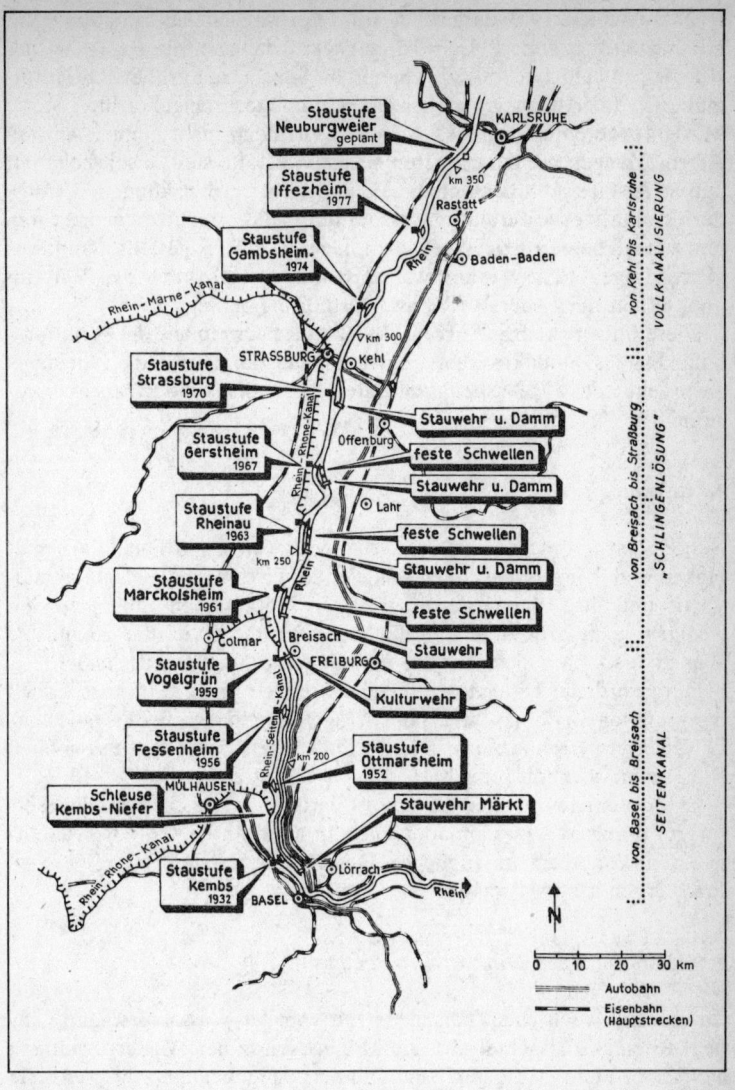

Abb. 2: Der Ausbau des Oberrheins zwischen Basel und Karlsruhe (Stand März 1981)

Quelle: Lit. 2

Rheingutachten 1975 dargestellt wurden, hat sich die Situation nicht grundsätzlich geändert. Es wird geschätzt, daß sich die Belastung des Rheins pro Jahr um 150–200 chemische Substanzen erhöht. Die Informationen über die von den einzelnen Einleitern eingebrachten Stoffe werden größtenteils zurückgehalten. D.h. noch nicht einmal Anzahl, Arten, Mengen der eingeleiteten Belastungsstoffe sind soweit bekannt, daß wirksame Abhilfemaßnahmen ergriffen werden können. Erfolge der Qualitätsverbesserung sind bisher nur örtlich, auf einzelne Faktoren und zeitlich begrenzt zu verzeichnen. Der 1977/78 festgestellte Trend zur geringfügigen Verbesserung war z.B. maßgeblich durch den Verdünnungseffekt der höheren Rheinwasserführung bedingt.

Diese hohe Schadstoff-Fracht des Rheines vermindert die Funktionsfähigkeit des Flußökosystems mit allen Leistungen für die Nutzungsansprüche des Menschen, darunter besonders die Wasserversorgung.[5, 6, 7, 8]

4. Belastung des Grundwassers

Neben dem Strom selbst ist das Grundwasser in seiner Qualität, Ergiebigkeit und Spiegelhöhe ein entscheidender Faktor für die Rheintallandschaft und ihre Nutzung. Die dortigen Vorkommen zählen zu den wenigen noch großräumig verfügbaren Vorräten für die zukünftige Wasserversorgung nicht nur der rheinangrenzenden Bundesländer.[9]

Durch örtliche Nutzungseinflüsse ist jedoch im Einwirkungsbereich der größeren Siedlungs- und Industrieagglomerationen bereits eine starke Qualitätsverschlechterung feststellbar (z.B. durch die elsässischen Kaligruben oder im Bereich *Mannheim-Ludwigshafen*).

Entlang einiger Stromabschnitte ist darüber hinaus der Grundwasserspiegel durch Wasserbaumaßnahmen und zu starke Grundwasserentnahmen, vor allem im südlichen Oberrheingebiet und im *Hessischen Ried,* erheblich abgesunken.[10]

5. Gefährdung des Trinkwasserpotentials

Ca. 20 Mill. Menschen hängen derzeit von der Wasserversorgung aus dem Rheineinzugsgebiet ab. Die Möglichkeiten der Wassergewinnung am Unter- und Mittellauf sind bereits weitgehend erschlossen. Sie werden jedoch durch die starke Rheinwasserverschmutzung und örtliche Grundwasserverunreinigungen im Bereich der Städte und Industrien zunehmend belastet. Deshalb ist die Sicherung und haushälterische Bewirtschaftung des Trinkwasserpotentials am Oberrhein von länderübergreifendem Interesse.

Auch in diesem Rheinabschnitt sind jedoch einige bedeutende Vorkommen bereits übernutzt. Daher kommt der Gewinnung von Uferfiltrat aus dem Rhein immer größere Bedeutung zu. Sie wird durch die Verschmutzung des Rheins – mit neben den bekannten einer Vielzahl unbekannter Stoffe – stark beeinträchtigt.

In anderen Zonen großer Grundwasserhöffigkeit ist die Qualität – z.B. durch die elsässischen Kalieinleitungen – stark verschlechtert. Weitere sind gefährdet durch unkontrollierten Schadstoffeintrag bei weiterer Intensivierung der Nutzungen (Siedlung, Industrie, Abfall- und Abwasserbeseitigung) und durch das Offenlegen des Grundwasserspiegels bei Sand- und Kiesgewinnung. Angesichts dieser Entwicklung und der stockenden Sanierungsmaßnahmen befürchten die Wasserwerke im Rheineinzugsgebiet, daß der Rhein als Trinkwasserquelle gänzlich und endgültig unbrauchbar werden könnte.[7, 8]

6. Bedeutungswandel der Flußlandschaft und Verlust ihrer ökologischen Funktionsfähigkeit

Die bisher aufgeführten »Wasserprobleme« sind die auch vordergründig ökonomisch ernst zu nehmenden Zeichen für gestörte ökologische Wirkungszusammenhänge im Oberrheingraben. Die ökologische Labilität wird verstärkt durch den anhaltenden Verlust von Standorten mit mehr oder weniger natürlichen Lebensgemeinschaften von Pflanzen und Tieren. Ein Netz solcher Ökotope, das die natürliche Vielfalt der Standorte möglichst erhalten soll, gilt als Voraussetzung für die Stabilität und Selbstregulierungsfähigkeit des natürlichen Systems mit allen davon abhängigen Leistungen für den Menschen. Die weitere Intensivierung der Nutzungen führt darüber hinaus zu einer fortschreitenden Umprägung des Landschaftsbildes durch technisch-bauliche Elemente. Das bedeutet, daß die Eigenständigkeit und Einmaligkeit des Lebensraumes Oberrheintal verlorengeht, wie das mit vielen anderen Landschaften bereits früher geschehen ist.[5]

Die vorstehende Auflistung der wichtigsten wasserwirtschaftlichen Probleme am Oberrhein läßt bereits die Verbindung zu den Nutzungseingriffen in den Wasserhaushalt erkennen. Im folgenden soll versucht werden, die systemhafte Verkettung von Ursache–Wirkung–Folgewirkung mehr im einzelnen zu erläutern. Dabei ist aufzuzeigen, daß die auf einzelne Nutzungsinteressen ausgerichteten Maßnahmen zwar ihr Ziel erreichen, die damit ausgelösten Entwicklungen aber nicht aufgehalten werden können. Außerdem treten Folgeerscheinungen ein, die nicht vorhergesehen oder unterschätzt wurden.

Den Anstoß für diese Wirkungsabläufe gab der Oberrheinausbau zu

Beginn des vergangenen Jahrhunderts. Er zog weitere Ausbaumaßnahmen nach sich, die zugleich die Intensivierung der Landschaftsnutzung unterstützten. Davon gingen weitere Einflüsse auf das Wasserregime des Oberrheingrabens aus. Sie verursachten neue Probleme (z.B. Grundwasserverunreinigung). Sie verstärkten aber auch im Zusammenwirken mit den wasserbaulichen Eingriffen deren negative Effekte.

Diese Zusammenhänge sollen anhand zweier Schaubilder in zwei Abschnitten dargestellt werden, deren inhaltliche Verbindungen jedoch nicht übersehen werden dürfen (s. *Abb. 3* und *4*).

III Der Oberrheinausbau als endloser Handlungszwang
(s. *Abb. 2 und 3*, Literatur Nr. *2* bis *5* und *11* bis *13*)

1. Die Rheinkorrektur durch den badischen Obersten und Wasserbauingenieur Tulla 1817–1875

Ziele: Beseitigung der Hochwassergefahren durch den ungebändigten Wildstrom.
Festlegung der Grenze gegenüber Frankreich, die bis dahin wegen ständiger Flußbettveränderungen nicht eindeutig war.
Trockenlegung des Rheintales als Voraussetzung der Inkulturnahme.
Maßnahmen und Ergebnisse: Verkürzung des 354 km langen Flußlaufes zwischen *Basel* und *Worms* auf 273 km (= 23%).
Fassung des bis dahin bis zu 4 km breiten Wildstromes in ein von Hochwasserdämmen begrenztes 200–250 m breites, festes Bett.
Grenzen und Siedlungen wurden sicher, die Rheinebene kultivierbar.
Folgen: Die Zusammenfassung der Wassermassen und die Erhöhung des Gefälles bewirkten höhere Fließgeschwindigkeit und größere Transportkraft des Stromes, damit eine zwar bezweckte, aber in ihrem Ausmaß nicht vorhersehbare Eintiefung des Flußbettes zwischen *Basel* und *Breisach* (im Süden bei *Rheinweiler* um 7 m);
Absinken des mit dem Rheinwasserstand in Verbindung stehenden Grundwasserspiegels im Talraum beiderseits des Flusses, Austrocknung der südlichen Oberrheinebene.

2. Rheinregulierungen im wesentlichen zwischen 1907–1924 und spätere Nachregulierungen

Ziele: Sicherung einer Mindestfahrwassertiefe für die Rheinschiffahrt von 1,70 bis 2 m; erforderlich wegen der steigenden Bedeutung des Schiffsverkehrs und der verstärkten Geschiebeablagerungen unterhalb der südlichen Erosionsstrecke.

Abb. 3: Ökologische Zusammenhänge beim Ausbau des Oberrheins

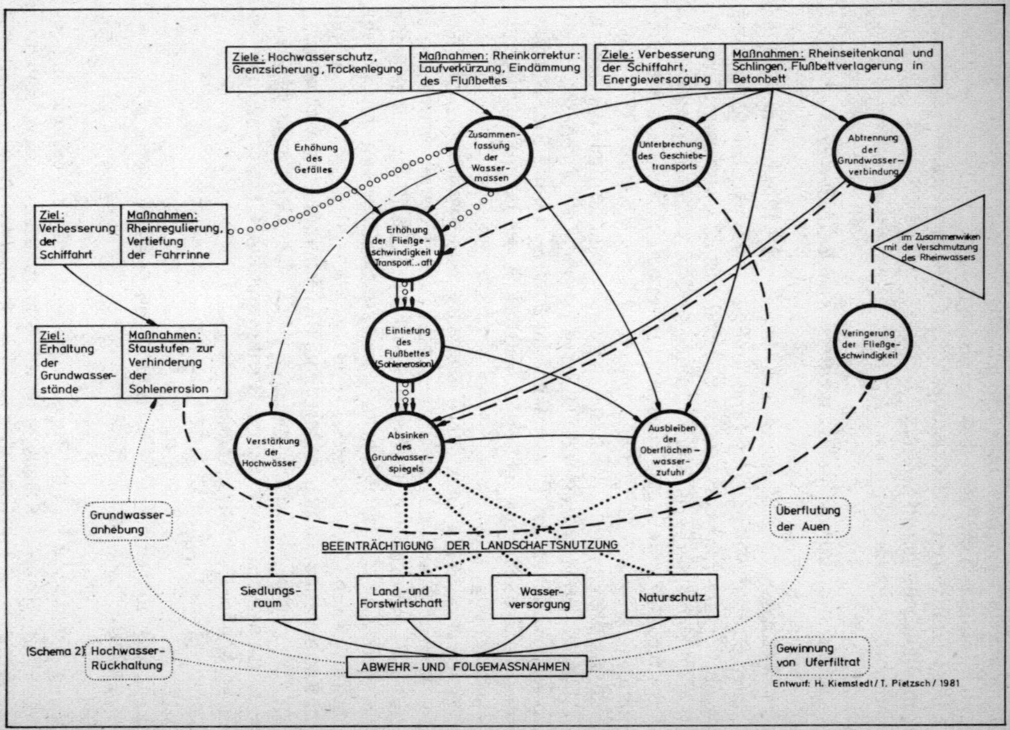

Maßnahmen und Ergebnisse: Einengung des Niedrigwasserabflusses durch Buhnen, Leitwerke und Baggerungen.
Folgen: Durch weitere Eintiefungen des Flußbettes Grundwasserabsenkungen im nördlichen Stromabschnitt.

3. Bau des Rheinseitenkanals durch Frankreich (1932–1959)*

Ziele: Nutzung des Wasserspiegelgefälles von 110 m auf der 118 km langen Strecke zwischen *Basel* und *Straßburg* zur Elektrizitätsgewinnung sowie Verbesserung der Schiffahrt durch konstante Abflußverhältnisse.
Maßnahmen und Ergebnisse: Ableitung des Rheinwassers unterhalb von *Basel* (ca. 1100 cbm/sec) in ein 160 m breites betoniertes Kanalbett mit 4 Staustufen: *Kembs* 1932, *Ottmarsheim* 1952, *Fessenheim* 1957, *Vogelgrün bei Breisach* 1959 (Fertigstellungsdaten) und Schiffahrtsschleusen; verbleibender Mittelwasserabfluß im »Restrhein« 10–50 cbm/sec.
Folgen: Absinken der Wasserstände im Restrhein um 2–3 m, Nachsinken der Grundwasserstände und Verstärken der bereits eingesetzten Austrocknung.
Durch weitere Bündelung der Wassermassen und Verlust der Geschiebefracht im Kanalbett schnellere Abfuhr der Hochwasserwellen und erhöhte Transportkraft des Wassers, daher unterhalb der Einmündung des Kanals in den Hauptstrom verstärkte Sohlenerosion mit Gefahr nachsinkenden Grundwassers.
Im Kanalbett im Zusammenwirken mit der Rheinwasserverschmutzung bei verringerter Fließgeschwindigkeit Abdichtung der Kanalsohle, d. h. Verlust des Kontaktes zwischen Rheinwasser und Grundwasser mit der Folge weiteren Grundwasserabsinkens.

4. Kanalschlingen auf der Rheinstrecke zwischen Breisach und Straßburg 1957–1970**

Ziele: Ebenso wie für den Rheinseitenkanal, jedoch Verhinderung der beim Weiterbau des Kanals zu befürchtenden Grundwasserabsenkung.
Maßnahmen und Ergebnisse: Herausführung des Rheinwassers in 4 Teilkanalstrecken mit Stauhaltungen und Schiffahrtsschleusen (*Markolsheim* 1961, *Rheinau* 1963, *Gentheim* 1967 und *Straßburg* 1970 = Daten der Fertigstellung); unterhalb der Stauhaltungen Wiedereinmünden in das alte Rheinbett (Schlingenlösung).

---

* Aufgrund des Versailler Vertrages nach dem Ersten Weltkrieg zunächst zwischen Basel und Breisach
** Konzession Frankreichs gegenüber der deutscherseits zugesagten Moselkanalisierung

Flankierende Maßnahmen: Errichtung eines Kulturwehres bei *Breisach* zum Aufstau des südlichen Restrheines (ein zweites weiter südlich soll folgen); parallel zur Kanalschlingenstrecke auf dem deutschen Ufer Ausbau eines Frischwasserzuges (Altrheinverbund) und feste Schwellen im Restrheinbett neben den Kanalabschnitten zur Stützung des Grundwassers.

Folgen: Abdichten der Stauhaltungen und des Flußbettes zwischen den festen Schwellen, damit Unterbrechung der Verbindung des Rheinwassers mit dem Grundwasser; außerhalb der Hochwasserdämme Ausbleiben der Überflutungen, Dränwirkung zu tief eingeschnittener Entnahmestellen für Dammschüttungen; d. h. Unterbindung der Einspeisung von Rheinwasser in die Aue, dagegen verstärkte Dränage, Anhebung bisheriger Niedrigwasser-Grundwasserstände, aber Senkung der Hochwasser-Grundwasserstände; dadurch Beeinträchtigung bisher intakter Aue-Ökosysteme; beschleunigte Hochwasserabführung mit Gefahren für die Unterlieger und wiederum verstärkte Sohleneintiefung unterhalb der jeweils letzten Staustufe (im Anschluß an die Stauhaltung Gerstheims z. B. in 15 Monaten 2,5 m bei einer Länge des Erosionskeiles von 2,5 km).

5. Vollkanalisierung ab Straßburg zunächst bis Iffezheim 1970–1977

Ziele: Verhinderung der weiteren Sohlenerosion und damit Erhaltung der Funktionsfähigkeit der Rheinhäfen, Sicherung konstanter Rheinwasserstände für die Schiffahrt und ausreichender Grundwasserhöhen.

Folgen: Im Prinzip wie bei bisherigen Stauhaltungen, d. h. Verlust und Beeinträchtigung von noch intakten Rheinaue-Ökotopen durch Baumaßnahmen, Bauwerke, Anhebung der Grundwasserstände oberhalb und Absenkung unterhalb der Stauhaltungen sowie durch Ausbleiben der Überflutungen; durch Verringerung der Fließgeschwindigkeit Verminderung der Selbstreinigungskraft des Stromes und Abdichtung der Sohle durch Schwebstoffe im verschmutzten Rheinwasser. Damit Abtrennung der Verbindung Rheinwasser-Grundwasser, mit Grundwasserabsenkung als Folge; weitere Beschleunigung der Hochwasserabfuhr; wiederum Unterbrechung des Geschiebetransports und Verschiebung der Erosionsstrecke nordwärts.

Notwendige flankierende Maßnahmen und Folgemaßnahmen: Ausbau eines Binnengewässersystems für künstlichen Einstau, Überflutungen und zur Infiltration in das Grundwasser, verbunden z. T. mit Altrheinsanierung. Noch ungeklärt ist zwischen der *Bundesrepublik* und *Frankreich*, ob unterhalb *Iffezheim* bei *Neuburgweier* eine nächste Staustufe gebaut werden soll oder ob die weitere Sohlenerosion durch künstliche Geschiebezufuhr verhindert werden kann.

6. Geplante Hochwasser-Rückhaltepolder (Retentionsräume) in Planung

Ziele: Verminderung der durch die bisherigen wasserbaulichen Maßnahmen verstärkten Hochwassergefahren am Mittel- und Unterlauf, als Hauptabhilfemaßnahmen 1968 von der Hochwasserstudienkommission für den Rhein vorgeschlagen.
Vorgesehene Maßnahmen: 4 Polder auf französischem Gebiet, 7 in Baden-Württemberg, 4 in Rheinland-Pfalz. Flächengröße zwischen 1–7 qkm, Einstauhöhe 2,50–3 m.
Zu erwartende Folgen: Weitere Verluste von wertvollen Rheinauefläche, Störung der ökologischen Funktionszusammenhänge durch unnatürliche Überstauung (keine Überflutung, größere Höhen, andere Zeitspannen).

IV Intensivierung der Raumnutzung bis zur Verbrauchslandschaft

Die Rheinkorrektion durch Tulla war – mit weitreichenden und z. T. kaum steuerbaren Folgewirkungen eine wesentliche Voraussetzung für die Intensivierung der Nutzung und Siedlung im Oberrheingraben. Die danach einsetzende Entwicklung verlief zwar nicht ungeordneter als in anderen Räumen. Sie hat jedoch schwerwiegendere Folgen, weil alle Nutzungen in verschiedener Weise auf das Wasser einwirken, das im ökologischen Gefüge dieser Landschaft eine hervorragende Rolle spielt. Im Rahmen dieses Beitrages kann die abgelaufene Landschaftsveränderung nicht im einzelnen nachgezeichnet und belegt werden. Folgende Feststellungen sollen genügen, um den Zusammenhang mit den bereits dargestellten Wasserproblemen und den wasserbaulichen Eingriffen herstellen zu können:[5, 14 – 19]

1. Siedlungsentwicklung

Herausbildung von 6 Verdichtungsräumen: *Frankfurt–Mainz–Wiesbaden, Mannheim–Ludwigshafen, Karlsruhe, Straßburg, Freiburg, Basel–Mülhausen.*

Bevölkerungsdichte im nördlichen Oberrheintal größer als im Süden (1973: 476 Einwohner je km^2 gegenüber 220, Bundesschnitt 250). Gesamteinwohnerzahl ca. 9 Mill.

Das Bundesraumordnungsprogramm 1975 weist den Oberrheingraben als Zone weiterer starker Bevölkerungszunahme aus. Wegen des zunehmenden Verbrauchs ökologisch wichtiger Freiräume und Überlastung des Wasserhaushaltes sind einer weiteren Ausdehnung der Siedlungsräume bereits Grenzen gesetzt.[5, 14, 19]

2. Industrie

Die großen Agglomerationsräume sind zugleich die Hauptzentren der Industrie; große regionale Konzentrationen der Chemie am nördl. Oberrhein; metallverarbeitende, feinmechanische und holzverarbeitende Betriebe am südl. Oberrhein mit starken Schadstoffbelastungen.

3. Energiegewinnung

Nach den Planungen der Energieversorgungsunternehmen sollen bis Mitte der 90er Jahre im Oberrheingraben 20000 MW durch Atomkraftwerke erzeugt werden. Deren Abwärme würde die Ballungserscheinungen um eine »thermische Agglomerationsachse« verstärken. Damit verbunden wären große Entnahmen von Kühlwasser und eine Verschärfung des Belastungsklimas durch hohe Verdunstung.

4. Verkehr

Die Nutzung des Rheintals als wichtige Nord-Süd-Verbindung hat zu einer einmaligen Bündelung der Straßen, Schienen, Energietransportleitungen und Fernrohrleitungen geführt. Zudem ist der Rhein die verkehrsreichste Binnenwasserstraße der Bundesrepublik.

Aufgrund der Flächeninanspruchnahme, der Zerschneidungseffekte und Unfallrisiken wird im Rheingutachten festgestellt, daß »die absolute Grenze der Verkehrsbelastung nicht mehr fern ist«[5].

5. Sand- und Kiesgewinnung

Der Oberrheingraben zählt zu den Hauptabbaugebieten für Sand und Kies. Allein die Region Mittlerer Oberrhein (Rheinstrecke von *Rheinmunster* bis *Philippsburg*) liefert 10%–15% des Aufkommens im Bundesgebiet. Das bedeutet Inanspruchnahme wertvoller Talflächen in einem Maße, daß bereits Siedlungsentwicklungen eingeengt sind, der Landwirtschaft, Forstwirtschaft und dem Naturschutz wertvolle Flächen verlorengehen und das Grundwasser großflächig freigelegt ist.[20]

Die skizzierte sozioökonomische Entwicklung am Oberrhein ist mit Eingriffen in die natürlichen Systemzusammenhänge verbunden, von denen hier besonders die interessieren, die auf den Wasserhaushalt gerichtet sind. Sie sind in ihrer Vernetzung und ihren Auswirkungen in *Abb. 4* dargestellt und im wesentlichen folgende:[5–8, 14]

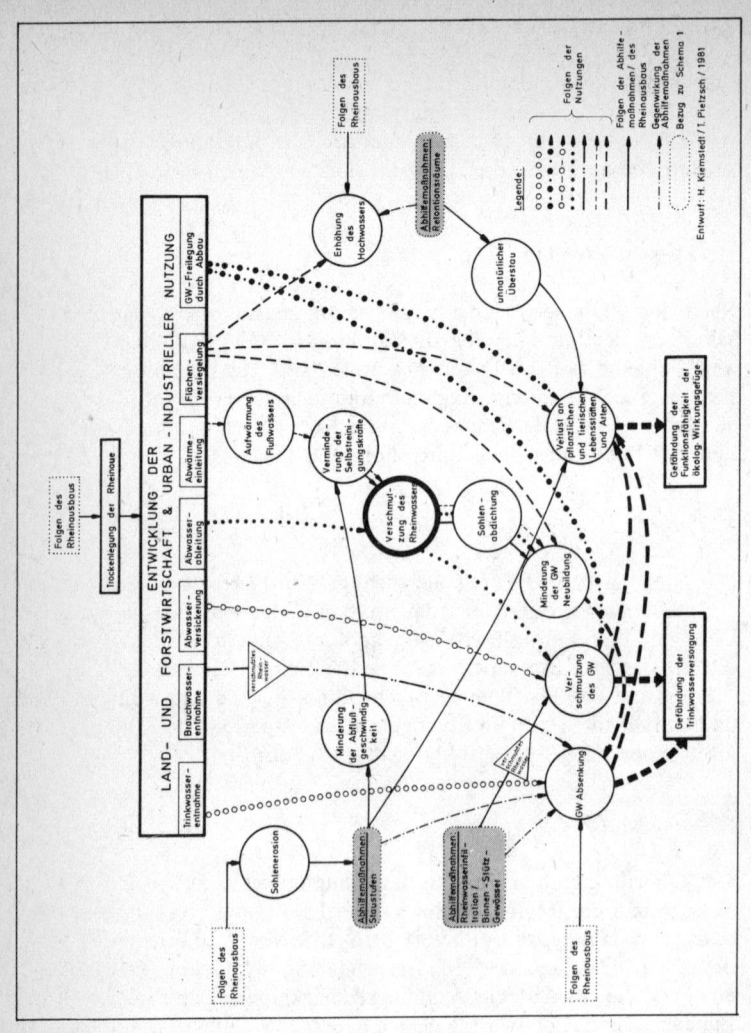

Abb. 4: Ökologische Zusammenhänge bei der Intensivierung der Raumnutzung

1. Trockenlegung und Wasserabführung

Nach der Rheinregulierung verstärkte Binnenentwässerung mit dem Ziel, weitere Flächen für Siedlung, Land- und Forstwirtschaft zu gewinnen (z. B. im Hessischen Ried nach dem »Generalkulturplan« bis Ende der 30er Jahre[10]); dadurch Minderung der Oberflächenwasser-Einspeisung in das Grundwasser, Einleitung von Grundwassersenkungen, Verlust von typischen Feuchtstandorten.

2. Flächenversiegelung

Zunehmende Überbauung mit Siedlungs-, Industrie- und Verkehrsflächen, die für die Grundwasserneubildung ausfallen, d. h. Mitwirkung an der Grundwassersenkung; zugleich Verlust von land- und forstwirtschaftlichen Produktionsstandorten und naturnahen/natürlichen Flächen; die Inanspruchnahme solcher Flächen und damit die technisch-urbane Umprägung der Landschaft wird fortgesetzt durch den Bau der Staustufen und Rückhaltepolder (notwendig gegen Hochwassergefahr aufgrund des Stromausbaus).

3. Abwasserversickerung und -beseitigung

Im Zusammenhang mit wachsenden Flächen für Siedlung, Verkehr, Industrie und Abfallbeseitigung zunehmend unkontrollierte, jedoch auch planmäßige (z. B. durch die elsässischen Kaligruben) Abwasserversickerung; dazu Abwasserableitung in das Binnenwassernetz und den Rhein (noch heute haben zahlreiche Großstädte und Industrien am Rhein keine Kläranlage in Betrieb);[5]

Folgen: z. T. weitreichende Grundwasserverunreinigungen (z. B. eine weite Zone der Versalzung nördlich der Kaligruben im Elsaß, ferner im Bereich der Stadtregionen wie Karlsruhe oder Mannheim-Ludwigshafen); außerdem im Zusammenwirken mit der Verringerung der Fließgeschwindigkeit des Rheines (bedingt durch die Stauhaltungen) Abdichtung des Flußbettes, d. h. Unterbrechung der Uferinfiltration zur Grundwasserneubildung und Grundwasserabsenkung; andererseits noch verbleibende oder künstlich verstärkte Infiltration aus dem Rhein wegen Verunreinigungsgefahr zunehmend problematisch; durch Rheinwasserverschmutzung weitere Belastung der natürlichen Tier- und Pflanzenwelt in und am Strom.

4. Abwärmeeinleitung durch Industrie und Kraftwerke

Verstärkung der Wirkung der Belastungsstoffe und Minderung der natürlichen Selbstreinigungskraft des Flusses; außerdem Gefahr der Temperaturübertragung auf das Grundwasser; damit Auswirkungen auf Wasserversorgung.

5. Grundwasserentnahme

Steigende Anforderungen der Wasserversorgung führen zu wachsender Grundwasserförderung; in den Schwerpunkten (z.B. in der *Freiburger Bucht,* nördlich von *Karlsruhe* und im *Hessischen Ried*) bereits erhebliche Grundwasserabsenkungen, steigende Notwendigkeit der Grundwasseranreicherung durch Rheinwasserinfiltration; dadurch Gefahr der Trinkwasserverunreinigung, die auch durch hohen Aufbereitungsaufwand nicht abzuwenden ist; Verstärkung der Absenkungen durch örtliche Entnahmen für landwirtschaftliche Beregnung (wegen abgesunkener Grundwasserstände, z.B. im *Hessischen Ried*), ebenso durch Auswirkungen der Sohlenerosion des Rheines, der nachlassenden Uferinfiltration (bedingt durch Rheinwasserverschmutzung) und ausbleibende Überflutungen (aufgrund der Kanalisierung). Der sinkende Grundwasserstand wirkt als zusätzlicher Faktor beim Rückgang von wertvollen Ökotopen (nur noch 15% der flußnahen Flächen am Oberrhein gelten als natürlich oder naturnah, 83% dagegen als naturfern und urban)[21].

6. Brauchwasserentnahme

Wegen der starken Verunreinigung des Rheinwassers deckt die Industrie zunehmend ihren Brauchwasserbedarf aus dem Grundwasser und steigert die genannten Folgen: die nutzbare Niedrigwassermenge des Rheins wird nicht ausreichen für den errechenbaren Kühlwasserbedarf aller am Oberrhein geplanten Kraftwerke.

7. Freilegung des Grundwasserkörpers

In weiten Teilen der Rheinniederung bereits offengelegtes Grundwasser durch Kies- und Sandbaggerungen mit Gefahr direkter Verunreinigungen; Ausdehnung der Abbauflächen ebenfalls auf Kosten noch verbliebener naturnaher und natürlicher Ökotope.

Die hier nur gedrängt mögliche Darstellung zeigt vor allem die zentrale Rolle der Rheinwasserverschmutzung im Systemzusammenhang als Folge zahlreicher Nutzungen. Sie beeinträchtigt über verschiedene Abläufe und Kombinationen die Wasserversorgung und die Funktionsfähigkeit des natürlichen Wirkungsgefüges in der Flußlandschaft. Auch die Wasserentnahmen wirken in die gleiche Richtung. Beides wird verstärkt durch die Folgen wasserbaulicher Eingriffe. Zudem belasten überzogene Wasserversorgungsansprüche wiederum die Funktionen des Wasserhaushaltes.

Aus der Sicht der verschiedenen Interessenbereiche – organisiert in Ressorts und Fachplanungen – wurde das Wasser bisher

- entnommen, wo es zur Wasserversorgung und Produktion gebraucht wurde;
- abgeführt, wo es die Flächennutzung behinderte;
- als Verkehrsträger und
- zum Abtransport von Abfallstoffen benutzt und
- mit seinen Leistungen und Trägerfunktionen in jeweils anderen Bereichen nicht beachtet.

Diese Einstellung vermag das Wasser im Prinzip nur als Gebrauchs- und Verbrauchsgut und kaum als Element eines Systems zu sehen. Dort, wo Systemzusammenhänge in Betracht gezogen wurden – und das ist bei verschiedenen Eingriffen nicht zu bestreiten –, geschah das nur begrenzt, und zwar soweit es den eigenen Interessen diente.

Das Ergebnis sind nicht nur konkrete Beeinträchtigungen von Nutzungsansprüchen, die man wie bisher einzeln für sich sehen und evtl. beheben könnte. *Abb. 5* zeigt das räumliche Ausmaß der Hauptbelastungen und Auswirkungen. Daraus wird deutlich, daß die Oberrheinlandschaft in Gefahr ist, ihre Identität zu verlieren und als Lebensraum zunehmend unbrauchbar zu werden. Trotzdem ist ein umfassendes wasserwirtschaftliches und raumordnerisches Konzept, das die vielfach gegenläufigen Einzelinteressen koordiniert und auf eine langfristige Sicherung des natürlichen Potentials gerichtet ist, für den Oberrheingraben nicht in Sicht.[5+17]

Ursachen und Konsequenzen

Die aufgezeigte Entwicklung im Oberrheintal hat verschiedene Ursachen auf unterschiedlichen Ebenen.
1. Die Ziele, nach denen in das Wasserregime der Landschaft eingegriffen wurde, wechselten im historischen Ablauf. Zunächst stand die Bändigung des Stromes und die Beseitigung der Hochwassergefahr

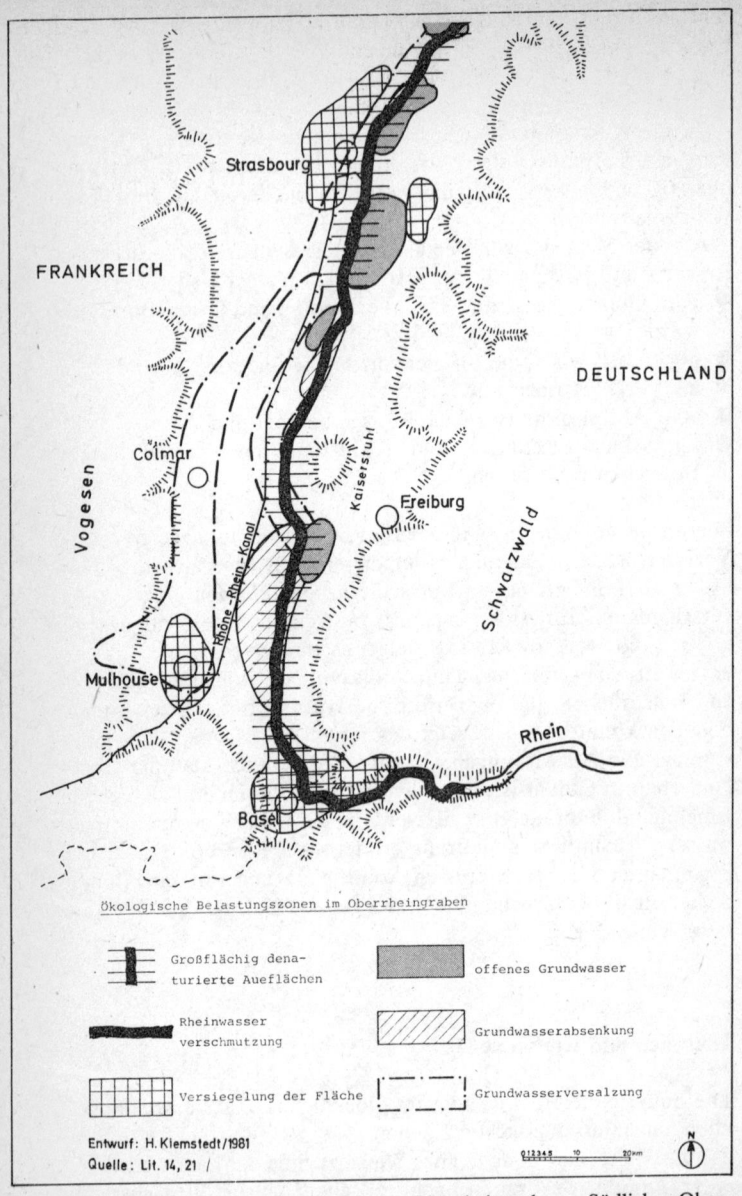

Abb. 5a: Ökologische Belastungszonen im Oberrheingraben – Südlicher Oberrhein

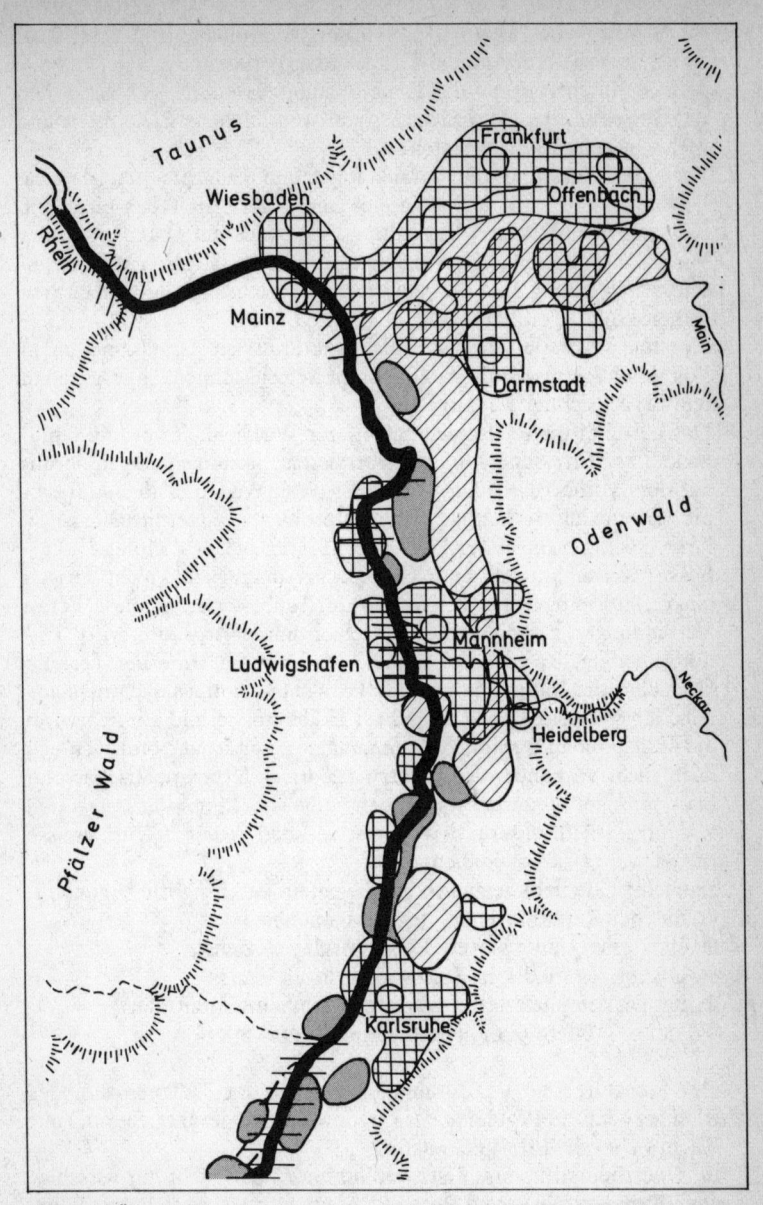

Abb. 5b: Ökologische Belastungszonen im Oberrheingraben – Nördlicher Oberrhein

im Vordergrund. Dann folgten Energiegewinnung und Schiffahrt; später erst die Nutzung der Grundwasservorkommen.
Mit der Intensivierung der Raumnutzung erweiterte sich außerdem das Spektrum der Ansprüche, so daß verschiedene Ziele mehr und mehr in Konkurrenz gerieten.
2. Für alle Ziele und die daraus folgenden Eingriffe gilt, daß sie bestimmt sind von der ökonomischen Rationalität der einzelnen Ressorts in Politik und Verwaltung. Das bedeutet erstens, daß der kurzfristige ökonomische Nutzen zugunsten einseitiger Wirtschaftsinteressen Vorrang vor der langfristigen Sicherung der natürlichen Lebensgrundlagen hat.
Zweitens verhindert die sektorale Struktur in den Fachdisziplinen, in Politik und Verwaltung, daß komplexe Zusammenhänge gesehen und berücksichtigt werden können.
Das ausschnitthafte Betrachten unserer Wirklichkeit und die Unfähigkeit zur Erfassung von übergeordneten Zusammenhängen beruht auf dem vorherrschenden Verständnis von Wissenschaft und Technik. Es hat unsere heutigen Umweltprobleme mitverursacht, ist zu ihrer Lösung nicht in der Lage und bedarf der Überprüfung.[22]
3. Dieses Wissenschafts- und Technik-Verständnis hat nicht nur zu einer Auflösung unserer Umwelt in Teilbereiche geführt, deren Verbindungen zu sehen dem einzelnen immer schwerer wird. Dadurch bedingt ist auch der Glaube, daß wir mit Hilfe der Technik Herr über die Natur sind und alle Probleme – notfalls nachträglich – beheben können. Das setzt jedoch Erkenntnisse und Einsichten in die ökologischen Wirkungszusammenhänge voraus, die offensichtlich noch nicht vorhanden sind. Dazu bedarf es ferner politischer und ökonomischer Steuerungsinstrumente, die aber hinter der steigenden Kompliziertheit unserer ökonomischen und sozialen Verhältnisse immer weiter zurückbleiben.
Zunächst jedenfalls zeigt sich im Gegenteil, daß Eingriffe bei unvollkommener Kenntnis der Systemzusammenhänge
- stets erneut unerwartete Folgen nach sich ziehen,
- uns immer wieder in Zugzwang bringen, der in
- immer komplizierteren Gegenmaßnahmen besteht, die
- immer größere ökonomische Anstrengungen erfordern.

Der Staustufenbau im Zusammenhang mit der Tiefenerosion des Rheines oder die Probleme der Grundwasserwiederanreicherung mit Rheinwasser sind Beispiele dafür.
4. Im Oberrheintal kommt erschwerend hinzu, daß nicht nur verschiedene Fachdisziplinen und Ressorts zusammenzuarbeiten haben. Darüber hinaus sind die nationalen Grenzen der Bundesländer und

internationalen Grenzen der Rheinanliegerstaaten mit jeweils verschiedenen Interessen zu überwinden. Die dadurch bestimmten Schwierigkeiten nehmen einen großen Raum ein im Rheingutachten und in den Veröffentlichungen der dortigen Regionalplaner.[5, 14]

5. Die auf einzelne Faktoren des Wasserhaushaltes gerichteten Maßnahmen und das unabgestimmte Nebeneinander isolierter Nutzungsinteressen schienen in der Vergangenheit unproblematisch, weil zum einen das Wasser selbstverständlich und im Überfluß vorhanden war. Das unterstützte die Einstellung, daß Wasser ökonomisch als »*freies*« Gut, im Sinne von frei und unbegrenzt verfügbar, zu betrachten sei. Zum anderen fehlten auch die Kenntnisse über die natürlichen Zusammenhänge und die möglichen Folgen von Eingriffen. Letzteres trifft jedoch nur teilweise und noch nicht einmal immer für die Vergangenheit zu. Tulla war ein hervorragender Kenner der Wasserverhältnisse im Rheintal. Einige der von ihm vorgesehenen Begleitmaßnahmen bei der Stromkorrektion wurden aus ökonomischen Gründen nicht verwirklicht oder von seinen Nachfolgern nicht durchgeführt. Heute können jedoch unzureichende Kenntnisse und Informationen nicht mehr als Entschuldigung für Versäumnisse der Wasserwirtschafts- und Raumordnungspolitik am Oberrhein vorgebracht werden.

Was diesen Raum angeht, sind
- die Probleme der Gewässernutzung und -bewirtschaftung alarmierend,
- die Kenntnisse über die ökologischen Zusammenhänge hinreichend vorhanden,
- Konzepte für die Regeneration mit biologischen und technischen Maßnahmen erarbeitet,
- die rechtlichen Instrumentarien, wenn auch nicht erschöpfend, so doch weitreichend entwickelt,
- die Verursacher von Belastungen und die Gründe für die Durchsetzungsdefizite bekannt.

Der Mangel liegt daher in der fehlenden Verantwortung und Ernsthaftigkeit des politischen Vollzuges.

Literaturangaben

1 DIN 4049 Blatt 1, S. 3, Nr. 1.01 und 1.13
2 Graewe, H.: Die Notwendigkeit einer Rheinstaustufe bei Neuburgweier. *Wasserwirtschaft* 65, 1975, H 9.5.233–238
3 Wittmann, H.: Zur Morphogenese des Oberrheins, *Wasserwirtschaft* XLN (1954/55), S. 121–131

4 Felkel, K.: Die Problematik der Sohlenerosion des Oberrheins, *Zeitschrift für Binnenschiffahrt und Wasserstraße* 1977, H. 8, S. 363–374
5 Der Rat von Sachverständigen für Umweltfragen: Umweltprobleme des Rheins, Stuttgart/Mainz 1976
6 Van Der Pols, H.: »Sauberer Rhein« – Wir alle tragen Verantwortung, *gwf-wasser/abwasser* 1979, H. 8, S. 389–393
7 Arbeitsgemeinschaft Rhein. Wasserwerke e. V.: Jahresbericht 1979
8 Internationale Arbeitsgemeinschaft der Wasserwerke im Rheineinzugsgebiet: Arbeitstagung 1977
9 Bundesminister für Raumordnung, Bauwesen und Städtebau: Grundwasservorkommen in der Bundesrepublik Deutschland, Bonn-Bad Godesberg 1980
10 Kalweit, H.: Gewässerkundliche Veränderungen durch die Wirtschaftsentwicklung im Hessischen Ried, *Wasser und Boden* 1972, H. 9, S. 274–277
11 Kunz, E.: Hochwasserschutz und Wasserbauten am Oberrhein, *Wasser- und Energiewirtschaft* 67. Jg., 1975, H. 516, S. 151–152
12 Armbruster, I.; Huppmann, O.; Strayle, G.: Die Auswirkungen einer Staustufe auf den Grundwasserhaushalt, *gwf-wasser/abwasser* 1977, H. 11, S. 512–520
13 Felkel, K.; Kuhl, D.; Steitz, K.: Naturversuche mit künstlicher Geschiebezuführung zwecks Verhütung der Sohleneintiefung des Oberrheins (Freistetter Versuche), *Wasserwirtschaft* 1977, H. 5, S. 119–125
14 Konferenz Oberrheinischer Regionalplaner: Oberrheingraben, Planung über die Grenzen, Bonn 1979
15 Musall, H.: Die Entwicklung der Kulturlandschaft der Rheinniederung zwischen Karlsruhe und Speyer vom Ende des 16. bis Ende des 19. Jahrhunderts, Heidelberg 1969
16 Hügin, S.: Wesen und Wandlung der Landschaft am Oberrhein, Stuttgart 1962
17 Schäfer, W.: Der Oberrhein, sterbende Landschaft? *Natur u. Museum* 1973, H. 1, S. 1–81
18 Schäfer, W.: Nördlicher Oberrhein, ökologisch und ökotechnisch, *Courier Forschungsinstitut Senckenberg* 1973, H. 2
19 Bundesminister für Raumordnung, Bauwesen und Städtebau: Regionale Verdichtung im nördlichen Oberrheingebiet Bonn-Bad Godesberg 1977
20 Akademie für Raumforschung und Landesplanung: Probleme der Raumordnung in den Kiesabbaugebieten am Oberrhein, Band 35, Hannover 1980
21 Bundesanstalt für Vegetationskunde, Naturschutz und Landespflege: Ermittlung und Untersuchung der schutzwürdigen und naturnahen Bereiche entlang des Rheins, Bonn-Bad Godesberg 1975
22 Vester, F.: Neuland des Denkens, vom technokratischen zum kybernetischen Zeitalter, Stuttgart 1980

Ruth Hanser / Harald Steinert

Meeresverschmutzung

Meeresverschmutzung in der Deutschen Bucht[*]
(Ruth Hanser)

Mehr und mehr ist die Nordsee in den letzten Jahren für Meeresforscher, Biologen und Umweltschützer zum »Sorgenkind Nummer eins« geworden. Schuld daran ist die alarmierende Verschmutzung, die speziell in der Deutschen Bucht und somit »vor der eigenen Haustür« die Tier- und Pflanzenwelt ernsthaft bedroht und vor allem die Fischbestände in Mitleidenschaft zieht. Es fehlt daher auch nicht an warnenden Stimmen namhafter Wissenschaftler, die ein »Umkippen« der Nordsee in naher Zukunft befürchten lassen, wenn diese verhängnisvolle Entwicklung nicht in letzter Minute gestoppt werden kann, wofür erste bescheidene Ansätze jetzt zu verzeichnen sind.

Zurückzuführen ist die besorgniserregende Situation auf eine Vielzahl von Faktoren verschiedenster Art. Dazu gehören – um nur die wichtigsten zu nennen – die zahlreichen Schadstoffe, die von Elbe, Weser und Rhein mitgeführt werden und in den Mündungsgebieten täglich in die Nordsee gelangen, sowie die sogenannten Verklappungen, das heißt Absenkungen von Chemiemüll und Klärschlamm, die mit Genehmigung der zuständigen Behörden regelmäßig in den graugrünen Fluten verschwinden. Allein die Hansestadt Hamburg läßt jährlich 340000 Kubikmeter Klärschlamm in der Deutschen Bucht verklappen, während die Kronos-Titan-Werke in Nordenham mit ihren Tankschiffen 750000 Tonnen Dünnsäure gleichfalls westlich von Helgoland ins Meer schütten.

Belastung durch Chemiemüll und Klärschlamm

»Die Belastung der südlichen Nordsee scheint jetzt ein kritisches Statium erreicht zu haben, so daß wir warnend den Finger heben müssen.« Mit

---

[*] Erstveröffentlichung im »Südkurier«, Konstanz, 25.10.1980.

diesen Worten hat Prof. *Klaus Tiews,* Direktor der Bundesforschungsanstalt für Fischerei in Hamburg, schon vor einiger Zeit die alarmierende Situation charakterisiert. Jetzt aber haben die Meeresbiologen in dem (zur Bundesforschungsanstalt gehörenden) Institut für Küsten- und Binnenfischerei erstmals den Nachweis erbracht, daß die Deutsche Bucht das bisher einzige Seegebiet der Nordsee ist, wo die Klieschen, eine besonders sensible Plattfischart, massenhaft mit Hauttumoren behaftet sind. Das Zentrum des Befalls aber deckt sich genau mit dem Gebiet, in das die Kronos-Titan-Werke regelmäßig ihren flüssigen Chemiemüll abladen.

Wie sich bei den regelmäßig durchgeführten Forschungsfahrten des Instituts außerdem herausgestellt hat, weisen aber auch andere Fischarten – bei denen es sich vor allem um Speisefische wie Schollen, Seezungen, Steinbutt, Flundern und Kabeljau handelt – manche Krankheitserscheinungen auf. Nach den Worten von Prof. Tiews geht es dabei durchweg um etwa fünf Prozent der Fänge, doch sind in extremen Fällen, speziell in Ufernähe, gelegentlich auch schon zehn Prozent registriert worden. Wohl konnte der eindeutige Zusammenhang mit den umstrittenen Verklappungen bisher noch nicht nachgewiesen werden, doch dürfte auch in diesen Fällen kaum ein Zweifel über die verhängnisvollen Folgen der Meeresverschmutzung bestehen.

Diesen Standpunkt vertreten auch die Hamburger Kutterfischer, die wohl nicht zu Unrecht um die Erträge ihrer Fangfahrten in der Deutschen Bucht fürchten müssen. Sie haben daher weitere spektakuläre Protestaktionen angedroht für den Fall, daß den umstrittenen Verklappungen nicht endlich Einhalt geboten wird. Nun aber haben Forscher und Fischer mit ihren ständigen Warnungen vor einer biologischen »Zeitbombe« in der Nordsee immerhin einen ersten Erfolg zu verzeichnen. Denn das *Deutsche Hydrographische Institut (DHI) in Hamburg* – das in Absprache mit dem Bundesverkehrs- und Innenministerium für die Erteilung der Verklappungs-Genehmigungen zuständig ist – hat vor kurzem gewisse Abänderungen der bisherigen Praxis beschlossen, die am 1. Juli 1980 in Kraft getreten sind.

Allerdings handelt es sich dabei noch nicht um das von allen Seiten angestrebte grundsätzliche Verbot, aber sicherlich um einen ersten Schritt in die richtige Richtung. So darf der Hamburger Klärschlamm jetzt nicht mehr wie bisher beim Feuerschiff Elbe I ins Meer versenkt, sondern muß weiter seewärts in der Deutschen Bucht verklappt werden. Ab 1. Januar 1981 wird hierfür ein Seegebiet im Atlantik benutzt – was mit einem jährlichen Kostenaufwand von immerhin achtzehn Millionen Mark allerdings einen tiefen Griff in die Taschen der Hamburger Steuerzahler bedeutet, während für den Hamburg näherliegenden Verklappungsort sechs Millionen Mark jährlich aufgewendet werden müssen. In etwa zwei bis drei Jahren aber hofft man in der Hansestadt so weit zu sein, den Klärschlamm an Land zu beseitigen und mit Hilfe einer neuartigen Anlage sogar nutzbringend zu verwerten.

Das Chemiewerk Kronos-Titan aber muß sich nunmehr strengen Auflagen unterwerfen und sich jetzt bemühen, die in der Dünnsäure enthaltenen giftigen Eisensulfate und Schwefelsäuren herauszuziehen und sie an Land zu lagern, falls andere Verwendungsmöglichkeiten nicht bestehen. Hierfür wurde dem Unternehmen eine Frist bis Ende 1981 eingeräumt. Außerdem aber wird die bisher genehmigte Menge von jährlich 750000 Tonnen Dünnsäure bis Ende 1981 auf 700000 Tonnen reduziert, muß schon jetzt stärker als bisher mit Seewasser versetzt und in kleineren Mengen verklappt werden, damit die Verteilung im Meer möglichst rasch vor sich geht.

»Diese Maßnahmen stellen bereits eine entscheidende Besserung für die biologische Situation der Nordsee dar, die bekanntlich zu den fünf fischreichsten Gewässern der Erde zählt.« Mit diesen Worten kommentierte Prof. Tiews die beschlossene Neuregelung des Deutschen Hydrographischen Instituts. Und daß derartige Vorschriften sich tatsächlich in dem gewünschten Sinn auswirken können, weiß der Hamburger Meeresbiologe am Beispiel des Herings recht eindrucksvoll zu belegen. Denn das 1977 in Kraft getretene strikte Fangverbot für die durch Überfischung völlig ruinierten Bestände haben bereits eine so deutliche »Erholung« des silberglänzenden Fisches zur Folge gehabt, daß wohl schon in fünf Jahren mit einer Normalisierung der »Heringssituation« in der Deutschen Bucht gerechnet werden könne. Was sicherlich als ein kleiner Silberstreifen am Horizont gewertet werden darf.

So alarmierend die Verschmutzung der Nordsee aber auch sein mag, so ist ihr Artenreichtum hierdurch bisher keineswegs negativ beeinflußt worden. Hierzu Prof. Tiews wörtlich:

»Die seit 1954 von unseren Forschungsschiffen lückenlos durchgeführten Beobachtungen lassen deutlich erkennen, daß keine der hier vorhandenen rund hundert verschiedenen Arten – von denen etwa zwanzig als Speisefische genutzt werden – bisher verschwunden, das heißt ausgestorben sind. In Gestalt der Meeräsche, die aus südlicheren Gewässern stammt und jetzt auch bei uns heimisch geworden ist, haben wir sogar einen kleinen Zuwachs zu verzeichnen.«

So Prof. Tiews über diesen kleinen Lichtblick in dem durchweg so düsteren Bild.

Drei Flüsse leiten Schadstoffe in die Deutsche Bucht

Eine verhängnisvolle Rolle für die kritische Situation in der Deutschen Bucht spielen nicht zuletzt aber auch Elbe, Weser und Rhein, die Tag für Tag mit Schadstoffen belastete gewaltige Wassermengen ins Meer entsenden. Diese Belastungen höchst unterschiedlicher Art sind um so gravierender, als sie zu einem erheblichen Teil aus den Nachbarländern der drei großen deutschen Ströme stammen, die ihre Industrie-Abwässer ohne allzu große Bedenken in die Flußläufe einleiten, sich zu wirksamen Absprachen bisher aber nicht bereitgefunden haben. So ist es trotz aller Bemühungen auf bundesdeutscher Seite bisher nicht gelungen, die für wichtige Abschnitte von Elbe und Werra (nach ihrem Zusammenfluß mit der Fulda bekanntlich die Weser) zuständige DDR an den Verhandlungstisch zu bringen. Die Situation der beiden Flüsse wird daher von den Fachleuten nach wie vor als kritisch bezeichnet, wobei für die Weser die Belastungen mit Kalisalzen, für die Elbe dagegen das Ammonium eine verhängnisvolle Rolle spielen. Um jedoch den bundesdeutschen Abschnitt der Elbe ständig im Auge zu behalten und mögliche Veränderungen sofort zu registrieren, haben die drei norddeutschen Küstenländer Schleswig-Holstein, Hamburg und Niedersachsen bereits 1977 die »*Arbeitsgemeinschaft für die Reinhaltung der Elbe*« (ARGE Elbe) ins Leben gerufen.

An 80 Meßstellen nördlich und südlich des Elbstromes werden auf der 275,4 Kilometer langen Strecke zwischen Schnackenburg und der Mündung bei Cuxhaven regelmäßig Wasserproben entnommen und wissenschaftlich untersucht. Allein 1979 wurden mehr als 100000 Einzeldaten ausgewertet und dabei festgestellt, daß gegenüber dem Vorjahr »eine eklatante Veränderung« nicht zu registrieren war, die Elbe jedoch nach wie vor als »kritisch belastet« eingestuft werden muß. Große Sorge bereitet den Fachleuten in diesem Zusammenhang besonders das ausgeprägte Sauerstoffdefizit, das bei sommerlichen Temperaturen speziell in manchen Stromabschnitten unterhalb von Hamburg zu beobachten ist und auf den intensiven Abbau der hohen Schadstoffbelastung zurückgeführt werden muß. Aus diesem Grund ist es 1978 und 1979 daher auch zu einem größeren Fischsterben gekommen, da die kritische Mindestgrenze von zwei Milligramm Sauerstoff pro Liter nicht mehr erreicht wurde und in der Flußmitte sogar bis zu einem Milligramm pro Liter absank. Dagegen ist es im Jahre 1980 zu ähnlichen Vorfällen nicht gekommen, was von Gerd Flügge, Leiter der Wassergütestelle Elbe, auf die großen Niederschlagsmengen des Frühsommers zurückgeführt wird. Außerdem ist ein Ausweichen der Fische in die Uferzonen beobachtet worden, wo der Sauerstoffgehalt mit vier Milligramm pro Liter meistens deutlich höher liegt. Schlecht bestellt ist es offenbar nach wie vor um die Wasserqualität des Rheins, der bekanntlich als Trinkwasser-Reservoir für 18 Millionen Menschen dient. Entgegen allen Feststellungen von Behörden und Industriefirmen ist nämlich eine Gruppe von internationalen Wissenschaftlern im Auftrag der Aktionsgemeinschaft »Rettet den Rhein« auf einer mehrwöchigen Kutterfahrt von Basel nach Rotterdam vor kurzem zu recht bedenklichen Ergebnissen gelangt. Danach soll speziell die Konzentration von Kohlenwasserstoffen stark zugenommen haben, und auch der chemische Sauerstoffverbrauch des Rheinwassers hat sich nach diesen Untersuchungen offenbar sehr erhöht. Nur wenige Tage später wurden diese Feststellungen von der Deutschen Kommission zur Reinhaltung des Rheins jedoch energisch in Zweifel gezogen, so daß auch in diesem Fall ein Gutachten im Widerspruch zu einem anderen steht. Nicht in Abrede zu stellen aber ist nach wie vor die starke Belastung der Nordsee mit Schadstoffen, die aus dem Rhein fließen.

Eindeichungen bringen Umweltprobleme

Ein Problem besonderer Art stellen schließlich Deichbauten an der nordfriesischen Küste dar, die nach Ansicht namhafter Wissenschaftler nicht nur die Zerstörung der einmaligen Naturlandschaft Wattenmeer zur Folge haben, sondern auch die Selbstreinigungskraft der Nordsee stark beeinträchtigen würden. Es geht dabei um einen 15,7 Kilometer langen Seedeich, der die Nordstrander Bucht künftig wirksamer als bisher vor Sturmfluten schützen soll und bis 1985 fertiggestellt sein könnte. Außerdem aber wird im äußersten Norden von Schleswig-Holstein vom Hindenburg-Damm bis zum dänischen Emmerleff-Kliff ein zwölf Kilometer langes Bollwerk gegen den »blanken Hans« errichtet. Nicht weniger als 6500 Hektar Wattenmeer, die für das ökologische Gleichgewicht der gesamten Region eine bedeutsame Rolle spielen, sollen dem Sicherheitsbedürfnis der Menschen in den weiten Marschgebieten geopfert werden. Was nach Ansicht sachverständiger Umweltschützer auch durch eine Verstärkung und Erhöhung der bereits vorhandenen Deiche erreicht werden könnte.

Auch Prof. Tiews von der Bundesforschungsanstalt vertritt den gleichen Standpunkt, verweist auf eine reduzierte Reinigungskraft der Nordsee und betont überdies, daß seit Kriegsende schon »*erhebliche Gebiete*« durch Eindeichungen verloren gegangen seien. »*Außerdem aber*«, so Prof. Tiews wörtlich, »*stellt das Wattenmeer die Kinderstube für zahlreiche wichtige Fischarten wie beispielsweise Seezunge, Scholle, Kabeljau und Hering dar.*« Schließlich aber würden Millionen von seltenen Meeresvögeln ihren angestammten Nist- und Rastplatz verlieren. Daß überdies über der Deutschen Bucht das Damoklesschwert einer Ölverschmutzung durch eine mögliche Tankerkatastrophe hängt, ist allen Verantwortlichen seit langem bewußt. Trotz aller Bemühungen ist es aber bisher noch nicht gelungen, tatsächlich wirksame Abhilfe-Maßnahmen zu entwickeln.

Meeresverschmutzung in der Westlichen Ostsee*
(Harald Steinert)

Die Verschmutzung der Ostsee, die zu den am stärksten von der Umwelt belasteten Meeren der Welt gehört, hat sich in jüngster Zeit recht ungleichmäßig entwickelt. Während manche Chemikalien im westlichen Bereich dieses Meeres in bedrohlichem Umfang zunehmen, ist bei anderen ein Rückgang zu beobachten. Die Radioaktivität steigt neuerdings wieder an, obwohl die Kernwaffenversuche in der Atmosphäre weitgehend eingestellt wurden. Dies fanden kürzlich deutsche Wissenschaftler.[1]

Sie analysierten die in den Tonschlamm-Ablagerungen des Meeresbodens adsorbierten Stoffe und Umweltgifte. Da man das Alter der einzelnen Schichten der Sedimente mit radiologischen Verfahren genau bestimmen kann, läßt sich so zeigen, wie sich die Verschmutzung des Meeres im Laufe der Zeit entwickelte.

Bisher erwies sich eine weiterreichende Beurteilung der Analysenbefunde als schwierig, weil man vor allem die im Wasser schwebenden Fremdsubstanzen untersuchte, die kein zuverlässiges Bild von der Verschmutzung vermitteln. Diese Schwierigkeiten kann man umgehen, indem man die Sedimente analysiert, die die Fremdstoffe des über ihnen bewegten Wassers über längere Zeit angesammelt haben.

Die deutsche Forschergruppe untersuchte drei vom Forschungsschiff »Senckenberg« aus der Lübecker Bucht, der Eckernförder Bucht und der Kieler Bucht geholte Bodenproben. Die Proben stammen aus Wassertiefen von 15 bis 21 Metern. Die in zentimeterdicke Scheiben geschnittenen Bohrproben wurden tiefgekühlt zu den Instituten transportiert, wo man jede Scheibe einzeln analysierte.

Die Bohrkerne zeigen, daß die Verschmutzung der westlichen Ostsee um 1880 begann *(s. Abb. 1)*. Damals setzte die Industrialisierung ein, wie man an der Zunahme des Gehalts an Schwermetallen – vor allem Zink und Blei – in den Sedimenten erkennen kann. Für etwa dieselbe Zeit zeichnen sich auch in der östlichen Ostsee und im Bottnischen Meerbusen die Spuren des neuen Industriezeitalters ab. Seither ist der Gehalt des Bodenschlamms an diesen Metallen immer höher geworden. Die Zuflüsse aus der Kanalisation (mit dem Phosphor und Stickstoff der Haushalte) haben dagegen erst um 1965 deutlich zugenommen.

Der Gehalt der westlichen Ostsee an hochgiftigen Insektiziden hat sogar abgenommen. Die Konzentration von DDT – das etwa ab 1945 verwendet wurde, wie sich aus dem Bodenschlamm ablesen läßt – stieg bis in die siebziger Jahre ständig an. Seitdem darf DDT, das in der

---

* Erstveröffentlichung in der »Frankfurter Allgemeinen Zeitung«, 4.3.1981.

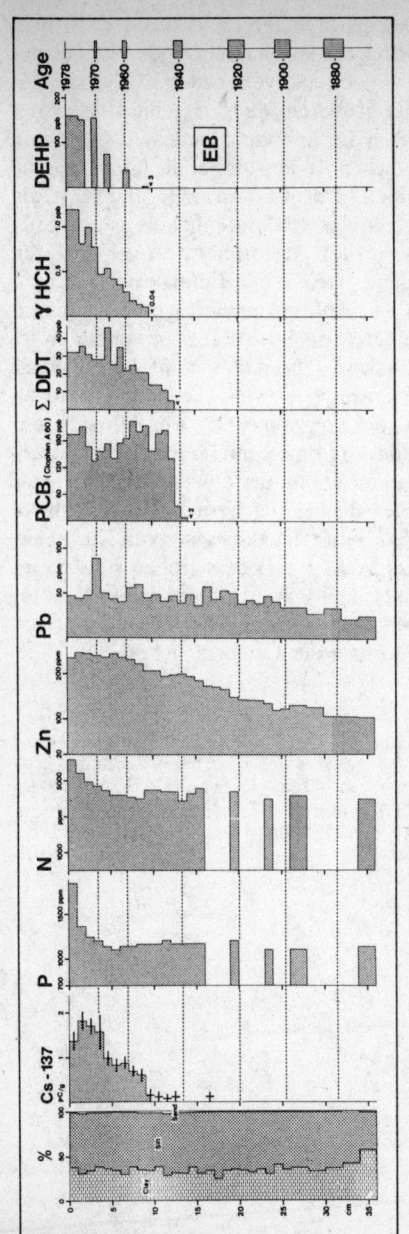

Abb. 1: Zeitliche Entwicklung verschiedener Verschmutzungsstoffe und Anzeiger von Verschmutzung in der Eckernförder Bucht[1]. (In der letzten Spalte sind von Pb-210 abgeleitete Altersdatierungen abgebildet. Die Höhe jeder Säule stellt das Alter mit der Unsicherheit der berechneten Sedimentationsrate dar. Ein möglicher Effekt von Sedimentvermischung ist vernachlässigt.)

Cs-137 = Cäsium 137,
P = Phosphor,
N = Stickstoff,
Zn = Zink,
Pb = Blei,
PCB = polychlorierte Biphenyle,
γ-BHC = γ-Hexachlorbenzol (Lindan),
DEHP = Di-(2-ethylhexyl)phtalat.

Bundesrepublik 1973 verboten wurde, in vielen Ländern Europas nicht mehr benutzt werden. Dafür gelangt allerdings ein anderer, weniger giftiger und als Ersatz für DDT zunehmend verwendeter Chlorkohlenwasserstoff, das Lindan, in immer größeren Mengen in die Ostsee.

Merkwürdige Ergebnisse lieferten die Analysen, gemessen an Cäsium 137, jedoch hinsichtlich der künstlichen Radioisotope, die in erster Linie aus Kernwaffenversuchen stammen. Das Cäsium 137 gelangt in die Atmosphäre und rieselt als radioaktiver »Fallout« auf die ganze Erde nieder. Die Kernwaffenversuche in der Atmosphäre erreichten ihren Höhepunkt 1962, im Bodenschlamm erreicht die Radioaktivität erst ein paar Jahre später ihr Maximum. Seit Anfang der siebziger Jahre nimmt der Gehalt an Cäsium 137 – mit einer Ausnahme – langsam wieder ab.

Bislang ist unklar, weshalb seit etwa 5 Jahren im Gebiet der Lübecker Bucht der Cäsiumgehalt wieder ansteigt, obwohl die Atmosphäre an Spaltprodukten ärmer ist als in den vergangenen zwei Jahrzehnten. Forscher beobachteten in der östlichen Ostsee und im Finnischen Meerbusen einen ähnlichen Anstieg an Plutonium, der etwas eher erfolgte als der Cäsiumanstieg in der Lübecker Bucht. Die Ursache für diese neue radioaktive Verschmutzungswelle könnte das Abwasser von Kernreaktoren in der Ostsee sein. Da das Wasser von den großen Flüssen im Osten der Ostsee nach Westen zieht, läßt sich vermuten, daß es Reaktoren in ebendiesem Ostteil des Meeres sind, die radioaktiv verseuchtes Abwasser in das Meer oder in Zuflüsse der Ostsee abgeben.

Literaturangabe

1 Müller, G./Dominik, J./Reuther, R./Malisch, R./Schulte, E./Acker, L./Irion, G.: Sedimentary Record of Environmental Pollution in the Western Baltic Sea, *Naturwissenschaften, 67:* 595–600 (1980).

Nikolaus Geiler

Wasserbau und Ökologie

Flüsse in Beton

Die Verbauung und Verdohlung von Bächen und Flüssen wird in erster Linie mit dem notwendigen Schutz vor Hochwässern begründet. Bei größeren Flüssen stehen zusätzlich die Interessen der Schiffahrt und der Wasserkraftnutzung im Vordergrund.

Die Belange des Gewässer-, Natur- und Landschaftsschutzes kamen dabei in der Vergangenheit meist zu kurz, wie folgende Beispiele leider eindrücklich belegen:

- In *Idar-Oberstein* in Rheinland-Pfalz soll die Nahe auf einer Länge von fast zwei Kilometern in einen Betonkasten verlegt werden. Auf der so überbauten Nahe soll dann vierspurig der Durchgangsverkehr geführt werden. Diese 250 Mio. DM teure Nahe-Verbauung wird von den dafür verantwortlichen Stadtplanern als »ein neuer städtebaulicher Zuschnitt« gefeiert.
- Ohne Genehmigung wurde in Baden-Württemberg das *Leimbacher Ried,* ein Feuchtgebiet bei Markdorf am Bodensee trockengelegt. Der dort fließende Bach erhielt ein ausgebaggertes Bett, was dazu führt, daß die angrenzenden Wiesen austrocknen werden. Damit wird die Lebensgrundlage seltener Pflanzen und Tiere zerstört.
- Um die Erosionskräfte der *Wutach* im *Südschwarzwald* einzudämmen, wollten die Planer im Wasserwirtschaftsamt Waldshut in einem einmaligen Auwaldreservat das Ufer mit Steinplatten auspflastern.
- Als Reste des ehrgeizigen Vorhabens, *Weser* und *Fulda* von *Bremen* bis *Kassel* für die Güterschiffahrt auszubauen, wird die Fulda gegen jedwede Vernunft ausgebaut. Durch Staustufen, Uferstraßen und Spundwände sind Millionen sinnlos verbaut und Unwiederbringliches in der Natur zerstört worden.
- In *Freiburg* begann das Baudezernat mit dem Ausbau des Schobbachs, obwohl beim Petitionsausschuß des Landtags von Baden-Württemberg noch zwei Petitionen der Naturschutzverbände gegen die Tieferlegung der Bachsohle anhängig waren.
- Unterhalb von *Regensburg* soll die *Donau* nach Ansicht des Bund für

Umwelt- und Naturschutz »*wider alle ökonomische und ökologische Vernunft*« kanalisiert und hochwasserfrei gelegt werden. Der dadurch bedingte Verlust an Biotopen zwischen Regensburg und Straubing in einem Umfang von 1 800 Hektar entspricht der Größe sämtlicher Naturschutzgebiete in den vier nordbayrischen Regierungsbezirken.

● Auch in unseren Nachbarstaaten gehen die Behörden nicht eben zimperlich bei der Kanalisation der Wasserläufe vor: Ohne das Ergebnis der im Gange befindlichen, gesetzlich vorgeschriebenen Untersuchung abzuwarten, hat der Oberelsässer Generalrat prompt 174 Mio. Francs für den Ausbau der Flußläufe bewilligt.

Derlei Beispiele für die Geringschätzung ökologischer Sachverhalte beim Gewässerausbau ließen sich beliebig fortsetzen: Wurden doch zwischen 1960 und 1970 im Bundesgebiet 25 000 km Wasserläufe ausgebaut.

Die Rheinbegradigung*

Die *Tullaschen* Rheinkorrektionen am Oberrhein und der Bau des Rheinseitenkanals sind Paradebeispiele, wie negativ sich das Unwissen ökologischer Zusammenhänge auswirken kann. Zunächst schien Tullas gigantisches Werk ein großer Erfolg zu sein. Aber dann grub sich der Rhein infolge der Korrektionen immer tiefer ein, der Grundwasserspiegel sank um mehrere Meter, Äcker vertrockneten, die Ernten nahmen ab, die Tierwelt verarmte stark, an die Stelle der reichen Auwälder traten eintönige Kiefernwälder. Mit dem Bau einer Kette von Staustufen versuchte man die Tiefenerosion des Rheins zu begrenzen, was allerdings zu einem neuen Teufelskreis geführt hat: Jede Staustufe zieht eine noch größere und noch teurere Staustufe nach sich, die ebenfalls wieder ökologisch nachteilige Folgeerscheinungen mit sich bringt und die Hochwassergefahr im Rhein-Neckar-Raum erhöht. Ein baden-württembergischer Minister kommentierte diese verhängnisvolle Entwicklung mit dem Zitat: »*Das ist der Fluch der bösen Tat...*«

Grundlagen der Gewässerökologie

Um die nachteiligen Auswirkungen dieser wasserbaulichen Maßnahmen auf die Gewässerökologie und die Selbstreinigung der Fließgewässer

---

* s. auch S. 186ff.

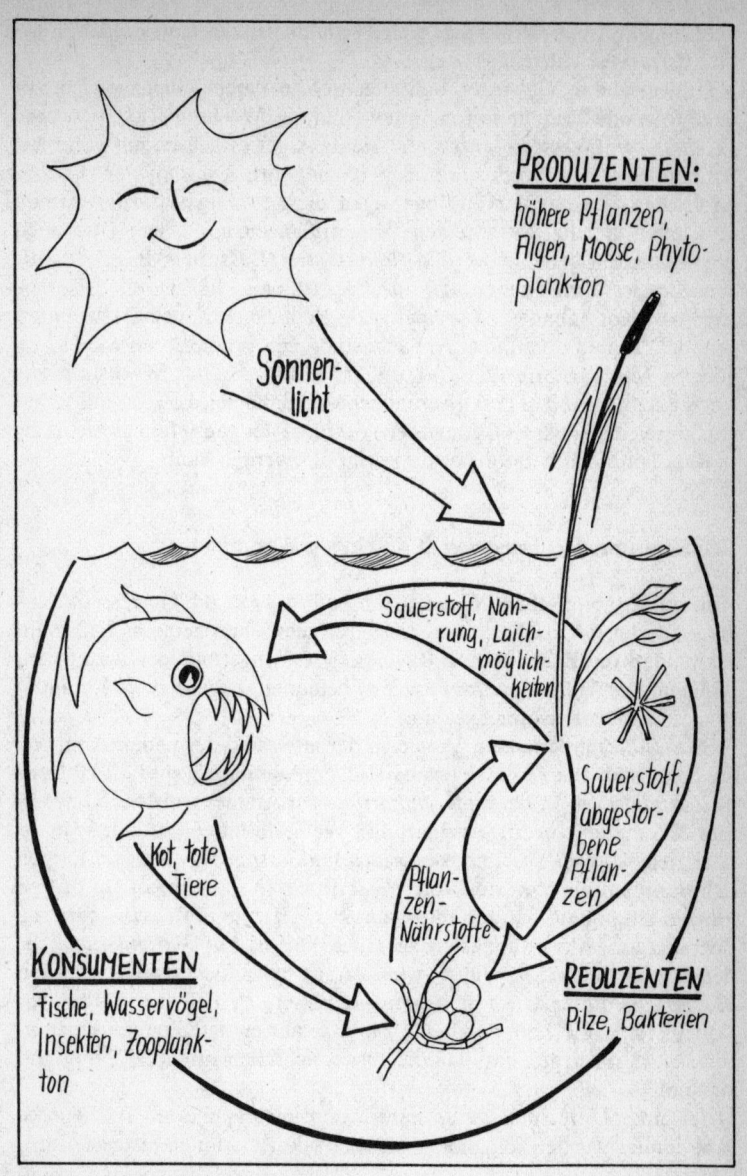

Abb. 1: Stoffkreislauf im Gewässer.

aufzuzeigen, ist es notwendig, einige Grundlagen der Gewässerökologie kurz vorauszuschicken:

Unbeeinflußte Gewässer befinden sich in einem Gleichgewicht, in dem folgende drei Faktoren miteinander in Wechselwirkung stehen: *Produzenten* (Wasserpflanzen und kleine Algen) wachsen mit Hilfe des Sonnenlichtes und produzieren dabei Sauerstoff. *Konsumenten* (Fische, Krebschen, Insektenlarven) benötigen diesen Sauerstoff zum Atmen und leben gleichzeitig von den Wasserpflanzen und Algen, die auch Phytoplankton genannt werden. *Reduzenten* (Bakterien, Pilze) benötigen zumeist auch Sauerstoff, um abgestorbene Pflanzenteile, Tierleichen und Kot abbauen zu können. Die Reduzenten (auch Destruenten genannt) stellen durch ihre Abbauleistung den Produzenten wieder die nötigen Mineralstoffe (z. B. Phosphat, Nitrat) für das Wachstum zur Verfügung (s. *Abb. 1*). Wasserbauliche Maßnahmen können auf jeden von diesen drei Faktoren einwirken, wodurch der ganze fein abgestimmte Kreislauf negativ oder positiv beeinflußt werden kann.

Beeinflussung der Artenvielfalt durch den Wasserbau

Auf einen »abiotischen« Gewässerausbau, der auf die Gewässerökologie keinerlei Rücksicht nimmt, reagieren die Lebensgemeinschaften im Fluß oder im Bach in der Regel mit Verringerung der Artenzahl, Abnahme der Individuenzahl sowie mit einer einschneidenden Veränderung der Artenzusammensetzung.

So ergab sich bei einem Vergleich der alten und der neuen Ammer[1], die beide südliche Zuflüsse des bayrischen Ammersees sind, das folgende Zustandsbild: In der *alten, unkorrigierten* Ammer wurden auf einem fünf Kilometer langen Abschnitt 148 Wasserinsekten gefunden; in einem gleichlangen Abschnitt der *neuen und korrigierten* Ammer fanden sich dagegen nur 55 Arten von Wasserinsekten (s. *Abb. 2*). In beiden Flüssen zusammen wurden insgesamt 203 Arten gezählt. Wie stark die Begradigung oder Kanalisierung eines Flusses zur *Veränderung der Artenzusammensetzung* führt, wird daraus ersichtlich, daß von diesen 203 Arten *nur 2 Arten* in beiden Gewässern gemeinsam vorkamen. Dabei ist anzumerken, daß beide Zuflüsse nur einen Kilometer voneinander entfernt liegen und daß die ausgewachsenen Insekten alle flugfähig sind.[1]

Bei einer Untersuchung an natürlichen und regulierten Bächen des Sauerlandes wurden folgende eindrucksvolle Relationen festgestellt[2]:

	Tierarten	Individuendichte
Naturbelassene Bäche	486	3180/m^2
Regulierte Bäche	241	450/m^2

Als Erklärung für diese außerordentlichen Unterschiede läßt sich u. a. auf folgende Sachverhalte hinweisen:

Viele Fließwasserorganismen sind an bestimmte Strömungsverhältnisse angepaßt, die sie an irgendeiner Stelle im natürlichen Fließgewässer mit seinen vielfältigen Strukturen immer vorfinden. Im ausgebauten Gewässer treffen sie solche speziellen Lebensbereiche jedoch oft nicht mehr an. Zu derartig strömungsangepaßten Organismen gehören z. B. die Larven bestimmter Köcherfliegen, deren feine Fangnetze von der Wasserströmung offen gehalten werden. Da aber regulierte Bäche und Flüsse oft nur noch einen Wechsel von einerseits schwacher Strömung und andererseits reißender Strömung am Übersturz eines Wehres aufweisen, finden diese Insektenlarven am korrigierten Bach kaum noch einen ihnen entsprechenden Lebensraum.

Außerdem ist die Ufergestaltung an korrigierten und begradigten Flüssen und Bächen oft so lebensfeindlich ausgeführt, daß sich die Wasserpflanzen kaum noch ansiedeln können. Das Fehlen oder die starke Verminderung der Wasserpflanzen ist aber eine Hauptursache für die Artenarmut der Tierwelt in regulierten Fließgewässern.[1, 3]

Die Bedeutung von Altwässern

Nachteilig wirkt sich weiterhin aus, daß durch Korrektionen, Begradigungen und Eindeichungen viele Ströme von ihren Altwässern abgeschnitten wurden. Eine negative Beeinflussung auf den Fischbestand und die Selbstreinigungskraft der Stromsysteme war die Folge.

Die besondere ökologische Funktion der Altarme mit ihren hochwertigen Lebensräumen wird darin gesehen, daß sie als biologische Produktionsstätten ersten Ranges dem Flußwasser ständig Plankton (Kleinstlebewesen) zuführen. Durch diesen »Impfeffekt« tragen die Altarme in hohem Maße zu einem geregelten Ablauf ökologischer Vorgänge in und am Wasser bei.[4]

Außerdem bieten nur die Altwässer genügend große Stillwasserzonen mit ausreichender Wasserpflanzenvegetation, in denen sich Jungfischschwärme entwickeln können. Dagegen beherbergt der Hauptstrom mit seinen unwirtlichen Uferdeckwerken kaum Laichräume und Standorte für heranwachsende Jungfische. Hinzu kommt der starke Schiffsver-

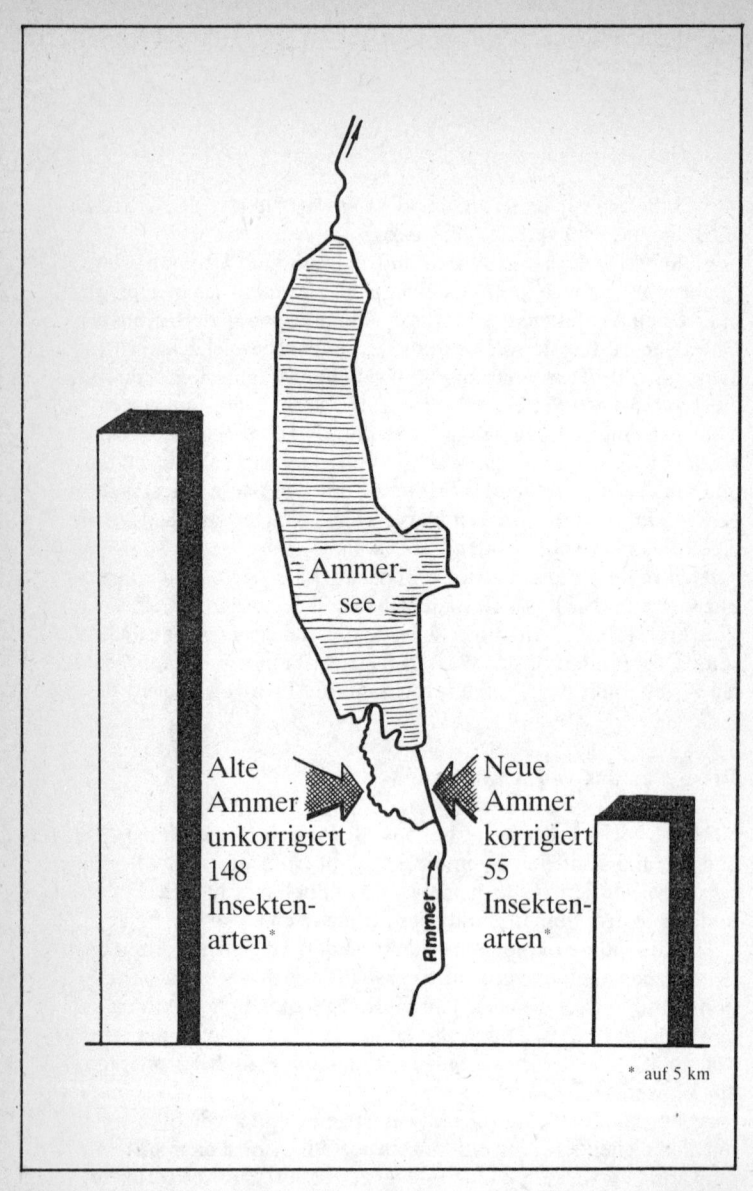

Abb. 2: Bestandsaufnahme von Wasserinsekten an zwei gleichlangen Abschnitten der neuen und der alten Ammer.

kehr, der eine ständige Wasserbewegung mit Sog und brandender Welle verursacht.

Beispielsweise ist der Oberrhein aufgrund der mangelnden Verbindung zwischen den Altarmen und dem Hauptstrom biologisch ständig unterernährt. Es ist deshalb anzustreben, daß die noch bestehenden Altrheinarme wieder mit dem Hauptstrom verbunden werden.[5]

Die Bedeutung bachbegleitender Gehölze

Da im Zuge der Begradigung vieler Gewässer bachbegleitende Gehölze ohne Rücksicht auf ökologische Tatbestände abgeholzt wurden, kommt es als Folge fehlender Sträucher und Bäume zu einer unnatürlich starken Durchlichtung dieser Bachläufe. Da diese Bäche infolge von Dränausläufen aus landwirtschaftlich intensiv genutzten Flächen oder durch Abwassereinleitungen sowieso schon stark eutrophiert (überdüngt) sind, wird durch die starke Durchlichtung die Tendenz zur Verkrautung noch verstärkt.[3] Die guten Vorfluteigenschaften der begradigten Bäche werden somit wieder in Frage gestellt. Um den Querschnitt der Gräben für die Hochwasserabfuhr frei zu halten, müssen während des Sommers beispielsweise in der Vorderpfalz die Bachläufe alle 14 Tage gemäht werden.

Zur Freihaltung der Gewässer werden außerdem immer noch ökologisch zweifelhafte Unkrautvernichtungsmittel (Herbizide, »Chemische Sense«) verwendet. Die mechanische wie die chemische Entkrautung ist zudem mit der Vernichtung einer Unzahl von Wassertieren verbunden, die in diesen Verkrautungszonen ihren Lebensbereich haben.

Gegen das übermäßige Zuwachsen von Bachläufen wäre als Abhilfe eine »ökologische Verkrautungsregulierung« angebracht, bei der eine intensive Beschattung durch eine dichte Bepflanzung auf dem Süd- und Westufer der Bachläufe erreicht wird.[3] Solch eine Bepflanzung mit Gehölzen führt außerdem zu einer optisch positiven Gliederung der Landschaft und nimmt gleichzeitig die Funktion eines Vogel- und Windschutzes wahr. Weiterhin wird durch die Minderung der direkten Sonneneinstrahlung die ökologisch ebenfalls nachteilige Erwärmung des Gewässers in Grenzen gehalten. Nachteilig ist die Erwärmung der Gewässer deshalb, weil warmes Wasser weniger Sauerstoff lösen kann als kaltes Wasser. Ein genügend hoher Sauerstoffgehalt ist aber für die Aufrechterhaltung der Lebensvorgänge im Fließgewässer unabdingbar (s. *Abb. 1*).

Sollen Bepflanzungsmaßnahmen allerdings nicht nur auf Dekorationspflanzungen, Kulissen und ökologisch funktionslose Attrappen hinauslaufen, so müssen eine Vielzahl biologischer Vernetzungen berücksichtigt werden. Insbesondere ist auf einer standort- und artgerechten

Auswahl der anzupflanzenden Sträucher und Bäume zu bestehen.[6, 7, 8, 9] Auch sollte man sich vor starren und lehrbuchhaften Zonierungen des Ufersaumes hüten, wenn sie im Widerspruch zu den natürlichen Verhältnissen des entsprechenden Gewässers stehen.[10]

Oftmals muß leider festgestellt werden, daß bei den zuständigen Behörden nur die optisch-ästhetische Wirkung im Vordergrund der Bemühungen steht und daß es an umfassender ökologischer Zielsetzung mangelt.

Beeinflussung der Selbstreinigungskraft durch wasserbauliche Maßnahmen

Je artenreicher der Bestand an Kleinlebewesen (Schwämme, Hohltiere, Krebse, Insektenlarven, Muscheln) in einem Gewässer ist, desto vielfältiger ist auch der am Ende der Nahrungskette stehende Fischbestand. Neben diesem Aspekt ist jedoch nicht zu vergessen, daß diese Kleinlebewesen im Rahmen der biologischen Selbstreinigung wesentlich an der Erhaltung oder Wiederherstellung der Sauberkeit des Wassers beteiligt sind. So wurde beispielsweise ermittelt, daß die Filtrationsleistung einer einzigen Muschel 35 Liter pro 24 Stunden betrug.[11]

Für die Ansiedlung dieser Wasserorganismen ist von erheblicher Bedeutung, welche Struktur der Uferbereich hat. Die Auswahl des Baumaterials gewinnt dadurch für die biologisch richtige Gestaltung des Uferbereichs die ausschlaggebende Bedeutung. Bei Untersuchungen hat sich herausgestellt, daß die grobe Steinschüttung allen anderen technischen Uferbefestigungen überlegen ist.[12] Wenn die Steine locker geschüttet und grobbrockig sind sowie rauhe Oberflächen aufweisen, entsteht ein vielfältiges Lückensystem mit einer hohen tierischen Besiedlung. Die ökologisch günstige Mannigfaltigkeit der Lebensräume wird noch erhöht, wenn diese Schüttsteinböschung mit gemischten Pflanzenbeständen versehen wird. In diesen Mischbeständen findet auch die Vogelwelt ideale Brut- und Nistmöglichkeiten.

Die Bedeutung, die einem unter ökologischen Gesichtspunkten richtig gestaltetem Uferstreifen zukommt, wird noch dadurch unterstrichen, daß der Gegenwert der natürlichen Selbstreinigungsleistung beispielsweise einer Niederrheinstrecke von 100 bis 120 km Länge auf 6–8 Mrd. DM zu veranschlagen ist.[2]

Bei schiffbaren Fließgewässern und Kanälen wird die Nutzbarkeit der Uferbefestigungen für tierische und pflanzliche Besiedlung allerdings erheblich eingeschränkt. Der bereits angesprochene schiffahrtsbedingte, starke Wellenschlag führt zu brandungsähnlichen Erscheinungen, an die nur die wenigsten Fließwasserorganismen angepaßt sind.

Wenn Ufer großer Flüsse und Kanäle gesichert werden müssen, ist deshalb ein sogenanntes zweistufiges Uferprofil anzustreben. Dieses Uferprofil ist so gestaltet, daß ein biologisch wertvoller Flachwasserrand durch einen vorgelagerten Steinwall vom zerstörerischen Wellenschlag abgeschirmt wird (s. *Abb. 3*).

Die Forderung, jede Möglichkeit zur Anlage und Gestaltung von Flachwasserrändern zu nutzen, ergibt sich vor allem aus folgender Tatsache: Der überwiegende Teil (ca. 70%) der biologischen Selbstreinigungsvorgänge spielt sich nicht im Fluß selbst ab, sondern in den ufernahen Flachwasserrändern. Von erheblicher Bedeutung für den ökologischen Stellenwert eines Gewässers ist somit die Art und Weise, in der die Uferlinien geführt werden.[4, 12] Je länger die Uferlinien gestaltet werden können, desto optimaler wird die Vielfalt der ökologischen Nischen.

Oft wird vergessen, daß allein die Verkürzung des Gewässers im Zuge einer Fluß- oder Bachbegradigung einen erheblichen biologischen Substanzverlust mit sich bringt. So wird z. B. beim Saarausbau der natürliche Flußverlauf um 10% verkürzt. In der Regel fallen sogar ein Drittel des natürlichen Gewässerverlaufs der Begradigung zum Opfer.[3]

Auch im Küstenschutz können wasserbauliche Maßnahmen zu umfangreichen ökologischen Schäden führen: Durch überzogene Eindeichungen im *nordfriesischen Wattenmeer* sind unersetzliche Salzwiesen vom Deichbau bedroht. Die Umweltsachverständigen machten darauf aufmerksam, daß das Verschwinden einer Salzpflanzenart im Durchschnitt den Ausfall von acht bis 16 Tierarten nach sich zieht, die auf diese eine Pflanzenart spezialisiert sind. Außerdem besitzt allein das nordfriesische Wattenmeer soviel Reinigungskraft wie ein Klärwerk einer Großstadt für drei Mio. Einwohner.[13]

Eine naturnahe Gestaltung von Fluß- und Bachläufen hat außer dem von mancher Seite immer noch spöttisch belächelten Naturschutz auch einen ganz praktischen Nutzen für die Industriebevölkerung, die beispielsweise am Rhein in ständig wachsendem Maße auf die Trinkwasserversorgung aus Uferfiltrat und Oberflächenwasser angewiesen ist:

Auf die Bedeutung natürlicher Uferstrecken oder eines intakten Wattenmeeres für die Selbstreinigungskraft von Gewässern wurde bereits hingewiesen. Aber auch für die Qualität der Trinkwasserversorgung aus dem Uferfiltrat ist eine vielfältige Lebensgemeinschaft am Flußufer von großer Wichtigkeit. Die Stoffwechselaktivität der Pflanzen und Tiere ist nämlich maßgeblich am Abbau von Schmutzstoffen am Beginn der Uferfiltrationsstrecke beteiligt. Umfassende biologische Untersuchungen an einem Rheinufer-Wassergewinnungsgelände bei Düsseldorf haben gezeigt, daß eine entscheidende Methode zur Verbesse-

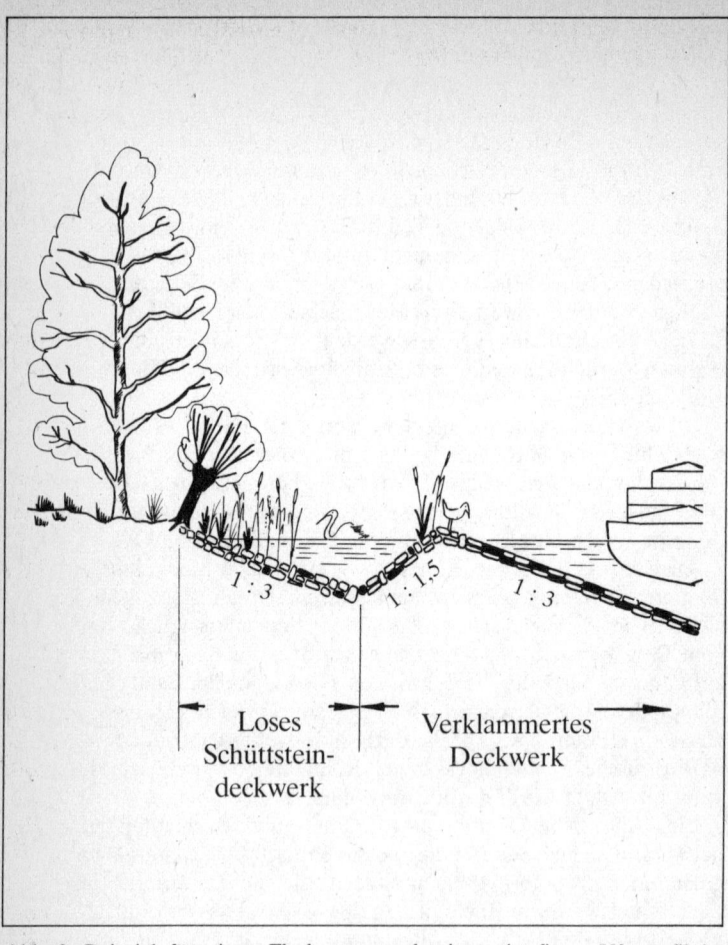

Abb. 3: Beispiel für einen Flachwasserrand mit zweistufigem Uferprofil im Neigungsverhältnis 1:3. Das zweistufige Uferprofil schafft Schutz vor dem zerstörerischen Wellenschlag der Schiffe. In den künstlich geschaffenen Flachwasserrändern kann sich »weiche« Wasserflora entwickeln. In diesen Laichkräutern finden u. a. Jungfischbestände einen Lebensraum.

rung der Infiltration darin besteht, einen abwechslungsreichen Ried-, Röhricht- und Laichkrautgürtel an der Uferböschung anzulegen.[14]

Aus der Bedeutung natürlicher oder zumindest naturnaher Wasserläufe für den Naturschutz und für die Trinkwasserversorgung ergibt sich die Forderung, daß endlich mit dem Bundesnaturschutzgesetz ernst gemacht werden muß. Dort heißt es in § 2, Abs. 6:

»Wasserflächen sind auch durch Maßnahmen des Naturschutzes und der Landschaftspflege zu erhalten; Gewässer sind vor Verunreinigung zu schützen, ihre natürliche Selbstreinigungskraft ist zu erhalten oder wiederherzustellen; nach Möglichkeit ist ein rein technischer Ausbau von Gewässern zu vermeiden und durch biologische Wasserbaumaßnahmen zu ersetzen.«

Es muß ins öffentliche Bewußtsein gebracht werden, daß neben der Verschmutzung unserer Wasserläufe auch verfehlte wasserbauliche Maßnahmen am biologischen Tod vieler Bäche und Flüsse mitverantwortlich sind!

Literaturangaben

1 Engelhardt, W.: Die Beeinflussung der Lebewelt der Gewässer durch Maßnahmen des Wasserbaus; in Handbuch für Landschaftspflege und Naturschutz, Bd. 2, München, Basel, Wien, 1968, S. 391 ff.
2 Geiler, N.: Biotop-Zerstörung durch wasserbauliche Maßnahmen – Methoden des naturnahen Gewässerbaus; Worms, 1979.
3 Erz, W. (Hrsg.): Naturschutz und Gewässerbau, *Jahrbuch für Naturschutz und Landespflege,* Bd. 24, 1975 (über 300 Lit.-Hinweise!).
4 Ministerium für Umwelt, Raumordnung und Bauwesen: Der Ausbau der Saar – Chance – Gefahr; Saarbrücken, 1977.
5 Schäfer, W.: Der Oberrhein, ökotechnisch gesehen; *Courier Forschungsinstitut Senckenberg,* Nr. 31, Frankfurt/M., 2.5.78.
6 Dahl, H.-J.: Biotopgestaltung beim Ausbau kleiner Fließgewässer; in: *Natur und Landschaft* 51 (1976), S. 200–204.
7 Lohmeyer, W.: Über die Auswirkungen des Gehölzbewuchses an kleinen Wasserläufen des Münsterlandes auf die Vegetation im Wasser und an den Böschungen im Hinblick auf den Unterhalt der Gewässer; in: *Schriftenreihe für Vegetationskunde,* H. 9 (1975), Bundesanstalt für Vegetationskunde, Naturschutz und Landespflege, Bonn-Bad Godesberg.
8 Schröder, W.: Naturnahe Regelung und Gestaltung von Wasserläufen; in: *Wasserwirtschaft,* 64 (1974), H.12, S. 353 ff.
9 Stodte, G.: Landschaftspflege an Fließgewässern; in: *Neues Archiv für Niedersachsen,* Bd. 22, H. 3, S. 242–258, Göttingen, Sept. 1973.
10 Kersting, W.: Die ausgleichenden Maßnahmen des Umweltschutzes bei der Hochwasserregelung der Aller; Celle 1979.
11 Liebmann, H. (Hrsg.): Biologie und Chemie des ungestauten und des gestauten Stromes; *Münchner Beiträge zur Abwasser-, Fischerei- und Flußbiologie,* Bd. 2, 1954.

12 Knöpp, H./Klothe, P.: Die Bedeutung des biologischen Wasserbaus für Gewässerbiologie und Fischerei; in: Der biologische Wasserbau an den Bundeswasserstraßen; Stuttgart, 1965, S. 268 ff.
13 *Natur und Landschaft* 55 (1980), H. 6/80, Schwerpunktthema: Ökologie und Gefährdung des Wattenmeeres.
14 Siebert, G.: Biologische Vorgänge bei Gewinnung von Trink- und Brauchwasser aus Rheinuferfiltrat; in *Vom Wasser* 40 (1973), S. 211–243.

Teil IV

Allgemeine Rahmenbedingungen für eine Sanierung

Udo Ernst Simonis
Ökonomische Fragen und Probleme des Gewässerschutzes*

> »An das Fischsterben hat man sich schon so gewöhnt, daß es nichts mehr bewegt.
> Es gibt Flüsse, in denen keine Fische mehr leben. Dort können dann auch keine Fische mehr sterben.«
>
> *Benno Weimann*

1. Vorbemerkungen

Aus Anlaß der Vorlage des dritten Jahresberichtes des Umweltbundesamtes im Juli 1979 sagte der für die Umweltpolitik zuständige Bundesinnenminister, daß der Umweltschutz als politische Aufgabe aufgrund der jüngsten wirtschaftlichen Entwicklungen nicht leichter geworden sei. Gleichzeitig äußerte sich der Minister positiv über den Erfolg der laufenden Maßnahmen zur Sanierung der Gewässer, insbesondere des Rheins und des Bodensees.

Zweifel sind angebracht – nicht nur angesichts der nach wie vor starken Verschmutzung der meisten Gewässer, sondern auch und vor allem angesichts der vielfältigen Versuche, vorhandene umweltpolitische Instrumente in ihrer Wirkung zu reduzieren und die Schaffung neuer Instrumente zu verhindern.

Die folgende Abhandlung begreift die Sanierung der Gewässer in der Bundesrepublik als Struktur- und als Verhaltensproblem, denen ein Informationsproblem vor- und ein Durchsetzungsproblem nachgelagert ist. Dabei wird die Sanierung als Umweltschutzaufgabe aus ökonomischer Sicht dargestellt; die empirischen Beispiele beziehen sich zumeist auf den Rhein und sein Einzugsgebiet.

---

* Erweiterte Fassung eines Beitrages, der zuerst in *Die Mitarbeit – Zeitschrift zur Gesellschafts- und Kulturpolitik*, 28. Jg., Heft 4 erschienen ist.

2. Das Umweltproblem als Strukturproblem

Zu den konstitutiven Merkmalen von Umweltproblemen im allgemeinen und der Gewässerprobleme im besonderen gehören einerseits objektive wirtschaftlich-gesellschaftliche Strukturen und andererseits subjektive Verhaltensweisen innerhalb dieser Strukturen, die wiederum beide einander gegenseitig bedingen. Dementsprechend sind Strukturwandlungen und Verhaltensänderungen Bestandteile der allgemeinen Umweltpolitik – und auch einer speziellen Politik zur Sanierung der Gewässer, im Sinne der Verminderung der ökologischen Belastung dieser Gewässer und ihrer Einzugsbereiche. Umweltpolitik ist darüber hinaus und im speziellen Fall der konkretisierte Zusammenhang von Situationsanalyse, Zielgewinnung und -bestimmung, Instrumenten- und Maßnahmenauswahl und Einsatz dieser Instrumente und Maßnahmen in Hinblick auf die gesetzten Ziele (Implementation).

Die Flußgebiete der Bundesrepublik sind Beispiele höchst vielfältiger und zum Teil stark konfliktreicher Nutzungen[1]. Die von diesen Nutzungen ausgehenden Umweltprobleme lassen sich über die folgenden Kategorien erfassen:
- Bevölkerungsdichte;
- Industrialisierungsgrad;
- Verkehrsdichte und Kraftwerksdichte.

Diesen Kategorien entsprechen ökonomisch relevante regionale und sektorale Strukturen bzw. Entscheidungsebenen, und zwar:
a) die Siedlungsstruktur;
b) die Wirtschaftsstruktur;
c) die (materielle) Infrastruktur;
d) die Standortstruktur (hier der Energieversorgung).

In dem Maße, wie man in diesen ökonomischen Kategorien und den ihnen entsprechenden Strukturebenen entscheidende Bestimmungsgründe der Umweltproblematik der Gewässer sieht, stellt sich als die Grundaufgabe einer aktiv-gestaltenden Umweltpolitik die Frage der kurz-, mittel- bzw. langfristigen Entwicklung bzw. der Veränderbarkeit dieser Strukturen, im Sinne ihrer umweltschonenderen Ausgestaltung. Die Beurteilung der derzeitigen und der zu erwartenden Umweltprobleme der Gewässer und ihrer Einzugsgebiete wird dann abhängig von der Betrachtung und Einschätzung der konkreten Entwicklungstendenzen auf den obengenannten Strukturebenen.

Ein erster Fragenbereich zur Gewässersanierung kann daher sein: Gibt es Entwicklungstendenzen in den genannten Bereichen der Siedlungs- und Wirtschaftsstruktur, der Infrastruktur und der Standortstruktur, von denen Entlastungswirkungen oder aber weitere Verschärfungen der Umweltprobleme ausgehen oder zu erwarten sind? In welcher Weise und in welchem Ausmaße sind die zu beobachtenden Tendenzen auf den einzelnen genannten Strukturebenen gleichlaufend oder aber gegenläufig und warum? Welcher Nettobelastungs(entlastungs-)effekt ist insgesamt von diesen Entwicklungen zu erwarten?

Neben solchen Tendenz-Einschätzungen zu den genannten Strukturbereichen stellt sich die umweltpolitisch relevante Frage, inwieweit die Kategorien einer überproportional hohen Bevölkerungsdichte, eines hohen Industrialisierungsgrades, einer großen Verkehrsdichte und einer hohen Kraftwerksdichte bisher überhaupt als Ansatzpunkte einer aktiven Umweltpolitik begriffen werden. Bewußte Veränderungen in der Siedlungsstruktur, der Wirtschaftsstruktur, der Infrastruktur und der Standortstruktur scheinen bisher im eigentlichen Sinne nicht oder nur unzureichend betrieben zu werden zur Reduzierung der bereits vorhandenen und zur Verhinderung zukünftiger Umweltprobleme der Flußgebiete[2].

Wenn und in dem Maße wie solche Thesen durch empirische Beobachtung deutlich verneint werden, erhebt sich die Frage danach, welche Grundlagen bisher fehlen und welche Voraussetzungen noch geschaffen werden müssen, bevor ein konsistentes, sektoral und regional integriertes Konzept zur Bewältigung der Umweltprobleme der Gewässer zu erwarten ist. Dazu gehört notwendigerweise, daß die Gewässersanierung stärker als bisher in die regionale Entwicklungsplanung und die sektorale Strukturpolitik von Bund, Ländern und Gemeinden einzubinden ist.

3. Das Umweltproblem als Verhaltensproblem

Umweltschonende Verhaltensweisen sind grundsätzlich auch innerhalb an sich unveränderter (oder nur wenig veränderter) sektoraler und regionaler ökonomischer Strukturen denkbar. Die umweltbeeinflussenden Verhaltensweisen sind nach Akteurs-Typus unterschiedlich stark ausgeprägt; die aus der Wirtschafts- und Politikwissenschaft stammende Kategorisierung von Verhaltensweisen und Verhaltensmustern macht dies deutlich. Vereinfacht ausgedrückt, sind umweltbeeinflussend relevant: beim Konsumenten das »free-rider-Verhalten«, beim Investor die »Kostenabwälzung auf Dritte«, bei Staat und Kommunen die »Minimierung des Umweltbudgets«, bei der Administration das Bestreben um »Konfliktreduzierung«[3]. Fast unbeantwortet sind bisher die Fragen, wie bedeutsam das »free-rider-Verhalten«, die »Kostenabwälzung«, die »Kostenminimierung« und die »Konfliktreduzierung« beim Entstehen von Umweltproblemen sind. Bezogen auf die Umweltprobleme der Gewässer wäre daher wichtig zu wissen: Wie sind die Entwicklungstendenzen im konkreten Verhalten der umweltbeeinflussenden Akteure einzuschätzen? In welchem Maße sind die beobachtbaren Verhaltensänderungen gegenläufig?

Neben solchen Tendenz-Einschätzungen stellen sich auch hier verschiedene umweltpolitisch relevante Fragen, wie etwa: Welche neuen Ansatzpunkte gibt es, in den genannten Bereichen zu effektvollen Verhaltensänderungen zu kommen, diese anzuregen oder durchzusetzen, und wie können vorhandene Ansätze zu umweltschonendem Verhalten bei den einzelnen Akteuren speziell für das Ziel der Gewässersanierung stärker aktiviert werden? Wie ist dabei das Potential der Selbstregulierung des Verhaltens einzuschätzen, welchen indirekten Beeinflussungsspielraum gibt es hier über ökonomische Anreize, wie groß ist der Bereich des nur über Sanktionen veränderbaren Verhaltens?

Wie in anderen Bereichen der Umweltpolitik ist auch im Hinblick auf die Behebung der Umweltprobleme der Gewässer der vermutete Konflikt zwischen der zu treffenden Umweltschutzmaßnahme und der betriebswirtschaftlichen Rentabilität der von der Maßnahme betroffenen Wirtschaftsaktivität ganz sicherlich von ganz erheblicher Bedeutung. Offen ist die Frage, in welchem Ausmaß dieser vermutete Konflikt jeweils auch real ist, bzw. was demgegenüber die positiven volkswirtschaftlichen Effekte einer aktiven Gewässersanierung sind. Konkret gefragt: Lassen sich z.B. die Beschäftigungseffekte in Abstufung vom Investitionsaufwand quantifizieren und entsprechend für die umweltpolitische Diskussion mobilisieren? Anders gefragt: Ist der Umweltschutzgedanke auch am Beispiel der Gewässer mit dem Beschäftigungsargument stärker unterstützbar?

4. Das Umweltproblem als Informationsproblem

Die Sanierung der Gewässer der Bundesrepublik leidet unter nicht unerheblichen Bewußtseins- und Informationsdefiziten. *»Der Rhein hat keine Lobby«* – so hatte der Sachverständigenrat für Umweltfragen in seinem Gutachten von 1976 resignierend festgestellt. Inzwischen ist auch dieses »Rheingutachten« kaum mehr in der öffentlichen Diskussion. Dagegen ist der Begriff und das Problem des »Vollzugsdefizits im Umweltschutz« ein politisches Thema geworden[4] (s. Teil V). Die Frage ist gestellt, inwieweit eine als unzureichend empfundene Verwirklichung umweltpolitischer Zielsetzungen auf Schwierigkeiten und Hindernisse beim Einsatz der vorgesehenen Instrumente und Maßnahmen zurückzuführen ist. Dieser Sichtweise des Umweltproblems ist wiederum die Frage vorgelagert, ob die einzelnen Elemente einer konsistenten Umweltpolitik (Situationsanalyse, Zielbestimmung, Instrumentenauswahl, Programmevaluierung) ihrerseits präzisiert und ausgeformt sind.

Trotz verschiedener Anläufe zur Beseitigung allgemeiner und spezieller Informationsdefizite dürfte selbst im Hinblick auf die Umweltprobleme des Rheins – und mehr noch im Hinblick auf die anderen deutschen Flüsse – die These relevant sein, daß bereits die Analyse der konkreten Verschmutzungssituation nicht befriedigend fundiert ist[4]. Die Frage, ob nicht andere und bessere als die von der *Länderarbeitsgemeinschaft Wasser* (LAWA) verwendeten Indikatoren zur Messung der Wassergüte entwickelt werden müßten, steht in der Diskussion und ist noch nicht abschließend beantwortet. Mehr noch als in meßmethodischem, meßtechnischem Sinne (und in der Veröffentlichung von Meßdaten) liegen aber besonders in ökonomischer Hinsicht weiterhin große Informationsdefizite vor. Nicht einmal die Kosten der (weiteren) Schädigung des Oberflächenwassers und des Grundwassers sind verläßlich abgeschätzt; auch die jeweiligen Kosten der Schadensverhinderung in Abhängigkeit von Wirksamkeitsgraden sind nicht hinreichend bekannt.[5]

Eher bekannt sind dagegen die getätigten staatlichen Investitionsaufwendungen – wohl weil sich in solchen Zahlen auch die öffentliche Legitimierung der Umweltschutzbehörden und des Umweltschutzes als politische Aufgabe vollzieht. So sind z. B. seit 1970 auf der deutschen Seite des Einzugsgebietes des Rheins für Abwasserreinigung, Kläranlagen und Kanalisation von Bund, Ländern und Gemeinden insgesamt rund 11 Milliarden DM aufgebracht worden; hinzu kommen etwa 2 Milliarden DM Investitionsaufwendungen für Projekte der privaten Industrie. Die Zahl der am Rhein und seinen Nebenflüssen seit 1970 in Betrieb genommenen Kläranlagen beträgt rund 700. Einige Städte lassen ihre Abwässer jedoch nach wie vor ungeklärt (oder nur durch einfache Filtersiebe gereinigt) in den Rhein ab.

Über die Nutzen öffentlicher wie privater Umweltschutzinvestitionen liegen hingegen keine überzeugenden Angaben vor – worin nicht zuletzt ein wesentlicher Grund für die niedrige politische Priorität der Gewässerproblematik zu sehen sein dürfte. Hierüber mehr zu wissen, wäre jedoch wichtig, weil nur durch Nutzen-Kosten-Vergleiche ökonomisch Sinnvolles über Sanierungsmaßnahmen gesagt werden kann. Die Argumentation nur an den getätigten Ausgaben festmachen zu wollen – wie dies bisher meist geschieht –, zeugt ja nicht gerade von besonderer Logik, heißt es doch, die Verschmutzung quasi nachträglich zu rechtfertigen: je schmutziger das Wasser, um so besser, weil dann auch mehr ausgabewirksame Mittel zu seiner Reinigung aufgewendet werden können.

Die bisherige Diskussion der Ursachen der Umweltprobleme der deutschen Gewässer (und diese Feststellung betrifft, mit Einschränkungen, auch den Sachverständigenrat für Umweltfragen) macht in bemerkenswerter Weise halt vor der Frage einer konkreten Ermittlung bzw. Einschätzung der ökonomischen Interessenkonstellationen bei den (wichtigsten) Umwelt-Akteuren – sowohl bei den Handlungsinteressen der Produzenten und Konsumenten, als auch denen des Staates und der Administration. Welche ökonomischen und politischen Vorteile ziehen die Umweltakteure aus dem Status quo der Gewässerverschmutzung? Welche ökonomischen und politischen Nachteile erwarten sie dagegen aus einer Reduktion der Verschmutzung als Folge einer aktiven Umweltschutzpolitik?

Bevor solche (einfachen) Fragen gestellt werden – wenn es denn überhaupt geschieht –, liest man und hört man meist langatmige Ausführungen über die (vermutete oder tatsächliche) Zu- oder Abnahme der Schmutzfracht der Gewässer in Form von Salzen, schwer abbaubaren Verbindungen, Radionukliden, Schwermetallverbindungen usw. und über die Probleme, die mit deren Feststellung verbunden sind. Solche methodisch-statistischen Informationen sind zweifellos für die Formulierung einer Sanierungsstrategie wichtig: Dies darf aber die Frage nach den ökonomischen Gründen nicht verdrängen, die den Verschmutzer dazu verleiten, Salze, schwer abbaubare Verbindungen, Radionuklide und Schwermetallverbindungen usw. unbehandelt oder unzureichend behandelt in die Gewässer abzuleiten.

Die Informationsdefizite, die die Beantwortung solcher und ähnlicher Fragen erschweren, führen zu der These, daß die Zielbestimmung bei der Gewässersanierung insgesamt bisher nicht ausreichend präzise und fundiert und auch nicht konsensfähig ist. Während bezüglich der Frage der Festlegung von allgemeinen Wassergütekriterien eine gewisse (wenn auch umstrittene) Tradition herrscht, sind z. B. regionsspezifische, zeitliche und stufenfixierte, produkt- bzw. nutzungsorientierte Kriterien nicht nur umstritten, sondern kaum vorhanden[6]. In der Öffentlichkeit zu wenig bekannt ist insbesondere auch der konkrete Zusammenhang zwischen alternativen Wassergütekriterien und notwendigen Investitionskosten – wodurch wiederum individuelle und kollektive Abwägungen erschwert oder unmöglich gemacht werden.

Bisher wenig diskutiert im Sinne der Zielfindung ist aber auch der ganz konkrete, handfeste Zusammenhang zwischen der Verschmutzung der Oberflächengewässer und den (steigenden) Kosten der Trinkwasseraufbereitung. So ist z. B. sauberes Rheinwasser kein Selbstzweck mehr. Etwa 9 Millionen Menschen trinken bereits das Wasser, das ihnen die Wasserwerke aus Rhein- und Bodenseewasser in die Leitungen pumpen. Der Bedarf an Trinkwasser wird weiter zunehmen und nach Schätzungen von Wasserversorgungsunternehmen in den nächsten 20

Jahren um bis zu 50 % ansteigen. Diese zusätzliche Menge wäre – wegen der intensiven Beanspruchung des Grundwassers und der zunehmenden industriellen Eigenversorgung, die der öffentlichen Trinkwasserversorgung in bestimmten Gebieten bereits Ressourcen wegnimmt – zum großen Teil nur noch aus Oberflächenwasser zu gewinnen. Das Flußwasser ist als Rohstoff für die Trinkwasserversorgung der Bevölkerung also bereits unverzichtbar geworden. Hierdurch wird das Gebot der Sauberkeit auch zur Vermeidung gesundheitlicher Gefahren hoch aktuell. Saubereres Trinkwasser aber z. B. aus dem verschmutzten Rheinwasser zu gewinnen, wird bei den zu erwartenden Bedarfsmengen ein sehr kostspieliges Unterfangen, weil bei der Trinkwassergewinnung die Schmutzstoffe nur durch sehr aufwendige Aufbereitungsverfahren beseitigt werden können[7].

Diese steigenden Umweltkosten, die (zunächst) von den Wasserwerken aufgebracht werden müssen, machen diese tendenziell zu Verbündeten des Umweltschutzgedankens. Gleichzeitig allerdings unterliegen sie – wie sich aus vielen Geschäftsberichten und zahlreichen Äußerungen leitender Angestellter ablesen läßt – einem Wachstumssyndrom: steigende Wassermengen zu niedrigen Preisen zur Verfügung stellen zu wollen.

Wichtig im Hinblick auf die Zieldiskussion wäre natürlich auch die Frage, ob nicht die kommunalen Verschmutzer speziellere Zielvorgaben als andere Verschmutzer – im Sinne von Leitvorgaben – erhalten sollten. Dies aber berührt ein zentrales politisches Problem. Nach ernst zu nehmenden Einschätzungen von Wasserfachleuten sind nicht die Industrieunternehmen, sondern die Kommunen insgesamt gesehen die größten Abwassersünder. So leisteten denn auch (und leisten weiter) viele Kommunen (und die Kommunalverbände) – und über sie einige Bundesländer – den hinhaltendsten Widerstand gegen das Abwasserabgabengesetz[8].

Das bisher entwickelte Instrumentarium zur Gewässersanierung ist aus ökonomischer Sicht weder vollständig noch widerspruchsfrei. So steht einerseits die Frage an, in welcher Weise und für welche Teilaufgaben der Informationsstand über das *regulative* Instrumentarium (d.h. Vorsorge, Sanierung, Überwachung und Sanktionierung) zu verbessern ist. Angesichts der allgemein konstatierten personellen Engpässe im bisherigen Vollzug der regulativen Umweltpolitik ist nicht ausreichend klar, wo z.B. die Prioritäten für den zukünftigen Personalausbau liegen bzw. liegen sollten.

Darüber hinaus aber steht zur Entscheidung an, ob das vorgesehene *anreizorientierte* Instrumentarium (d.h. Abwasserabgabengesetz, Subventionen) voll nutzbar sein wird bzw. in welcher Weise es zu verbessern wäre. Beispielsweise: Wie ließen sich die zu erwartenden negativen

Verteilungswirkungen der Abwasserabgabe (bei Industrieunternehmen z. B. aufgrund der Überwälzung der Abwasserabgabe auf den Produktpreis in Abhängigkeit von der konkreten Marktmacht des Verschmutzers) neutralisieren? Welche komplementären oder aber divergierenden Beziehungen bestehen zwischen dem politisch-regulativen Instrumentarium und dem ökonomischen Anreizinstrumentarium im Hinblick auf die Wasserproblematik und wie kann ihr Gesamteffekt optimiert werden?

Damit ist bereits das Vollzugs- bzw. Implementationsproblem des Gewässerschutzes angesprochen, worauf im folgenden etwas näher eingegangen werden soll.

5. Das Umweltproblem als Implementationsproblem

Die Probleme, die bei der Durchsetzung der Umweltpolitik (Projekt- und Programmimplementation) auftreten und ihrerseits die Verwirklichung der postulierten Ziele beeinträchtigen, lassen sich in mindestens drei Kategorien fassen:[9]
a) Probleme, die sich aus einem Umweltprogramm selbst ergeben;
b) Probleme der Handlungsfähigkeit (Abhängigkeit und Orientierung) der Vollzugsinstanzen;
c) Probleme, die durch die Einstellung bzw. das (ökonomische) Verhalten der Verschmutzer und der interessierten (oder betroffenen) Dritten entstehen.

Was den ersten Problembereich betrifft, so ist zunächst festzustellen, daß die Umweltprogramme in der Bundesrepublik bisher im wesentlichen dem Typus »öffentliche Investitions- bzw. Subventionsprogramme« angehörten. Entsprechend stellen sich eine Reihe von Fragen nach der Effizienz dieses Politik-Typs: Sind z. B. die Kriterien bei den öffentlichen Subventionsprogrammen richtig gesetzt? In welchem Maße führen sie zu ganz bestimmten technischen Lösungen (nach Größe und Kapitalintensität des Projektes) und schließen andere aus? Ist die Bevorzugung bestimmter Kommunetypen, so wie sie sich herausgebildet hat, weiterhin sinnvoll und ökonomisch vertretbar? In welchem Maße fördern die bisherigen Programme »unheilige Allianzen« zwischen Verschmutzern und öffentlicher Hand, zwischen Subventionsempfängern und Subventionsgebern?

Was die Probleme der Handlungsfähigkeit (bzw. der Abhängigkeit und Orientierung) der Vollzugsinstanzen des Umweltschutzes angeht, so stellt sich auch für die Gewässersanierung das Problem der richtigen Balance ihrer Tätigkeit (zwischen Vorsorge, Sanierung, Überwachung und Sanktionierung), einschließlich der Frage, welche finanziellen Voraussetzungen und ökonomischen Konsequenzen dabei jeweils involviert sind. Auch die konkrete Organisation des Vollzuges des Gewässerschutzes (z. B. Organisationsform der allgemeinen Verwaltung, Sonderbehördenverwaltung oder Mischform der Zuständigkeitsverteilung) erscheint diskussionsbedürftig. Der Tätigkeitsanlaß der Gewässerschutzbehörden (wie: Beschwerden, Rechts- und Verwaltungsvorschriften oder Eigeninitiative) müßte erleichtert und unter Einbeziehung ökonomischer Aspekte überprüft werden, weil nur so dem Widerstand der Verschmutzer begegnet und die allgemeine Durchsetzungskraft der Behörden erhöht werden kann.

Was die Probleme betrifft, die durch die Einstellung bzw. das (ökonomische) Verhalten der Verschmutzer und interessierter Dritter entstehen, so ist auch beim Gewässerschutz die social-cost-Problematik von besonderer Bedeutung, d. h. die Durchbrechung bzw. Außerachtlassung des Prinzips der korrekten Zurechnung der Kosten privatwirtschaftlicher Tätigkeit: Zur Verringerung eigener betrieblicher Kosten belasten (private wie staatliche) Wirtschaftseinheiten die Umwelt, die Mitwelt und die Nachwelt (H. Bossel). Es ist sehr fraglich, ob dieser Mechanismus der Kosten-Abwälzung als entscheidende Ursache der Umweltprobleme der deutschen Gewässer bereits allgemein ausreichend erkannt ist. So lange, wie dieser Zusammenhang nicht freimütig diskutiert, sondern eher verdrängt wird, ist z.B. die Frage nicht abwägbar, ob Arbeitsplätze in der verschmutzenden Industrie gesellschaftlich wünschenswerter sind als Arbeitsplätze im Gewässerschutz.

Allgemein gesprochen betrifft dieser Zusammenhang die Frage, warum das »Verursacherprinzip« im Hinblick auf die Gewässersanierung derart niedrig gehandelt wird, wie dies bisher geschieht. Die Verschmutzung des Rheins ist beispielsweise – wie ausreichend nachgewiesen wurde – durch eine außerordentlich hohe Konzentration auf nur wenige Hauptverursacher charakterisiert. Das »Rheingutachten« sagt hierzu u. a.: »*Etwa 80 % der ... gemessenen Nettoverschmutzung aus deutschen Direkteinleitungen in den Rhein (könnten) durch eine Konzentration auf einige wenige Einleiter (Verschmutzer) zurückgehalten werden.*«[10]

Warum wird diese technisch naheliegende Möglichkeit der Zurückhaltung des Schmutzes nicht bzw. nur unzureichend genutzt? Das »Rheingutachten« hat die Hauptverschmutzer benannt und sie in ihrer Bedeutung erkennbar dargestellt; drei der großen Verschmutzer des Rheins sind Firmen, mit deren Namen sich für viele der wirtschaftliche Wohlstand in Deutschland verbindet: Hoechst, Bayer, Zellstoff Mannheim.

Außer in den ökonomischen (Partial-)Interessen der privaten und staatlichen Verschmutzer – aufgrund allgemeiner Wirtschaftlichkeits-

und Rentabilitätsüberlegungen effektive Umweltschutzmaßnahmen nicht zu ergreifen bzw. diese zu minimieren – liegt in der besonderen Art der kommunalen und staatlichen Wirtschaftsförderung möglicherweise eine weitere wichtige Ursachenkette, die dringend der kritischen Betrachtung ihrer Widersprüchlichkeit unter umweltpolitischen Gesichtspunkten bedarf. Hierzu sagt das »Rheingutachten« beispielsweise: *»Solange die Interessen der Wirtschaftsförderung dominant sind, werden die großen Flüsse weiterhin zu Abwassertransportern deklassiert.«*[11]

Ganz sicherlich wären erhebliche Konsequenzen aus einer entsprechenden Analyse und Korrektur der kommunalen und staatlichen Wirtschaftsförderung in Hinblick auf die konkreten Umweltprobleme der deutschen Flußgebiete zu erwarten. Daß eine ähnliche Argumentation in bezug auf die Siedlungsstruktur und damit verbundene Strukturbegriffe (wie Bevölkerungsdichte, Verkehrs- und Kraftwerksdichte) relevant sein könnte, sei hier nur ergänzend vermerkt.

6. Umweltpolitik durch ökonomische Anreize

Umweltschutz kann auch anders als durch regulative Maßnahmen von Behörden betrieben werden. Bei der Frage nach alternativen Politikformen geht es einerseits um die allgemeine Sinnhaftigkeit positiver bzw. negativer Anreiz-Instrumente, andererseits aber auch um deren spezielle Effizienz.

»Positive« Anreize in Form von (direkten oder indirekten) Subventionen haben in Deutschland eine längere Tradition. Die Verabschiedung des Abwasserabgaben-Gesetzes im Jahre 1976 war in der Bundesrepublik der erste wichtige Schritt zur Einführung *»negativer«* Anreize zwecks Realisierung umweltpolitischer Ziele. Das Gesetz wurde als »richtungsweisende Neuentwicklung« auf dem Wege zu sauberem Wasser gelobt. Unmittelbare regulative Maßnahmen der Behörden sollten mit diesem Instrument teils überflüssig gemacht, teils ergänzt werden.

Im Hinblick auf diesen Instrumentenansatz sind vor und nach der Verabschiedung des betreffenden Gesetzes 1976 viele Fragen vorgebracht worden. Nach der im Jahre 1979 angekündigten Bundesrats-Initiative der Länder *Bayern* und *Baden-Württemberg* zur Aufhebung des Gesetzes bzw. seiner zeitlichen Verzögerung und/oder zur weiteren Senkung der Abwasserabgabe, waren verschiedene dieser Fragen erneut aufgeworfen worden. Worum es aus ökonomischer Sicht nicht gehen darf, ist die (weitgehende) Demontage des Abwasserabgaben-Gesetzes; wichtig wäre eher seine Verbesserung, insbesondere im Hinblick auf Berechnungsverfahren, Abgabenhöhe und Personal zu seiner Durchführung.

Zu der Entstehungsgeschichte des Abwasserabgaben-Gesetzes ist die These formuliert worden, daß »*aus einem Schutzgesetz für die Umwelt ein Schutzgesetz für die Umweltverschmutzer wurde*«[12]. Der mit diesem Gesetz getriebene Handel ist in der Tat offenkundig: Während von Wasserfachleuten eine Abwasserabgabe von 80 DM je abgeleiteter Schadstoffeinheit (vergleichbar der durchschnittlichen Belastung des Gewässers mit ungereinigtem Abwasser durch einen Einwohner im Jahr) empfohlen worden war, sollte sie nach Äußerungen von seiten der Bundesregierung aus ökonomischen Erwägungen heraus zunächst auf 25 DM, später auf 40 DM festgesetzt werden; sie wurde dann – nach Einigung zwischen den Bonner Parteien und zwischen Bund und Ländern – derart geändert, daß sie erst vom Jahre 1981 an gilt, mit nur 12 DM beginnt und bis 1986 auf 40 DM steigt (wobei Abgabepflichtige sogar bis 1989 von der Zahlung befreit werden können). Der niedrige Abgabesatz und der verspätete Beginn haben dem Abwasserabgaben-Gesetz natürlich einen Teil der grundsätzlich möglichen Wirkung genommen.

Losgelöst von der Frage der Sinnhaftigkeit solcher Rückzüge und der Ernsthaftigkeit einer Umweltpolitik, die sich in solchen Rückzügen manifestiert, steht aber weiterhin die Frage an, in welchem Maße die erwarteten positiven Wirkungen dieses Motivationsgesetzes tatsächlich eintreten werden. Ist die vermutete Signalwirkung voll aktivierbar, oder wird das Gesetz z. T. auch in die Verhinderung der Gewässerreinigung umschlagen, weil mit der Abgabenentrichtung das Recht auf Umweltverschmutzung – ein »*Ablaß für Umweltsünden*« – erkauft werden kann? Es könnte dem Verschmutzer durchaus im Einzelfall gleichgültig sein, ob ihm Kosten für ungereinigtes Abwasser plus Abwasserabgabe *oder* für die eigene Abwasserreinigung ohne Abgabe entstehen, sofern nur beide Kostengrößen nicht sonderlich voneinander abweichen. Für den Erhalt der Umwelt aber können diese beiden Möglichkeiten nicht gleichgültig sein.

Auch in den Vollzugsaufgaben des Abwasserabgaben-Gesetzes liegen besondere Probleme. Die Aufgabe der Überwachung der Gewässer wird durch die Abwasserabgabe nicht überflüssig, sondern eher noch verstärkt, so daß die Frage durchaus verneint werden mag, ob es zu einer Nettoentlastung der Behörden durch die Einführung des »negativen Anreizes« kommt[13]. Im konkreten Fall stellt sich u. U. auch das schon angesprochene Überwälzungsproblem – und zwar zunächst in dem Sinne, daß z. B. unterschiedliche Betriebsgrößen und Marktformen für industrielle Verschmutzer auch unterschiedliche Möglichkeiten für die Überwälzung der Abwasserabgabe eröffnen: *Vor*wälzung durch Erhöhung des Produktpreises oder *Rück*wälzung durch Senkung der Bezugspreise.

Das Überwälzungsproblem stellt sich aber auch z. B. im Vergleich von industriellen und kommunalen Verschmutzern. Während erstere versuchen werden, die gezahlte Abwasserabgabe (bzw. die Kosten der gebauten Kläranlage) vor- oder rückzuwälzen, bleibt den Kommunen (neben der Budgetumschichtung) wohl nur der Weg, die gezahlte Abwasserabgabe (bzw. die Kosten der gebauten Kläranlage) in Form einer Gebühr (-anhebung) vom Bürger hereinzuholen[14]. Da sich die politische Führung von Kommunen i. d. R. als Stimmenmaximierer verhält und Abgabenerhöhungen diesem Ziel (vermuteterweise) entgegenstehen, sperren sich viele Kommunen (nach wie vor) gegen das Abwasserabgaben-Gesetz und damit auch gegen die Gewässersanierung.

Diese und ähnliche Argumente, die von einigen Gegnern des Gesetzes aufgebauscht worden sind (z. B. »*Supermonster von Gesetz; wir verwalten uns noch zu Tode*«, so der bayerische Innenstaatssekretär), sollten jedoch nicht genügen, das Abwasserabgabegesetz vor seiner eigentlichen Bewährungsprobe wesentlich zu verharmlosen. Das Gesetz liefert ein Instrument zur richtigen Kostenzuordnung, das anderen Instrumenten theoretisch in mancher Hinsicht überlegen ist; der Nachweis der praktischen Überlegenheit erfordert zunächst und vor allem seine effektive Anwendung.

Im Zusammenhang mit der Umweltpolitik positiver bzw. negativer ökonomischer Anreize steht auch die Frage nach den Möglichkeiten einer stärkeren »*pretialen Lenkung*« im Bereich des Gewässerschutzes, d. h. über die Ermittlung der Preis- und Einkommenselastizität der Nachfrage nach Wasser herauszufinden, ob und in welchem Maße aktiver Umweltschutz über die bewußte Gestaltung des Wasserpreises möglich ist. Eine Differenzierung des Wasserpreises nach Verwendungszwecken bzw. nach Verwendungsmengen könnte unter Umständen die Gesamtnachfrage nach Wasser bzw. deren Zuwachs senken, den mengenmäßigen Anfall an Abwasser reduzieren und auch vor allem das Abwasser-Recycling fördern. Die Verwendung (Verschwendung) großer Mengen von (knapper werdendem) Grundwasser wegen unterlassener Aufbereitung von Brauchwasser ist technisch gesehen unnötig und könnte durch entsprechende ökonomische Preis-Signale ganz sicherlich rasch vermindert werden.

Eine erneute Behandlung verdient schließlich aber auch die Frage nach alternativen organisatorisch-institutionellen Lösungen im Gewässerschutz. Genossenschaftliche, verbandsmäßige Lösungen, Umorganisation der regionalen Wasserversorgung und Änderung des Bezugsrahmens für die Behandlung struktureller Probleme der Gewässersanierung seien als Stichworte genannt, die im Ausland zur Zeit eine stärkere Beachtung finden, als dies in der Bundesrepublik Deutschland der Fall ist.

7. Forderungen

Einige der oben angestellten Überlegungen sollen zum Schluß stichwortartig in Form von Forderungen zusammengefaßt werden.

1. *Offene Diskussion* der ökonomischen Strukturprobleme der Gewässersanierung; stärkere Ausrichtung der Siedlungs- und Wirtschaftsstruktur, der Infrastruktur und der Standortstruktur an den konkreten Umweltproblemen der Gewässer und ihrer Einzugsgebiete.
2. *Beeinflussung der Hauptakteure* zugunsten umweltschonenderer Verhaltensweisen; Darlegung der vermuteten Konflikte zwischen den Maßnahmen zur Gewässersanierung und der betriebswirtschaftlichen Rentabilität der von Maßnahmen betroffenen Wirtschaftsaktivitäten; Ermittlung und Vermittlung der volkswirtschaftlichen Vorteile einer aktiven Gewässersanierung.
3. *Verbesserung der Informationslage* zur Gewässersanierung, und zwar bezüglich der konkreten Verschmutzungssituation, der anzustrebenden Sanierungsziele, der zu ihrer Durchsetzung erforderlichen Instrumente und Maßnahmen; stärkere Verankerung ökologischer Gesichtspunkte in allen Fach- und Regionalplanungen, die die Gewässer und ihre Einzugsgebiete betreffen.
4. *Diskussion der Rationalität* kommunaler und staatlicher Investitions- und Subventionsprogramme und des Behördenhandelns im Gewässerschutz; Ermittlung und Überwindung der Defizite im Bereich der regulativen Umweltpolitik; stärkere Betonung des Verursacherprinzips am Beispiel der Gewässersanierung.
5. *Politische Diskussion und Wertung der Interessen* der Verschmutzer im Vergleich mit dem ökologischen Nutzen und den ökonomischen Vorteilen einer aktiven Gewässersanierung; kritische Analyse der Wirtschaftsförderungspolitik unter ökologischen Gesichtspunkten; Ermittlung der Vorteile der anreizorientierten Umweltpolitik am Beispiel der Abwasserabgabe und Kritik der Nachteile dieser Lösung; Ergänzung des vorhandenen Instrumentariums zur Gewässersanierung und Verbesserung seiner organisatorisch-institutionellen Grundlagen.

Literaturangaben

1 Vgl. hierzu insbes. Sachverständigenrat für Umweltfragen: Umweltprobleme des Rheins, Deutscher Bundestag, Drucksache 7/5014, 1976 (im folgenden: Rheingutachten).
2 Selbst im Rheingutachten ist hierzu wenig zu finden.
3 Zur Bedeutung dieser Verhaltensweisen im allgemeinen vgl. H. D. Engelhardt u. a. (Hrsg.): Umweltstrategie. Materialien und Analysen zu einer Umweltethik der Industriegesellschaft, Gütersloh 1975.

4 Vgl. z. B. R. Mayntz, J. Hucke: Gesetzesvollzug im Umweltschutz. Wirksamkeit und Probleme, in: »*Zeitschrift für Umweltpolitik*«, 2, 1978, S. 217–244.
5 Vgl. z. B. den Abschnitt »Kosten« des Rheingutachtens, a.a.O., S. 200–202.
6 Daß der Wasserverbrauch der Haushalte pro Einwohner und Tag in der Bundesrepublik von 1950 bis 1978 von etwa 85 auf etwa 140 Liter gestiegen ist, mag der einzelne vielleicht schätzen können. Wer weiß aber z. B., daß zur Herstellung eines Autos insgesamt etwa 380000 Liter Wasser erforderlich sind? Der Wasserverbrauch der Industrie (ca. 13 Mrd. cbm) und der Kraftwerke (ca. 18 Mrd. cbm) reicht in Größenordnungen, die die Vorstellungskraft übersteigen und damit im Sinne der Zieldiskussion ihre Handhabbarkeit verlieren.
7 Vgl. Wasserversorgung: Das teure Naß. Vom Rohstoff im Überfluß zur Mangelware, in: »*Wirtschaftswoche*«, 33, 1979.
8 Vgl. hierzu Punkt 6 dieses Beitrags (S. 239).
9 Vgl. R. Mayntz, J. Hucke, a.a.O., S. 219ff.
10 Rheingutachten, a.a.O., S. 197.
11 Ebenda, S. 146.
12 B. Weimann, nach »*Der Spiegel*«, Nr. 29, 1979.
13 Vgl. R. Mayntz, J. Hucke, a.a.O.
14 Der Herausarbeitung der Verhaltensunterschiede zwischen industriellen und kommunalen Abwassereinleitern galt das besondere Interesse von V. Hoffmann, D. Ewringmann: Auswirkungen des Abwasserabgabengesetzes auf Investitionsplanung und -abwicklung in Unternehmen, Gemeinden und Abwasserverbänden, Bonn 1977.

Eckard Rehbinder

Wasserrechtliches Instrumentarium zum Schutze der Binnengewässer

I. Ziel- und Programmebene

1. Nach bisherigem Recht stand der Einsatz der wichtigsten wasserrechtlichen Instrumente, nämlich die Erteilung und der Widerruf wasserrechtlicher Genehmigungen sowie die Auflagenpraxis, lediglich unter den Anforderungen des § 6 des *Wasserhaushaltsgesetzes*[1] (WHG), wonach eine Genehmigung für eine Benutzung dann nicht erteilt werden darf, wenn sie – auch unter Berücksichtigung von Auflagen – im Widerspruch zum Wohle der Allgemeinheit steht. Konkretisierend ist dort insbesondere die Trinkwasserversorgung genannt; zum Wohle der Allgemeinheit gehört natürlich auch eine in ökologischer Sicht erforderliche Gewässergüte. Die besondere Problematik dieser Regelung lag darin, daß es an klaren, auch rechtlich verbindlichen Zielvorgaben hinsichtlich der anzustrebenden Wassergüte fehlte. Weder waren die Güteziele ausreichend im Gesetz verankert, noch enthielt das Gesetz operable Gütekriterien.

Dementsprechend hat die Generalklausel des § 6 des Wasserhaushaltsgesetzes zu erheblichen Schwierigkeiten bei der Umsetzung in Strategien geführt. Es sind bisher keine generellen oder nutzungsorientierten Gewässerqualitätsstandards entwickelt worden; von dem (in § 27 WHG) vorgesehenen Instrumentarium der Reinhalteordnung ist nicht Gebrauch gemacht worden. Die maßgebliche Strategie für die Erreichung einer ökologisch und unter dem Gesichtspunkt der Trinkwasserversorgung angemessenen Wassergüte waren vielmehr Emissionsbegrenzungen. Für die kommunalen Einleiter wurden die sog. Normalanforderungen nach der Richtlinie der Länderarbeitsgemeinschaft Wasser[2] zugrunde gelegt, während die Emissionsbegrenzungen industrieller Einleiter im einzelnen ausgehandelt wurden. Dabei überwogen Bescheide, die so pauschal formuliert waren, daß sie der betroffenen Wirtschaft erhebliche Spielräume bei der Einleitung von Abwässern gewährten.

Durch die 4. Novelle zum WHG sind gewisse Verbesserungen

erreicht worden. Allerdings enthalten auch die neuen Regelungen nicht mehr als eine relative Priorität für die Trinkwasserversorgung. Bereits § 6 WHG sah eine entsprechende Priorität vor, ohne daß dies in der Vergangenheit zu den bei Erlaß des Gesetzes erhofften Wirkungen geführt hat. Es bleibt also auch nach neuem Recht dabei, daß die Wasserbehörden in starkem Maße konkurrierende Nutzungsansprüche berücksichtigen werden (Problem des Zielkonfliktes zwischen Ökologie und Ökonomie). Die eigentlichen Verbesserungen liegen auf der Strategieebene, insofern als nunmehr erstmalig ein System von bundeseinheitlichen Mindeststandards für Emissionen eingeführt (§ 7a WHG) und mit regionaler Planung kombiniert wird (§ 36b WHG).

Die Länder sind verpflichtet, Bewirtschaftungspläne aufzustellen, wenn dies erforderlich ist, um die Trinkwasserversorgung zu sichern oder um Richtlinien der Europäischen Gemeinschaften oder internationale Abkommen durchzuführen. In diesen Wasserbewirtschaftungsplänen sind dann regionale Wassergütestandards je nach der angestrebten Nutzung festzulegen. Mangels klarer Zielvorgaben wird sich allerdings auch bei den Bewirtschaftungsplänen nachteilig bemerkbar machen, daß in ihnen der Zielkonflikt zwischen Trinkwasserversorgung und konkurrierenden Zielen ausgetragen werden muß. Es besteht die Gefahr, daß es praktisch bei den für die Erhaltung einer ökologisch notwendigen Gewässergüte und zur Sicherung der Trinkwasserversorgung nicht ausreichenden Mindestemissionsstandards nach § 7a WHG bleibt und überhaupt keine Wasserbewirtschaftungspläne aufgestellt werden.

2. Bedeutung für die deutsche Wassergütewirtschaft werden künftig in verstärktem Maße einzelne EG-Richtlinien gewinnen. Dies gilt insbesondere für die Richtlinie über die Ableitung gefährlicher Stoffe in die Gewässer der Gemeinschaft[3] von 1976. Sie sieht die Schaffung eines Systems von Einleitungsgrenzwerten für besonders gefährliche Stoffe (Liste I) vor und geht über § 7a WHG insofern hinaus, als vorhandene Technologie nur ein Faktor für die Festsetzung der Grenzwerte – neben den Gesundheits- und Umweltwirkungen des Stoffs – ist. Für weniger gefährliche Stoffe (Liste II) sieht die Richtlinie nationale Verbesserungsprogramme vor, die von der EG koordiniert werden sollen.

Wassergüteziele und Strategien zu ihrer Erreichung ergeben sich in bezug auf einzelne Gewässer, insbesondere den Rhein, auch aus internationalen Abkommen.

Das Rhein-Abkommen »Chloride«[4] sieht eine (mäßige) Reduzierung der langfristigen Mittelwerte der Chlorideinleitungen, insbesondere durch Frankreich unter Kostenbeteiligung der übrigen Anliegerstaaten, nicht jedoch der wichtigeren Frachten vor. Dieses Abkommen ist von Frankreich nicht ratifiziert worden und konnte daher nicht in Kraft treten. Es hätte auch kaum zu einer erheblichen Verringerung der Chloridfracht des Rheins geführt, weil die falsche Strategie gewählt wurde. Das wichtigere Rhein-Abkommen »Chemie«[4] verpflichtet die Anliegerstaaten, zur Verbesserung der Wassergüte des Rheins die Verunreinigung durch Stoffe der *Liste I* (sog. schwarze Liste) zu beseitigen. Strategie für diese Beseitigung ist die Schaffung von Emissionsgrenzwerten. Dabei sollen die Mitgliedstaaten nach Maßgabe von Sachverständigenuntersuchungen unter Berücksichtigung der besten verfügbaren technischen Mittel schrittweise vorgehen. Für Stoffe der Liste II (graue Liste) ist eine pauschale Verpflichtung zu einer Verringerung der Wasserbelastung vorgesehen.

II. Instrumentarium

1. Im Vordergrund steht im nationalen Recht auch nach der Novellierung des WHG das eingriffsrechtliche (ordnungsrechtliche) Instrumentarium, d. h. die Kontrolle von Einleitungen von Wirtschaft und Kommunen im Einzelfall in Reaktion auf einzelwirtschaftliche Pläne. Wesentliches Gestaltungsmittel ist die Genehmigung (Bewilligung und Erlaubnis) und die Erteilung von Auflagen nach §§ 4 und 5 WHG. Mit der Novellierung des WHG ist das Instrumentarium der Wasserbehörden erheblich vollzugsfreundlicher ausgestaltet worden. Nach § 7a WHG müssen sämtliche Einleitungen den anerkannten Regeln der Abwassertechnik entsprechen; diese Mindeststandards gelten auch für alte Einleitungen und können deshalb einheitlich durchgesetzt werden (§ 7a Abs. 2 WHG).

Allerdings kann sich § 7a WHG negativ auf die in den Zwangsverbänden *Nordrhein-Westfalens* durchgeführte Wassergütepolitik durch Verbände auswirken: Wenn nämlich jeder Einleiter nunmehr gezwungen ist, seine eigene Einleitung nach Maßgabe der anerkannten Regeln der Abwassertechnik selbst zu reinigen, so wird damit das strategische Konzept der Verbände durchkreuzt, kostengünstige Reinigungsmaßnahmen bei Großeinleitern vorzunehmen, dafür aber bei Kleineinleitern auf (biologische) Reinigungsmaßnahmen zu verzichten und sie nur an den Kosten zu beteiligen. Die Möglichkeit, aus dem Abwasserverband auszuscheiden, wie sie das nordrhein-westfälische Wassergesetz vorsieht, stellt eine schwerwiegende Beeinträchtigung des Strukturprinzips der Zwangsverbände dar.

Die ordnungsrechtlichen Instrumente werden nunmehr in stärkerem Umfang mit planungsrechtlichen Instrumenten kombiniert. Hier kommt insbesondere der Wasserbewirtschaftungsplan nach § 36b WHG sowie – als ein aus dem Bewirtschaftungsplan zu entwickelnder Unterplan – der Abwasserbeseitigungsplan nach § 18a WHG in Betracht. Die Durchsetzung der in diesen Plänen festzulegenden Wasserqualitätsstandards und -maßnahmen erfolgt aufgrund der allgemeinen Regelungen (nachträgliche Anforderungen, Widerruf oder Beschränkung bestehender Bescheide nach §§ 5, 7 Abs. 1 und 12 WHG bzw. Beschränkung alter Rechte nach § 15 WHG). Hierdurch können sich einige Schwierigkeiten ergeben. Diese Schwierigkeiten versuchen die Novellen der Länder dadurch zu vermeiden, daß sie besondere Anpassungsregelungen vorsehen.

Zur Beurteilung ist zu sagen, daß durch die Kombination von Mindeststandards und regionaler Planung eine Verbesserung im Instrumentarium erreicht worden ist. Es liegt allerdings die Befürchtung nicht fern, daß ein Zuviel an Planungsvorschriften den Vollzug eher hemmen wird. Die Aufstellung der Bewirtschaftungspläne dürfte zwar nicht auf die gleichen Schwierigkeiten stoßen wie die Aufstellung der wasserwirtschaftlichen Rahmenpläne (§ 36 WHG). Diese Pläne sind nach den bisherigen Erfahrungen zu komplex, um effektiv zu sein, und sind nicht ausreichend in die Raumordnung und die Landesplanung eingebunden, so daß man bisher nicht sagen konnte, daß Länder mit einer weitreichenden wasserwirtschaftlichen Rahmenplanung in der Wasserreinhaltepolitik am erfolgreichsten waren. Jedoch wird sich auch bei den Bewirtschaftungsplänen nachteilig bemerkbar machen, daß in ihnen Zielkonflikte ausgetragen werden müssen; das zeigt sich etwa im Zögern einiger Bundesländer, den Trinkwasserversorgungsunternehmen ausreichenden Einfluß auf den Planungsprozeß zu geben. Außerdem mögen die Pläne, wenn sie überhaupt aufgestellt werden, im Hinblick auf vorrangige bestehende regionale Raumordnungspläne zu spät kommen.

Keine durchgreifende Verbesserung haben die Möglichkeiten zur Festsetzung von Wasserschutzgebieten und insbesondere zur Sicherung künftiger Wasserschutzgebiete erfahren. Insbesondere die eigentumsfreundliche Rechtsprechung des Bundesgerichtshofs zur Entschädigungspflicht bei Kollision mit konkurrierenden Nutzungen (insbesondere Sand- und Kiesabbau, Industrie) macht hier erhebliche Schwierigkeiten. Die Möglichkeit einer dreijährigen Veränderungssperre (§ 36a WHG) löst die Probleme nicht. Vorrangig wären Vorschriften über die Ausweisung von Schongebieten zur Sicherung eines künftigen Bedarfs gewesen. Zielsetzungen dieser Art lassen sich durch regionale Raumordnungspläne (Ausweisung von Wasservorranggebieten) nur unvollkommen durchsetzen. Nimmt man hinzu, daß einzelne Novellen den Versuch unternehmen, Entschädigungslasten für Wasserschutzgebiete den Wasserversorgungsunternehmen aufzubürden und den Schutz der Talsperren aufzuweichen, so zeigt sich, wie prekär die Position der Trinkwasserversorgung immer noch ist.[5]

2. Mit der Novellierung des WHG ist auch ein Instrumentarium gegeben, um in gewissem Umfang die Verpflichtungen der Bundesrepublik gegenüber den Europäischen Gemeinschaften sowie aus internationalen Abkommen sicherzustellen. Allerdings verpflichtet das Gesetz die Länder nicht ohne weiteres zu einer direkten Inkorporation von Einleitungsgrenzwerten (im Gegensatz zu Qualitätsgrenzwerten) der Richtlinien der Europäischen Gemeinschaft oder der Rheinschutzabkommen in den individuellen Bescheid. § 7a WHG steht hier praktisch nicht zur Verfügung, so daß nur die Generalklauseln des Wasserrechts in Betracht kommen. Die Länder haben aber z. T. bei der Novellierung ihrer Wassergesetze die erforderlichen Regelungen geschaffen.

3. Neben dem eingriffsrechtlichen Instrumentarium ist insbesondere das Abwasserabgabengesetz[6] (AbWAG) von erheblicher Bedeutung. Nach diesem Gesetz wird auf Abwassereinleitungen eine Abgabe erhoben, die nach dem Schädlichkeitsgrad (Abwassermenge, absetzbare Stoffe, oxydierbare Stoffe und toxische Stoffe) in Schadeinheiten bemessen wird. Die Ermittlung der Schadeinheiten erfolgt aufgrund des wasserrechtlichen Bescheids, für dessen Inhalt Mindestanforderungen aufgestellt sind (Festlegung der zulässigen absetzbaren Stoffe, der oxydierbaren Stoffe – in chemischem Sauerstoffbedarf –, und der Giftigkeit sowie Erfordernis der Aufstellung von Regel- und Höchstwerten). Der Ermittlung von Schadeinheiten sind die Regelwerte zugrunde zu legen. Bei der Überschreitung der Höchstwerte wird eine erhöhte Abgabe erhoben. Es besteht die Möglichkeit einer Reduzierung der Abgabe durch Erklärung eines Unternehmens, daß es für einen bestimmten Zeitraum unter den Regelwerten bleiben werde (§ 4 Abs. 5), sowie aufgrund von Messungen auf Antrag des Einleiters. Vorbelastungen des Gewässers werden bei der Abgabenbemessung entsprechend berücksichtigt. Eine Ermäßigung der Abgabe findet statt, wenn die Mindestanforderungen nach § 7a WHG erfüllt sind; die sog. Restverschmutzung wird nur mit dem halben Abgabensatz belegt (§ 9 Abs. 5). Die Abgabepflicht entfällt völlig drei Jahre vor Inbetriebnahme einer Abwasserbehandlungsanlage, die die Schadeinheiten mindestens um 20% reduziert. Die Höhe der Abgabe beträgt DM 12,— bei Inkrafttreten der Abgabenregelung am 1.1.1981 und steigt dann auf DM 40,— bis 1986.

Das Abwasserabgabengesetz ist nur ein schwaches Instrument zur

Sanierung der Gewässer. Der ursprüngliche Gedanke des Gesetzes war es, daß die Vornahme von ausreichenden Reinigungsmaßnahmen oder Verfahrensänderungen billiger sein solle als die Zahlung der Abgabe. Davon kann im Hinblick auf die niedere Abgabenhöhe kaum die Rede mehr sein. Die anfänglich erhobene Abgabe von 12,— DM ist nur als »Ausgleichsabgabe« zu bezeichnen, da sie unter den durchschnittlichen Betriebskosten liegt. Die in der Endphase vorgesehene Abgabenhöhe von DM 40,— bietet einen Anreiz nur zu einem Gesamtreinigungsgrad von ca. 75%. Nach Untersuchungen von *Hansmeyer*[7] hat das AbwAG allerdings bereits vor seinem Inkrafttreten für 72% der Unternehmen und 60% der Gemeinden Vorwirkungen entfaltet, insbesondere in Richtung auf den Bau neuer Kläranlagen, z.T. auch auf Veränderung der Produktionsverfahren. Diese Vorwirkungen ergeben sich aufgrund des finanziellen Zusammenhangs zwischen der Abgabenhöhe und der Einhaltung der Mindestanforderungen oder, falls im Hinblick auf die notwendige Gewässergüte (künftig in einem Bewirtschaftungsplan) striktere Einleitungsgrenzwerte erforderlich sind, der individuell festgelegten Werte. Das gilt, wie aus den Zahlen ersichtlich ist, zwar in stärkerem Maße für die Unternehmen, indessen wird auch den Gemeinden ein Anreiz geboten, die Mindestanforderungen einzuhalten. Im Umkehrschluß ergibt sich jedoch aus dem bisher vorliegenden Zahlenmaterial, daß für einen erheblichen Teil der Einleiter keine ausreichenden Anreize bestehen.

Allgemein muß man feststellen, daß das AbwAG entgegen seiner ursprünglichen Konzeption nur eine flankierende Bedeutung neben dem traditionellen wasserrechtlichen Instrumentarium hat. Damit wird das ursprünglich angestrebte Ziel – Abwasserabgabe als Konsequenz aus dem Vollzugsdefizit – beinahe umgekehrt. Ein erwartetes Abgabenaufkommen von 800 bis 900 Millionen DM pro Jahr verdeutlicht, daß die Abwasserabgabe nur eine begrenzte Wirkung in Richtung auf Vermeidung von Gewässerbelastungen haben wird. Daß man selbst den Wirkungen der Abwasserabgabe nicht so recht traut, zeigen die umfangreichen Schwerpunktprogramme (z.B. Rhein-Bodensee-Programm) und weiterreichende Vorschläge einer Schwerpunktförderung bei Großverschmutzern und bestimmten Branchen.

Das Gesetz hat aber weitere Mängel im Detail: Die Bescheidslösung ist insofern problematisch, als sie einen Anreiz für die Einleiter bietet, im Zuge der Festlegung der Mindestanforderungen nach § 7a WHG möglichst günstige Werte zu erreichen und damit das Niveau der Wasserverschmutzung zu verschlechtern. Wo im Hinblick auf vorhandene schwere Belastungen individuell höhere Anforderungen erforderlich sind, besteht ein Anreiz für den einzelnen Einleiter, durch Druck auf die Wasserbehörden bei der Umstellung der Bescheide möglichst günstige Werte herauszuhandeln und dann eine Erklärung nach § 5 Abs. 4 abzugeben, daß die Regelwerte nicht in Anspruch genommen werden sollen. In diesem Falle würde es den Wasserbehörden obliegen, durch eigene Messungen nachzuweisen, daß der Einleiter sich nicht an seine Erklärung hält. Dies würde zu einem erheblichen Arbeitsaufwand der Behörden führen, dem sie nach den bisherigen Erfahrungen kaum gewachsen sein werden.

Generell ergibt sich ein erheblicher Engpaß für die Durchsetzung des Abwasserabgabengesetzes aus dem immer noch bestehenden Rückstand der Meßmethoden. Falls es nicht zur Entwicklung unbestreitbarer Methoden kommen sollte, ist eine Prozeßlawine zu befürchten. Vollends illusorisch wären alle Hoffnungen, die Einleiter stärker zur Selbstkontrolle zu veranlassen.

Ein Mangel des Gesetzes ist es ferner, daß das Gesetz durch Anknüpfung an die Bescheidslösung nur Einleiter erfaßt, die aufgrund einer Genehmigung, wenngleich möglicherweise unter Überschreitung der Höchstwerte, legal einleiten. § 6 AbwAG, der u. U. eine Schätzung der Schadeinheiten ermöglicht, erfaßt nicht Schwarzeinleiter. Diese Privilegierung der Schwarzeinleiter ist völlig unberechtigt. Sicherlich kann man für die Zukunft durch Erteilung einer Genehmigung Einleitungen dieser Art erfassen, eine Privilegierung für die Vergangenheit widerspricht jedoch dem Grundgedanken des Verursacherprinzips. Ähnliches gilt für den Ausschluß mittelbarer Einleiter aus dem Anwendungsbereich des Gesetzes. Dadurch wird den Gemeinden als Betreiber von Kläranlagen die politisch schwierige Aufgabe überbürdet, aus Gründen der Gleichbehandlung den mittelbaren Einleitern ähnliche Gebühren aufzuerlegen, wie sie für unmittelbare Einleiter nach dem Gesetz gelten. Es ist auszurechnen, daß dies oft genug nicht gelingen wird.

Problematisch ist auch die Bemessung der Schadeinheiten der oxydierbaren Stoffe in chemischem Sauerstoffbedarf, bei dem erhebliche Manipulationsmöglichkeiten bestehen; vorzuziehen wäre eine Festlegung in organisch gebundenem Kohlenwasserstoff. Ähnliches gilt für die Nichteinbeziehung von Ammonium als Leitsubstanz für schwer abbaubare Stoffe. Die generelle Abgabefreiheit für Einleitungen von Quecksilber und Kadmium in kleinen Mengen verstößt gegen die Zielsetzungen der *EG-Richtlinie* von 1976, die ein totales Einleitungsverbot mit branchenspezifischen Ausnahmemöglichkeiten vorsieht[3]. Solche Ausnahmen kämen eventuell für Kühlwasser in Betracht, während im übrigen eine Abgabepflicht unerläßlich erscheint.

Die Anknüpfung der Bemessung der Schadeinheiten an die gesetzlichen Regel- und Höchstwerte, d. h. Jahresfrachtmengen von Schadstoffen, führt nach Auffassung einiger Fachleute zu katastrophalen Ergebnissen für die Trinkwasserversorgung, weil damit praktisch ein 100 %iger Zuschlag zur mittleren Fracht an Schadstoffen möglich ist. Vom Standpunkt der Wasserversorgung und allgemein der Gewässergütewirtschaft wäre es einzig sinnvoll gewesen, an Tagesmittelwerte und für toxische Stoffe durchweg an Konzentrationen anzuknüpfen, die nach dem Gesetz nur noch bei der Fischschädlichkeit eine Rolle spielen.

III. Implementierung

1. Eine der positiven Hauptwirkungen des Abwasserabgabengesetzes ist paradoxerweise weniger die Anreizwirkung als der Zwang für alle Länder, die wasserrechtlichen Bescheide umzustellen und zu konkretisieren, weil diese die Grundlage für die Bemessung der Wasserabgabe bilden; damit wird zugleich ein Anreiz geboten, sich sofort an die EG-Richtlinie über die Einleitung gefährlicher Stoffe in die Gewässer der Gemeinschaft[3] anzupassen. Diese positive Wirkung wird aber weitgehend durch gegenläufige Faktoren neutralisiert.

Das ist einmal das Zögern der Länder, zügig an die neuen Aufgaben heranzugehen. Bei den meisten Ländern bestehen immer noch keine genauen Vorstellungen, wie viele Bescheide überhaupt umgestellt werden müssen, um das Abwasserabgabengesetz effizient zu machen. Immerhin dürfte es möglich sein, schwerpunktmäßig vorzugehen und vorrangig die Bescheide der Großeinleiter (Schwerpunktbranchen wie Zellstoffindustrie, Chemie, kommunale Großeinleiter) umzustellen. Im übrigen wird man in weitem Umfang von der Möglichkeit der Schätzung der Schadeinheiten Gebrauch machen müssen.

Die wichtige Aufgabe, Verwaltungsvorschriften über Minimalanforderungen an die Emissionen nach § 7a WHG zu schaffen, ist bisher ebenfalls wenig zügig angepackt worden. Zwar sind die Verwaltungsvorschriften für kommunale Abwässer und für 32 – zur Zeit durchaus problematische – Industriebranchen bereits in Kraft. Mit den Verwaltungsvorschriften für kommunale Abwässer wird quantitativ etwa die Hälfte aller Einleitungen erfaßt. In qualitativer Sicht ist jedoch zu berücksichtigen, daß diese Verwaltungsvorschriften von allen Gemeinden erfüllbar sind, die eine biologische Anlage besitzen, und daß für die Trinkwasserversorgung die industriellen und gewerblichen Abwässer bedeutsamer sind. Hierfür hat sich die Bildung von über 50 Arbeitsgruppen als erforderlich erwiesen. Sicherlich ist bereits dies als positiv zu bewerten, weil der Zwang zur Zusammenarbeit zwischen Verwaltung und Einleitern bedeutsame abwassertechnische Entwicklungen in Gang zu setzen vermag. Jedoch war die Arbeit an diesen Verwaltungsvorschriften 1980 nur in einem Fall und bis Ende Dezember 1981 in weiteren 32 Fällen abgeschlossen, so daß sie für die Umstellung der Bescheide zum 1.1.1981, dem Zeitpunkt des Wirksamwerdens des Abwasserabgabengesetzes, noch nicht herangezogen werden konnten.

Aber nicht nur dieser Umstand hemmt die Implementierung des Abwasserabgabengesetzes. Mehr noch sind es die Bestrebungen einiger Bundesländer, das Gesetz wegen angeblicher Mängel ganz abzuschaffen. Diese Bestrebungen haben im Bundesrat keine Mehrheit gefunden. Jedoch hat die Mehrheit des Bundesrats im Jahre 1980 eine Novelle zum Gesetz beschlossen, die ebenfalls an dessen Substanz geht[8]. Mit der angestrebten Abschaffung der Abgabepflicht für absetzbare Stoffe, Fischgiftigkeit, Niederschlagswasser und die Restverschmutzung sowie der Verschiebung der Abgabepflicht um ein weiteres Jahr sollte das Gesetz praktisch ausgehöhlt werden. So wurden unter dem Deckmantel der Bürokratiekritik das verbal stets akzeptierte Verursacherprinzip und der Vorsorgegedanke geleugnet.

Die Novelle hat nicht den Bundestag passiert. Sie dokumentiert jedoch die mangelnde Bereitschaft der für sie eintretenden Länder, das Gesetz in seiner jetzigen Form zu vollziehen. In einem derartigen Klima werden die Vollzugsprobleme, die ein im deutschen Rechtsraum so neuartiges und zugegeben auch abwassertechnisch nicht leicht handhabbares Gesetz wie das Abwasserabgabengesetz aufwirft, noch erheblich vergrößert.

Auch die Aufstellung von Bewirtschaftungs- und Abwasserbeseitigungsplänen nach §§ 36b und 18a WHG in Belastungsschwerpunkten macht bisher keine Fortschritte. Immerhin ist die allgemeine Verwaltungsvorschrift über den Mindestinhalt von Bewirtschaftungsplänen nach § 36b Abs. 7 WHG am 7.7.1978 in Kraft getreten[9]. Die Verwaltungsvorschrift sieht für Fließgewässer 7 und für stehende Gewässer 4 Güteklassen vor und bestimmt außerdem, daß unabhängig von der Nutzung des Gewässers in dem Bewirtschaftungsplan die Güteklasse, der Sauerstoffgehalt, die Temperatur, der biologische und chemische Sauerstoffbedarf und bei stehenden Gewässern auch der Phosphor- und Nitratgehalt aufzunehmen sind. Damit ist ein erster Schritt getan, das neue Planungsinstrumentarium auch in der Praxis durchzusetzen. Weitere Schritte müssen jedoch noch gemacht werden, weil erst nach Abschluß der Arbeiten an den Regeln der Abwassertechnik und der Aufstellung der schwarzen Liste nach der

EG-Richtlinie einigermaßen abschätzbar wird, was in diese Pläne aufgenommen werden kann.
2. Nach der EG-Richtlinie[3] hätte bis zum 7.5.1978 die Liste I mit Grenzwerten bereits beschlossen sein müssen. Bisher ist es trotz Reduzierung der Zahl der zu prüfenden Stoffe noch nicht gelungen, auch nur einen einzigen Grenzwert formell zu verabschieden*. Man streitet sich immer noch über die Kriterien, die der Grenzwertfestsetzung zugrunde liegen. Nach der Richtlinie kommt es »hauptsächlich« auf Toxizität, Persistenz und Bioakkumulation an. Es ist aber fraglich, welchen Stellenwert diese Kriterien im Verhältnis zueinander haben. Insbesondere ist der Stellenwert festgestellter Kanzerogenität umstritten, die möglicherweise allen üblichen Kriterien vorgeht. Auch die Bedeutung der chronischen Toxizität ist kontrovers. Man fragt auch, welche sonstigen Kriterien für die Grenzwertfestsetzung maßgeblich sind. Schließlich ist bisher noch keine Einigung über die anwendbaren Testverfahren als Vorarbeit zur Aufstellung von Grenzwerten erzielt worden. Möglicherweise wird man bei der Festlegung der Grenzwerte z.T. auch branchenmäßig vorgehen, was der Forderung entgegenkäme, in erster Linie gegen die Großeinleiter vorzugehen. Die Arbeit an der Koordinierung der vorgeschriebenen nationalen Sanierungsprogramme für Stoffe der Liste II scheint völlig in Vergessenheit geraten zu sein. Nach den bisherigen Erfahrungen zu urteilen, wäre es illusorisch, weiterhin große Hoffnungen auf die europäische Gewässerschutzpolitik zu setzen.
3. In der im Jahre 1971 vom *Innenausschuß* des *Deutschen Bundestages* veranstalteten Anhörung über Fragen der Wasserreinhaltung ging die allgemeine Meinung dahin, daß das geltende Wasserrecht an sich ausreichend sei, daß es jedoch von den Wasserbehörden nicht entsprechend den Intentionen des Gesetzgebers vollzogen worden sei[10]. Es ist zweifelhaft, ob diese Aussage in dieser Allgemeinheit zutrifft. Man kann in der Tat einen Konstruktionsfehler des WHG darin sehen, daß es sich zu sehr auf das traditionelle ordnungsrechtliche Instrumentarium verließ, das den Behörden nur eine bloße Reaktion im Einzelfall auf Einleitungswünsche der Wirtschaft und Kommunen gestattete. Die nunmehr verwirklichte Verbesserung des planungsrechtlichen Instrumentariums erlaubt es den Behörden, aufgrund eigener Zielvorstellungen Initiativen zur Erreichung einer ökologisch oder für die Trinkwasserversorgung erforderlichen Wassergüte zu entwickeln. Trotz anzuerkennender Verbesserung des gesetzlichen Instrumentariums kann die gemachte Feststellung aber auch heute noch insoweit als zutreffend gelten, als nach wie vor ein erhebliches

---

* Außer für Quecksilber aus der Alkalichloridelektrolyse (Hrsg.)

Vollzugsdefizit zu konstatieren ist. Es erstaunt, mit welcher Offenheit man den ansonsten nicht gern gehörten Begriff »Vollzugsdefizit« im Wasserrecht gebraucht – ein Hinweis darauf, daß man die Mängel des Vollzugs nach wie vor als gravierend empfindet.

Nähere Aufschlüsse über das Vollzugsdefizit im Wasserrecht ergeben sich aus der im Auftrag des Sachverständigenrats für Umweltfragen durchgeführten Untersuchung von *Renate Mayntz* über Probleme der Implementation von Gesetzen im Bereich der Luftreinhaltung und des Gewässerschutzes[11] aus dem Jahre 1977 und einer weiteren Untersuchung von *Hucke*[12] über kommunalen Umweltschutz aus dem Jahre 1979. Diese Untersuchungen bestätigen, daß der Bereich des Gewässerschutzes insgesamt nur von einem nur unzureichenden Vollzugsverhalten der Wasserbehörden bestimmt ist. Schwachstellen des Vollzugs sind insbesondere die Sanierung (Alteinleiter), die Vorsorge, die Überwachung und das Sanktionsverhalten. Das gilt für industrielle und kommunale Einleiter gleichermaßen.

So setzen die Wasserbehörden bei Genehmigungen vor allem gegenüber Alteinleitern, aber in erheblichem Umfang auch gegenüber neuen Einleitern nur bedingt die optimalen Qualitätsstandards durch, indem sie häufig die im Einzelfall technisch möglichen, gegenüber den zulässigen Normalwerten gesteigerten Anforderungen nicht verlangen und für die Erfüllung der erteilten Auflagen zudem noch häufig Fristen gewähren. Die Überwachung von Einleitungen in Gewässer ganz allgemein findet aufgrund mangelnder Intensität und Qualität der durchgeführten Kontrollmaßnahmen nur unzureichend statt. Bei Verstößen gegen wasserrechtliche Vorschriften bzw. erteilte Auflagen schließlich greifen die Wasserbehörden unter extensiver Interpretation des Verhältnismäßigkeitsgrundsatzes nur zögernd zu Sanktionen. So werden wasserrechtliche Instrumente wie Rücknahme einer Bewilligung, Widerruf einer Erlaubnis und nachträgliche Anordnung ebenso wie allgemeine ordnungsrechtliche Zwangsmittel, d. h. Untersagung und Stillegung, sowie allgemeine Verwaltungszwangsmittel wie Ersatzvornahme und unmittelbarer Zwang kaum eingesetzt. Die häufiger verhängten Zwangs- bzw. Bußgelder sind zumeist sehr gering und der Schwere der Zuwiderhandlung nicht angemessen. Besonders schwach ist die Sanktionsaktivität gegenüber kommunalen Einleitern.

Nach der Einschätzung der Untersuchungen sind dafür mehrere Ursachen maßgeblich, wobei sich gewässerschutzspezifische Ursachen von solchen unterscheiden lassen, die allgemein beim Verwaltungsvollzug auftreten.

Die erste für den Bereich des Gewässerschutzes spezifische Ursache liegt nach den Untersuchungen in dem rechtlich und verwaltungsorganisatorisch bedingten Auseinanderfallen von formaler Entscheidungsgewalt und technisch-naturwissenschaftlicher Fachkompetenz. So können die unteren Wasserbehörden nur wenige Genehmigungsverfahren ohne Stellungnahme vor allem der Wasserwirtschaftsämter, aber auch der zuständigen Landesanstalten durchführen. Zudem sind zumindestens die Landkreisverwaltungen bei eigenen Kontroll- und Überwachungsmaßnahmen personell wie technisch regelmäßig überfordert und so meist vollständig auf die Unterstützung der technischen Fachbehörden angewiesen, die bei der Auswertung der gewonnenen Daten sich zudem oft der Hilfe der Landesanstalten oder spezieller naturwissenschaftlicher Untersuchungsämter bedienen müssen. Umgekehrt haben aber die – aufgrund der geringen Größe der Vollzugseinheiten bei den unteren Wasserbehörden – allein zur Ausarbeitung von Qualitätszielen für einen gebietsübergreifenden Gewässerschutz und den dafür notwendigen Maßnahmen befähigten Wasserwirtschaftsämter und Landesanstalten keine Kompetenz, unmittelbar den Gewässerschutz zu gestalten; sie sind so auf die Vollzugsmaßnahmen der unteren Wasserbehörden angewiesen.

Die zweite für den Bereich des Gewässerschutzes spezifische Ursache liegt nach Auffassung der Untersuchungen darin, daß die auch im Gewässerschutz überwiegenden traditionellen Instrumente repressiver Verwaltung zur Verwirklichung der Ziele des Gewässerschutzes gegenüber wirtschaftlichen Interessen weitgehend ungeeignet sind. Erfolge werden vor allem dort erzielt, wo die Behörden auf flexiblere Strategien ausweichen können. Hier kommen insbesondere Absprachen außerhalb des förmlichen Genehmigungsverfahrens sowie sonstige vertragliche Vereinbarungen vor allem gegenüber industriellen Einleitern, finanzielle Anreizstrategien in Verbindung mit Sanktionen auf anderen Sachgebieten wie z. B. Koppelung von Abwasserbeseitigungsfragen mit der Genehmigung von Bebauungsplänen gegenüber kommunalen Einleitern in Betracht. Gerade aber für diese Strategien bestehen für die Vollzugsbehörden keine einheitlichen und in eine übergreifende Gewässerplanung integrierten Orientierungsdaten.

Daneben spielen nach den Untersuchungen noch die allgemeinen Probleme verwaltungsbehördlichen Handelns ihre bekannte Rolle, wie Personalknappheit, Weiterbildungsdefizite und niedrige interne und externe Konfliktbereitschaft einzelner Behördenmitglieder. Als weitere Gründe für das Vollzugsdefizit kommen insbesondere im Verhältnis zu kommunalen Einleitern Zielkonflikte in Betracht, wenn die zuständige untere Wasserbehörde bei der Gemeinde selbst angesiedelt ist. Ferner wird man als Gründe eine lange Transferzeit bei der Übernahme neuer technischer Erkenntnisse, die Orientierung am Status quo der Belastung (mit der Folge, daß Anlagen bei Inbetriebnahme oft bereits überlastet sind) und die fehlende Baukapazität beim Kläranlagenbau nennen können.

IV. Schlußbemerkungen

Auch nach der 4. Novelle zum WHG entspricht das Instrumentarium des Wasserrechts nicht dem Standard des Immissionsschutzrechts, obwohl die Belastung unserer Gewässer sicherlich noch kritischer ist als die der Luft. Diese Mängel werden durch das unzureichende Implementationsverhalten der Behörden erheblich verschärft.

Die Verbesserung der Qualität einzelner Gewässer, insbesondere des Rheins, der ohnehin z.T. auch eine Verschlechterung wie etwa bei Untermain und Unterelbe gegenübersteht, ist nicht allein auf die Wirksamkeit des Wasserrechts, sondern vor allem auf die günstige Wasserführung in den letzten drei Jahren zurückzuführen. Sie hat zu einer Abnahme der Konzentration wasserbelastender Stoffe bei gleichbleibender Fracht geführt. Es hat den Anschein, als ob das geltende Wasserrecht allenfalls den Status quo der Gewässerbelastung halten kann.

Forderungen

1. Keine Demontage, *sondern Verbesserung des Abwasserabgabengesetzes*, insbesondere im Hinblick auf Berechnungsverfahren und Abgabenhöhe;
2. *Bereitstellung des notwendigen Personals zum Vollzug* des Wasserhaushalts- und Abwasserabgabengesetzes: mehr als drei Viertel der Mehraufwendungen für Personal, die dem Abwasserabgabengesetz angelastet werden, sind in Wahrheit Nachholbedarf aus dem bisherigen Vollzugsdefizit;
3. Sicherung der künftigen Optionen für die Trinkwasserversorgung durch *gesetzliche Einführung von Schutzflächen* für künftige Wassergewinnungsgebiete und *Stärkung der Position der Trinkwasserversorgungsunternehmen* als der einzigen Lobby, die für die Sicherung der Trinkwasserversorgung eintritt;
4. Verstärkung der Bemühungen um den *Erlaß notwendiger Verwaltungsvorschriften* und *Schadstofflisten*.

Literaturangaben

1 Gesetz zur Ordnung des Wasserhaushalts vom 27.7.1967 (*BGBl.* I, S. 1110) in der Fassung der Bekanntmachung vom 16.10.1976 (*BGBl.* I, S. 3017), zuletzt geändert durch Gesetz vom 14.12.1976 (*BGBl.* I, S. 3341).

2 Länderarbeitsgemeinschaft Wasser (Hrsg.): Normalwerte für Abwasserreinigungsverfahren, Hamburg, 2. Aufl. 1970.

3 Richtlinie des Rates betreffend die Verschmutzung infolge der Ableitung bestimmter gefährlicher Stoffe in die Gewässer der Gemeinschaft vom 4.5.1976 (*Amtsbl. d. EG* vom 18.5.1976, Nr. L 129/23).

4 Gesetz zu den Übereinkommen vom 3.12.1976 zum Schutz des Rheins gegen chemische Verunreinigung und zum Schutz des Rheins gegen Verunreinigung durch Chloride vom 11.8.1978 (*BGBl.* II, S. 1053).

5 Salzwedel, Jürgen: Die Novellierung der Landeswassergesetze und die öffentliche Wasserversorgung, *Zeitschrift für Umweltpolitik, 1* (2): 245–278 (1978).

6 Gesetz über Abgaben für das Einleiten von Abwasser in Gewässer vom 13.9.1976 (*BGBl.* I, S. 2721, 3007).

7 Hansmeyer, K. H.: Vorauswirkungen der Abwasserabgabe, *Umwelt,* 15–18 (1978).

8 Entschließung des Bundesrates zum Erlaß eines Gesetzes zur Änderung des Gesetzes über Abgaben für das Einleiten von Abwasser in Gewässer, Drucksache 574/79 und Stellungnahme der Bundesregierung, *Umwelt* 76, S. 6 (1980).

9 Allgemeine Verwaltungsvorschrift über den Mindestinhalt von Bewirtschaftungsplänen vom 19.9.1978 (*GMBl.*, S. 466).

10 Deutscher Bundestag, 6. Wahlperiode: Protokoll über die öffentliche Anhörung des Innenausschusses und des Ausschusses für Jugend, Familie und Gesundheit zur Frage des Umweltschutzes vom 8.3.1971, Protokoll Nr. 30, 42.

11 Mayntz, Renate, Vollzugsprobleme der Umweltpolitik, *Materialien zur Umweltforschung, 4* (1978). Rat von Sachverständigen für Umweltfragen, Wiesbaden.

12 Hucke u.a., Vollzugsprobleme des kommunalen Umweltschutzes, *Materialien zur Umweltforschung,* 1980. Rat von Sachverständigen für Umweltfragen, Wiesbaden.

13 Rat von Sachverständigen für Umweltfragen: Umweltprobleme des Rheins, 3. Sondergutachten, Mainz und Stuttgart 1976.

14 Rat von Sachverständigen für Umweltfragen: Umweltgutachten 1978, Stuttgart und Mainz 1978.

15 Breuer, Öffentliches und privates Wasserrecht, 1976.

16 Riegel, Die neuen Vorschriften des Wasserhaushaltsgesetzes, *Neue Juristische Wochenschrift* 1976, S. 783.

17 Boehm, Das Abwasserabgabengesetz, Korrespondenz Abwasser 1976, S. 163.

18 Mayntz, Renate und Hucke, Jochen, Gesetzesvollzug im Umweltschutz, Wirksamkeit und Probleme, *Zeitschrift für Umweltpolitik, 1* (2), S. 217–244 (1978).

Teil V

Vollzugsprobleme
im Gewässerschutz

Willi Görlach / Diether Deneke

Vollzugsprobleme im Gewässerschutz aus der Sicht des Politikers

Erfahrungen aus Hessen
(Willi Görlach)

In seiner Ansprache zur Eröffnung der *ENVITEC* '80 am 11. Febr. 1980 in *Düsseldorf* hat Bundeskanzler *Helmut Schmidt* festgestellt, daß in den letzten 10 Jahren durch den Staat und die Wirtschaft 120 Milliarden DM für Umweltschutz ausgegeben worden sind, teils für Investitionen, teils für laufende Betriebskosten. 120 Mrd. DM, das sind fünfmal so viel wie im gleichen Zeitraum Bund und Länder für den sozialen Wohnungsbau aufgebracht haben. Sie entsprechen 1,4 Prozent des Bruttosozialprodukts. Von diesen erheblichen Umweltschutz-Ausgaben entfallen über ein Viertel, nämlich 27 Mrd. DM, auf den Gewässerschutz.

Die beträchtlichen Umwelt-Investitionen in den 70er Jahren sind die Folgen der Umweltversäumnisse der Vergangenheit. Es ist nicht zu bestreiten, daß in der Nachkriegszeit auf Kosten künftiger Generationen Raubbau an der Umwelt geduldet wurde und so unbezahlte Rechnungen in Milliardenhöhe hinterlassen worden sind. In der Wirtschaftsphilosophie der Wachstumsfetischisten hatten die Umweltbelange absolut keinen Stellenwert. Die natürlichen Ressourcen schienen für sie auch keine zu berücksichtigende Faktoren, sondern unerschöpfliche Produktionsgrundlagen. Wer daher heute für sich in Anspruch nehmen möchte, ein »Ludwig Erhard der achtziger Jahre« zu sein, der kann sich auch dem Vorwurf nicht entziehen, an der Spitze der Nachhut einer für die Ökologie unverträglichen Wirtschaftspolitik zu marschieren.

Die Gewässergüte in der Bundesrepublik Deutschland

Der kritische Betrachter der Gewässergütekarte für die Bundesrepublik Deutschland fragt sich nach einem Jahrzehnt planmäßigen Umweltschutzes der sozial-liberalen Koalition, ob sich die hohen finanziellen Anstrengungen und der Aufbau eines umfassenden Umweltrechtssystems auch wirklich gelohnt haben. Es ist offenkundig, daß die Gewässergütekarte nur wenige Flußabschnitte mit der Farbe »blau« ausweist, das heißt Gewässergüteklasse I »gering belastet«. Überwiegend sind in dieser Kartierung die Güteklassen II, III und IV mit den Farben grün, gelb und rot vertreten. Die Bewertungen reichen von »*kritisch belastet*«, über »*stark verschmutzt*« bis zu »*sehr stark verschmutzt*«.

Die Gewässerverschmutzung ist immer mehr zum Sorgenkind aller Bundesländer geworden, gleichgültig, welche politischen Parteien die Regierungsverantwortung tragen. Von dieser Last befreit ist auch nicht das Land Bayern, dessen CSU-Regierung immer gern für sich in Anspruch nimmt, daß im Freistaat die Welt noch heil ist.

Es läßt sich nicht bestreiten, daß die als blau besungene Donau schon lange nicht mehr diese Farbe hat. Nach der Gewässergütekarte Bayerns ist dieser Fluß zumindest im Bereich der *Oberpfalz* todkrank. Verursacher der Donauverschmutzung in diesem Teilabschnitt sind vor allem die Stadt *Regensburg* mit ihren völlig unzureichend geklärten Abwässern und Chemikalien aus Industrieabwässern, an denen zwei Zellstoffwerke erheblich beteiligt sind.

In besonderer Schärfe wird die Diskussion über die Verschmutzung des Rheins und des Mains geführt. Im Sommer 1980 hat die »*Aktionsgemeinschaft rettet den Rhein*« nach einer dreiwöchigen Fahrt auf einem Schiff von Basel nach Rotterdam aufgrund eigener Messungen von Rheinwasser-Proben Strafanzeigen gegen 14 Chemieunternehmen wegen der Einleitung von gefährlichen Stoffen wie halogenierte Kohlenwasserstoffe in den Rhein erstattet. Die Aktionsgemeinschaft sieht in der starken Rheinwasserverschmutzung ein hohes Gefahrenpotential bis hin zum Krebsrisiko für 18 Millionen Menschen, deren Trinkwasser aus dem Rhein aufbereitet wird. Wie man auch zu dem spektakulären Vorgehen der Aktionsgemeinschaft gegen die Industrieunternehmen stehen mag: Die Aktion hat auf jeden Fall bewirkt, daß das Problembewußtsein der Öffentlichkeit für die immer noch erhebliche Belastung des Rheins mit Chemikalien, Schwermetallen und Salz geschärft wurde.

Abwasser-Skandal am Untermain

Besondere Schlagzeilen machte im Frühjahr 1980 die Abwasserpraxis der *Hoechst AG*, die als wesentliche Verursacherin der problematischen Main-Verschmutzung in die öffentliche Kritik geriet. Nach einer gutachtlichen Stellungnahme der *Hessischen Landesanstalt für Umwelt* aus dem Frühjahr 1980 wurden durch den Chemiekonzern Säuremengen in den Main eingeleitet, die die Selbstreinigungskraft des Flusses weit überforderten. Beim Hauptwerk der Hoechst AG gelangten im Mittel rund 175 t Säure je Tag in den Main, während die Hessische Landesanstalt für Umwelt weniger als die Hälfte für vertretbar hielt. Als wichtigstes Problem haben sich allerdings die schwer abbaubaren Stoffe, insbesondere die Organo-Halogene, erwiesen, die mit Kühlwasser verdünnt über das Kanalsystem des Hoechster Hauptwerkes in den Main gelangten.

Im Zusammenhang mit diesem Umweltskandal wurde gegen zwei leitende Beamte der Abteilung Umwelttechnik des Hessischen Ministeriums für Landesentwicklung, Umwelt, Landwirtschaft und Forsten, die beiden obersten Gewässerschützer Hessens, im März 1980 staatsanwaltschaftliche Ermittlungen wegen Verdachts der Verletzung von Dienstgeheimnissen aufgenommen. Ihnen wurde vorgeworfen, die Hoechst AG mit internem Wissen versorgt zu haben. Damit seien – so der Vorwurf in der Öffentlichkeit – dem Unternehmen zusammenhängend mit der Verschmutzung des Untermains alle Möglichkeiten gegeben worden, politisch Einfluß zu nehmen.

Weil die hessische Umweltpolitik durch diese schweren Vorwürfe gegen die Beamten des von mir geleiteten Umweltministeriums ins Zwielicht geriet, habe ich in meiner politischen Verantwortung am 21. März 1980 meinen Rücktritt als Hessischer Umweltminister erklärt. Damit wollte ich unabhängig vom Ausgang der strafrechtlichen Ermittlung zur Versachlichung der umweltpolitischen Diskussion beitragen.

Qualifikation des Personals der Umweltbehörden

In der interessierten Öffentlichkeit wird unter dem Eindruck von bekanntgewordenen Umweltskandalen die Frage gestellt, ob die inhaltliche Qualifikation des im Umweltschutz tätigen Personals den hohen Anforderungen genügt, die heute an den Umweltschutz gestellt werden. Zweifellos ist die Qualifikation des Personals der Umweltbehörden ein Schlüsselproblem. Wie können die Regierungspräsidien, Landesämter bzw. Landesanstalten für Umwelt, Wasserwirtschaftsämter sowie Stadt- und Landkreise ihre Gewässerschutz-Kontrollfunktionen gegenüber Industriebetrieben wirkungsvoll ausüben, wenn ihnen nicht ausreichend naturwissenschaftlich, technisch und rechtlich geschultes Personal zur Verfügung steht? Dabei ist zu berücksichtigen, daß die Beweislast für die Notwendigkeit von Umweltschutzmaßnahmen, die von einzelnen Betrieben gefordert werden sollen, bei den Umweltbehörden liegt. Manche Unternehmen zeigen sich bei Umweltschutzaktivitäten der Behörden zunächst wenig kooperativ, denn für sie ist der Umweltschutz in erster Linie ein Kostenfaktor, den sie möglichst klein halten wollen.

Eine im Auftrag des *Rates von Sachverständigen für Umweltfragen* durchgeführte empirische Untersuchung über Vollzugsprobleme der

Umweltpolitik hat meine Erfahrung bestätigt, daß bei fast allen Gewässerschutzbehörden bestimmte Defizite hinsichtlich der Qualifikation des dort tätigen Personals gesehen werden. Bei den unteren Wasserbehörden auf Landkreisebene wurde vor allem die unzureichende Ausstattung mit technisch geschultem Personal beklagt. Im rechtlichen Bereich wurde sowohl bei Land- als auch bei Stadtkreisen bemängelt, daß das vorhandene juristische Personal teilweise nicht ausreichend auf die komplizierte Wasserrechtsmaterie spezialisiert und in manchen Fällen durch Zuständigkeiten auch für andere Rechtsbereiche überfordert wird.

Die Wasserwirtschaftsämter verfügen zwar grundsätzlich über technisch geschulte Mitarbeiter, jedoch wird die Personalausstattung mit Biologen und Chemieingenieuren vor allem für die Überwachungstätigkeiten für unzureichend gehalten.

Die technischen Mitarbeiter der Wasserwirtschaftsämter in den gehobenen und höheren Laufbahnen haben überwiegend ein Studium im Bauingenieurwesen absolviert. Das Fachhochschulstudium an einer technischen Universität bzw. einer technischen Hochschule oder ein gleichwertiges Studium bildet für den gehobenen Dienst und für den höheren Dienst die überwiegende Einstellungsvoraussetzung. Im Bereich des mittleren Dienstes gibt es in Hessen den Lehrberuf des Kulturbautechnikers, ein nach dem Berufsbildungsgesetz anerkannter Beruf.

Bei den Landesanstalten bzw. Landesämtern für Umwelt werden neben Ingenieuren vor allem Chemiker und Biologen eingesetzt, die entweder ein Fachhochschulstudium oder ein Hochschulstudium absolviert haben. Die meisten Bediensteten mit einem Hochschulstudium sind jedoch im Bereich der naturwissenschaftlichen Arbeit tätig. Die Qualifikation der technischen Mitarbeiter bei den Landesanstalten bzw. Landesämtern für Umwelt kann insgesamt als gut bezeichnet werden.

Technische Ausstattung der Umweltbehörden

Diese technischen Behörden verfügen zum Teil auch über apparativ gut ausgestattete Zentrallabors. Dort werden u.a. labormäßig aufwendige Untersuchungen von Abwasserproben mit Meßwertermittlungen durchgeführt. Die Untersuchungshäufigkeit an den Abwassereinleitungsstellen soll sich dabei nach der Schädlichkeit der eingeleiteten Abwässer und der Belastung der Vorfluter richten. Für die Analysenaufgaben in den Zentrallabors, die im Hinblick auf die gegen Gewässerverschmutzer einzuleitenden Maßnahmen größter Sorgfalt bedürfen, steht entsprechend qualifiziertes Personal zur Verfügung.

Industrie und Wasserverbände können innerhalb der eigenen Überwachung die notwendigen chemischen Untersuchungen selbst, also durch Betriebs- bzw. Verbandslabors, durch Hygieneinstitute oder kommunale chemische Untersuchungsämter vornehmen lassen. Repräsentative Vergleichsuntersuchungen zwischen der Personalausstattung von staatlichen und diesen anderen Labors sind bisher nicht erfolgt, so daß Aussagen über die Effizienz rein spekulativ wären. Für die staatliche Überwachung streben die zuständigen Umweltbehörden an, die Ausstattung für die verschiedenen Untersuchungsrahmen, seien es Abwasser- oder Klärschlammproben, in ausgezeichnetem Standard und insbesondere für das Zentrallabor in hoher Konkurrenzfähigkeit zu erhalten.

Die empirische Untersuchung im Auftrag des *Rates von Sachverständigen für Umweltfragen* kommt für den Bereich des Gewässerschutzes auch zu dem Ergebnis, daß sowohl der rechtliche als auch der technische Sachverstand bei den oberen Wasserbehörden – den Regierungspräsidien – vergleichsweise hoch ist. Die Techniker der Regierungspräsidien waren in manchen Fällen zuvor bei Wasserwirtschaftsämtern beschäftigt, bei denen sie sich wertvolle praktische Kenntnisse erworben haben.

Weiterbildung des Personals

Die Umweltbehörden bemühen sich, ihr Personal ständig fort- und weiterzubilden. Gerade für den Gewässerschutzbereich, der besondere Qualifikationsanpassungen an technische und rechtliche Weiterentwicklung erfordert, sind Maßnahmen zur Fortbildung besonders bedeutsam. Die Ministerien und Regierungspräsidien führen für die Mitarbeiter der Wasserwirtschaft deshalb Dienstbesprechungen durch, die je nach Thematik (Wasserrecht und/oder Fachtechnik) gemeinsam, regional oder auch nach Funktionsträgern getrennt stattfinden. Die Zahl solcher Veranstaltungen wird am Bedarf ausgerichtet, der insbesondere bei der Umsetzung neuer rechtlicher oder fachlicher Normen ansteigt.

Die einzelnen Bundesländer unterbreiten den Mitarbeitern in der Wasserwirtschaft auch Fortbildungsangebote in Form von Ausbildungsveranstaltungen, in denen wissenschaftliche Themen aus den Bereichen der Wasserversorgung, des Abwasserwesens, des Wasserbaus sowie berufsständische Themen bis zu Verwaltungsfragen behandelt werden. Dabei werden wie im *»Haus der Technik«* in Essen Weiterbildungsveranstaltungen der technisch-naturwissenschaftlichen Vereinigungen durchgeführt, deren Themen sich von der Wasserversorgung über das Abwasserwesen, den Wasserbau bis zu berufsständischen Themen und zu Verwaltungsfragen erstrecken.

Die Teilnahmemöglichkeiten an diesen Weiterbildungsveranstaltungen werden von den Mitarbeitern der wasserwirtschaftlichen Behörden insgesamt für nicht ausreichend gehalten. Ein Hauptgrund für dieses Weiterbildungsdefizit liegt in der Knappheit des Personals der Wasserwirtschaftsbehörden, die nur begrenzte Teilnahmemöglichkeiten an Fortbildungsveranstaltungen den einzelnen Behörden eröffnen. Hinzu kommt, daß die Sachmittel für Fortbildungstagungen so begrenzt sind, daß bei weitem nicht alle in Frage kommenden Mitarbeiter in vertretbaren Zeitabständen zum Zuge kommen.

Die Qualifikationsmerkmale der juristischen und technischen Mitarbeiter im wasserwirtschaftlichen Bereich der für die Gewässerreinhaltung zuständigen Ministerien sind überdurchschnittlich. Oberste Landesbehörden bieten ihren Mitarbeitern im Vergleich zu den nachgeordneten Behörden höher dotierte Stellen und damit Karrierechancen. Aufgrund dieser günstigen beruflichen Perspektiven sind die Umweltministerien grundsätzlich in der Lage, unter besonders qualifizierten Bewerbern auszuwählen. Allerdings können sie nicht immer mit den Gehaltsangeboten der Wirtschaft für gute Fachkräfte konkurrieren.

Von den höheren Beamten in den Umweltministerien wird ein Überblick über Zusammenhänge in den Umweltbereichen erwartet. Hierbei hilft die Ausbildung allein nicht, sondern auf das Problembewußtsein kommt es an. Aufgrund der Erfahrungen in den letzten Jahren gibt es in dem psychologischen Bereich noch Defizite, die abgebaut werden müssen. Die kritische Diskussion der Umweltprobleme in der Öffentlichkeit wird dabei sicherlich mithelfen.

Beamtenrecht als Problem

Ein nicht zu unterschätzendes Problem in der öffentlichen Verwaltung stellt das relativ starre Beamtenrecht sowie das hierdurch vorgegebene Beförderungssystem dar. Da sich vor allem die Umweltbehörden in einem permanenten Leistungsdruck gegenüber der Wirtschaft befinden, werden an sie etwa gleiche Anforderungen wie an das unternehmerische Management gestellt. Während aber die privatwirtschaftlichen Unternehmen ihr Personal, insbesondere die leitenden Mitarbeiter, nach Effizienz einsetzen und zusätzlich durch großzügige Gehaltsangebote motivieren können, stehen einer Behördenleitung die zuletzt genannten Mittel nicht zur Verfügung.

Hochqualifizierte und engagierte Mitarbeiter des öffentlichen Dienstes, die aufgrund ihres Alters am Anfang ihrer Laufbahngruppe stehen, haben im allgemeinen als Aufstiegsperspektive die Ochsentour vor Augen. Sprungbeförderungen für besonders leistungsfähige Mitarbeiter stehen restriktive Personalvorschriften entgegen. Hinzu kommen die weitgehenden Mitwirkungsrechte der Personalräte sowohl bei der Einstellung als auch bei der Beförderung. Lehnt ein Personalrat den Vorschlag der Behördenleitung für eine Einstellung oder Beförderung ab, so kann die Behördenspitze, die in ihrer Personalpolitik größten Wert auf das gütliche Einvernehmen mit dem Personalrat legen muß, aufgebaute Hürden nur in den seltensten Fällen in der Praxis überwinden. Dabei ist es durchaus verständlich, daß sich der Personalrat vorrangig für die Interessen der langjährigen Mitarbeiter einer Behörde einsetzt.

Zum größten Handikap von Behördenleitungen in der Personalpolitik gehört es, daß sie sich von überforderten, leistungsunwilligen und leistungsschwachen Beamten auch dann nicht trennen können, wenn diese in gravierenden Fällen versagt haben. Das Disziplinarrecht für Beamte hat die Kriterien für das dienstliche Fehlverhalten von Beamten eng begrenzt, so daß es in bekanntgewordenen Skandalfällen zwar zum Ausspruch der Mißbilligung gegenüber den verantwortlichen Beamten, aber so gut wie in keinem Fall zu einer Entfernung aus dem Dienst kommen konnte.

Ich habe diese Probleme deshalb mit aller Offenheit angesprochen, weil gerade bei Umweltskandalen, in denen auch Vorwürfe gegen Behörden erhoben werden, in der Öffentlichkeit immer wieder die Frage gestellt wird, weshalb Minister, aber so gut wie nie Beamte den Hut nehmen müssen.

Diese kritischen Betrachtungen über Umweltbedienstete sollen aber den Blick nicht davor verstellen, daß diese in ihrer Mehrheit die verantwortungsvollen Umweltschutzaufgaben mit großem Engagement und mit Sachkunde wahrnehmen. Wenn man bedenkt, daß ein umfassender und planmäßiger Umweltschutz auf Bundesebene erst mit der Regierungsübernahme durch die sozial-liberale Koalition im Jahr 1969 in der Erkenntnis eingeführt worden ist und daß es sich hierbei um eine Jahrhundertaufgabe handelt, dann kann man die bis jetzt erzielten Erfolge in den einzelnen Umweltbereichen wie dem Gewässer- und Immissionsschutz sowie der Abfallbeseitigung relativ hoch veranschlagen.

Personalausstattung der Umweltbehörden

In rascher Folge hat der Bund in den 70er Jahren die zum Schutz unserer Umwelt erforderlichen Gesetze erlassen und damit ein weitgehend geschlossenes System des Umweltrechts geschaffen. Insgesamt stellen heute über 30 Umweltgesetze des Bundes und der Länder und über 100

Verordnungen und Verwaltungsvorschriften zum Umweltschutz ein umfassendes Netz aufeinander abgestimmter Vorschriften dar. Den Vollzug der Umweltrechtsbestimmungen haben die Länder sicherzustellen. Das geschärfte Umweltbewußtsein in der Öffentlichkeit, zu dem die Bürgerinitiativen, Umweltschutzverbände und die Grünen beigetragen haben, hat sich inzwischen als eine Herausforderung an die Umweltbehörden erwiesen, die ihre Leistungskraft bis zu den Grenzen des Möglichen in Anspruch nimmt.

Es ist eine Tatsache, daß die Stellenpläne der Umweltbehörden hinter den hochgeschraubten Erwartungen der Öffentlichkeit an einen leistungsfähigen Umweltschutz zurückgeblieben sind. Noch heute bemängeln viele Bedienstete bei den für den Umweltschutz zuständigen Landkreisen und Städten, daß ihre Dienststellen im Hinblick auf Stellen mit höheren Verdienststufen gegenüber anderen Ämtern benachteiligt werden. Diese Einschätzung hatte leider zur Folge, daß der Umweltschutz und damit auch der Gewässerschutz für manche qualifizierte Beschäftigte nur als Durchlaufstation angesehen wurde, während andere Verwaltungen wie beispielsweise die Bauverwaltung im Sinne einer stetigen Karriere als attraktiverer Bereich betrachtet worden ist. Es kann auch nicht übersehen werden, daß bei manchen öffentlichen Bediensteten der Eindruck vorherrscht, das Prestige des Umweltschutzes im allgemeinen und des Gewässerschutzes im speziellen innerhalb von Politik und Verwaltung sei geringer als das anderer Bereiche wie z.B. das der Wirtschaftsförderung und des Straßenbaus.

Wenn auch die Zahl der Umweltschutzbediensteten in den letzten Jahren gewachsen ist, darf dennoch der Personalmangel auch bei den Gewässerschutzbehörden nicht übersehen werden. Tatsächlich haben zumeist erst Umweltskandale wie bei der Abfallbeseitigung zu einer angemesseneren personellen Aufstockung bei den jeweiligen Umweltbehörden geführt.

Die Verbesserungen in der Personalausstattung von Referaten und Dienststellen für die Abfallbeseitigung sind im Gewässerschutz, der erst in der jüngsten Zeit verstärkt in die Schlagzeilen geriet, noch lange nicht erreicht. Wer die Forderung stellt, den Gewässerschutz zu einem lückenlosen Kontrollnetz auszubauen, aus dessen Maschen weder Umweltsünder der Industrie noch der Kommunen entschlüpfen können, der muß wissen, daß dieses Anliegen die Bereitstellung von einer größeren Zahl neuer Stellen für die Wasserbehörden zur Folge hat. Die Umweltminister und die Umweltämter der Kommunen wären gut beraten, wenn sie die Finanzminister und Stadtkämmerer mit den Vollzugsdefiziten im Gewässerschutz konfrontieren und mit derselben Hartnäckigkeit, die die Bildungspolitiker jahrelang vorexerziert haben, den Kampf um Stellen führen.

Der Vollzug des Abwasserabgabengesetzes ab dem Jahr 1981, der ohne zusätzliche Stellen im Gewässerschutz nicht gewährleistet werden kann, stellt einen entsprechenden Prüfstein für die Stellenpolitik dar.

Der zweifellos vorhandene Personalmangel bei den verschiedenen Umweltbehörden darf allerdings den Blick davor nicht verstellen, daß bekanntgewordene Umweltskandale nicht immer mit der angespannten Personalsituation entschuldigt werden können. Symptomatisch hierfür ist der Giftgas- und Munitionsskandal bei der Firma *Stoltzenberg* in *Hamburg*. In dem Bericht des eingesetzten parlamentarischen Untersuchungsausschusses wird unbeschönigt darauf hingewiesen, daß seit 1945 mehr als 600 Angehörige der Verwaltung auf dem Gelände Stoltzenberg tätig waren, ohne daß die Behörden entscheidend die unglaublichen Mängel bei dieser Fabrik unverzüglich abgestellt hätten. Mangelhafte Kooperation der Umweltbehörden, Organisationsversäumnisse und Organisationsmängel der Hamburger Verwaltung sowie Betriebsblindheit der verantwortlichen Bediensteten waren nach Auffassung des parlamentarischen Untersuchungsausschusses für die Versäumnisse bei der Firma Stoltzenberg ausschlaggebend.

Ökonomie contra Ökologie?

Das Aufgabenverständnis der Umweltbediensteten, auf das ich zuvor bereits hingewiesen habe, ist aufgrund der Erfahrungen in den letzten Jahren der Dreh- und Angelpunkt für die Erfolge und Mißerfolge der Umweltbehörden. Ein besonderes Problem ist, daß kommunale Stellen in ihrem Bemühen um Industrieansiedlung und Erhaltung von Industriebetrieben Druck auf Umweltschutzbehörden ausüben, hinsichtlich von Umwelt-Normerfüllungen konzessionsbereit zu sein. Wirtschaftspolitische Erwartungen haben daher leider oft dazu geführt, daß auf den verschiedenen Ebenen der Gewässerschutzbehörden zwischen den Interessen der Industrie und den Umweltanforderungen vor allem im Bereich des Gewässerschutzes abgewogen wird. Die Wirtschaft beeinflußt diesen Meinungsbildungsprozeß häufig mit harten Drohungen, z. B. daß zu hohe Umweltauflagen die Erhaltung von Arbeitsplätzen unmöglich mache. Hier kann man den Umweltaufsichtsbehörden nur wünschen, daß sie Stehvermögen zeigen. Dabei sollten Umweltbehörden mit mehr Selbstvertrauen als bisher auftreten, denn das Gerede von Arbeitsplatzverlusten durch Umweltschutz stimmt nicht. Gesicherte Untersuchungen durch wirtschaftswissenschaftliche Institute wie die von *Ifo* im Auftrag des *Bundesverbandes der Deutschen Industrie* haben ergeben, daß im Gegenteil Umweltschutzmaßnahmen neue Arbeitsplätze schaffen bzw. sichern, und zwar in erheblichem Umfang.

Als weiteres Problem muß gesehen werden, daß die Gewässerschutzbehörden wie auch die anderen Umweltbehörden den Großbetrieben mit ihrem hohen technischen Wissen oftmals den gleichwertigen Sachverstand nicht entgegensetzen können. Dadurch befinden sich diese Behörden leicht in der schwächeren Position. Am Beispiel der Abwasserpraktiken der Hoechst AG wurde deutlich, daß die Behörden aufgrund der vorhandenen Wasserrechtsgesetzgebung die Beweislast gegenüber den Gewässerverschmutzern zu tragen haben. Um den Gewässerschutzbehörden die Aufgabe, rechtswidrige Abwassereinleitungen in Vorfluter erst einmal herauszufinden, zu erleichtern, halte ich daher die Verpflichtung der Industrie zur Erstellung von Emissionskatastern, die umfassend Auskunft über Abwassereinleitungen geben, für dringend erforderlich. Auf der Grundlage der Emissionserklärungen können dann wirksamer als bisher weitergehende Reinigungsanforderungen an die Einleiter gefordert werden.

Die Industrie hat in den letzten Jahren mit sehr aufwendigen Anzeigenserien in der Presse sowie teuren Hochglanzbroschüren Leistungen für den Umweltschutz, d. h. für das Gemeinwohl, herausgestellt. Zweifellos haben viele Industriebetriebe konstruktiv an den Verbesserungen der Umweltsituation mitgewirkt. Es bleibt zu hoffen, daß sich in der gesamten Wirtschaft die Einsicht durchsetzt, daß Ökonomie und Ökologie keine Gegensätze bilden, sondern sich gegenseitig ergänzen und auf Kooperation angewiesen sind.

Erfahrungen aus Nordrhein-Westfalen
(Diether Deneke)

Beispiel: Der Rhein

Umweltschutz als Aufgabe der öffentlichen Daseins-Vorsorge hat sich innerhalb eines Jahrzehnts einen politischen Stellenwert von höchstem Rang erobert. Gerade im Gewässerschutz ist in relativ kurzer Zeit – gemessen an der generationenlangen, bedenkenlosen und leichtfertigen Belastung, Ausbeutung und Zerstörung unserer biologischen Umwelt – ein vielfältiges Instrumentarium, d. h. ein ganzes Bündel von Gesetzen und Rechtsvorschriften, entstanden. Dennoch vermissen wir noch überall die Wirkungen dieser Reformen.

In der öffentlichen Diskussion werden dafür zahlreiche und vielfältige Erklärungen gehandelt – vordergründige und lokalbezogene, kritische und beschwichtigende. Dabei wird – leider – allzuoft der Blick vernebelt für die Tatsache, daß es Problemsituationen gibt, mit denen wir nicht mit neuen Gesetzen allein fertig werden. Dabei geht es in aller Regel um

Probleme im menschlichen Bereich, um sachliche Gesamtzusammenhänge und um die Internationalität des Umweltschutzes.

Der Rhein ist ein Beispiel für die Vielfalt der Gründe und Hintergründe des Vollzugsdefizits im Gewässerschutz. Der Rhein ist die größte europäische Wasserstraße und zugleich Trinkwasserreservoir für 10 Mio. Menschen allein in Deutschland. Der Rhein ist Hauptvorfluter der Bundesrepublik und landschaftsprägendes Element in vier Bundesländern. An den Rhein richten sich die Bilanzhoffnungen der Wasserverkäufer und die Freizeiterwartungen des Fremdenverkehrs: die Weinfröhlichkeit im Rheingau ist ohne den Rhein ebensowenig denkbar wie der Angelsport an den »toten« Rheinarmen; in letzteren ist die Biologie übrigens weitaus virulenter als im Strom selbst. Die Begegnung mit geschichtsträchtigen Stätten und sagenumwogenen Burgruinen sind Erlebnis und Sensation. Der »Vater Rhein« wird besungen und gleichzeitig als größte Kloake Europas bezeichnet.

Der Rhein ist geschichtsträchtig wie kaum eine andere deutsche Landschaft – und das gilt nun auch für das Werden des Gewässerschutzes.

Alles Leben am und auf dem Rhein liefert geradezu klassische Beispiele für die Vielfalt der Funktionen eines Fließgewässers und die daraus erwachsenden Zielkonflikte – *und* auch für die technologischen und ökonomischen, für die ökologischen und politischen Dimensionen des Gewässerschutzes überhaupt.

Die Nutzungs- und Interessenkonflikte einerseits und das sich daraus erklärende Vollzugsdefizit im Gewässerschutz andererseits läßt sich nicht auf wenigen Seiten erschöpfend auflisten, geschweige denn erörtern. Wichtiger noch als die Vielfalt der Details sind m. E. die Ursachen, die Hintergründe und Motivationen.

Die Priorität der Ökonomie

Am Anfang stand und steht die ökonomische Nutzung. Auch der große Aufbruch im Umweltschutz kann nicht darüber hinwegtäuschen, daß Schiffahrt und Wasserversorgung, kommerzielle Freizeit – mit Heimatliebe und Schunkelliedern – und gebührenfreie Abwassereinleitung auch heute noch Priorität haben – wenn vielleicht auch nicht mehr ganz so uneingeschränkt wie noch vor einem Jahrzehnt. Wohl hat der Prozeß des Umdenkens begonnen; aber – das politische Gewicht des Umweltschutzes ist noch keineswegs so weit entwickelt, daß »Hannemann geh du voran« nicht vor den Maximen des Immanuel Kant rangiert. Das gilt besonders auch in der internationalen Partnerschaft – dort ist der Stellenwert von Umwelt- und Gewässerschutz noch keineswegs einheitlich plaziert.

So lebt denn auch wohl noch auf einige Zeit der Rhein ein Symbol der internationalen Gewässerverschmutzung. Seit 1950 arbeitet zwar die »Deutsche Kommission zur Reinhaltung des Rheins«, in der sich der Bund und sechs Bundesländer zusammengeschlossen haben. Seit ebenfalls 30 Jahren gibt es die internationale Rhein-Schutz-Kommission, in der von den Schweizer Quellen bis zum Mündungsbereich in den Niederlanden fünf Nationen vertreten sind. Dennoch hat es mehr als 20 Jahre gedauert, bis die Probleme, die Gefahren für den Rhein, aus dem Behörden- und Expertengespräch in die öffentliche Diskussion übernommen worden sind. Vollzugsprobleme im Gewässerschutz stellen sich daher im Kern zugleich auch als Probleme der Bereitschaft von Legislative, Administration und Rechtsprechung dar, sich Zielkonflikten – unter sich wandelnden gesellschaftlichen Wertvorstellungen – zu stellen. Dazu drei Beispiele:

- Die Verhandlungsergebnisse der internationalen Rheinschutz-Kommission – auf höchster Ebene von Ministern der Rheinanlieger-Staaten unterzeichnet – wurden in Frankreich bis heute noch niemals ratifiziert, geschweige denn praktiziert.
- Während in NRW mit dem Vollzug des Abwasserabgabengesetzes von 1976 am 1. Januar 1981 begonnen wurde, gibt es in anderen Bundesländern noch nicht einmal die notwendigen landesrechtlichen Voraussetzungen für das Inkraftsetzen dieses in der Welt beispielhaften Gewässerschutzgesetzes.
- Lautstärkster (und insoweit verdienstvollster) Anwalt für die Reinheit des Rheinwassers ist die Arbeitsgemeinschaft der Rheinwasserwerke – aber was sie treibt, ist weder Heinrich Heines Loreley noch die Wiedereinbürgerung des Rheinsalms – sind kein rheinromantisches Lebensgefühl und keine erhofften Badefreuden. Das Rheingold liegt heute im Wasserkauf – und die Gestehungskosten steigen nun einmal mit dem Grad der Verschmutzung des Rheins.

Die politische Aktivität im Bereich des Umweltschutzes und sein – hoffentlich anhaltendes – Gewicht in der öffentlichen Meinung darf im übrigen nicht einfach ignorieren, daß ganze Generationen von Ingenieuren und Chemikern ausgebildet worden sind zum Vollzug der bestmöglichen ökonomischen Nutzung von Gewässern. Die »Wahrung des Wasserschatzes« war darin zwar eingeschlossen – aber eben doch wiederum um der größtmöglichen Wirtschaftlichkeit willen.

So gibt es z. B. auch heute noch nichts – im wahrsten Sinne des Wortes – »überflüssigeres«, als ein »Zuviel an Wasser«. Hochwasser, Feuchtgebiete, Moore sind nicht nur nichts wert, sondern sogar »schädlich«. Beim »Sumpf« denkt niemand an eine Wasserreserve, sondern an eine moralische Disqualifikation. Die ganze ökologische Bedeutung eines

Stromtales, wie das des Rheins, ist bis heute überhaupt erst in Ansätzen bekannt – wie kann sie da Maßstab des administrierten Gewässerschutzes sein? Und – ist denn die junge wissenschaftliche Disziplin »Ökologie« schon so etabliert, daß sie sich durchsetzen kann gegenüber jenen, die als ihre Aufgabe gelernt haben: Wasser so intensiv zu nutzen, wie es nur irgend geht – oder »zu viel« Wasser so schnell wie möglich weg- und abfließen zu lassen, ohne Rücksicht auf wasserabhängige Fauna und Flora?

Interessen im Konflikt

Ein noch viel weitreichenderer Frontabschnitt im Konflikt »Ökologie kontra Ökonomie« ist der permanente Versuch, den wirtschaftlichen Wettbewerb über den – mittlerweile so populären – Umweltschutz unterschiedlich zu konditionieren. Da wird z. B. immer wieder versucht – von anderen Anliegerstaaten für den Rhein – höhere Reinheitsgebote, strengere Einleitungsvorschriften und schärfere Belastungsnormen zu fordern, als man innerhalb der eigenen Grenzen zu akzeptieren bereit ist. Das heißt: Zweifrontenkrieg!

Während Umwelt- und Gewässerschützer hierzulande – denen allen es völlig egal ist, woher der Dreck kommt – auf möglichst strenge Schutzvorschriften drängen, gerät die Bundesrepublik in der internationalen Rheinschutz-Kommission in die Defensive; denn dort steht hinter solcher Forderung nach dem »sauberen Rhein« oft ein kaum verhüllter industrieller Verdrängungswettbewerb, wenn an der *Seine,* an der Küste, an der *Schelde* wasserbelastender, d. h. kostengünstiger produziert werden kann als im Einzugsbereich des Rheins. In Unkenntnis von Gesamtzusammenhängen – unter einer oft allzu unbekümmert angenommenen einheitlichen Gesamtverantwortung – gibt es da *ungewollte,* aber politisch recht wirksame Koalitionen im Gewässerschutz, die der Lösung von Zielkonflikten höchst hinderlich sind.

So wird denn auch durch die Stimmführerschaft der Rheinwasserwerke im Gewässerschutz der Ball gewissermaßen abgefälscht. Als Hauptindiz für die Verschmutzung gilt immer wieder der Salzgehalt im Rhein, obwohl dieser weit unterhalb der Toleranzgrenze der Weltgesundheitsorganisation und beträchtlich unter der Geschmacksgrenze liegt. Für das organische Leben im Rhein spielt der derzeitige Salzgehalt kaum eine Rolle – auch wenn er sich mit »30 Güterzügen täglich« außerordentlich einprägsam darstellen läßt. Aber – die Chloridionen werden im Ufer nicht filtriert und korridieren daher das Leitungsnetz der Rheinwasserverkäufer! Die zunehmende Aufwärmung des Rheinwassers durch Kraftwerke ist dagegen ökologisch weitaus bedenklicher. Nachweisbare

Erfolge bei der Reduzierung der gefährlichen Schwermetalle sind sehr viel erfreulicher, aber nicht so spektakulär. Für das gesamte Ökosystem Rhein und für die Biologie des Flusses selbst hat nach wie vor die tödliche, organische Verschmutzung Präferenz im Gewässerschutz – ausschließlich im Namen des Umweltschutzes allerdings und weniger im ökonomischen Interesse.

Bemerkenswert in der Gesamtszenerie des Gewässerschutzes im und am Rhein ist, daß die Verpflichtung zur Klärung von Abwasser ebenso zu den Aufgaben der kommunalen Gebietskörperschaften am Rhein und seinen Zuflüssen gehört wie sich viele Rheinwasserwerke in kommunaler Hand befinden.

Das politische Gewicht des Gewässerschutzes ist mittlerweile bis in die Chefetagen der Wirtschaft und in vielen kommunalpolitischen Entscheidungen spürbar. Die Öffentlichkeitswirksamkeit wird nicht ohne weiteres als Hilfe angesehen. Im Gegenteil – »sauberes Wasser« heißt eben Bau von Kläranlagen, mit hohen Investitionen, heißt mehr Personal- und Verwaltungsaufwand und ist mit Abgaben und Gebühren für den Bürger verbunden – obwohl das Wasser ja doch zum Nachbarn abfließt!

Wie gern hört man da auf diejenigen, die alles ein wenig verharmlosen oder die mit dem Finger auf andere zeigen oder die verkünden, daß das Geld von anderswo herkommen müßte. Insgesamt gesehen wird der Rhein heute mindestens ebenso stark durch *häusliches* Abwasser belastet wie durch gewerbliche Einleitungen. Pannen bei der Klärung industrieller Abwässer – offenbar leider unvermeidlich wie Tankerunfälle – sind allerdings im Einzelfall u. U. erheblich gefährlicher – und gewiß ungleich publicityträchtiger als die permanente Einleitung von häuslichen Abwässern. Deren Wirkung dagegen ist schleichend; man kann sich daran gewöhnen so wie der Grottenolm an die Lichtlosigkeit sich gewöhnt und nicht weiß, daß er blind ist. Im kommunalen Bereich stoßen wir im übrigen an die Grenze der »Vollzugsgewalt«. Ein Industriebetrieb ließe sich – wenn der Betriebsrat nicht Alarm schlägt – notfalls stillegen. Kommunale Abwasserkanäle dagegen mit einem Schieber dicht zu machen, das hieße: Chaos, in 12 Stunden spätestens!

Gewässerschutz als Vielfrontenkrieg

Ein nicht unwichtiger Teilaspekt des Vollzugsdefizits ist in der Tat die oft allzu einseitige, dem notwendigen Abwägungsprozeß fachlich nicht gerecht werdende Publizität des Gewässerschutzes. Hiobsbotschaften, Skandalberichte und Horrorvisionen haben das Umweltgewissen einer breiten Öffentlichkeit wachgerüttelt. Auf die Dauer wird damit für die

Lösung konkreter Vollzugsprobleme, d. h. für die dazu erforderlichen Initiativen, kaum etwas gewonnen. Die politische Szene wird dadurch eher vernebelt und die Willensbildung erschwert mit der Folge, daß diejenigen, die sich des Umweltschutzes um ihrer wirtschaftlichen Interessen willen bedienen, dabei im Trüben fischen können.

Gewässerschutz vollzieht sich – allgemein und lokal – in einem »Vielfrontenkrieg«. Eine sachbezogene – und ggf. auch anspruchsvolle – Information über Interessenkonflikte ist eine der entscheidenden Voraussetzungen für die Überwindung des Vollzugsdefizits. Daran sich zu beteiligen, ist vor allem die Fachwelt aufgerufen, die sich nicht scheuen sollte, ggf. auch dort zu demaskieren, wo Umweltschutz als Feigenblatt für kommerzielle Nutzung oder gar als Wettbewerbsvorteil mißbraucht wird. Wasser als Teil unserer biologischen Umwelt zu sichern, ist eine Aufgabe, die nicht von heute auf morgen die Fehlentscheidungen und Unterlassungen von Generationen wiedergutmachen kann – guter Wille genügt nicht, sondern die Problemstellung muß in aller Breite bewußt und erkannt sein.

Jörg Heimbrecht

Vollzugsprobleme im Gewässerschutz aus der Sicht der Umweltschutzbewegung

Beispiel: Untermain

In einer Broschüre des hessischen Ministers für Landesentwicklung, Umwelt, Landwirtschaft und Forsten vom Mai 1980 zum Thema *»Gewässerverschmutzung und Gewässerschutz am Untermain«* kann man über die Farbwerke Hoechst in Frankfurt nachlesen:

»Die Kläranlage nahm ihren vollen Betrieb 1978 auf... Neuere Messungen der hessischen Landesanstalt für Umwelt haben allerdings ergeben, daß die Anlage bereits überlastet ist. Außerdem werden aus zwölf von der Hoechst AG als Regen- und Kühlwasserkanäle bezeichneten Leitungen organisch verunreinigte Produktionsabwässer unmittelbar in den Main geleitet... Ein weiteres Problem dieses Werkes ist die Säureeinleitung in den Main. Während knapp 20 Prozent der anfallenden Säure von 300 Tonnen (berechnet als 100 Prozent Schwefelsäure) in der biologischen Kläranlage unschädlich beseitigt und 25 Prozent durch den großen Kühlwasserstrom sowie durch das werkseigene alkalische Abwasser neutralisiert werden, gelangen noch etwa 55 Prozent der Säure unbehandelt in den Main. Das entspricht einer Tagesfracht von 175 Tonnen pro Tag. Diese Menge ist erheblich zu hoch. Nach einer gutachtlichen Stellungnahme der hessischen Landesanstalt für Umwelt kann der Main schadlos lediglich 75 Tonnen Säure pro Tag... aufnehmen. Eine deutliche Verringerung der Säureeinleitung ist deshalb erforderlich... Das wichtigste Problem, das die derzeitige Abwasserbelastung des Hauptwerkes aufwirft, ist die Einleitung von schwer abbaubaren Stoffen. Insbesondere der Organo-Halogene. Diese werden nach derzeitigem Kenntnisstand nach erheblicher Verdünnung mit Kühlwasser über das Kanalsystem des Hauptwerkes in den Main eingeleitet... Diese Einleitungsmenge muß ganz erheblich verringert werden.«[1]

Der Untermain unterhalb der Farbwerke Hoechst gilt nach Angaben der gleichen Veröffentlichung des hessischen Ministeriums als übermäßig verschmutzt. Er ist, wie die Aktion »Rettet den Rhein« im Jahr 1980 bei ihrer Meßfahrt feststellte, biologisch tot. Verantwortlich für die hohe Schadstoffbelastung ist nach Angaben des hessischen Ministers für

Landesentwicklung, Umwelt, Landwirtschaft und Forsten zu 78 Prozent die Industrie. Davon entfällt der überwiegende Teil auf die Farbwerke Hoechst.[2]

Die Mainvergiftung gefährdet nicht nur Fische und Wasserpflanzen, sondern auch die Menschen, die unterhalb der Mainmündung mit aufbereitetem Trinkwasser aus dem Rhein versorgt werden. Zwar gelingt es heute noch den Wasserwerken, die meisten Schadstoffe durch die Anwendung der modernsten Aufarbeitungsverfahren weitestgehend aus dem Trinkwasser fernzuhalten. Aber »*bei den Wasserwerken am Niederrhein sind praktisch alle Möglichkeiten zur Aufbereitung ausgeschöpft*«, wie der Präsident der Internationalen Arbeitsgemeinschaft der Wasserwerke im Rheineinzugsgebiet auf der Jahrestagung der Wasserwerke 1979 in Basel erklärte.

Besonders gefährlich sind sogenannte Organo-Halogen-Verbindungen, die ebenfalls in großen Mengen von Hoechst und anderen Chemiekonzernen in die Flüsse eingeleitet werden. Zahlreiche dieser Verbindungen sind ausgesprochen langlebig. Sie neigen dazu, sich im tierischen und menschlichen Körper anzureichern. Einige von ihnen gelten als Krebserzeuger und haben zudem die unangenehme Eigenschaft, alle Filter der Wasserwerke besonders leicht zu passieren. Organo-Halogen-Verbindungen werden auch im Wasserwerk neu produziert, wenn das Trinkwasser aus mit organischen Verunreinigungen und Salzen stark vorbelastetem Flußwasser hergestellt wird.

Bei Analysen, die die *Trinkwassergruppe der Universität Bremen* gemeinsam mit der Aktion »Rettet den Rhein« durchführte, wurden in *Mainz*, das sein Trinkwasser aus dem Rhein unterhalb der Mainmündung gewinnt, Konzentrationen an leichtflüchtigen Organo-Halogen-Verbindungen im Trinkwasser gefunden, die den vorgeschlagenen Grenzwert der *EG* um das 25fache überschreiten. Bei derart hohen Konzentrationen ist die Erhöhung der Krebsrate bei Menschen statistisch erfaßbar: Die amerikanische *Academy of Science* nimmt für derartige Konzentrationen im Trinkwasser bei langjähriger Aufnahme ein zusätzliches Risiko von einem Krebstoten auf 33 000 Lebende an.[3]

Umweltrecht ohne Biß?

Im Wasserhaushaltsgesetz heißt es u. a.: »*Die Gewässer sind so zu bewirtschaften, daß sie dem Wohl der Allgemeinheit und im Einklang mit ihm auch dem Nutzen einzelner dienen und daß jede vermeidbare Beeinträchtigung unterbleibt.*« In § 18 des Gesetzes kann man nachlesen: »*Abwasser ist so zu beseitigen, daß das Wohl der Allgemeinheit nicht beeinträchtigt wird... Abwasseranlagen sind... nach den allgemein aner-*

kannten Regeln der Technik zu errichten und zu betreiben.« In § 330a des Strafgesetzbuches heißt es: *»Wer Gifte in der Luft, in einem Gewässer, im Boden oder sonst verbreitet oder freisetzt und dadurch einen anderen in die Gefahr des Todes oder einer schweren Körperverletzung bringt, wird mit Freiheitsstrafe von sechs Monaten bis zu 10 Jahren bestraft.«* Sitzt ein Hoechst-Direktor also zur Zeit im Gefängnis? Weit gefehlt. Ein Strafverfahren gegen die Hoechst AG wegen Einleitung von Säuren wurde gegen Zahlung einer Buße von insgesamt 1,45 Millionen DM eingestellt. Zum Vergleich: Der Gewinn vor Steuern der Hoechst AG lag im Jahr 1980 bei 905 Millionen DM[4]. Die Einstellung des Verfahrens gegen Hoechst erfolgte, so die *»Frankfurter Rundschau«* vom 16.2.81, wegen *»geringer Schuld«* sowie *»mangelndem öffentlichen Interesse an einer Strafverfolgung«*. Im übrigen, so Staatsanwalt Haueisen gegenüber der »Frankfurter Rundschau«, sei es nicht Aufgabe der Staatsanwaltschaft, eine saubere Umwelt durch das Strafgesetzbuch zu schaffen.[5]

Nicht nur bei Hoechst besteht eine erhebliche Differenz zwischen den Gesetzestexten und der Praxis des Gewässerschutzes. So kann man im vom *Rat von Sachverständigen für Umweltfragen* der Bundesregierung 1978 veröffentlichten Umweltgutachten nachlesen, daß das größte Umweltproblem der Bundesrepublik nach wie vor die Wasserverschmutzung ist. Und weiter: *»Das insgesamt erreichte Belastungsniveau bewirkt noch immer eine zu hohe Beeinträchtigung... insbesondere der Trinkwasserversorgung.«*[6] Die Ursache dafür ist in zwei Gründen zu suchen. Zum einen werden Großbetriebe von den Gerichten und von den für den Gewässerschutz zuständigen Aufsichtsbehörden in aller Regel mit Samthandschuhen angefaßt. Noch nie wurde in unserem Land der Direktor eines Großbetriebes wegen der Vergiftung der Umwelt ins Gefängnis gesperrt. Freisprüche und Verfahrenseinstellungen sind die Regel.

Selbst wenn Behörden Betrieben Auflagen für die Einleitung von Abwasser erteilen wollen, die sich an den Interessen der Menschen an sauberem Trinkwasser und reinen Flüssen orientieren, selbst wenn Richter sich nicht einschüchtern lassen und Umweltvergehen ahnden wollen, stehen sie vor enormen Schwierigkeiten. Denn zum Wasserhaushaltsgesetz (wie auch zu anderen Umweltschutzgesetzen) gibt es noch immer wenige Ausführungsbestimmungen, die verbindliche Grenzwerte für die Einleitung von Abwasser festlegt.

Hauptverschmutzer: Großindustrie

Die problematischsten Abwässer kommen dabei von den großen Chemie- und Papierbetrieben, die auch nach Angaben staatlicher Stellen in der Bundesrepublik hauptverantwortlich für die Verschmutzung der

Gewässer, beispielsweise des Rheins sind. So verunreinigte nach Angaben des »*Rates von Sachverständigen für Umweltfragen*« der Bundesregierung ein Großkonzern den Rhein mit mehr Schadstoffen als die Städte Karlsruhe, Mannheim, Frankfurt, Wiesbaden, Mainz, Köln, Duisburg und Kleve zusammen (einschließlich der gesamten Kleinindustrie und Gewerbebetriebe, die in diesen Städten an die kommunalen Kläranlagen angeschlossen sind).[7] Noch klarer liegen diese Großbetriebe bei Schadstoffen in Führung, die für die Trinkwasserversorgung oder die Gesundheit des Menschen besonders gefährlich sind. Der allergrößte Teil der hochgiftigen und schwer abbaubaren Chemikalien, die unsere Flüsse hinunterfließen, kommt aus den Abwasserrohren eben dieser Großbetriebe.

Nach Einschätzung der Sachverständigen der Bundesregierung »*dürfte die Technik der industriellen Abwasserbehandlung bei entsprechendem Mitteleinsatz eine Veränderung des Trends, wahrscheinlich sogar einen Rückgang der Belastung herbeiführen können*«.[8] Nur wird die vorhandene Technik wegen fehlender Auflagen durch die Behörden eben nicht eingesetzt. »*Bei den industriellen Direkteinleitern und kommunalen Anschlußnehmern, insbesondere älteren Betrieben*«, so die Sachverständigen der Bundesregierung, »*besteht häufig noch erheblicher Rückstand gegenüber den sachlichen Erfordernissen. Die volkswirtschaftliche Diskrepanz zwischen verursachten Schäden und ersparten Vermeidungskosten ist vielfach gravierend.*«[9] Kein Wunder, denn die Industrie hat ja auch die volkswirtschaftlichen Folgekosten nicht zu tragen. Das Betriebsgelände endet beim Abwasserrohr. Das für die Produktion benötigte Wasser wird oberhalb des eigenen Abwassereinlaufs entnommen. Krankheitskosten etwa der Trinkwasserverbraucher gehen in die Betriebsbilanz nicht ein, die hat die Allgemeinheit zu tragen. Gewinne werden privatisiert, Verluste werden sozialisiert.

Gesetze allein machen die Flüsse nicht sauber

Schon in früheren Gutachten sprechen deshalb die Sachverständigen der Bundesregierung auch 1978 von einem erheblichen Vollzugsdefizit im Umweltbereich. »*Schwierigkeiten für die Verwirklichung umweltschützender Maßnahmen rühren einmal daher, daß Gesetze und Verordnungen beschlossen werden, die nicht oder nur mangelhaft vollziehbar sind, weil sie keine klaren Zielvorhaben enthalten; in anderen Fällen werden zwar Ziele formuliert, die dazu notwendigen Instrumente aber nicht mitgeliefert.*«[10] Da keine Strafbestimmungen vorhanden sind, werden nur selten minimale Geldbußen gegen Umweltsünder verhängt. Die oben angesprochenen Bußen gegen die Farbwerke Hoechst sind in ihrer

Höhe die absolute Ausnahme. Die Durchschnittshöhe von Bußgeldern gegen Umweltvergifter betrugen laut *Umweltgutachten 1978* ganze 537 Mark.[11]

Personalmangel führt zudem dazu, daß oft Auflagen deshalb nicht erteilt werden, weil ihre Kontrolle durch die Aufsichtsbehörde nicht möglich ist. Nur ganze 13 Prozent der Gewerbeaufsichtsämter halten den derzeitigen Personalstand für ausreichend.[12] In Nordrhein-Westfalen muß ein Gewerbeaufsichtsbeamter zwischen 600 und tausend Betriebe kontrollieren. Im Schnitt wird jeder Betrieb alle sechs Jahre einmal besucht. Nach Voranmeldung, wie es den Anschein macht. Viele Großbetriebe, die einen eigenen Umweltbeauftragten haben, brauchen staatliche Kontrolle offenbar nur bei Anzeigen von Anwohnern zu befürchten. Sonst reicht die schriftliche Bestätigung des vom Betrieb bezahlten Umweltbeauftragten, daß alles in Ordnung ist.

Das Wasserhaushaltsgesetz ist nicht das einzige Gesetz, das zwar sehr schön klingt, aber kaum zur Verbesserung der Gewässerqualität beiträgt. Auch das Abwasserabgabengesetz kann heute nur noch als ein Gesetz zum Schutz der Wasserverschmutzer bezeichnet werden. In seiner ursprünglichen Form sah es für alle Verschmutzer von Flüssen und Seen relativ hohe Gebühren vor. Je Schadeinheit – der jährlichen Schmutzwassermenge eines Bundesbürgers entsprechend – sollten im Jahr 1976 25 DM fällig werden. Bis 1981 sollten die Gebühren auf 40 DM ansteigen (die Umweltsachverständigen der Bundesregierung hatten ursprünglich 80 DM gefordert). Der an Gebühren zu bezahlende Betrag sollte damit höher sein als die Kosten für den Bau ausreichender Kläranlagen. Man wollte einen materiellen Anreiz schaffen, in Kläranlagen zu investieren.

Unter dem Druck der Industrielobby und der Großstädte wurde ein entschärftes Abwasserabgabengesetz verabschiedet. Erst seit Beginn 1981 muß der Verursacher bezahlen. Allerdings einen Betrag von zur Zeit nur 12 DM pro Schadeinheit. Erst 1986 werden 40 DM erreicht. Und damit nicht genug. Eine sogenannte Härteklausel in § 9 des Gesetzes ermöglicht unter bestimmten Umständen eine Freistellung von den zu zahlenden Gebühren. Wie der Präsident des *Bundesverbandes der Deutschen Gas- und Wasserwirtschaft e. V.* anläßlich der Eröffnung der wasserfachlichen Aussprachetagung am 31. 3. 1981 in Berlin (West) mitteilte, haben nicht weniger als zehn Branchen bereits entsprechende Anträge gestellt. Daß sie auch genehmigt werden, bleibt nach der bisherigen Erfahrung zu befürchten.

Forderungen der Umweltschutzorganisationen

Die Wasserqualität muß wesentlich besser werden als heute. Die Interessen der Menschen an sauberem Trinkwasser, an intakten ökologischen Verhältnissen in Gewässern und an giftfreien Fischen müssen Vorrang haben vor dem Interesse der Großindustrie, Abwässer möglichst kostengünstig loszuwerden. Um dieses Ziel zu erreichen, haben zahlreiche Umweltschutzorganisationen, darunter der *Bundesverband Bürgerinitiativen Umweltschutz* und die Aktion *»Rettet den Rhein«* folgende Forderungen aufgestellt:

- Die Selbstreinigungskraft der Gewässer ist wieder herzustellen. Die Einleitung von nicht abbaubarem oder hochgiftigem Abwasser muß unterbunden werden. Industriebetriebe, insbesondere die chemische und papierherstellende Industrie dürfen nur noch mit geschlossenen Wasserkreisläufen produzieren. Zur Einhaltung dieser Forderungen sind Industrie und Kommunen durch wirksame Gesetze und Ausführungsbestimmungen zu zwingen.
- Die Ansiedlung von Industrieanlagen und andere bauliche Maßnahmen an Gewässern darf nur unter strenger Berücksichtigung ökologischer Zusammenhänge und Auswirkungen erfolgen. Der Raubbau an den Grundwasserreserven muß gestoppt werden.
- Die Nutzung der Meere als Mülldeponien, vor allem durch die Verklappung von Chemiemüll, Klärschlamm und Atommüll muß verboten werden, da sie den Pflanzen- und Tierbestand und über die Nahrungskette auch den Menschen gefährdet.
- Die Umweltschutzorganisationen müssen das Recht erhalten, jederzeit ungehindert Proben aus Abwässern entnehmen zu können. Diesbezügliche Unterlagen, Meßverfahren, Meßergebnisse von Analysen sind zu veröffentlichen.

Allein durch Appelle, das ist die Ansicht der Umweltschutzorganisationen, werden sich diese Forderungen nicht realisieren lassen. Sie werden deshalb alles tun, um die Öffentlichkeit entlang der Flüsse und anderen Gewässern, die von der schlechten Trinkwasserqualität betroffene Bevölkerung gegen die Hauptwasserverschmutzer zu mobilisieren. Diese Aktivitäten der Aktion »Rettet den Rhein« und anderer Umweltschutzorganisationen haben in letzter Zeit zu einer erheblichen Stärkung der Bürgerbewegung zum Schutze der Gewässer in der Bundesrepublik geführt.

Beispielsweise konnte in Leverkusen vor den Toren der Bayer AG eine Bürgerinitiative gegen Umweltverschmutzung konstituiert werden, der auch Bayer-Mitarbeiter angehören. Eines der Ergebnisse des stärkeren Drucks: Die Bayer AG mußte die Einleitung von Dünnsäure in die

Nordsee einstellen. Ab März 1983 wird die Abfallsäure im Leverkusener Bayer-Werk aufgearbeitet.

Literaturangaben

1 Der Hessische Minister für Landesentwicklung, Umwelt, Landwirtschaft und Forsten, Gewässerverschmutzung und Gewässerschutz am Untermain, Wiesbaden, Mai 1980, S. 5–6
2 Gewässerverschmutzung und Gewässerschutz am Untermain, a.a.O., S. 34
3 Anon. Drinking Water and Health, A Report of the Safe Drinking Water Committee, Advisory Center on Toxicology, Assembly of Life Sciences, National Research Council, National Academy of Sciences, Washington, D.C. (1977)
4 »Handelsblatt«, 13.3.1981
5 »Frankfurter Rundschau«, 16.2.1981
6 Deutscher Bundestag, 8. Wahlperiode, Drucksache 8/1938, 19.9.78, Unterrichtung durch die Bundesregierung, Umweltgutachten 1978, Verlag Dr. Hans Heger, Bonn-Bad Godesberg, 1978, Abschnitt 1363.1
7 Zahlen errechnet aus: Deutscher Bundestag, 7. Wahlperiode, Drucksache 7/5014 vom 9.4.1976. Unterrichtung durch die Bundesregierung, Umweltprobleme des Rheins, Verlag Dr. Hans Heger, Bonn-Bad Godesberg, 1976, Karte 2
8 Umweltgutachten a.a.O., Abschnitt 1885
9 Umweltgutachten a.a.O., Abschnitt 1363.3
10 Umweltgutachten a.a.O., Kurzfassung, Abschnitt 88
11 Umweltgutachten a.a.O., Abschnitt 1555
12 Umweltgutachten a.a.O., Abschnitt 1526

Dokumentation*

---

* Zusammengestellt von Hans-Joachim Grommelt

Tab. 1: Richt-, Grenz- und Standardwerte für anorganische und organische Wasserinhaltsstoffe und für allgemeine Meßdaten von Oberflächengewässern, die zur Trinkwasser-Gewinnung verwendet werden

	IAWR		DVGW		EG-Richtlinien						
					A1		A2			A3	
	A	B	A	B	I	G	I	G	G	I	G
Allgemeine Meßdaten											
Temperatur (°C)	20	40	20	40	25	22	25	22	22	25	22
Sauerstoffdefizit (%)	70	100	50	100		<30		<50	<50		<70
Elektrische Leitfähigkeit (mS/m)						100		100	100		100
Farbe (mg Pt/l)	5	35	5	50	20	10		50	50	200	50
Geruchsbelastung (Schwellenwert)	10	100	5	50		3		10	10		20
Geschmacksbelastung (Schwellenwert)	5	35	5	50							
Anorganische Wasserinhaltsstoffe											
pH						6,5–8,5		5,5–9,0	5,5–9,0		5,5–9,0
Gesamtgehalt an gelösten Stoffen (mg/l)	500	800	400	800							
Gesamtgehalt an suspendierten Stoffen (mg MES/l)	100	200	100	200		25					
Chlorid (mg/l)	100	150	100	150	250	200	250	200	200	250	200
Sulfat (mg/l)	25	25	25	50	50	150	50	150	150	50	150
Nitrat (mg/l)						25					
Ammonium (mg/l)	0,2	1,5	0,2	1,5		0,05	1,5	1,0	1,0	4,0	2,0
Gesamt-Eisen (mg/l)	1,0	5,0			0,3	0,1	2,0				
gelöstes Eisen (mg/l)	0,1	1,0	0,1	1,0	1,5	0,7/1,0		1,0	1,0		1,0
Gesamt-Fluorid (mg/l)	1,0	1,0	1,0	1,0	0,05	0,01	0,05	0,7/1,7	0,7/1,7		0,7/1,7
Gesamt-Arsen (mg/l)	0,01	0,05	0,01	0,05	0,05		0,05				0,05
Gesamt-Blei (mg/l)	0,03	0,05	0,01	0,05	0,05		0,05			0,1	
Gesamt-Chrom (mg/l)	0,03	0,05	0,03	0,05	0,005					0,05	
Gesamt-Cadmium (mg/l)	0,005	0,01	0,005	0,005	0,05	0,001	0,001	0,001	0,001	0,05	0,001
Gesamt-Kupfer (mg/l)	0,03	0,05	0,03	0,05	0,05	0,02		0,05	0,05	0,005	
Gesamt-Quecksilber (mg/l)	0,0005	0,001	0,0005	0,001	0,001	0,0005	0,001	0,0005	0,0005	0,001	0,0005
Gesamt-Zink (mg/l)	0,5	1,0	0,5	1,0	3	0,5	5,0	1,0	1,0	5,0	1,0
Selen (mg/l)	0,01	0,01			0,01		0,01			0,01	
gelöstes Mangan (mg/l)	0,05	0,5									

Parameter	IAWR	DVGW A	DVGW B	A1 G	A1 I	A2 G	A2 I	A3 G	A3 I
Gesamt-Mangan (mg/l)	1,0	1,0			0,05		0,1		1,0
					1,0		1,0	1,0	1,0
Bor (mg/l)	1,0	1,0							1,0
Barium (mg/l)	0,01	0,05		0,1	1,0		1,0		1,0
Zyanide (mg/l)			0,05	0,05	0,05				0,05
Phosphate (mg P$_2$O$_5$/l)		0,0002			0,4		0,7		0,7
Beryllium (mg/l)	0,0001	0,05							
Kobalt (mg/l)	0,05	0,05							
Nickel (mg/l)	0,03	0,05							
Organische Wasserinhaltsstoffe									
suspendierte organische Stoffe (mg/l)	5	25							
gelöster organischer Kohlenstoff (mg/l)	4	8	4						
chemischer Sauerstoffbedarf (mg/l)	10	20	10	20					30
biochemischer Sauerstoffbedarf (mg/l)									<7
Kohlenwasserstoffe (mg/l)	0,05	0,2	0,05	0,2	0,05	0,2		1,0	0,5
Detergentien (mg TSB/l)	0,1	0,3							
grenzflächenaktive Stoffe (mg Laurylsulfat/l)									
wasserdampfflüchtige Phenole (mg/l)	0,005	0,01		0,001	0,2	0,001	0,2	0,005	0,5
organisches Gesamtchlor (mg/l)	0,05	0,1					0,001		0,01
lipophile organische Chlorverbindungen (mg Cl/l)	0,01	0,02							
Gesamt-Organochlorpestizide (mg Cl/l)	0,005	0,01							
einzelne Organochlorpestizide (mg Cl/l)	0,003	0,005							
Gesamtpestizide (mg/l)				0,001	0,0025			0,005	
cholinesterasehemmende Stoffe (als Parathionäquivalent) (mg/l)				0,0002	0,0002			0,001	
polyzyklische Aromate (mg/l)	0,03	0,05							
chloroformextrahierbare Stoffe (mg SEC/l)	0,0002	0,0003	0,1	0,2					0,5
Kjeldahl-Stickstoff (mg N/l)			1	2					3

IAWR: A: Grenzwert bei Anwendung natürlicher Reinigungsverfahren, B: Grenzwert bei Anwendung weitergehender Wasseraufbereitung.; Internationale Arbeitsgemeinschaft der Wasserwerke im Rheineinzugsgebiet (Hrsg.): Rheinwasserverschmutzung und Trinkwassergewinnung. Amsterdam 1973

DVGW: A, B: Grenzwerte gemäß unterschiedlicher Aufbereitungsverfahren; Deutscher Verein des Gas- und Wasserfaches (Hrsg.): Arbeitsblatt Nr. 151 (1975)

EG-Richtlinie: A1, A2, A3: Werte entsprechend verschiedenen Aufbereitungsverfahren, I: imperativer (zwingender) Wert, G: guide-(Leit-)Wert; Richtlinie des Rates vom 16. 6. 1975 über die Qualitätsanforderungen an Oberflächenwasser für die Trinkwassergewinnung in den Mitgliedsstaaten, Amtsblatt der Europäischen Gemeinschaften, Nr. L 194: 34–39 (1975)

Tab. 2a: Meßdaten aus Oberflächengewässern (1980)

	Bodensee (Sipplingen, Bodensee-Wasserversorgung, Rohwasser)		Rhein (Unterlauf)		Neckar (Mannheim)		Main (Kostheim)	
	Mittel-werte	Maximal-werte	Mittel-werte	Maximal-werte	Mittel-werte	Maximal-werte	Mittel-werte	Maximal-werte
Allgemeine Meßdaten								
Temperatur (°C)	5	6	12	21	11	21	13	**23**
Sauerstoffdefizit (%)	19	**26**	14	**32**				
Elektrische Leitfähigkeit (mS/m)	30	31	**84**	**121**	**107**	**125**	**65**	**77**
Farbe (mg Pt/l)			**19**	**26**				
Geruchsbelastung (Schwellenwert)			**32**	**80**				
Anorganische Wasserinhaltsstoffe								
pH	8,0	8,1	7,6	8,0	7,6	7,9	7,3	7,6
Chlorid (mg/l)	5	5	**160**	**272**	**111**	**186**	60	88
Sulfat (mg/l)	35	37	70	92	**110**	**150**	**106**	**150**
Nitrat (mg/l)	4	4	17	22	27	35	**31**	**38**
Ammonium (mg/l)	0,003	0,01	**0,7**	**2,1**	**0,30**	**0,57**	**2,29**	**5,40**
Phosphate (mg P$_2$O$_5$/l)	**0,5**	**0,6**	**2,5**	**3,9**	**4,9**	**6,9**	**5,1**	**8,4**
Bor (mg/l)	0,02	0,02						
Gesamt-Mangan (mg/l)	0,001	0,003	**0,09**	**0,15**	**0,06**	**0,09**	**0,09**	**0,20**
Gesamt-Eisen (mg/l)	0,002	0,003	1	**3**			1	**3**
Gesamt-Fluorid (mg/l)	0,1	0,1	0,3	0,4				
Gesamt-Arsen (mg/l)	0,002	0,002	0,003	0,01	0,01		0,003	0,004
Gesamt-Blei (mg/l)	<0,0005	<0,0005	**0,02**	**0,03**	0,01	**0,02**	**0,02**	**0,09**
Gesamt-Chrom (mg/l)	0,0003	0,0003	0,01	0,02	0,003	0,01	0,03	**0,05**

Gesamt-Cadmium (mg/l)	<0,00005	<0,00005	0,001	**0,003**	0,002	**0,003**	0,004	**0,012**
Gesamt-Kupfer (mg/l)	0,001	0,001	0,01	0,02			**0,04**	**0,06**
Gesamt-Quecksilber (mg/l)	<0,000005	<0,000005	0,0002	**0,001**	<0,00005	0,0001	0,0005	**0,0020**
Gesamt-Zink (mg/l)	0,004	0,005	0,1	0,01	0,1	0,1	0,1	0,2
Selen (mg/l)	0,0001	0,0001						
Kobalt (mg/l)	<0,0005	<0,0005						
Nickel (mg/l)	<0,001	<0,001					0,02	
Zyanide (mg/l)	n. n.	n. n.						
Barium (mg/l)	0,03	0,03						**0,06**

Organische Wasserinhaltsstoffe

gelöster organischer Kohlenstoff (mg/l)	1	1	**5**	7	4	**5**	7	**18**
Chemischer Sauerstoffbedarf (mg/l)	4	5	**12**	**16**	17	**43**	20	**27**
Biochemischer Sauerstoffbedarf (mg/l)				**3**	10	**28**	4	**10**
Kjehldahl-Stickstoff (mg/l)			1					
Polyzyklische Aromate (mg/l)	0,00001		0,001	0,001				
Organisches Gesamtchlor (mg/l)			**0,08**	**0,19**				
Detergentien (mg TBS/l)			0,1	**0,2**				
Phenole (mg/l)			**0,005**	**0,018**				
Gesamt-Organochlorpestizide (mg Cl/l)			0,0001	0,0001				
einzelne Organochlorpestizide (mg Cl/l)			0,00004	0,0001				
cholinesterasehemmende Stoffe als Parathionäquivalent (mg/l)		0,001		0,001				

Tab. 2b: Meßdaten aus Oberflächengewässern (1980)

	Saar (Kanzem)		Mosel (Koblenz)		Ruhr (Westhofen, WW. Dortmund)		Emscher (Duisburg)	
	Mittel-werte	Maximal-werte	Mittel-werte	Maximal-werte	Mittel-werte	Maximal-werte	Mittel-werte	Maximal-werte
Allgemeine Meßdaten								
Temperatur (°C)	13	24	12	23	9	17	15	23
Sauerstoffdefizit (%)					12	26		
Elektrische Leitfähigkeit (mS/m)	65	75	88	115	36	42	439	627
Anorganische Wasserinhaltsstoffe								
pH	7,5	7,7	7,6	7,8	7,5	7,7	7,3	7,5
Chlorid (mg/l)	150	250	167	268	38	49	1304	1740
Sulfat (mg/l)	103	159	87	115	53	61	266	315
Nitrat (mg/l)	18	29	19	25	17	20	13	23
Ammonium (mg/l)	**6,2**	**18,0**	**0,48**	**1,03**	**1,07**	**1,85**	**48,33**	**63,86**
Phosphate (mg P_2O_5/l)	**3,0**	**5,2**	**2,0**	**2,8**	**2,1**	**2,9**	**11,0**	**16,0**
gelöstes Mangan (mg/l)	**0,18**	**0,31**	**0,09**	**0,16**	**0,06**	**0,11**	**0,34**	**0,49**
gelöstes Eisen (mg/l)					**0,07**	**0,12**		
Gesamt-Eisen (mg/l)	1	3	1	**2**	0,1	0,1	0,4	1
Gesamt-Fluorid (mg/l)					0,1	0,1		
Gesamt-Arsen (mg/l)	0,003	0,01	0,004	0,01	0,001	0,001	**0,02**	**0,03**
Gesamt-Blei (mg/l)	**0,03**	**0,05**	0,01	**0,02**	0,003	0,001	0,01	0,01
Gesamt-Chrom (mg/l)	0,002	0,01	0,01	0,01	0,01	**0,04**	<0,001	<0,001
Gesamt-Cadmium (mg/l)	0,0003	0,001	<0,0003	0,001	0,0003	0,001	**0,05**	**0,13**
Gesamt-Kupfer (mg/l)	0,01	0,02	0,01	0,01	0,01	0,02	0,0003	**0,0014**
Gesamt-Quecksilber (mg/l)	<0,0001	0,0003	0,0002	0,0004			0,1	0,2
Gesamt-Zink (mg/l)	0,2	0,3	0,1	0,2	0,2	0,3		
Selen (mg/l)					0,001	0,001		
Kobalt (mg/l)					0,001	0,001		
Nickel (mg/l)	<0,005	0,01	0,01	0,01	0,03	**0,06**	0,02	0,3
Zyanide (mg/l)					0,01	0,01		
Organische Wasserinhaltsstoffe								
gelöster organischer Kohlenstoff (mg/l)	4	6	6	**10**	–	–	**17**	**21**
Chemischer Sauerstoffbedarf (mg/l)	23	38	14	35	–	–	46	71
Methylenblauaktive Substanzen (Detergentien) (mg TBS/l)	–	–	0,1	**0,2**	0,1	0,1	–	–
Gesamtpestizide	–	–	–	–	0,00001	0,00002	–	–
Polyzyklische Aromate (mg/l)	–	–	–	–	0,0001	0,0001	–	–
Phenole (mg/l)	–	–	**0,012**	**0,0028**	–	–	–	–
Biochemischer Sauerstoffbedarf (mg)	**5**	**7**	2	5	4	8	14	24

Tab. 2c: Meßdaten aus Oberflächengewässern

	Werra (Letzter Heller, 1979)		Weser (Bremen-Hemelingen, 1979)		Elbe (Schnackenburg, 1980)		Elbe (Wedel, 1980)	
	Mittel-werte	Maximal-werte	Mittel-werte	Maximal-werte	Mittel-werte	Maximal-werte	Mittel-werte	Maximal-werte
Allgemeine Meßdaten								
Temperatur (°C)	9	18	11	23	10	22	11	22
Sauerstoffdefizit (%)					41	70	24	57
Elektrische Leitfähigkeit (mS/m)			283	408	82	125	82	100
Anorganische Wasserinhaltsstoffe								
pH	7,3	8,3	7,6	7,9	7,4	7,7	7,6	8,3
Chlorid (mg/l)	5145	14360	923	1340	163	220	132	184
Sulfat (mg/l)	600	1010	217	676				
Nitrat (mg/l)	17	28	21	28	18	25	20	32
Ammonium (mg/l)	**1,38**	**2,61**	**0,45**	**0,90**	**2,49**	**5,27**	**1,23**	**3,60**
Phosphate (mg P_2O_5/l)	**0,08**	**0,13**	**5,6**	**27,9**	**1,7**	**2,8**	**1,7**	**3,7**
Gesamt-Mangan (mg/l)	1	1	1	**0,30**				
Gesamt-Eisen (mg/l)	**0,003**	**0,01**		**0,04**				
Gesamt-Arsen (mg/l)	**0,01**	**0,01**		**0,03**				
Gesamt-Blei (mg/l)	**0,004**	**0,004**		**0,02**				
Gesamt-Chrom (mg/l)		**<0,002**		**0,003**				
Gesamt-Cadmium (mg/l)	**0,01**	**0,02**	**<0,05**	**<0,05**				
Gesamt-Quecksilber (mg/l)				**0,0010**				
Gesamt-Kupfer (mg/l)	**0,1**	**0,2**	**0,04**	**0,1**				
Nickel (mg/l)	**0,01**	**0,02**						
Organische Wasserinhaltsstoffe								
Gelöster organischer Kohlenstoff (mg/l)			7	**10**				
Chemischer Sauerstoffbedarf (mg/l)			33	125	38	48	37	68
Biochemischer Sauerstoffbedarf (mg/l)	4	8	3	6	7	10	5	9

n. n.: nicht nachweisbar
Fett gedruckt sind Meßwerte, die einen in Tab. 1 genannten Standard-, Richt- oder Grenzwert überschreiten.
Quellen: Arbeitsgemeinschaft Wasserwerke Bodensee-Rhein (Hrsg.): Jahresbericht 1980, Karlsruhe 1981; Rijn-commissie Waterleidingsbedrijven: Jahresbericht '80, Teil A: der Rhein, Amsterdam 1981; Deutsche Kommission zur Reinhaltung des Rheins (Hrsg.): Zahlentafeln 1980, Bonn 1981; Ruhrverband (Hrsg.): Ruhrwassergüte 1980, Essen 1981; Arbeitsgemeinschaft der Länder zur Reinhaltung der Weser: Zahlentafeln 1979; Arbeitsgemeinschaft für die Reinhaltung der Elbe: Wassergütedaten der Elbe 1980, Hamburg.

Tab. 3: Physikalisch-chemische Grenzwerte, Richtzahlen und zulässige Höchstkonzentrationen für Trinkwasser

Parameter	Trinkwasser-Verordnung Grenzwert	EG-Richtlinie Richtzahl	EG-Richtlinie zulässige Höchstkonzentration
Temperatur (°C)		12	25
pH-Wert		6,5–8,5	9,5
Leitfähigkeit (µS/cm bei 20°C)		400	
Chloride (mg Cl/l)		25	
Sulfate (mg SO_4/l)	240	25	250
Calcium (mg Ca/l)		100	
Magnesium (mg Mg/l)		30	50
Natrium (mg Na/l)		20	175
Kalium (mg K/l)		10	12
Aluminium (mg Al/l)		0,05	0,2
Abdampfrückstand (mg/l)			1500
Nitrate (mg NO_3/l)	90	25	50
Nitrite (mg NO_2/l)			0,1
Ammonium (mg NH_4/l)		0,05	0,5
Kjeldahl-Stickstoff (mg N/l)			1
Oxidierbarkeit ($KMnO_4$) (mg O_2/l)		2	5
mit Chloroform extrahierbare Stoffe (Abdampfrückstand mg/l)		0,1	
Gelöste oder emulgierte Kohlenwasserstoffe; Mineralöle (mg/l)			0,010
Phenole (mg C_6H_5OH/l)			0,0005
Bor (mg B/l)		1,000	
Oberflächenaktive Stoffe (mg Laurylsulfate/l)			0,200
Organische Chlorverbindungen, außer Pestiziden und ähnlichen Produkten (mg/l)		0,001	
Eisen (mg Fe/l)		0,050	0,200
Mangan (mg Mn/l)		0,020	0,050
Kupfer (mg Cu/l)		0,100	
Zink (mg Zn/l)	2	0,100	
Phosphor (mg P_2O_5/l)		0,400	5,000
Fluorid (mg F/l)	1,5		1,500
Ungelöste Stoffe		keine	
Barium (mg Ba/l)		0,100	
Silber (mg Ag/l)			0,010
Arsen (mg As/l)	0,04		0,050
Cadmium (mg Cd/l)	0,006		0,005

Parameter	Trinkwasser-Verordnung Grenzwert	EG-Richtlinie Richtzahl	zuässige Höchstkonzentration
Zyanide (mg CN/l)	0,05		0,050
Chrom (mg Cr/l)	0,05		0,050
Quecksilber (mg Hg/l)	0,004		0,001
Nickel (mg Ni/l)			0,050
Blei (mg Pb/l)	0,04		0,050
Antimon (mg Sb/l)			0,010
Selen (mg Se/l)	0,008		0,010
Pestizide und ähnliche Produkte (mg/l)			0,0005
Polycyclische aromatische Kohlenwasserstoffe (mg/l)	0,00025		0,0002

Quellen: Verordnung über Trinkwasser und über Brauchwasser für Lebensmittelbetriebe (Trinkwasser-Verordnung) vom 31. Januar 1975, Bundesgesetzblatt, Teil I, Nr. 16, S. 453–461 (1975)

Richtlinie des Rates vom 15. Juli 1980 über die Qualität von Wasser für den menschlichen Gebrauch, Amtsblatt der Europäischen Gemeinschaften, Nr. L 229, S. 11–29 (1980)

Tab. 4: Auszug aus den Befunden über die bakteriologische Beschaffenheit des Badewassers an Badeorten der deutschen Nordseeküste im Sommer 1979

Probenahmestelle	Coliforme Bakterien in 100 ml (37°/44°)
Schleswig-Holstein	
Sylt-West	<10/<10
Sylt-Ost: List	<10/<10
Hörnum	80/35
Amrum-West	<10/<10
Föhr: Wyk	35/<10
	<10/<10
	850/60
Nieblum	20/<10
	<10/<10
	20/<10
Utersum	<10/<10
St. Peter-Ording	<10/<10
Niedersachsen	
Nordenham	<500/<100
Burhave	<500/<100
Tossens	<500/<100
Dangast	>500/<100
	<10000

Probenahmestelle	Coliforme Bakterien in 100 ml (37°/44°)
Wilhelmshaven	>500/>500
	<10000/<2000
Hooksiel	500/<100
Horumersiel	500/<100
Schilling	500/<100
Neuharlingersiel	>800/<100
	<10000/
Bensersiel	<500/<100

Nach der EG-Richtlinie über die Qualität der Badegewässer gelten Leitwerte von 500 gesamtcoliformen und 100 fäkalcoliformen Bakterien in 100 ml als Leitwert sowie 10000 gesamtcoliforme und 2000 fäkalcoliforme Bakterien als zwingender Wert.

Quellen: Der Rat von Sachverständigen für Umweltfragen: Umweltprobleme der Nordsee, Stuttgart/Mainz 1980
Richtlinie des Rates vom 8. Dezember 1975 über die Qualität der Badegewässer, Amtsblatt der Europäischen Gemeinschaften, Nr. L 31, S. 1–7 (1976)

Tab. 5: IAWR-Kennzahlen für Gewässerqualität

Parameter		1	1–2	2	2–3	3	3–4	4
DOC	$\bar{c}$	< 1,5	1,5 –2,5	2,5 –3,5	3,5 –4,5	4,5 –6,0	6,0 –8,0	> 8,0
g/m^3	c_{max}	< 3,0	3,0 –4,0	4,0 –5,5	5,5 –7,0	7,0 –8,5	8,5 –11,0	> 11,0
NH$_4^+$	$\bar{c}$	< 0,1	0,1 –0,3	0,3 –0,8	0,8 –1,3	1,3 –2,0	2,0 –4,0	> 4,0
g/m^3	c_{max}	< 0,3	0,3 –0,7	0,7 –1,5	1,5 –2,5	2,5 –4,0	4,0 –7,5	> 7,5
Δ O$_2$	$\bar{c}$	< 15	15–20	20–25	25–30	30–40	40–50	> 50
%	c_{max}	< 25	25–40	40–60	60–70	70–80	80–90	> 90
Σ NS	$\bar{c}$	< 40	40–70	70–110	110–150	150–200	200–250	> 250
g Cl$^-$/m^3	c_{max}	< 70	70–140	140–210	210–280	280–350	350–425	> 425
DOCl	$\bar{c}$	< 0,01	0,01–0,02	0,02–0,04	0,04–0,06	0,06–0,1	0,1 –0,15	> 0,15
g Cl/m^3	c_{max}	< 0,04	0,04–0,07	0,07–0,10	0,10–0,17	0,17–0,25	0,25–0,40	> 0,40

DOC: dissolved organic carbon (gelöster organischer Kohlenstoff)
Δ O$_2$: Sauerstoff-Sättigungsdefizit
Σ NS: Summe der Neutralsalze (Chlorid, Nitrat, Sulfat; äquivalent umgerechnet auf Chlorid)
DOCl: dissolved organic chloride (gelöstes organisches Chlor)
$\bar{c}$: zu erwartende Konzentration bei langjährigem Mittel der Wasserführung
c_{max}: zu erwartende repräsentative Maximalkonzentration
NH$_4^+$: Ammonium

Quelle: Internationale Arbeitsgemeinschaft der Wasserwerke im Rheineinzugsgebiet (Hrsg.): Rheinbericht '78

Tab. 6: Gewässerqualitätskennzahlen für einige typische Probenahmestellen im Zeitraum 1975–1980

		DOC	ΔO_2	IAWR-Kennzahlen NH$_4$	NS	DOCl	Max. Kennzahl	Gewässergüteklassen nach der LAWA
Bodensee	1975–77	1	1–2	1	1	1	1–2	
Rhein								
Karlsruhe	1975–77	2	2	1–2	3	2–3	3	II–III
	1978–80	1–2	2	1–2	3–4	2–3	3–4	
Mainz/Wiesbaden	1975–77	2–3	2–3	3	3–4	2–3	3–4	II–III
	1978–80	2	2	3	3–4	3	3–4	
Köln/Leverkusen	1975–77	2–3	2–3	2–3	3	3	3	II–III
	1978–80	2–3	2	2	3	3	3	
D-Benrath, D-Flehe, Wittlaer	1975–77	3	2–3	2–3	3–4	3–4	3–4	II–III, III
	1978–80	2–3	2	2–3	3–4	3	3–4	
Orsoy/Wesel	1975–77	3	2–3	3	3–4	3	3–4	III
	1978–80	2–3	2	3	3–4	2–3	3–4	
Neckar								
Heilbronn	1975–77	2–3	4	3–4	3	2–3	4	III–IV
Donau								
Leipheim	1975–77	1–2	2	2	1–2	2	2	II

Die Länderarbeitsgemeinschaft Wasser (LAWA) unterscheidet sieben Gewässergüteklassen der Fließgewässer:

I (unbelastet bis sehr gering belastet),
I–II (gering belastet),
II (mäßig belastet),
II–III (kritisch belastet),
III (stark verschmutzt),
III–IV (sehr stark verschmutzt),
IV (übermäßig verschmutzt)

Quellen: Internationale Arbeitsgemeinschaft der Wasserwerke im Rheineinzugsgebiet (Hrsg.): Rheinbericht '78, Amsterdam, Rheinbericht 1979/80, Amsterdam 1981, Länderarbeitsgemeinschaft Wasser (Hrsg.): Die Gewässergütekarte der Bundesrepublik Deutschland, Stuttgart 1980

Tab. 7: Die größten 10 Einleiter im Rheineinzugsgebiet, deren Abwasserreinigung 1977 noch weniger als 80% betrug (nach Angaben der Internationalen Rheinschutzkommission)

	Restbelastung in 1000 EGW		Reinigungsgrad	
	1977	1979	1977	1979
1. Rhône Poulenc, Chalampé	2000	1750	0%	13%
2. Papierwerke Waldhof Aschaffenburg, Werke Mannheim	2250	1500	25%	50%
3. Bayer AG, Leverkusen	1300	1300	35%	35%
4. Communauté Urbaine de Strasbourg	990	990	4%	4%
5. Fa. E. Holtzmann & Co, Karlsruhe	750	750	25%	25%
6. Stadt Krefeld	710	710	25%	25%
7. Hoechst AG, Hauptwerk Frankfurt-Höchst	225	680	85%	69%
8. Cellulose de Strasbourg	1750	650	0%	63%
9. Plate-forme chimique de Carling, Merle-Saar	532	550	20%	20%
10. Chemische Fabriken Ciba/Geigy und Hoffmann/La Roche	415	415	0%	0%

EGW: Einwohnergleichwert (1 EGW entspricht dem biochemischen Sauerstoffbedarf von 60 g O_2/l in 5 Tagen)

Quelle: Rijncommissie Waterleidingbedrijven (Hrsg.): Jahresbericht '80, Teil A: Der Rhein, Amsterdam 1981

Tab. 8: Einleitungen in den Main durch Gemeinden in Hessen

	Menge m^3/Tag	BSB_5 t/Tag
Hanau	50000	8,0
Abwasserverband ›Untere Rodau‹	12000	0,1
Frankfurt-Niederrad	270000	16,2
Sindlingen	50000	3,1
Rüsselsheim	20000	0,4
Sonstige	32000	2,3
Gesamt	434000	30,1

Tab. 9: Einleitungen in den Main durch Industrie in Hessen

	Menge m³/Tag	BSB₅ t/Tag	CSB t/Tag
Cassella, Farbwerke Mainkur	33 700	6,5	18,6
Hoechst AG, Werk Offenbach	95 900	14,4	24,4
Hoechst AG, Werk Griesheim	231 700	15,6	50,0
Hoechst AG, Hauptwerk			
– Regen- und Kühlwassersystem	603 300	34,6	77,5
– Biologische Kläranlage	60 000	7,5	26,0
Fa. Enka-Glanzstoff AG	12 000	1,46	2,2
Hoechst AG, Werk Kelsterbach	2 500	0,2	0,3
Fa. Ticona, Polymerwerke	5 300	1,5	1,7
Fa. Caltex Deutschland	16 800	0,08	0,8
Fa. Adam Opel AG	85 000	2,9	6,9
Fa. Zellstoff Waldhof, Kostheim	14 000	0,42	
Gesamt	1 160 200	rd. 85	rd. 208

BSB_5: biochemischer Sauerstoffbedarf in 5 Tagen bei 20°C
CSB: chemischer Sauerstoffbedarf
Quelle: Hessischer Minister für Landesentwicklung, Umwelt, Landwirtschaft und Forsten (Hrsg.): Gewässerverschmutzung und Gewässerschutz am Untermain, 2. Aufl., Wiesbaden 1980. Diese nicht unumstrittenen Daten werden für 1982 neu publiziert.

Tab. 10: Übersicht der Aufnahme von EG-Umweltrichtlinien in die Gesetzgebung der einzelnen EG-Mitgliedsstaaten

	von der EG vorgeschriebenes Datum des Inkrafttretens	Niederlande	Bundesrepublik Deutschland	Frankreich	Luxemburg
1. Richtlinie von 1975 über die Qualität von Oberflächenwasser für Trinkwasseraufbereitung	18. Juni 1977	nein	teilweise	teilweise	nein
2. Richtlinie von 1975 über die Altölbeseitigung	18. Juni 1977	nein	ja	Art. 169 Verfahren	Art. 169 Verfahren
3. Richtlinie von 1976 über die Qualität von Badegewässern	10. Dez. 1977	teilweise	teilweise	nein	ja
4. Richtlinie von 1976 über die Einleitung gefährlicher Stoffe in die Gewässer	4. Mai 1978	teilweise	teilweise	teilweise	Art. 169 Verfahren
5. Richtlinie von 1978 über die Qualität von Süßwasser, um das Leben von Fischen zu erhalten	20. Juli 1980	nein	nein	nein	nein
6. Richtlinie von 1979 über die Qualität von Muschelgewässern	30. Okt. 1980	nein	nein	nein	nein

Aus: Rijncommissie Waterleidingbedrijven (Hrsg.): Jahresbericht '80, Teil A: Der Rhein, Amsterdam 1981

Autoren

Martin Böhme, geb. 1955. Studiert an der Universität Freiburg Biologie mit der Fachrichtung Binnengewässerkunde/Limnologie. Mitarbeit in Umweltschutzverbänden, hauptsächlich zur Wasserverschmutzung.

* *Hartmut Bossel*, Dr. (UC Berkeley), Dipl.-Ing., geb. 1935. Professor für Umweltschutz an der Gesamthochschule Kassel. Arbeitsgebiet: Systemforschung im Bereich Energie und Umwelt.

Ursula Degen, Dr. rer. nat., Dipl.-Chem., geb. 1949. Bis 1978 in der »Ozongruppe« der Abt. Wasserchemie am Kernforschungszentrum Karlsruhe; jetzt Zweitstudium an der Universität Karlsruhe im Fach Mediävistik.

Diether Deneke, Dr. h.c. Mitglied des Landtages von Nordrhein-Westfalen; Staatsminister a.D. Mitglied des sozialethischen Ausschusses der rheinischen Kirche.

Bernd Gabel, Dr. rer. nat., staatlich geprüfter Lebensmittelchemiker, geb. 1948. Arbeit im Bremer Umweltinstitut für die Analyse und Bewertung von Schadstoffen mit Schwerpunkt: Spurenanalyse von Schwermetallen und halogenorganischen Verbindungen.

Nikolaus Geiler, Dipl.-Biol., Fachrichtung Limnologie, geb. 1952. Mitarbeiter des Arbeitskreises Wasser im Bundesverband der Bürgerinitiativen Umweltschutz.

Willi Görlach, Studienrat im beruflichen Schulwesen, Mitglied des Landtags, Staatsminister a.D. Vorsitzender der SPD Hessen-Süd. Hauptarbeitsgebiete: Umwelt- und Technologiepolitik.

Hans-Joachim Grommelt, Dipl.-Biol., geb. 1948. Wissenschaftlicher Mitarbeiter im Fachbereich Landwirtschaft/Ökochemie der Gesamthochschule Kassel in Witzenhausen. Arbeitsgebiet: Ökochemische Wurzeleffekte von Wasserpflanzen.

Ruth Hanser, Journalistin, Hamburger Korrespondentin des »Südkurier« und einiger anderer Tageszeitungen im nord- und südwestdeutschen Raum.

Jörg Heimbrecht, Dr. rer. nat., Dipl.-Chem., geb. 1945. Fachjournalist für Umwelt- und Arbeitsschutz.

* *Walter Herbst*, Dr. phil. nat., 1907–1981. Wissenschaftliche Arbeiten auf den Gebieten der Landbauwissenschaften, Ökologie, Umweltforschung, Strahlenbiologie und des Strahlenschutzes, zuletzt als wissenschaftlicher Mitarbeiter im ehemaligen Radiologischen Institut der Universität Freiburg i.Br.

* *Jürgen Hübner*, Dr. theol., geb. 1932. Apl. Professor für Systematische Theologie an der Universität Heidelberg, wissenschaftlicher Referent an der For-

schungsstätte der Evangelischen Studiengemeinschaft in Heidelberg. Hauptarbeitsgebiete: Fundamentaltheologie, Ökoethik, Medizinische Ethik.

* *Hans Kiemstedt,* Dr. rer. nat., geb. 1934. Professor und Direktor des Instituts für Landschaftspflege und Naturschutz der Universität Hannover. Hauptarbeitsgebiete: Ökologie und Landschaftsplanung.

* *Kurt Oeser,* Dr.-Ing. E. h., geb. 1928. Pfarrer; Inhaber der Gesamtkirchlichen Pfarrstelle für Fragen des Umweltschutzes der Evangelischen Kirche in Hessen und Nassau; Umweltbeauftragter des Rates der Evangelischen Kirche in Deutschland. Vorsitzender oder Sprecher verschiedener regionaler und überregionaler Umweltgruppen.

* *Eckard Rehbinder,* Dr. jur., geb. 1936. Professor für Umwelt- und Wirtschaftsrecht an der Johann Wolfgang Goethe-Universität Frankfurt am Main.

* *Udo Ernst Simonis,* Dr. sc. pol., geb. 1937. Professor für Ökonomie an der Technischen Universität Berlin und Direktor des Internationalen Instituts für Umwelt und Gesellschaft (IIUG) am Wissenschaftszentrum Berlin.

Harald Steinert, Dr. rer. nat., Dipl.-Ing. (Geol.), geb. 1919. Fachjournalist für Wissenschaft und Technik in Zürich, vor allem für Geowissenschaften und angewandte Geowissenschaften.

Harro Stolpe, Dr. rer. nat., Dipl.-Geol., geb. 1945. Mitarbeiter in der Arbeitsgemeinschaft Hydrogeologie und Umweltschutz Aachen. Arbeitsbereiche: Grundwassergewinnung, Grundwasserschutz, Abfall-Lagerung, Grundwassermodelle.

Eugen Winters, Dipl.-Ing., geb. 1949. Wissenschaftlicher Assistent am Institut für Technischen Umweltschutz, Fachgebiet Wasserreinhaltung, Technische Universität Berlin. Arbeitsgebiete: Technischer Umweltschutz; Einsparung von Trinkwasser.

---

* Mitglied des Wissenschaftlichen Beirats des Umweltbeauftragten des Rates der Evangelischen Kirche in Deutschland.

Gegen die Plünderung unseres Planeten

Wasser
Wie ein Element verschmutzt und verschwendet wird
Herausgegeben von
Hartmut Bossel/
Hans-Joachim Grommelt/
Kurt Oeser
Band 4056

Der grüne Protest
Herausforderung durch die Umweltparteien
Herausgegeben von
Rudolf Brun
Band 4022

Ökologischer Wald
Gefährdung und Rettung der Bäume
Herausgegeben vom
Bund Naturschutz in Bayern
Band 4070 (Oktober 1982)

Herbert Gruhl
Ein Planet wird geplündert
Band 4006
Nicht mehr der Mensch bestimmt den Fortgang der Geschichte, sondern die Grenzen dieses Planeten Erde legen alle Bedingungen fest für das, was hier noch möglich ist...

Franz Weber
Die gerettete Landschaft
Band 4025
Der Schweizer Journalist Franz Weber führt seit mehr als zehn Jahren einen überaus engagierten Kampf für die Erhaltung der Natur, ob es nun um Bergtäler in der Schweiz, die Robben in Kanada oder den deutschen Schwarzwald geht, den eine Autobahn durchschneiden soll.

fischer alternativ

Fischer Taschenbuch Verlag

Von welchem Brot leben?

**Gerd Billen/Otmar Schmitz
Alternative Ernährung
Handbuch für eine gesunde Kost
und den autonomen Verbraucher**
Band 4067 (Juli 1982)

**Joseph Collins
Frances Moore-Lappé
Vom Mythos des Hungers**
Band 4049

Der neue Konsument
Band 4027

**Frances Moore-Lappé
Die Öko-Diät**
Wie man mit wenig Fleisch gut ißt
und die Natur schont.
Band 4013

Ökologischer Garten
Herausgegeben vom Bund
Naturschutz in Bayern
Band 4047

**Hans A. Staub
Alternative
Landwirtschaft**
Der ökologische Weg
aus der Sackgasse.
Band 4035

fischer alternativ

Fischer Taschenbuch Verlag

Bausteine einer neuen Theorie

**Anders arbeiten –
anders wirtschaften**
Dualwirtschaft: Nicht jede Arbeit
muß ein Job sein.
Herausgegeben von Joseph Huber
Band 4033

**Hartmut Bossel
Bürgerinitiativen entwerfen die
Zukunft**
Neue Leitbilder – Neue Werte
30 Szenarien
Band 4010

**Der Fischer Öko-Almanach
1982/83**
Daten, Fakten, Trends der
Umweltdiskussion
Herausgegeben vom Öko-Institut:
Gerd Michelsen, Fritz Kalberlah,
Uwe Rühling
Band 4057

**William K. Kapp
Soziale Kosten der
Marktwirtschaft**
Das klassische Werk
der Umwelt-Ökonomie
Band 4019

Gemeinsam sind wir stärker
Selbsthilfegruppen und Gesundheit
Herausgegeben von
Ilona Kickbusch/Alf Trojan
Band 4050

**Hugo Kükelhaus
Organismus und Technik**
Gegen die Zerstörung der
menschlichen Wahrnehmung
Mit einem Vorwort von
Herbert Gruhl
Band 4025

**Hugo Kükelhaus/
Rudolf zur Lippe
Entfaltung der Sinne**
Erlebnisse mit dem
»Erfahrungsfeld«
Band 4065 (Juni 1982)

**Lewis Mumford
Mythos der Maschine**
Kultur, Technik und Macht
Band 4001

**James Robertson
Die lebenswerte Alternative**
Wegweiser für eine andere Zukunft
Band 4026

**Engelbert Schramm
Alles ist aufeinander angewiesen**
Ein Lesebuch zur Entstehung
der Ökologie
Von der Antike bis zum Club of
Rome
Band 4064 (August 1982)

Wachstum kostet immer mehr
Die sozialen Kosten der Expansion
werden spürbar
Band 4039

fischer alternativ

Fischer Taschenbuch Verlag

Wer keine Zukunft mehr sieht,
hat auch keine.

Joseph Huber
**Die verlorene Unschuld
der Ökologie**
232 Seiten, Broschur

Es gibt Alternativen *in* der Industriegesellschaft, aber keine zu *ihr*. Unsere Chance liegt darin, aus dem Teufelskreis zweifelhafter Realpolitik und verzeifelter Illusionen auszubrechen und einen neuen Wirklichkeitssinn zu entfalten. Die Ökologie bedeutet nicht das Ende der Industrie, sondern ihre Fortsetzung. Industrie und Ökologie gehen eine Verbindung ein. Sie tun dies mittels der neuen Technologien wie z. B. der Mikroelektronik, Telematik, Gentechnik, Biomasseverarbeitung, Solartechnik und der Ökotechnik. Mit diesen neuen Technologien verliert die Ökologie ihre industrielle Unschuld, und die Industrie gewinnt neues Leben.

S. Fischer

Die Veränderung der Zukunft

Helmut Swoboda
Der Kampf gegen die Zukunft
Band 4004
Helmut Swoboda hat sich mit seinem Buch über Utopien einen Namen gemacht. Auch im vorliegenden Buch geht der Autor von der Utopie einer kreativen Gesellschaft aus, in der sich jeder entfalten kann. Dabei malt Swoboda nicht ein Schlaraffenland an die Wand, er geht viemehr in schriftstellerischer Detailarbeit an die Analyse unseres Alltags. Dabei kommt der Autor zum Schluß, daß wir uns durch eine »realistische« Lebensweise den Weg in die Zukunft selber verbauen. Auf der einen Seite halten wir an starren Strukturen fest, um andererseits den Fortschritt aus kurzfristigen Überlegungen immer weiter voranzutreiben. Bestehendes, das wir einst in bester Absicht geschaffen haben, verliert so seinen Sinn, wodurch auch die Zukunft immer sinnloser wird.

Wege aus der Wohlstandsfalle
Herausgegeben von H. Chr. Binswanger/Werner Geissberger/
Theo Ginsburg
Band 4030
Die Ratlosigkeit der offiziellen Wirtschaftspolitik erfordert mutige und realisierbare Konzepte, die in Neuland vorstoßen. Solange die Alternative auf umweltschädigendes Wachstum *oder* Arbeitslosigkeit beschränkt wird, öffnet sich kein Weg aus der Wohlstandsfalle. Eine Strategie wie man Lebensqualität *und* Vollbeschäftigung erreichen kann, hat die Schweizer Gruppe für »**N**eue **A**nalysen **W**irtschaft **U**mwelt« (NAWU) entworfen. Dabei zeigt es sich immer mehr, daß unser Lebensstil überhaupt zur Diskussion steht. Wir müssen unsere Vorstellungen über die industrielle Massenproduktion, das Geld, die Eigentumsformen und unsere Art miteinander zu leben von Grund auf neu überdenken.

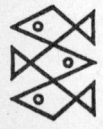

Fischer Taschenbuch Verlag

Die Veränderung der Zukunft

Anders leben – überleben
Herausgegeben von H.-J. Bahr/R. Gronemeyer. Band 4002
Die Grenzen des Wachstums sind genügend aufgezeigt worden. Katastrophenfixierung und Krisentheorie führen nicht weiter. Deshalb votieren in diesem ›Brennpunkte‹-Band kompetente Autoren für eine neue gewaltfreie, solidarische Kultur. Diese entwickelt sich aber nicht im luftleeren Raum. Sie zeigt sich schon in alternativen Ansätzen in den verschiedenen Lebensbereichen der modernen Industriegesellschaft.

Die neuen Alchimisten
Band 4027
Alchimisten – das waren im Mittelalter jene geheimnisvollen Leute, die aus unedlem Metall Gold zu machen versuchten. Die »Neuen Alchimisten« unserer Zeit haben sich zum Ziel gesetzt, alle natürlichen Energien, die uns mit Wasser, Luft, Sonne und Erde zur Verfügung stehen, so zu nutzen, daß keine zusätzlichen Energieträger wie Erdöl und vor allem Uran nötig sind.

Yona Friedman
Machbare Utopien
Band 4018
»Manches, was Friedman hier sagt, mag uns, die wir noch allzu gern Wachstum als vollkommen natürlich ansehen, fremd, ablehnenswert, ja arm erscheinen. Dennoch verblüfft und reizt die Vorstellung zu leben, wie Friedman sie entwickelt.«
Basler Volksblatt

Marianne und Reimer Gronemeyer
Frieden vor Ort
Band 4066
Was können einzelne vor Ort für den Frieden tun? Wie kann ein lokaler Frieden gegen Zerstörungen aller Art erreicht werden? Diesen Nahtstellen zwischen translokaler und nachbarschaftlich orientierten Initiativen soll in diesem Band von international bekannten Autoren nachgegangen werden.

fischer alternativ

Fischer Taschenbuch Verlag

Informationen zur Zeit
Sozialpolitik

Ausländerbuch für Inländer
Bausteine zum Begreifen der
Ausländerprobleme
Herausgegeben von
Pea Fröhlich und
Peter Märthesheimer
Band 4220

**I. Gleiss/R. Seidel/H. Abholz
Soziale Psychiatrie**
Zur Ungleichheit in der
psychiatrischen Versorgung
Band 6511

Niemand ist zu alt
Selbsthilfe und Alten-
initiativen in der
Bundesrepublik
Herausgegeben von
Reimer Gronemeyer/
Hans-Eckehard Bahr
Band 4210

**Ernst Klee
Gefahrenzone Betrieb**
Verschleiß und Erkrankung am
Arbeitsplatz
Band 1933
Behinderten-Report
Band 1418
Behinderten-Report II
»Wir lassen uns nicht
abschieben«
Band 1747
Psychiatrie-Report
Band 2026
**Pennbrüder und Stadt-
streicher**
Nichtseßhaften-Report
Band 4205

**Stefan Klein/Manja Karmon-
Klein
Reportagen aus dem Ruhr-
gebiet**
Band 4230

Freiheit statt Strafe
Plädoyer für die Abschaffung
der Gefängnisse
Herausgegeben von
Helmut Ortner
Band 4225

Fischer Taschenbuch Verlag

Informationen zur Zeit
Außenpolitik

**Abdol Hossein Behrawan
Iran: Die programmierte
Katastrophe**
Anatomie eines Konflikts
Band 4222

**Peter Kuntze
China-Supermarkt 2000**
Wie eine Weltmacht die
Industrialisierung vorantreibt
Band 4207

**Luise Rinser
Nordkoreanisches Reisetagebuch**
Band 4233

**Viet Tran
Vietnam heute**
Bericht eines Augenzeugen
Band 4214

Die Plünderung der Meere
Ein gemeinsames Erbe wird
zerstückelt
Herausgegeben von
Wolfgang Vitzthum
Band 4248

Fischer Taschenbuch Verlag

Informationen zur Zeit
Bundesrepublik
Kritische Bestandsaufnahme und Perspektiven

Wie objektiv sind unsere Medien?
Herausgegeben von
Günther Bentele/Robert Ruoff
Band 4228

Karl Hermann Flach
Noch eine Chance für die Liberalen
Eine Streitschrift
Mit einem Vorwort von Hans-Dietrich Genscher
Band 2040

Gerd E. Hoffmann
Erfaßt, registriert, entmündigt
Schutz dem Bürger –
Widerstand den Verwaltern
Band 4212

Im Kreuzfeuer:
Der Fernsehfilm Holocaust
Eine Nation ist betroffen
Herausgegeben von
Peter Märthesheimer und
Ivo Frenzel
Band 4213

Ingrid Langer-El Sayed
Familienpolitik:
Tendenzen, Chancen, Notwendigkeiten
Ein Beitrag zur Entdämonisierung
Band 4219

Volker Hauff
Sprachlose Politik
Von der Schwierigkeit, nachdenklich zu sein.
Band 4215

Und es bewegt sich doch
Texte wider die Resignation
Herausgegeben von
Gert Heidenreich
Band 4232

Rolf Lamprecht/
Wolfgang Malanowski
Richter machen Politik
Auftrag und Anspruch des
Bundesverfassungsgerichts
Band 4211

Helmut Ostermeyer
Die Revolution der Vernunft
Rettung der Zukunft durch Sanierung der Vergangenheit
Band 6368

Bundesrepublikanisches
Lesebuch
Drei Jahrzehnte geistiger Auseinandersetzung
Herausgegeben von
Hermann Glaser
Band 3809

Fischer Taschenbuch Verlag